中央民族大学法学文库

法制的历史维度

邓建鹏 主编

法律出版社
LAW PRESS · CHINA

总　序

作为国家重点建设的"211 工程"和"985 工程"的中央民族大学,自 1979 年开始招收法学本科,是当时全国仅有的 10 多所招收法学本科的院校之一。经过三十多年的风雨历程,中央民族大学法学院已经成为国内外具有一定影响的法学院。目前,学院既有一批在国内外有一定知名度的中青年学者,也有一大批崭露头角的青年才俊。学院现有人事部百千万人才工程国家级人选 1 名并被授予有突出贡献的中青年专家称号;享受国务院特殊津贴专家 1 名;二级教授 3 名;教育部新世纪优秀人才支持计划入选者 3 名;国家哲学社会科学法学学科组会评专家 1 名;教育部法学教育指导委员会委员 1 名;1 人获全国十大杰出青年法学家提名奖。学院是国内首家开设民族法学博士学位点的学院。近年来,学院的科研呈现强劲发展的势头,学院教师在《法学研究》《中国法学》等法学类权威和核心期刊上发表文章 300 多篇,承担国家社科基金和省部级等项目 70 多项。2012 年,中央民族大学法学院成功入选教育部、中央政法委首批卓越法律人才教育培养基地,成为全国 58 所应用型、复合型法律职业人才教育培养基地之一。

"中央民族大学法学文库"是中央民族大学法学院"985 工程""211 工程"和卓越法律人才教育培养基地建设成果的集中展示,也是国内外法学界了解中央民族大学法学院法学科研事业发展成就的重要平台与核心窗口之一。回顾三十余年的学院发展史(尤其是科研建设工作的风雨历程),如今的学院科研发展工作格外注重以下三对重要关系的均衡处理。

第一,基础理论研究与实践需求的时代回应。理论与实践的关系不仅是法学研究需要处理的重要问题,更是整个社会科学研究均须妥善应对的关键性认知。尤其在我国各方面事业取得辉煌成就、实现跨越式发展的今天,在不断变化的实践需求中充分彰显基础理论研究的核心指导价值和时代生命力,更是在中国特色社会主义法学研究事业中扮演着重要角色。中央民族大学法学院的科研工作,既重视传统法学理论的精细化探索,也重视时代改革与发展的实践需求;既强调研究工作的深入开展,也强调其与教学环节的良性互动;既关注教师个人学术旨趣和学术自由,也关注学术梯队的集群化建设与规模研究效应。总之,在理论和实践的天平上,我们试图用一片敬畏科学、崇拜真理的求索之心维系着“知”与“行”的微妙平衡。

第二,法学基础学科与民族法制的特色研究。秉承中央民族大学长期以来在民族问题研究领域的鲜明特色与传统优势,法学院的学术科研亦一直以对民族法制问题的特色性研究独步全国,不仅在国内率先建立了民族法学博士点,更是作为中国民族法学研究会的秘书单位而执全国之牛耳。但是,对特色学科的不懈发展与大力支持并未削弱学院对于传统法学学科的重视——恰恰相反,我们充分地认识到,在传统学科研究领域取得重大成就才是构筑一所法学院真正“江湖地位”的不二法门;也只有在传统学科的研究中夯实基础、不懈创新,才能为特色的民族法制问题研究不断注入新鲜的血液与活力。因此,两者在资源需求层面的关系绝不是非此即彼的“零和博弈”,而是互相促进、共同繁荣的“伙伴模式”。这种认知,不仅被贯彻于学院日常的科研管理过程,在本丛书的规划选题上也得到了淋漓尽致的体现。

第三,科研质量管控与成果发表的制度支撑。与其他社会科学一样,法学的科研工作永远将学术成果的优良品质奉为至高圭臬。对此,学院通过积极制定并切实贯彻相关科研奖励制度,鼓励我院教师充分发挥自身学术潜力,在不断提升教学水平的同时,积极投身到学术科研的工作当中。同时,我们也深刻地意识到,在当今中国法学事业研究百花齐放、百家争鸣、一片欣欣向荣的大好局面中，拥有并坚守一块独具特色的科研成果展示阵地是何其重要！这不仅是我们日常科研建设的重要导向，更是本丛书得以问世的重要渊源。

感谢法律出版社对中央民族大学法学院科研事业的大力支持，这套丛书的顺利付梓，与该社领导的重视和编辑团队的勤恳密不可分。但显而易见的是，相对于我院数十年的学术积淀和近年来不断涌现的丰硕研究成果而言，这套丛书的容量是远远不足的。我们希望这是一个良好的开端，而未来能够有更多的机会和更为丰富的渠道将中央民族大学法学院的精品研究成果推介给学界。我们也由衷地恳请法学界各位同人一如既往地对中央民族大学法学院的建设与发展给予大力支持，让我们共同携手，为中国特色社会主义法治建设的伟大事业略尽绵薄之力。

是为序。

张泽涛

2014 年 10 月

目录

法律史学科的悲情与所谓贡献

邓建鹏*

近年来，随着越来越多的学人投入中国法律史的研究当中，法律史研究取得了一些进展，相关研究层出不穷。但若对既有研究予以分析则不难看出，其仍然存在许多不足。以笔者一孔之见，这些不足主要表现为如下几个方面：

其一，受一些陈旧思维限制，国内对传统法制的诸多研究存在简单化、公式化的特点，并过分专注于宏大叙事之中，一些研究缺乏对制度细节的深入分析以及客观、中立的研究态度，甚至很大程度上误导一些年轻学者视此种方式为法律史研究的"正途"。

其二，在对法律史专业学生的培养过程中，诸如导师把关不严、学生敷衍了事以及整体学风趋于恶劣等多种原因，大量粗制滥造的学术论文源源不断地被生产出来，这一趋势愈演愈烈，近年来竟逐渐成为"主流"。大部分本科生在考进知名高校前，往往是所在中学的"学霸"。然而，绝大部分高校缺乏针对本科生的系统学术研究的课程安排，加之多数高校对本科生的学习要求甚为宽松，本科学生毕业之际，多数学生没有习得基本的学术研究能力。仓促之下，本科生毕业论文

---

* 邓建鹏，中央财经大学法学院教授。

抄袭或者毫无创见者基本上到处都是。同样一批学生，在研究生期间完成硕士论文时，因为没有此前的学术训练与学术积累，加之一些法学名家忙于“经营”各类业务，尸位素餐者为数不少，[1]无暇悉心指导自己名下的研究生，大量研究生的学术论文不堪卒读。

近年来，去档案馆查阅法律史资料的学者与学生日渐稀少，法律史论文与专著出版则越来越多。知名史学家茅海建曾发现，“每到寒、暑两假，(到第一历史档案馆查文献的)外国人(尤其是日本人)经常多于中国人……在这二十年中，清朝历史专业的人员在增加，每年毕业的硕士、博士更是成倍增长，而来此查阅清朝档案的人数确是相反，日渐减少。从拥挤到冷清，我虽目睹了档案室的变化，但经常找不出此中的答案……一位编辑朋友告诉我，最近几年中，每年中国近现代史要出产数以百计的著作，数达千位的论文。这一数字让我震惊。谁都可以断定，这些著作和论文中的相当部分，几年后可能自然而然地销迹不显。那才真是一种极大的人力牺牲和物力浪费。”[2]茅海建为清史专业研究生的学风每况愈下而忧心。相比之下，法律史专业的学风恐怕更是有过之而无不及。以笔者个人查阅档案的经历，从四川省档案馆到第一历史档案馆，再到国家图书馆文津古籍馆，总是能遇到大量来自海外的研究人员，为学术投入而孜孜不倦，经年累月，中国学生则日渐稀少。

或许因为此中缘由，以致一些研究者只要简单使用原始档案即被视为“学术创新”，有的法律史著作仅大量堆砌和排列前人少有使用的司法档案文献(如某些偏远地方的州县司法档案)，既无富有新意的研究方法，又无令人耳目一新的结论，同时缺乏严谨的论证，论著明显缺乏刘南平所述的“命题”(论著中贯穿其间的中心论点)，[3]不过是流水账般地铺陈档案文献。这些著作有的被评为省部级优秀学位论文，有的轻松通过国家社科项

---

[1] 此种情况近二十年前即已盛行，迄今并无改善。比如，当年有学者指出：有的名师、名教授频频出入电视、法庭、各种培训班、名目繁多的应酬会议，俨然是一个社会活动家。参见郑永流：《人有病　天知否？——当代中国高等法学教育问答》，载中国政法大学科研处编：《政法评论》(2001年卷)，中国政法大学出版社2001年版，第58页。

[2] 茅海建：《戊戌变法史事考》，生活·读书·新知三联书店2005年版，“自序”第1～2页。

[3] 参见刘南平：《法学博士论文的“骨髓”和“皮囊”：兼论我国法学研究之流弊》，载《中外法学》2000年第1期。

目结项评审，有的甚至被纳入“国家哲学社会科学文库”，相比于那种显性的学术腐败，这种普遍的隐性学术腐败更是误导和败坏了学术风气。

近年法律史学界的学术水准比之近七八十年前更是有本质差异。试举一例，当代中国著名文化大家王世襄自燕京大学研究生毕业后，于1943年经梁思成介绍，欲前往中央研究院历史语言研究所谋职，史语所所长傅斯年当场拒绝，称“燕京大学出来的人根本不配进我们史语所！”[1]四五十年以后，王世襄尤对此话耿耿于怀，在回忆性文章中数度提及！社会学史、法律史领域的名家瞿同祖亦毕业自燕京大学，与王世襄相识。由此可见，民国时期顶级的学术共同体的学术标准之高，与当下状况有云泥之别！王世襄后期给学生田家青的著作写序时，认为作者从立意写书到完成出版只用了十来年时间，可以说是相当快的。[2] 田家青在回忆王世襄时，指出“在王先生对学术著述的所有的要求中，最重要的就是内容，内容必须扎扎实实，发自真正的内心感悟。他最反对写文章‘炒冷饭’，即来回翻用一个观点或论据，他将此列为最令人厌恶的‘十弊’之一”。[3] 依据王先生的标准，“每本书的内容必须全新，观点明确，考据翔实，方方面面容不得半点马虎，常有为了一句话就要花很长时间东奔西走，查阅资料、寻求实物、安排拍照，凝聚着辛勤的汗水和心血。如此著书，以‘呕心沥血’来形容，绝不为过”。[4] 对比当下学术界一些著作短短数月即已成稿出版的状况，王世襄这种学术标准与要求，与近年来法律史领域硕士生匆匆数月即完成毕业论文（甚至谋求出版）的状况，完全不可同日而语。

在法学界，三十余年前的老一辈学者指导学生毕业论文时认真仔细，亦与当下不同。比如段秋关教授回忆饶鑫贤先生批改其当年的硕士学位论文时，“数万字的论文，几乎每页都有先生的修正、提示或批注，甚至一个标点一个符号的错误也逃不过先生的铅笔……自秋至春，先生以古稀之

---

〔1〕 参见王世襄：《王世襄自选集：锦灰堆》（合编本），生活·读书·新知三联书店2013年版，第865页。

〔2〕 参见王世襄：《王世襄自选集：锦灰堆》（合编本），生活·读书·新知三联书店2013年版，第1132页。

〔3〕 田家青：《和王世襄先生在一起的日子》，生活·读书·新知三联书店2015年版，第18页。

〔4〕 田家青：《和王世襄先生在一起的日子》，生活·读书·新知三联书店2015年版，第53页。

年,多病之身,蛰居斗室,终日伏案批改,却依然像20年前那样字斟句酌,一丝不苟!"[1]以上类似情景,在当下法学院的部分指导老师中或偶尔存在,但渐成追忆!

其三,有的知名法理学家近三十年前提出所谓的"学术贡献"问题,进而在整个法学界引起了巨大反响,给法律史青年学人带来负面影响。近年来,一些法理学家以法律史作为载体与文献,进行法理化解读,获得诸多年轻的法律史学者热捧。歧路被视作正道! 法理学者对法律史的这种跨界研究,表面上使法律史学难得地得到其他法学专业学者的重视。事实上,一些知名法理学家存在典型的"我注六经"研究进路,将剪裁的法制史文献作为印证其预设理论的基础,法律史成为此类学者任意打扮的"小姑娘"。更有甚者,则如蒲隆指出的那样:"现在历史似乎已经不仅是任人装扮的玩偶,而简直成了任人团弄的泥巴。玩偶你尽可以随心所欲地装扮,但它的大模样儿还在,是定了型的;泥巴则不然,你想把它捏成扁的,它就是扁的,你想把它团成圆的,它就是圆的。"[2]

某些研究成果,表面上广采中外文献,论证严谨,却近乎"一本正经的胡说八道",法律史研究的价值和意义实质上被贬低。李力十余年前曾谓:"中国法制史论著的'法理化'倾向,正是其学科已处于'边缘化'的重要表现之一。在处理研究方法与史料的关系上所体现出的特点是,重方法,轻史料(相对而言)。从而造成一些著作'法理学'化,与法理学的作品同质化,甚至可以说就是法理学著作。其具体表现是,1979年之前,强调以阶级斗争和阶级分析的单一研究方法。……强调的是'以论带史',史料的使用多是为阶级分析方法作注脚。这种学术风气后多被沿袭。"[3]在当前这种法理化倾向的法律史研究中,史料的使用多是为研究者预先设定的某个结论作注脚,这不如说是数十年前"以论带史"的延续。在个别著名理论法学家的著作中,"片面的深刻,致命的自负",更是甚嚣尘上,严重误导青年学生!

有法理学者提出所谓的"语境论",建议设身处地、语境地理解当时当

---

〔1〕 饶鑫贤:《中国法律史论稿》,法律出版社1999年版,"前言"第2页。

〔2〕 [美]本杰明·富兰克林:《富兰克林自传》,蒲隆译,译林出版社2015年版,"译者导言"第6页。

〔3〕 李力:《危机、挑战、出路:"边缘化"困境下的中国法制史学——以中国大陆地区为主要对象》,载《法制史研究》2005年第8期。

地的制度生成与运行过程。此种“高论”实际上早在数十年前即被诸多学者郑重提出，了无新意，在法学界则被视为“研究成果”。试举一例，陈寅恪尝谓：“凡著中国古代哲学史者，其对于古人之学说，应具了解之同情，方可下笔。盖古人著书立说，皆有所为而发。故其所处之环境，所受之背景，非完全明了，则其学说不易评论，而古代哲学家去今数千年，其时代之真相，极难推知。吾人今日可依据之材料，仅为当时所遗存最小之一部，欲藉此残余断片，以窥测其全部结构，必须备艺术家欣赏古代绘画雕刻之眼光及精神，然后古人立说之用意与对象，始可以真了解。所谓真了解者，必神游冥思，与立说之古人，处于同一境界，而对于其持论所以不得不如是之苦心孤诣，表一种之同情，始能批评其学说之是非得失，而无隔阂肤廓之论。否则，数千年前之陈言旧说，与今日之情势迥殊，何一不可以可笑可怪目之乎？”[1]此即陈寅恪所揭橥之“同情之了解”，近似现今法理学家的“语境论”。陈寅恪所针对的，固是中国哲学史研究，然而对于中国法律史研究方面，未尝不是一种普适性的方法。

提出所谓“语境论”的法理学者却在其日后的诸多“高见”中，不断地在反对自己的初心，法律史文献不过被用来印证预设的结论。此正如徐世虹认为，“重视基础文献的重要性谁都不会轻视，但身体力行的实践却未见得人人乐意。考据并不是法律史学历史学属性的唯一标志或终极目标，但有一分材料说一分话却是法律史研究的必循规范，史论并重无论怎样强调也不过分。失去史料精确解读的义理揭示令人质疑”。[2]做比说难！

其四，近十余年中，法律史领域编选的知名著作大量译自海外，在研究方法以及史料使用方面对国内学生产生了巨大的影响。比如张世明等编的《世界学者论中国传统法律文化（1644—1911）》；[3]黄宗智等编的《从诉

---

〔1〕 陈寅恪：《冯友兰中国哲学史上册审查报告》，载《金明馆丛稿二编》，三联书店2002年版，第279页。

〔2〕 参见徐世虹、支强：《秦汉法律研究百年（三）》，载徐世虹主编：《中国古代法律文献研究》，社会科学文献出版社2012年版，第170页。

〔3〕 张世明、步德茂、娜鹤雅编：《世界学者论中国传统法律文化（1644—1911）》，法律出版社2009年版。

讼档案出发:中国的法律、社会与文化》;[1] 中国政法大学编的《日本学者中国法论著选译》;[2] 王亚新等编的《明清时期的民事审判与民间契约》;[3] 高鸿钧等编的《美国学者论中国法律传统》;[4] 邱澎生等编的《明清法律运作中的权力与文化》;[5] 杨一凡等编的《日本学者中法制史论著选》丛书系列。[6] 专事译介国外的中国法律史研究的《法律史译评》,如今已经出版到第五卷。[7] 海外学者对国内同行产生巨大影响的同时,一些学生也以前往海外(美国、日本与西欧)申请中国法律史专业博士学位为荣,侧面表明国内同领域贡献在下降。国内学者在编译日本知名法律史学者的论文集时,曾认为:"这些学者的论著,从主旨上看并不刻意追求所谓重大的观点创新,完备的框架构建,无论是事实描述还是推陈出新,均着眼于细微之处的着力挖掘,力求在穷尽资料的基础上将某个问题说深谈透,以此在某个点上还原真正的历史。多学科学者丰厚的学养背景,不仅使人感受到了学者间各自不同的学术个性,亦使不同视点下的中国法制史研究呈现出秉承史学传统,稳健细腻论学的风格。"[8] 这足以使国内一些研究者惭愧!

其五,相比法学其他学科,法律史学科的"饭碗法学"思维与做法非常严重。所谓"饭碗法学",王利明有过详细阐述与批评:我国法学研究中存在一种可以称为"饭碗法学"的观点,该观点的内容表现在两个方面。首先是自我封闭,将法学的学科严格划分为若干门类。各个学科之

---

〔1〕 黄宗智、尤陈俊:《从诉讼档案出发:中国的法律、社会与文化》,法律出版社2009年版。

〔2〕 中国政法大学法律史学研究院编:《日本学者中国法论著选译》(上、下册),中国政法大学出版社2013年版。

〔3〕 王亚新、梁治平编:《明清时期的民事审判与民间契约》,法律出版社1998年版。

〔4〕 高鸿钧、高道蕴、贺卫方编:《美国学者论中国法律传统》,清华大学出版社2004年版。

〔5〕 邱澎生、陈熙远编:《明清法律运作中的权力与文化》,广西师范大学出版社2017年版。

〔6〕 杨一凡、寺田浩明编:《日本学者中法制史论著选》,中华书局2016年版。

〔7〕 参见周东平、朱腾主编:《法律史译评》(第5卷),中西书局2017年版。

〔8〕 徐世虹:《另一种法制史研究——〈中国法制史考证〉丙编第一卷评价》,载中国政法大学法律古籍整理研究所编:《中国古代法律文献研究》,中国政法大学出版社2004年版,第406页。

间壁垒森严,甚至学科内部也沟壑纵横。只要我从事这个学科,那么这里就是我的一亩三分地,必须牢牢把握住自己的饭碗,任何人都不能染指。其次是封闭他人,持“饭碗法学”观点者对其他领域的学者从事自己这个领域的研究往往表现出高度的警惕,一旦有越雷池者,便表现出强烈不满,认为这种学者是不务正业,或者说是“手伸得太长”。甚至认为,这些跨学科研究的学者违反了学术界的所谓“游戏规则”,并对这些学者进行各种形式的非议。这样的“饭碗法学”风气倘若蔓延下去,必将对我国法学研究产生巨大危害,将严重阻碍法学内部各个学科之间的正常交流,使其彼此之间变得隔膜,也将使各门法学内部自身的发展受到严重阻碍。抱着一种“饭碗法学”的态度相互排斥、互相封杀,我们的法学将无法进行真正的交流和合作,这将对法学研究事业的发展造成巨大的损害。“饭碗法学”的观点将严肃的学术研究贬低到一种为了自身生存而研究的地步,其情可悯,其状可悲。持“饭碗法学”观点的人已经将我们的法学变成了一种自私的法学、利己的法学,此种观点是对学术最大的亵渎。[1]

具体到法律史学领域,“将严肃的学术研究贬低到一种为了自身生存而研究的地步,将法学变成了一种自私的法学、利己的法学”的状况并不少见。某些法律史同行为了保住自己的“饭碗”,对其他人时刻保持高度警惕与排斥。

在这种“饭碗法学”思维的影响下,某些法律史学者将该领域视作自己的利益自留地,限制竞争,随时提防有研究实力的同行前来与之分一杯羹。未经其同意,严禁他人进入。或许是与其他部门法学相比,法律史领域的各类资源高度贫乏,致生上述行为。

部分法律史学者为内斗、提防和猜疑等费尽心机,意味着他们真正用到学术研究领域的专注力少之又少。曾有英国学者给笔者来信,为国内有如此庞大的法律史学研究与教学群体(每届中国法律史年会少则上百人,多则数百人)而震惊。然而,表象之热闹并不意味着国内存在强势和有深度的法律史研究。试举一例,有学者云,国内法律史学界不注重通常法律

---

〔1〕 关于“饭碗法学”的概念及其批评,参见王利明:《“饭碗法学”当休矣》,载《法制资讯》2011年第6期。

史文本的研读,进而对本国个别学者的重要研究未引起应有注意,更谈不到有学术上的回应。国内法制史学界的这种冷漠,与目前其表面上呈现的学术热闹、风光和繁荣似乎有点格格不入。不要说对常见史料不够重视,或许对于新发现史料也不见得有什么太多的学术兴趣与研究能力。[1] 就算新发现的史料(比如清代偏远地区的州县档案),某些学者表面的盛情与积极的行动,其实难以掩藏奇货可居、功名利禄的心术,对学术研究本身并无多少专注力。有历史研究者感慨:中国式的学术研究包含了比西方多得多的目的:政治、意识形态、职称,可是往往唯独缺少了一项:兴趣。[2] 与此同时,海外一些学者在法律史领域倾注精力,研究获得长足发展,进而对中国学界产生了巨大的影响。

最后,法律史学界(当然也包括整个法学界)存在严重的学术腐败,尤其是抄袭现象简直到了无法容忍的地步。[3] 某知名法学院"培养"的博士生,其毕业论文抄袭自另一法律史学者早已正式出版的专著。抄袭者甚至还将之出版,竟然完全不以抄袭为耻,反以为荣!令人震惊的是,此类抄袭者近年来却较少得到严厉惩处,进一步助长了学术不正之风!笔者多年前曾受邀参加政法院校法律史硕士生的论文答辩,其中一篇学生的毕业论文,有数页内容直接引用笔者的论文却未做任何说明!除了这种直接抄袭的论文外,更多的则是隐性学术腐败,如前文所述,一些法律史研究"成果"不过是简单排列大量史料,而几乎不作任何分析。以上原因使法律史学科面临巨大危机。近年多数知名法学期刊因为生存与竞争的因素,愈加重视刊发高引证率、热点问题的论文,几乎所有法学期刊均在大幅度压缩法律史论文发表的版面。由于绝大多数法律史论文引证率低下,负面冲击法学期刊的影响因子,一些编辑视刊发法律史论文为"自杀"行径。除了个别法律史学界的"大腕",青年法律史学人在主流法学刊物发表学术论文的概率

---

〔1〕 李力:《秦汉法制史研究的两桩公案——关于〈汉旧仪〉、〈汉书·刑法志〉所载刑制文本解读的学术史考察》,载中国政法大学法律古籍整理研究所编:《中国古代法律文献研究》(第10辑),社会科学文献出版社2016年版,第193页。

〔2〕 张宏杰:《大明王朝的七张面孔》,广东人民出版社2016年版,第362页。

〔3〕 对20世纪90年代前后法律史领域触目惊心的抄袭现象的揭示与批评,详细参见戴建国:《关于中国法律史研究规范问题的思考》,载《中西法律传统》,中国政法大学出版社2003年版,第325~354页。

被大大降低。在“不发表,即出局”的学术考核机制下,不知不觉中,在该学科学人未作有效自省和反省之时,法律史学正面临着严峻的“学科悲情”,已然成为一种“濒死之学”!

针对上述境遇,笔者认为,法律史研究领域需要学者反思以往经历,认真培育学术新人。笔者近十年来指导研究生的过程中,积累了一些学生完成的学术论文以及个别师生合作论文,择取其中优良者汇集一书。其中,不少论文获得了国内法律史学领域针对在校生的最高学术奖励,或在有影响力的刊物发表。一些研究生毕业后,主动与笔者保持密切的学术交流,在笔者指导下,于近年持续修改其论文,表达了他们对法律史研究的真心热爱,与著述皆为稻粱谋的单纯功利算计者迥然不同。

编辑本文集,笔者期冀以切身教学研究指导实践的成果展示,为引领法律史研究的正常学风尽绵薄之力,同时试图为当下法学研究生论文写作提供富有意义的参考和启示。为此,本书每篇论文末尾均有本人撰写的“主编说明”,分析论文的研究缘起,写作过程中遇到的困境,作者如何在老师指导之下收集文献和分析文献,并解决相应难题,最后得出结论的。本书汇集的内容虽以研究生论文为主体,但近半数以上的初稿此前已经在法学期刊上发表,或经历过评委/匿名审稿人的修订建议“折磨”,经历发表/获奖过程的重重“考验”,在收入本书前,本人与各作者多次往返学术交流,以期进一步提升论文质量。以本人井蛙之见,本书所收论文代表了当前国内法律史专业硕士研究生的优秀水平。笔者当然知晓,本书部分论文作者为进一步提升论文质量,曾经历过“窒息般”的痛苦。不过,忆及乔布斯当年研发的苹果手机,2019 年华为推出的 5G 折叠手机,以及 2019 年詹姆斯・卡梅隆监制并编剧的电影《阿丽塔》等,有哪一种创新型作品不曾经历过向死而生的极限苦痛,最后方在历史的洪流中印下刻痕?

近三十年来,刘海年、田涛、杨一凡及李贵连等前辈整理出版了海量的法律史文献,然而,这些宝贵文献迄今尚未得到青年学人充分运用,殊为可叹!本人在指导学生撰写论文期间,注重广泛选用新材料,特别是出土法律史文献以及近年新汇编整理出版的文献,强调提炼法学问题意识,从不同分析视角,经由历史之维,从诉讼、刑案惩治、经典法制文本的重新解读、法制的演化及困境等不同领域,解读甚至重构中国法制细节。本书所收论文研究风格多秉承宋代欧阳修“文学止于润身、政事可以及物”的感悟,[1]在学术研究与现实关怀中,强调“以古知今、经世致用”之进路,尽可能摒弃法律史学科弥漫的“自说自话、自娱自乐”倾向,重视与法学实践学科的学术批评、对话与潜在衔接,提升法学理论的参与度。

为使本书对初入门的法律史学人有所启发,深刻把握法学论文选题、史料择取、论证方法等技巧以及研究中如何克服困难,除每篇论文末尾附有“主编说明”外,书末附上几位作者详细的“研究心得体会”,以飨读者诸君。大雅君子之赐教,可发送电邮至:djp@ pku. org. cn。

[1] 朱熹:《三朝名臣言行录》,载《四部丛刊·史部》卷二,上海涵芬楼借海盐张氏涉园珍藏。

专题一　儒学视界与法制叙事的局限：《汉书·刑法志》新论

邓建鹏　杨　潇*

目　次

一、问题与研究的缘起

《汉书·刑法志》是中国古代第一部法律史著作，其对后世的法律思想产生了深远影响。中国秦汉以前的传世法律文献极为有限，因此，《汉书·刑法志》深受学术界关注，为后世知名学者大量引证，并产生了很多相关研究。比如著名学者沈家本在其《历代刑法考》中

---

* 邓建鹏，中央财经大学法学院教授；杨潇，中央民族大学法学院硕士生。本文发表于《法治现代化研究》2019 年第 6 期。

多次将《汉书·刑法志》中的内容作为文章依据。其中,夏朝“肉刑”的规定引自《汉书·刑法志》“禹承尧舜之后,自以德衰,始制肉刑”;[1]秦朝“凿颠、抽胁、镬烹”的刑罚亦引《汉书·刑法志》所述;[2]汉朝的“夷三族刑”唯一摘录的就是《汉书·刑法志》的内容。[3] 程树德《九朝律考·汉律考》中共八个部分,几乎每个部分都摘录《汉书·刑法志》内容作为“汉律”考证的依据。[4] 瞿同祖的《汉代社会结构》在述及“游侠”时,引《汉书·刑法志》中“抑强扶弱”的内容表明汉朝对于豪强大族的态度。[5] 日本学者堀毅在其著作《秦汉法制史论考》中认为,《汉书·刑法志》是中国法史上极为重要的文献。[6] 他以《汉书·刑法志》为基础对秦汉的法律制度进行考据,比如引用《汉书·刑法志》关于“髡钳城旦舂”的叙述来把握汉代劳役刑罚的大体内容[7]等。日本学者大庭脩的《秦汉法制史研究》中也引《汉书·刑法志》内容作为对于秦汉律令佚文的考证。[8] 因此,《汉书·刑法志》自近代以来在法制史研究领域占据非常重要的地位。

除上述著作的引证之外,近年来还有很多专门研究《汉书·刑法志》的论文,这些论文大致分为以下四类:

第一类对《汉书·刑法志》的价值体系进行分析并且表示肯定。比如,朱凤祥的《〈汉书·刑法志〉的历史编纂学价值》从《汉书·刑法志》的内容以及编撰体例出发,肯定其对两千多年法制史沿革的贡献;[9]何勤华的《中国古代第一部法律著作〈汉书·刑法志〉评析》从国家的起源以及立法

---

〔1〕 参见(清)沈家本:《历代刑法考·刑制总考卷一》,邓经元、骈宇骞校,中华书局1985年版,第9页。

〔2〕 参见(清)沈家本:《历代刑法考·刑制总考卷一》,邓经元、骈宇骞校,中华书局1985年版,第17页。

〔3〕 参见(清)沈家本:《历代刑法考·刑制总考卷一》,邓经元、骈宇骞校,中华书局1985年版,第18页。

〔4〕 参见程树德:《九朝律考》,中华书局2003年版,第1~186页。

〔5〕 参见瞿同祖:《汉代社会结构》,上海人民出版社2007年版,第242页。

〔6〕 参见[日]堀毅:《秦汉法制史论考》,萧红燕等译,法律出版社1988年版,第23页。

〔7〕 参见[日]堀毅:《秦汉法制史论考》,萧红燕等译,法律出版社1988年版,第147页。

〔8〕 参见[日]大庭脩:《秦汉法制史研究》,林剑鸣等译,上海人民出版社1991年版,第73页。

〔9〕 参见朱凤祥:《〈汉书·刑法志〉的历史编纂学价值》,载《兰台世界》2009年第11期。

史、司法史出发,认同《汉书·刑法志》对古代法学诞生起到的作用;[1]何勤华的《历代刑法志与中国传统法律文化》认为《历代刑法志》体现了中国传统法律文化发展演变的基本规律,也详细记录着中国传统文化的基本价值取向;[2]关健瑛的《从〈汉书·刑法志〉看西汉的德治与立法》从西汉的背景、立法活动和刑法改革出发,得出《汉书·刑法志》对后世"刑法志"各篇的走向产生了重要影响的结论。[3]

第二类以《汉书·刑法志》为基础史料,对中国古代刑罚制度或某一重大历史事件进行探析。比如姜小川的《中国古代刑讯制度及其评析》引用《汉书·刑法志》的内容以表明古代刑讯制度的沿革,得出需"扬长避短",完善证据制度的结论;[4]周启阳的《从〈汉书·刑法志〉看肉刑存废相关问题》以《汉书·刑法志》为基础,得出"因时而作"的儒家观念在废除肉刑问题上有所体现,并对后世社会产生重要影响的结论。[5]

第三类对《汉书·刑法志》的法律思想进行分析。关健瑛的《〈汉书·刑法志〉中的德法观》以《汉书·刑法志》为依据,从法律的起源、功能出发,得出《汉书·刑法志》存在"德礼为本、刑罚为用"德法观的结论;[6]瞿同祖的《法律在中国社会中的作用——历史的考察》分析《汉书·刑法志》的法律思想内容,证明汉朝对于严刑峻法的抵制态度以及"明德慎罚"法律思想的转变;[7]陈应琴的《十三篇〈刑法志〉的儒家情节》得出《汉书·刑法志》依循儒家亲亲尊尊的伦理原则,秉持儒家理想以批判现实和历史的结论。[8]

---

〔1〕参见何勤华:《中国古代第一部法律著作〈汉书·刑法志〉评析》,载《法学》1998年第12期。

〔2〕参见何勤华:《历代刑法志与中国传统法律文化》,载《河南省政法管理干部学院学报》2003年第2期。

〔3〕参见关健瑛:《从〈汉书·刑法志〉看西汉的德治与立法》,载《求是学刊》2003年第2期。

〔4〕参见姜小川:《中国古代刑讯制度及其评析》,载《证据科学》2009年第5期。

〔5〕参见周启阳:《从〈汉书·刑法志〉看肉刑存废相关问题》,载《江苏警官学院学报》2010年第2期。

〔6〕参见关健瑛:《〈汉书·刑法志〉中的德法观》,载《高校理论战线》2002年第12期。

〔7〕参见瞿同祖:《法律在中国社会中的作用——历史的考察》,载《中外法学》1998年第4期。

〔8〕参见陈应琴:《十三篇〈刑法志〉的儒家情节》,载《重庆邮电大学学报》(社会科学版)2009年第1期。

第四类以《汉书·刑法志》为基础,探讨对当代刑罚的启示。陈兴良的《中国死刑的当代命运》中引用《汉书·刑法志》"文景肉刑改革"的内容,批判汉文帝废除肉刑的弊端,并以此引入当代应该废除死刑的结论;[1]周婧的《〈汉书·刑法志〉中肉刑存废之讨论对现代反刑讯逼供的认识》探讨了汉朝肉刑存废的问题并且论述了其对于司法实践的意义。[2]

上述学者沿着《汉书·刑法志》的主线和价值出发,于官方话语中评价《汉书·刑法志》,基本上对于班固的儒学看法予以肯定。而各个学者不甚相同的地方,也多随着历史发展,对《汉书·刑法志》的评价融入与时代变化相适应的评语。但是,大多学者未加仔细考察即将其著作中的内容直接引用,忽略了班固的儒学视界对于撰写法制史时的影响和限制,更未分析班固的儒学视界对其认知的影响,并进一步区分法制事实与人为建构之间的界限,我们认为这值得再思考。首先,儒学思想是一种政治哲学思想,主要反映古人的政治追求与理想,其自身并不等同于对历史事实的反映。而班固的儒学视界,亦即班固在儒学思想影响下对法制历史的看法、视野与认识,与法制真相之间可能存在差异。其次,对于以班固为代表的正史学家而言,其历史编纂存在明显的政治指向,政治立场多为儒学观点影响甚至潜意识下被支配,并非单纯的史学研究。这使其偏离客观真实,进而产生主观上的虚构和客观上的认知偏差,影响班固的历史叙述。然而,近代以来的学者对于此并未引起高度重视。为此,笔者以《汉书·刑法志》为基础,分析文中主观虚构的成分以及客观认知偏差,揭示两者产生的深层原因与影响,以期能够脱离官方话语,以史学研究者的视野探求这些法律话语背后的史实以及赋予史实的意义。

此外,笔者注重"二重证据法",将传世文献与出土文献进行比对,特别是结合与《汉书·刑法志》涵盖的大致时间相关的出土文献,如近四十年来,《岳麓秦简》《云梦睡虎地秦简》《银雀山汉墓竹简》《张家山汉简》等与法律相关的先秦两汉文献大量出土,为重新评估《汉书·刑法志》存在的主观历史虚构与作者认识偏差提供了充分的基础性材料。

---

〔1〕 参见陈兴良:《中国死刑的当代命运》,载《中外法学》2005年第5期。

〔2〕 参见周婧:《〈汉书·刑法志〉中肉刑存废之讨论对现代反刑讯逼供的认识》,载《山海经》2015年第18期。

二、《汉书·刑法志》反映的儒学思想

历史家的思想被限制在他所处的时代中。《汉书·刑法志》的作者班固出生于东汉初期,大一统的社会秩序需要新的思想予以适应。而每一种新思想的出现,都是政治、经济、文化与异端势力博弈的结果。儒学思想以其得天独厚的优势适应了新的社会需要,儒学思想的实质也在汉朝两代中发生改变,春秋战国的原始思想随着社会需要逐渐正宗化、政治化。东汉帝王大兴儒学教育,扶持儒学士族进入政治领域,君主以及皇子也均研习儒学,以儒臣为经学老师,如明帝"常居中论经书"。[1] 而班固又生活在这样的社会环境中,其社会意识和儒学思想得以形成和推移,主要是社会需要、政治、阶级以及经济条件的共同结果。

另外,班固本身有浓厚的家学渊源。其祖先班壹财力雄厚,后代多入仕。成帝时,班家进入外戚之列。同时"家有赐书,内足于财"。[2] 故班固涉猎各种儒家藏书,受儒学文化熏陶。而其父辈大多是汉朝大儒名家,对班固影响最大的班彪也是"唯圣人之道然后尽心焉",[3] 传统儒家的家学渊源对于班固正统儒家思想的形成产生深远的影响,这直接促使了班固在《汉书·刑法志》中对于儒学立场的坚守。班固以一种"信而好古"的思想视界去探讨政治、司法领域,将儒学思想置于更广泛的视野,使其更具有普遍性。

《汉书·刑法志》中表达儒学价值观念的方面,首先在于其著作中自始至终"礼法并举"的儒学基调。班固遵循儒家的模式,其更赞美的是道德而不是法律,是礼仪而不是法律制度。[4]

除了"矜恤""明德慎罚"等儒家观念被植入班固思想中,《汉书·刑法志》随处并举"德礼为主,刑罚为用"的写法使其著作俨然上升为一部思想史乃至政治史。儒学思想进一步影响了班固自身的政治观念。班固评价儒家时概括它的内涵为:"以六经为典籍,以仁义为宗

---

[1] (宋)范晔:《后汉书》,李贤等注,中华书局1965年版,第1254页。

[2] (汉)班固:《汉书》,中华书局1962年版,第4205页。

[3] (汉)班固:《汉书》,中华书局1962年版,第4207页。

[4] 参见高道蕴:《中国早期的法治思想》,高鸿钧译,载高道蕴等编:《美国学者论中国法律传统》,清华大学出版社2004年版,第281页。

旨，以尧、舜为本始而遵循之，以周代文、武二王为明法，以孔子为先师。"[1]这种思想支配着他在《汉书·刑法志》中的政治理想，也影响他对于法制历史的叙述。

三、《汉书·刑法志》中的政治理想

对于古代纯正的史学家而言，根本任务就是记录客观事实，对于历史事实进行真实的还原。晋国史官董狐敢于直笔，将权倾朝野的大臣赵盾弑君事件载于史册中，被赞为"书法不隐"，[2]董狐因此被称为"古之良史"。但对《汉书·刑法志》而言，班固同样作为一位史学家，他的著作并非按照"古之良史"的标准与轨迹，客观地叙述历史，而是在儒学视界下对历史事实重新评判与叙述。

（一）儒学的政治目的

儒家学派曾提出"使乱臣贼子惧"的主张。一方面，反对犯上作乱；另一方面，又对君主提出道义的要求。故应将"使乱臣贼子惧"这一政治目的归结为儒家期望实现"正名"的政治主张。儒家"正名"思想即企图用理想中的"名"以矫正当时认为是不正常的实际情况。[3] 此处的"名"即"周礼"。班固在《汉书·刑法志》中也以旧礼去评判社会。这样的政治主张也与东汉的社会需要相适应。在王莽篡夺刘氏政权后，汉朝统治的正当性与权威性大受打击。而东汉王朝建立的合法性是源于西汉统治的，但西汉后期的荒淫衰败以及异姓夺权又使刘氏统治遭受质疑，二者均需要古制即尧舜禹三代的政治作为正当的理论依据。班固受儒学影响，儒家的精神内涵也随着时代的变化而逐渐改变，班固的儒学视界也留下东汉政治的印记，故其宣扬"汉承尧运"。儒家的"正名"在班固看来正好可以使"王莽"这样的乱臣贼子去，而为当今的汉朝统治"正名"。这是班固为了政权的正当性所做出的努力。

而政治又与法律制度联系密切，古代政治走向基本决定了法律的方向。针对"正名"的政治思想，儒家也有关于"名正言顺"的法律原则，班固对此表示认同。以"名正"为前提条件，只有符合周礼，法律制度才可

---

〔1〕（汉）班固：《汉书》，中华书局1962年版，第1728页。

〔2〕参见王丹誉：《修史，既是为官也是做人》，载《文史博览》2016年第4期。

〔3〕冯友兰：《中国哲学史新编》（第1册），人民出版社1962年版，第97页。

正当适宜。《汉书·刑法志》中也提到此句的后半部分:“礼乐不兴,则刑罚不中。”[1]天子立言就是立法,正君如尧舜禹所立之法是正法,名不正的君主的立法也是不正的。[2] 班固以儒学的视角来评判政治与法律的实践情况,用与新政权相适应的大一统思想去约束法律的制定施行,间接说明合法的东汉统治决定法律也具有正当性和权威性。

“礼崩乐坏”的混乱时代,作为思想家兼政治家,民族责任感促使班固深明此理。《汉书·刑法志》亦提出儒家要求:“《诗》云:‘宜民宜人,受禄于天。’《书》曰:‘立功立事,可以永年’。”[3]班固认同“人治”,他将民本的希望寄托于君主之上,亦希望君主能够匡扶正道,正确实施法律。

(二)明君的政治标准

儒家认为,每个人都在阶级中生活。东汉“尊君卑臣”的等级观念存在,再加上正统儒学的影响,班固提出“小不得僭大,贱不得踰贵”[4]的观念。汉人的思想趋向于经验性,班固将天意与圣王联系进行简单类比,认为圣王是天命所归,自然与臣民相区别。《白虎通义》中:“三纲法天地人,六纪法六合,君臣法天,取象日月屈信,归功天也。”[5]他将自然神化,天的意志通过“三纲”体现,“君为臣纲”说明君主地位最高。明君有上天赋予的资格统治民众,有权以“天讨”的名义设立刑法处罚犯罪的愚民,当然,“圣王”并不在被教化、被处罚之列,亦不用担负政治风险以及历代王朝必然衰败的责任。此外,儒家将治国希望寄托于明君身上,将特殊等级的人与权力直接联系,推行“人治”,可见“人治”是与德行高尚的“英雄”相联系的。

儒学价值观念经历了秦以及两汉的洗礼,尤其是经过西汉董仲舒的改造后,“天人感应”的政治观念深入人心。班固深受政治化的儒学影响,《汉书·刑法志》形式上认同“天人感应”,增加君主的神秘性,实质上更重视

---

〔1〕 (汉)班固:《汉书》,中华书局1962年版,第1094页。

〔2〕 俞荣根:《儒家法思想通论》,广西人民出版社1992年版,第283页。

〔3〕 (汉)班固:《汉书》,中华书局1962年版,第1112页。

〔4〕 (汉)班固:《汉书》,中华书局1962年版,第3679页。

〔5〕 (汉)班固:《白虎通义(外十三种)》,上海古籍出版社1992年版,第50页。

"人事",突出明君的作用。班固将先王描述为"敬让博爱"[1]"必通天地之心,制礼作教,立法设刑,动缘民情"[2]等。评价君主以博爱、仁德之类为标准,且与天地相通。同时也认为君主具备"仁德",则君权持续,而"失德"则权力失去寄托。后又提到:"庸徒鬻卖之道耳,未有安制矜节之理也……桓、文之节制,不可以敌汤、武之仁义。"[3]只有汤、武之仁义,方能最终战胜表面上的强国,将国家是否能够持续发展归因于明君的操守。此外,"圣王"与刑罚相联系,与天地相通,意图表明君主有正当理由制定法律。他们立法的权威性不容置疑,皇帝也就成了法律的化身,[4]制定的法律也有正当性依据。班固的政治思想与上述儒学思想一脉相承,政治和法律领域均对君主提出古制的要求。

(三)政治理想下的价值导向

包括班固在内的多数学者,儒学思想影响了他们客观中立的态度,其著作会有意无意抒发自身的政治立场,其历史编纂存在明显的政治指向,从而出现主观上的虚构与客观上的认知偏差。所谓主观上的虚构,是建立在客观历史基础上的,学者对于某段历史的理解透彻,为宣扬自己的观点对其进行删改、歪曲或者隐匿、淡化事实,突出史学家自身立场的话语表达,虚构情节。相对而言,客观上的认知偏差则是一种对于历史真实的误解,这种误解可能是史书撰写者自身知识储备有限,掌握的史料不足,特别是受"前见"影响不自觉产生对于历史事实的片面认识、以偏概全。

四、《汉书·刑法志》中的历史虚构

历史虚构是作者主观构建的理想模式。虚构的方式有多种。为了达到某种政治目的或受到当时某种权力意志的影响无中生有,捏造事实,或者有意突出主流意识形态认为重要的事实而回避、淡化历史事实,当然也包括故意曲解、裁剪真相,以期凸显作者的意识形态。《汉书·刑法志》中不仅一些基本叙事情节脱离真实,法律制度也受儒学视界所扭曲。

(一)"三代之盛"的理想建构与历史事实

儒家的"圣王"理想有"三代"学说。叶舒宪曾提到,有关远古尧舜

---

[1] (汉)班固:《汉书》,中华书局1962年版,第1079页。
[2] (汉)班固:《汉书》,中华书局1962年版,第1079页。
[3] (汉)班固:《汉书》,中华书局1962年版,第1086页。
[4] 俞荣根:《儒家法思想通论》,广西人民出版社1992年版,第14页。

禹三代以及商汤周朝理想建构的尚贤世风被视为儒家的政治神话,以仁义道德的立场,谴责和掩蔽暴力行为,成为史书一贯秉承的价值观,并将虚构的仁爱政治神话当成实际发生的历史,用来遮盖血淋淋的暴力现实,具有历史建构功能,这是中国式非暴力主义思想在儒家的产生及其渊源。[1]

与之相关,《汉书·刑法志》对于夏商周三代作了一个总结:“三代之盛,至于刑错兵寝者,其本末有序,帝王之极功也。”[2]班固对于“三代”延续不断的长时间中加上“昌盛”这个词,言过其实。数千年中国文明史,并无一个朝代一直昌盛。夏禹、商汤和周文王时代并非绝对的太平盛世,早期游牧族与农耕民之间的抗争异常激烈。即使是不同地域的经济文化,在相互接触中发生冲突和斗争的可能性也相当大。中国官修通史对几千年前尧舜禹时代历史的美好回忆,深深渗透了儒家意识形态。

但是,“三代之盛”并不能概括夏禹、商汤和周文王时代的全部内容。政治权力异动的背后,隐藏着诸多的血腥之争。尧舜禹时代在儒家视界中更是美好无比。《逸周书·史记解》中,“久空重位者危。昔有共工自贤,自以无臣,久空大官,下官交乱,民无所附,唐氏伐之,共工以亡。”[3]可见当年时局动荡。《史记·五帝本纪》亦云:“三苗在江淮、荆州数为乱。”[4]然而在这场旷日持久的南北战争中,尧舜禹付出极大的代价,包括“舜……南征三苗道死苍梧”。[5] 战火动乱的结果往往是民不聊生、饥寒交迫。《淮南子·本经训》中描述“逮至尧之时,十日并出,焦禾稼,杀草木,而民无所食。猰貐、凿齿、九婴、大风、封豨、修蛇皆为民害。”[6]应该说待战争平息后,始有较为安稳的局面。在儒家经典作品之外,尧舜禹治下并非一以贯之的昌盛和太平。

此外,追溯到夏商周的法律制度,我们可以看到“族诛”的记载。《尚

---

〔1〕 叶舒宪:《尧舜禅让:儒家政治神话的历史建构》,载《民族艺术》2016年第2期。

〔2〕 (汉)班固:《汉书》,中华书局1962年版,第1091页。

〔3〕 黄怀信等撰:《逸周书汇校集注》,上海古籍出版社1995年版,第1024页。

〔4〕 (汉)司马迁:《史记》,中华书局1959年版,第28页。

〔5〕 (汉)刘安:《淮南子全译》,许匡一译,贵州人民出版社1993年版,第1132页。

〔6〕 (汉)刘安:《淮南子全译》,许匡一译,贵州人民出版社1993年版,第423页。

书·甘誓》中,“启与有扈,战于甘之野,作甘誓。下军令曰:‘予则孥戮汝。’”[1]《尚书·汤誓》中,“成汤与桀战于鸣条之野,下军令曰:‘尔不从誓言,予则孥戮汝。’”[2]而“孥戮”即杀戮诛及子孙。中国早期社会战争的残酷与暴虐使杀伐行为稀松平常,族诛这样的极刑记载于夏商周时期,不得不让我们怀疑“仁爱”或者当时所谓“刑错兵寝”的真实性。

尧舜禹时期仍处于原始氏族社会。以渔猎游牧为主,农耕尚在发展阶段,人们的客观物质条件受到限制,氏族不得不为有限的资源争夺。战乱灾害时有发生,掠夺人口和财产的战争是当时重要的活动。然而社会存在决定社会意识形态,不公正的司法神判、原始的报复主义仍在社会残留,杀伐事态似乎很正常。要求这样一种简单朴素的思维模式上升到“推己及人”的高尚境界是否有些困难?在“族诛”极刑存在的社会,人民臣服于尧舜禹的统治是因为内心的畏惧还是真正地被统治阶级的仁义打动?儒家力图宣传尧舜禹仁德,但实际上未必最能体察民情。不同的部族之间政权对峙,军事消耗与经济限制相互矛盾,连最基本的政权延续都做不到,又谈何仁义道德?班固回避、淡化社会现实,将政治意识形态与道德理想相结合,却缺乏对于历史真实的关注。

在后文中,班固提到“周道既衰,穆王眊荒”,但却写得很简略,作者不愿意去面对周朝衰亡的实际命运,故亦不愿做过多回应。同时,儒学视界过度推崇“治人”,作者无法解释一个“昌盛”的时代、一个“极其善治”的西周礼制社会,为何无法自我拯救,为何后来必然走向礼崩乐坏?作者更无意分析这种所谓“极其善治”的社会,其自身存在的欠缺是什么。

(二)“汤武仁义”的儒学视野与历史真相

中国早期刑罚与战争密切相关,即所谓“刑起于兵”。因此《汉书·刑法志》中大量描述战争,但是对战争的叙述亦深受儒家视界的影响:“故齐之技击不可以遇魏之武卒……桓、文之节制不可以敌汤、武之仁义。”[3]班固认为,国家如想长治久安,就需要有商汤一样的仁义贤德。“汤、武征伐,陈师誓众,而放禽桀纣,所谓善陈不战者也。”[4]他意在说明,仁义如周武

[1] 李民、王健撰:《尚书译注》,上海古籍出版社2004年版,第88页。
[2] 李民、王健撰:《尚书译注》,上海古籍出版社2004年版,第105页。
[3] (汉)班固:《汉书》,中华书局1962年版,第1086页。
[4] (汉)班固:《汉书》,中华书局1962年版,第1079页。

王,只要摆好阵势,自可不战而胜。可是历史事实并非如此。

历史上的牧野之战是周消灭殷商的决定性战役。正如《尚书·武成》所言:"……受率其族若林,会于牧野,罔有敌与我师;前徒倒戈,攻于后以北,血流漂杵。一戎衣,天下大定。"[1]此外,《太平御览》注:"牧地鬼先哭,喻纣将死。"[2]这说明牧野之战杀得阴森可怕,"血流漂杵",连鬼神都为之哀痛。

不光如此,出土文献《容成式》简49—53记载武王伐纣之事:"文王崩,武王即位……武王于是乎作为革车千乘,带甲万人……武王乃出革车五百乘,带甲三千,以小会诸侯之师于牧之野……武王素甲以陈于殷郊,而殷郊□。"[3]武王伐纣、战于牧野确有其事。两军交战必会伤及无辜,血流成河。面对这样的情形,又如何谈"仁义道德"?以上文献可证实武王伐纣,"兵不血刃""善阵不战"之说不能成立。

牧野之战大获全胜之后,武王又对纣王做出残忍举动。《逸周书·克殷》中记载:"……乃克射之,三发而后,下车,而击之以轻吕,斩之以黄钺。折,县诸太白。"[4]政权更迭与动荡不安的社会势态注定历史悲剧的发生。殷纣王被周武王斩首,银雀山汉墓出土的简书所引《六韬》残卷也可佐证。《六韬》简734—737表明:"大公……□□罪人而□……先涉,以造于殷。甲子之日,至牧之野,□……禽受,系其首于白□。"[5]简文虽残,但表明胜利一方擒纣与系其首于白□相连,纣被生擒后斩首。《太平御览》所引《六韬》与简文相符,文句更完整:"于是太公援罪人而戮之于河,三鼓之,率众而先以造于殷……至于牧野,举师而讨之……亲擒纣,悬其首于白旗。"[6]简文与《太平御览》所引均说明,整个战争过程非常残忍,很难说得上其中一方有仁慈之意。

除却上述历史事实,周朝的法律制度也并非尽然"仁义"。西周时期存

---

〔1〕 李民、王健撰:《尚书译注》,上海古籍出版社2004年版,第211页。

〔2〕 (宋)李昉等撰:《太平御览》,中华书局1960年版,第393页。

〔3〕 马承源主编:《上海博物馆藏战国楚竹书二》,上海古籍出版社2002年版,第289~292页。

〔4〕 黄怀信等撰:《逸周书汇校集注》,上海古籍出版社1995年版,第364~368页。

〔5〕 银雀山汉墓整理小组编:《银雀山汉墓竹简壹》,文物出版社1985年版,第121页。

〔6〕 (宋)李昉等撰:《太平御览》,中华书局1960年版,第1512页。

留复仇思想，刑法保留着浓厚的原始色彩。《周礼·秋官司寇》中所述："凡杀其亲者，焚之。杀王之亲者，辜之。凡杀人者，踣诸市，肆之三日。刑盗于市。凡罪之丽于法者，亦如之。"〔1〕这样一个刑罚方面动辄杀人的时期，与官方仍宣传"明德慎刑"存在一定的距离。《尚书·康诰》有云："寇攘奸宄，杀越人于货，暋不畏死，罔弗憝。"〔2〕即对于偷盗、抢劫者皆处以死刑。周公对这类罪犯的严厉打击与其传颂的"仁爱待人"并不完全一致。《康诰》亦说："予惟不可不监，告汝德之说，于罚之行……惟厥罪无在大，亦无在多，矧曰其尚显闻于天。"〔3〕罪过不在于大小，只要出现犯罪的苗头就要处罚，这对尚未造成严重后果的罪犯确实严格。

汤武时代，存在难以掩盖的"以暴制暴"的现象，这是无论如何不能站在道德的立场去解读的。周在灭商之前是一个族群，曾多次颠沛迁徙，"在戎狄之间"。〔4〕但农耕经济的不断发展，社会关系与生活秩序发生变化，使封闭的世界逐渐开阔，而人口壮大使其生存与原来的发展空间受到较大限制，社会变化使矛盾逐渐尖锐，加之其又受到殷商纳贡的压榨与排挤。我们认为，与其说他们的战争、法律是为了发扬道义，还不如说是为了生存。一旦有了私欲，所谓的仁义也不过是打着"顺应天命"的口号做着成全私益的事情。汤武的历史事实与商纣甚至之后的秦朝比起来，不过是占据了更有利的时机，找到了更好的借口而已。其客观上均造成了非正义的事实即战争"血流漂杵"，法律严苛。

而儒家谈及周时却有意回避历史真相而去称赞它的德行，从应然的层面更非实然的层面讨论仁义，这是形而上并带有理想性质的，而这种道德标准的最终解释权，仍然属于天命所归的君王。儒学视界试图从理论上构建古制的理想模型，也是残酷的现实转变为符合伦理道德的儒学叙事过程。当古代"圣王"的理想模型在残酷现实中不能得到印证时，儒学视界只好扭曲事实，或者主动遮盖自身对事实探索的兴趣，并以其自身的叙事方式遮蔽野蛮，让儒学意识形态当作事实来影响民众。但我们更应从历史实际出发，探求历史本来的面目。美好的政治构想终究具有不稳定性，也经

---

〔1〕《周礼注疏》，（汉）郑玄注，（唐）贾公彦疏，上海古籍出版社2010年版，第1397页。

〔2〕李民、王健撰：《尚书译注》，上海古籍出版社2004年版，第264页。

〔3〕李民、王健撰：《尚书译注》，上海古籍出版社2004年版，第267页。

〔4〕（汉）司马迁：《史记》，中华书局1959年版，第112页。

不起时间的验证。

(三)汉朝司法领域的儒学评判与司法实况

班固推崇"仁义"的法律制度,相对于具体法而言,儒家心目中的法是一种理想法的体现。它是现实社会一切立法、司法、执法的价值准则,是评价一切法律制度、法律行为是与非、优与劣的标准。[1] 班固以儒学视角审视汉朝以及前朝法律,并且用儒家的叙事方式去修饰法制事实,致使官方话语下的司法制度与司法实况出现差异。

1.法律制度的评判标准

如上文所述,班固不仅以儒学标准衡量君主及国家政权,还用其评判法律制度的好坏。比如"礼乐不兴,则刑罚不中。"[2]以"礼乐"兴盛的标准衡量刑罚的好坏。比如"必世而未仁,百年而不胜残,诚以礼乐阙而刑不正也。"[3]用"仁义""德行"去评价刑罚是否适当。"合于三赦幼弱老眊之人。此皆法令稍定,近古而便民者也。"[4]对于儒家推崇的矜恤扶弱的仁德观念而言,法令的制定只有符合这些,才算得上是"近古便民"。我们认为,班固无意分析法律的制定具体受到哪些因素的影响,也不论证法律制度本身存在的合理性。他构造一个无法用客观事实衡量的标准去评判法律。符合仁德即为良法,摒弃礼制即为恶法。这亦是儒学话语的一种渗透。

司法实践中,被儒家打上"恶法"烙印的法律制度却因为适应实际情况而继续存留。《二年律令》中,连坐法在汉初仍然适用。比如《收律》中规定:"罪人完城旦舂、鬼薪以上,及坐奸府者,皆收其妻、子、财,田宅。"[5]如《钱律》中:"盗铸钱及佐者,弃市。同居不告,赎耐。"[6]残酷的刑罚可以警示潜在的犯罪者和普通民众,使之不敢以身试法,想必在政权并不稳固的汉初,统治者亦有同感。如何评判一部法律,或许应该深入该法律制定的社会实际中,仅仅简单地以"仁义"为标准显然表述不准确并

---

[1] 俞荣根:《儒家法思想通论》,广西人民出版社1992年版,第4页。

[2] (汉)班固:《汉书》,中华书局1962年版,第1094页。

[3] (汉)班固:《汉书》,中华书局1962年版,第1112页。

[4] (汉)班固:《汉书》,中华书局1962年版,第1106页。

[5] 彭浩等主编:《二年律令与奏谳书》,上海古籍出版社2007年版,第159页。

[6] 彭浩等主编:《二年律令与奏谳书》,上海古籍出版社2007年版,第170页。

且也经不起推敲。

2.“狱刑繁多”的原因归结

《汉书·刑法志》中提到:“原狱刑所以蕃若此者,礼教不立,刑法不明……”[1]狱刑如此多,是由于礼义教化没有建立,刑法不明确。之后又提到:“顺稽古之制,成时雍之化。成康刑错,虽未可致,孝文断狱,庶几可及。”[2]感应天人的和谐,符合古代的制度,虽然不能达到成、康时代的刑罚措置,孝文帝时候处理官司的境界,差不多可以赶得上。

班固并不仔细分析自古以来刑狱不断增多的根本原因是什么,也无意深入社会实际中去探求刑狱出现的必然性。刑狱伴随着西周衰弱、战国时期的诸国兼并、经济生产能力的提升以及统治阶级内部矛盾等多种主客观因素共同作用的结果。仅仅以儒学的眼光去叙述“刑狱繁多”的事实,突出儒学价值观念则淡化了其他客观事实的分析。这种基于儒学视角的法制叙事,不是社会科学研究的进路,乃是基于当时主流意识形态需要而思考的结果。

(四)对秦制的批评与“汉承秦制”的矛盾

对比近十几年出土的张家山汉简《二年律令》《奏谳书》《睡虎地秦墓竹简》之后,我们再回顾这些法制事实,将会有新的发现。秦汉法制间有明显的继承关系,传世文献称为“汉承秦制”,这在近数十年出土文献中亦可得到印证。如南玉泉认为,汉律诸多条款皆直接承袭秦律,如《二年律令·传食律》承袭秦律《传食律》,《二年律令·田律》简249与睡虎地秦简中《田律》条文相类似,简251、简252与云梦龙岗秦简103—109律文相同。此外,《二年律令》划分赃值的定罪界限也明显留有秦律的痕迹。[3]

汉承秦制不仅表现在具体条文规定非常相似,秦汉法制的基本原则也很相近,比如诬告反坐。秦简《法律答问》规定:“当耐司寇而以耐隶臣诬人,可论?当耐为隶臣。”[4]而《二年律令》中也相应继承。《告律》有:“诬

---

〔1〕 (汉)班固:《汉书》,中华书局1962年版,第1109页。

〔2〕 (汉)班固:《汉书》,中华书局1962年版,第1112页。

〔3〕 参见南玉泉:《张家山汉简〈二年律令〉所见刑罚原则》,载《政法论坛》2002年第5期。

〔4〕 睡虎地秦墓竹简整理小组编:《睡虎地秦墓竹简》,文物出版社1978年版,第202页。

告人以死罪,黥为城旦舂,它各反为罪。"[1]以诬告的罪名及于己身。再如秦简《法律答问》所述:"甲告乙盗牛若贼伤人,今乙不盗牛,不伤人,问甲可论? 端为,为诬人;不端,为告不审。"[2]汉律依然予以继承,《贼律》中也有体现:"贼杀人,斗而杀人,弃市。其过失及戏而杀人,赎死;伤人,除。"[3]而针对主观故意,"谋贼杀、伤人,未杀,黥为城旦舂"[4]和"贼杀人,及与谋者,皆弃市。未杀,黥为城旦舂"。[5] 秦简与汉简均规定了犯罪主观状态的惩罚后果,仍有一些基本原则的承继,我们不再赘述。虽然自汉武帝之后宣扬仁德礼制,《汉书·刑法志》一再批评秦政与秦制"穷武极诈,士民不附",[6]实际上汉制保留了秦朝的诸多法律制度。

汉朝初期,刘邦长期征战在外,多年间一直在平息异姓王之乱,抵制外族侵扰。其根本无暇思考汉朝的法律制度改革等细节问题。而秦朝遗留的法律制度以严刑峻法的特点与汉朝复杂动荡的社会环境相适应,有助于帮助统治者打击异己势力,建立新的社会秩序。法家意识形态相比于儒家法思想的缓慢作用而言,其"不分亲疏贵贱"的果决态度更能在较短时间内迅速清除异党,也更符合统治者急于稳定动乱局面的迫切愿望。

此外,刘邦重臣萧何等曾于秦朝任职,且对于秦朝律令十分熟悉,修改一如白纸的汉初法律难免会受到秦朝影响,以秦朝法律为参照蓝本进行修订。而表面上,皇帝是仁德的集大成者,总是以人性自居,与最高权力不可分割,有管理被称为"性恶"的臣民的正当理由。两套"人性"理论构建了封建专制政治,也分别对应了儒家与法家两种思想,故官方宣扬儒家思想,实际中却继续"汉承秦制""儒表法里"。但班固推崇儒学,曲解法家,也相应扭曲、淡化社会现实,继续批判秦制,隐藏汉朝学秦的事实,这显然是儒家的理想表达。

---

〔1〕 彭浩等主编:《二年律令与奏谳书》,上海古籍出版社2007年版,第144页。

〔2〕 睡虎地秦墓竹简整理小组编:《睡虎地秦墓竹简》,文物出版社1978年版,第169页。

〔3〕 彭浩等主编:《二年律令与奏谳书》,上海古籍出版社2007年版,第98页。

〔4〕 彭浩等主编:《二年律令与奏谳书》,上海古籍出版社2007年版,第99页。

〔5〕 彭浩等主编:《二年律令与奏谳书》,上海古籍出版社2007年版,第99页。

〔6〕 (汉)班固:《汉书》,中华书局1962年版,第1089页。

（五）“慎刑慎罚”的儒学视界与“罪疑从重”的事实

《汉书·刑法志》认为刘邦审慎刑罚：“高皇帝七年，制诏御史：‘狱之疑者，吏或不敢决，有罪者久而不论，无罪者久系不决……二千石官以其罪名当报之。所不能决者，皆移廷尉，廷尉亦当报之。廷尉所不能决，谨具为奏……’上恩如此，吏犹不能奉宣。”[1]汉高祖时期要求下属“疑狱奏谳”。对于罪疑案件，班固将执行的失误归责于臣吏。后文即说：“罪疑者予民。狱刑益详，近于五听三宥之意。”[2]意为疑罪从轻处断，并且有接近周朝“五听三宥”的效果。《汉书·于定国传》中亦提及：“其决狱平法，务在哀鳏寡，罪疑从轻，加审慎之心。”[3]作者将汉朝“疑罪从轻”原则比拟周朝礼制，官方的做法符合儒家的明君政治标准，与“慎杀”“慎罚”原则相契合。

张家山汉简《奏谳书》与上述叙事并不一致，《奏谳书》中记载了多种案件判决，其中罪疑案件最多。在移送廷尉决断的时候，宣扬仁义的汉朝对于法律适用存疑的案件均从重处罚。比如南郡一男子毋忧徭役中逃亡的案件。吏议结果为腰斩或者当为庶人，但最终仍判为腰斩。[4] 又如南郡江陵奴婢逃亡的案件，吏当为黥颜或当为庶人，最终判决仍从重处罚。[5] 此种案例可见于“阑娶田氏为妻”“奴隶武逃亡并伤人”等案件中。[6] 这些罪犯并非十恶不赦，仍情有可原，但均按照疑罪从重判决。另外，对待事实存疑的案件也是从重处断。《史记·淮阴侯列传》中，尽管有人告韩信蓄意谋反查无实据，疑罪案件仍然重处，最后将韩信致死并夷三族。[7] 这反映出汉代司法领域存在疑罪从重的趋向；《汉书·张陈王周传》中，亚夫之子为父购买兵器被告发，廷尉治罪时说：“君纵不欲反地上，即欲反地下耳？”[8]最终周亚夫罪疑入狱被处死刑。

---

〔1〕（汉）班固：《汉书》，中华书局1962年版，第1106页。

〔2〕（汉）班固：《汉书》，中华书局1962年版，第1106页。

〔3〕（汉）班固：《汉书》，中华书局1962年版，第3043页。

〔4〕彭浩等主编：《二年律令与奏谳书》，上海古籍出版社2007年版，第332页。

〔5〕彭浩等主编：《二年律令与奏谳书》，上海古籍出版社2007年版，第337页。

〔6〕彭浩等主编：《二年律令与奏谳书》，上海古籍出版社2007年版，第338～343页。

〔7〕参见（汉）司马迁：《史记》，中华书局1959年版，第2609～2630页。

〔8〕（汉）班固：《汉书》，中华书局1962年版，第2062页。

汉初社会经济破败,秦末的暴动和战乱,内有诸侯王之忧,外有匈奴顽抗。[1] 在经济发展缓慢的时期,汉朝统治者根据统治需要,有意采取"黄老无为"的经济策略。而我们只看到了黄老思想休养生息的民本一面,但却未看到内在实质。其本身是对法家思想的延续,对于道德情理较为漠视,求助于无情的暴力和物质手段的奖罚。[2] 动荡的社会环境似乎很适合道家外温内戾的政策主导时局。刘邦本身不好儒学,用刑残忍,文景帝亦崇尚黄老之学,在诏书中多次强调法的积极作用。[3] 对于统治者而言,唯有严厉的刑罚能够排除威胁,我们不应过高地估计道德操守在实际生活中的作用。君主统治安危无疑成为汉初的主要矛盾,法律自然优先保护皇室利益。

故刘邦在建国初表面上采取安抚政策,而实际上真正需要的是对被其视为危害政治统治秩序的人严厉打击。比如,就上述"逃亡"案件而言,统治者想方设法将民众人身束缚在封建土地上,一旦出现逃亡情况,即打乱稳固的统治秩序,引起动乱可能会威胁统治者的既得利益,故宁可错杀一千也不放过一个的心态体现在汉朝的司法实况当中。《奏谳书》所见汉朝疑罪从重惩处的司法实践,同汉高祖时期"疑狱奏谳"及疑罪从轻原则存在较大背离。班固无意分析社会实际情况,回避"疑罪从重"的事实,在《汉书·刑法志》中有意凸显君主"罪疑从轻"的官方表达。"慎刑慎罚"是儒家思想的体现,但并非儒学视界下的叙述就是法制事实。

(六)"矜恤折狱"的儒学视野与"依法处断"的法制真相

《汉书·刑法志》中提到汉朝的矜恤折狱政策:"高年老长,人所尊敬也;鳏寡不属逮者,人所哀怜也。其著令:年八十以上,八岁以下,及孕者未乳,师、朱儒当鞠系者,颂系之。"[4]法令对于年老鳏寡和幼儿特殊照顾,宽缓刑罚,体现其人性化的儒家思想。后文汉宣帝亦称:"朕念夫耆老之人,发齿堕落,血气既衰,亦无暴逆之心,今或罗于文法,执于囹圄,不得终其年命,朕甚怜之。自今以来,诸年八十非诬告杀伤人,它皆勿坐。"[5]八十岁

---

〔1〕 参见吕思勉:《秦汉史》,上海古籍出版社1983年版,第1~80页。

〔2〕 参见金春峰:《汉代思想史》,中国社会科学出版社2006年版,第43页。

〔3〕 参见金春峰:《汉代思想史》,中国社会科学出版社2006年版,第44页。

〔4〕 (汉)班固:《汉书》,中华书局1962年版,第1106页。

〔5〕 (汉)班固:《汉书》,中华书局1962年版,第1106页。

以上的老人除诬告杀伤人的犯罪外，并不适用连坐等酷刑。汉朝的矜恤制度符合上文所述的“敬爱”等儒学伦理道德观念，班固评价其“近古而便民”，并表示认同。

笔者对比出土文献后发现，汉朝矜恤制度的适用并不都是宽缓仁德。《二年律令·贼律》中规定：“以城邑亭障反，降诸侯，及守承城亭障，诸侯人来攻盗，不坚守而弃去之若降之，及谋反者，皆要(腰)斩。其父母、妻子、同产，无少长皆弃市。”[1]此条规定无论长幼鳏寡一律弃市。民众的生命与统治者的政权博弈，注定结果非常残酷。该法令出现于汉初，但是汉武帝之后，类似无论长幼鳏寡一律重惩的行为，仍然存在，如《汉书·李陵列传》：“于是族陵家，母弟妻子皆伏诛”，[2]也可得到印证。《二年律令·亡律》：“匿罪人，死罪，黥为城旦舂，它各与同罪。其所匿未去而告之，除。诸舍匿罪人，罪人自出，若先自告，罪减，亦减失舍匿者罪。”[3]此条并未另外规定对老病羸弱者特殊照顾，而是一视同仁，若犯前罪，多以死刑或者城旦舂惩处。不仅如此，儒家注重的“亲属相隐”理想制度亦被现实法打破，隐匿者与逃亡者同罪，鼓励上告官府“大义灭亲”的行为。逃亡者不利于社会稳定，更不利于政权稳固。在经历“独尊儒术”之后，汉代统治者，如汉宣帝仍然公开宣称：“汉家自有法度，霸王道杂之”，[4]拒绝了儒家理想中单单推崇的仁德和礼制。因此，严苛的法制与酷刑，伴随汉朝始终，儒家的矜恤理想在政权面前不堪一击。

汉朝的官方话语宣扬仁义，但在法制实践中则固定在有限范围。历朝历代的君王作为等级社会中的最高层，他们思考的是怎样使自己的统治强大而不被各种政治势力颠覆，怎样使那些“愚民”臣服。而秦末农民起义并推翻了秦朝政权之后，社会的主要矛盾逐渐转化为封建地主阶级与农民之间的矛盾。[5] 为了压制农民再次反抗，君主利用儒家的“仁爱”“矜恤”思想来麻痹人心。故矜恤是官方表达的宣传模式，也是统治者笼络人心的手段。儒家的仁德思想不仅为统治阶级提供道义上稳定统治的依据，还逐渐

---

〔1〕 彭浩等主编：《二年律令与奏谳书》，上海古籍出版社2007年版，第88页。

〔2〕 (汉)班固：《汉书》，中华书局1962年版，第2457页。

〔3〕 彭浩等主编：《二年律令与奏谳书》，上海古籍出版社2007年版，第157页。

〔4〕 (汉)班固：《汉书》，中华书局1962年版，第277页。

〔5〕 参见冯友兰：《中国哲学史新编》(第1册)，人民出版社1962年版，第126页。

缓和了阶级之间的尖锐矛盾。[1] 但实际上,"仁爱待人"是有前提条件的,即不能触及统治者的政治利益。

五、历史虚构的原因分析

《刑法志》中的"法制事实"有很多虚构的成分,究其原因,我们认为有以下几点:

(一)治史的主观目的

首先,历史叙事离不开作者治史的意图。作者的意识形态与编纂文本之间存在重要关联。编著者往往把自己的"意图伦理"话语体现于文本之中,而话语即是作者实践化的语言。因此话语总存在意识形态价值,作者努力把这些意识推行到能够发挥影响力的领域。

武帝之后,儒学在思想上"罢黜百家",占据统治地位,因董仲舒"引经注律",利用"经义"决狱,儒学还深入司法领域。此外,东汉经学发展,儒生使用儒学话语解释法律制度,汉朝的法律逐渐儒家化。前文提到,东汉时期大兴儒学教育,统治者十分重视经学,班固又是宏学大儒,受到良好的儒学教育,维护、推崇儒家是情理之中的事情。

其次,班固认为"汉绍尧运,以建帝业",[2]应为君主树立标榜。而"三代""商汤""尧舜禹"出现在汉朝的《汉书·刑法志》中,我们认为,不仅仅是因推崇儒学,亦不仅想为后世君主作出表率。他更想说明的一点是,汉朝虽经曲折(如武帝与西汉末期),但与三代的基本礼制精神与法律制度大致是一脉相承的,将汉朝与三代比肩,为东汉以及之后的王朝统治提供权力正当性依据,这显然是班固"圣人统诸"的意志所致。一方面将汉朝模拟三代,提升自身的社会影响力,另一方面也使汉朝与秦朝形成更加鲜明的立场对比。对于后人而言,汉秦两朝的政治与法律制度有源流上的本质区别,二者的社会根源与传承依据各有千秋,那么汉朝会无形中更得民心,班固想方设法寻找可以当作标准的对象,也适当掩盖了臣吏篡权易姓改朝的不光彩历史。

最后,一方面,讲求"经世致用"。班固坚守的儒家思想本身就是一种"经世哲学"。早年孔子不遗余力地宣传他的思想,目的是改变礼崩乐坏的

---

[1] 参见冯友兰:《中国哲学史新编》(第1册),人民出版社1962年版,第127页。

[2] (汉)班固:《汉书》,中华书局1962年版,第4235页。

局面。东汉时期，儒生一再推动立法、司法方面的发展，他们亦自觉关注政治、针砭时弊。[1] 自汉武帝时起，刑狱不断增多、司法黑暗的社会实态激起了班固的责任感，他寄希望于史书中，通过抨击现实，希望实现“刑措兵寝”的理想。此时儒学意识形态在汉代社会终于得到承认。史家往往化身为政治家加入汉朝统治中，有意无意间以牺牲直笔为代价。另一方面，班固身世坎坷，从世家大族沦落到平民百姓，一直怀才不遇，他标榜尧舜禹等英明君王，期待明君贤人可以赏识人才得到提拔。这种主观动机促使其为了仕途所需迎合君主的需要。

（二）著史的客观现实

另外，我们也不能脱离他当时所处的社会实际环境。不同时代的作者，其现实处境、对于社会、政治的理解，法律语境都发生了很大的变化。不同的社会集团和阶级也由于利益的差异而呈现不同的意识形态。班固所拥有的意识形态相应地反映该统治者的政治意识，东汉史学家逐渐将儒学与政治相协调，继而与官方话语相结合。

1. 东汉的统治时局

在东汉时期，当时的社会政治由稳定向外戚、宦官交替当政的动荡局面发展，需要通过儒家思想宣扬政治、法律手段，增强影响力来加强控制。比如东汉初期章帝“白虎观会议”对儒家经义进行编纂，而班固又受君主钦点编写《白虎通义》，书中将适应政治需要的伦理道德赋予神圣色彩。其明确指出：“地之承天，犹妻之事夫，臣之事君也。谓其位卑，卑者亲事，故自周于一，行尊于天也。”[2] 另外，“子顺父，臣顺君，妻顺夫何法？法地顺天也”[3] 均说明，君主天命所归以及尊君卑臣的说辞使儒家思想作为“忠君”的工具处于支配地位。

对内当时仍有“分邦建国”的领土分封，但是各郡国的实权被削弱，明帝总揽威柄，权不借下。[4] 而班固在其编著的史书中，将其用于统治的法律工具儒化，使之更具权威以给制衡的政治势力思想压制；在对外方面，汉

---

〔1〕 参见俞荣根：《儒家法思想通论》，广西人民出版社1992年版，第10页。

〔2〕 （汉）班固：《白虎通义（外十三种）》，上海古籍出版社1992年版，第21页。

〔3〕 （汉）班固：《白虎通义（外十三种）》，上海古籍出版社1992年版，第25页。

〔4〕 （宋）李昉等撰：《太平御览》，中华书局1960年版，第436页。

朝致力于消除匈奴的威胁。[1] 为加强统治权威,君主不免借助儒学的影响力来巩固自身的力量,比如将自己与“三代君主”比拟等。另外,东汉时期,社会生产力水平低,民智有限,儒家思想强调消除个人意志,把自我放在次要地位。[2] 重视义务,轻视权利的本质符合统治者利益要求,故将儒学观念渗透至政治场域,转而影响法律制度,发挥以德化民,统一思想的作用。又对统治者进行包装,使其具备仁爱矜恤的德行,既让民众服从统治阶级的意志,也可以使其愿意受法律约束,从而达到扩张统治的目的。

张耕华提到:“历史书写一旦掺入了现实的利害关系,情况就变得更为复杂。为了达到某种目的,历史书写者就会多写些对自身政治立场有利的历史,回避对自己不利的事实。”[3]汉朝君主的统治权威使班固进行利益衡量,屈从于官方话语权,淡化历史事实。比如“罪疑从轻”的法律话语表达更符合统治利益。

从东汉初期的社会背景出发,以利于统治的视角,驱使班固对《汉书·刑法志》进行儒学叙事。比如《后汉书》中,汉明帝认为:“恤幼孤,惠鳏寡,称朕意焉。”[4]班固则于《汉书·刑法志》中宣扬矜恤仁爱来回应汉帝。史家在治史时不自觉地沦为各个政权的工具,在儒学思想与官方政治的影响下,官方史学家所能做的,就是以儒家原始思想为基础,以历朝历代为支撑对道德思想进行改变,为君王寻求朝代兴起的依据,而这主要以儒学视野对本朝天命所归的记载来进行。

2. 班固的亲身经历

政权更迭频繁的汉朝时期,班固曾经历大起大落。东汉永平五年,有人告发班固“私修国史”,明帝下诏收捕,班固入狱后,很快将被处死。面对这种严峻形势,班超上书申冤,最终班固才被释放。[5] 在经历过生死之

---

〔1〕 参见(宋)范晔:《后汉书》,李贤等注,中华书局1965年版,第109页。

〔2〕 [美]宋格文:《天人之间:汉代的契约与国家》,李明德译,载高道蕴等编:《美国学者论中国法律传统》,清华大学出版社2004年版,第251页。

〔3〕 张耕华:《历史书写中的谎言》,载《廊坊师范学院学报》(社会科学版)2011年第1期。

〔4〕 (宋)范晔:《后汉书》,李贤等注,中华书局1965年版,第103页。

〔5〕 参见(宋)范晔:《后汉书》,李贤等注,中华书局1965年版,第1333页。

后，班固的心境变化，立场改变，其著作会被官方宣扬，不免要受到统治者监视。他撰写的《汉书》作为官修正史，必然要打上时代的烙印。

六、《汉书·刑法志》中的认知偏差

《汉书·刑法志》中既有历史虚构，亦有认知偏差。史学家在历史叙述的过程中天然就有一种缺点，从史实材料到形成认知再到形成文字记录，这个阶段必然存在失真，而客观上当时的科技水平认识能力又较有限，天然客观的因素是无法克服的。再加上历史前见的催化作用，相对于前者，后者更是一种无法避免的理解错误。

（一）对于"秦废礼制"的质疑

《汉书·刑法志》中关于秦始皇有过这样一段描述："至于秦始皇，兼吞战国，遂毁先王之法，灭礼谊之官，专任刑罚……天下仇怨，溃而叛之。"[1]

关于"先王之法"，即西周式"礼为政本"的礼制。班固意为秦始皇并不遵循礼制，而是对其进行破坏。可是《史记·礼书》中却谈道："至秦有天下，悉纳六国礼仪，采择其善……依古以来。"[2]秦始皇对礼仪制度择善而行。另外，对照出土文献可以发现，《云梦睡虎地秦简》的《日书》中有"祠五祀日"，列有"五祀"，包括一些其他祭祀的规定和祭祷的时日宜忌。[3]放马滩秦简《日书》中亦提到上述祭祀礼制。[4]岳麓书院藏秦简《占梦书》中也有提到献祭行神的礼制。[5]除此之外，周家台30号秦墓简有祠先农的内容。[6]而出土文献《睡虎地秦墓竹简》的《封诊式》中对于民间祭祀活动的描写也可得出，秦政权对民间信仰活动较宽容，干预较有限。[7]据此可知，秦朝并未废除一切礼仪制度。此外，孙楷所撰《秦会要》设有"礼"部凡五卷，对见诸文献记载的秦礼制，按照吉、嘉、宾、军、凶五礼的分类予以

---

〔1〕（汉）班固：《汉书》，中华书局1962年版，第1096页。

〔2〕许嘉璐、安平秋主编：《二十四史全译》，汉语大词典出版社2004年版，第398页。

〔3〕参见吴小强：《秦简日书集释》，岳麓书社2002年版，第1～258页。

〔4〕参见吴小强：《秦简日书集释》，岳麓书社2002年版，第259页。

〔5〕参见朱汉民、陈松长主编：《岳麓书院藏秦简壹》，上海辞书出版社2012年版，第40页。

〔6〕参见陈伟主编：《秦简牍合集三》，武汉大学出版社2014年版，第67页。

〔7〕参见睡虎地秦墓竹简整理小组编：《睡虎地秦墓竹简》，文物出版社1978年版，第277页。

汇编。[1] 可说明秦国至秦朝,秦人已有相当完备的礼制仪式。

所以班固所说"遂毁先王之法"有些片面。我们认为,法家思想与儒家观念的政治理念与人伦观念大相径庭。另外,秦汉类似于两个敌对政权。作为被儒学价值观支配的班固,在撰写《汉书·刑法志》时,过分解析仁义、礼制,评价秦朝,多以礼制为准绳,将秦朝无论政治还是法律与古制中的仁德对比,比如以"毁先王之法,灭礼仪之官"为诱因,"天下仇怨,溃而叛之"为结果。但是前者未必是后者的充分必要条件,仅以仁义礼制作为一个朝代灭亡的根本原因未免有失偏颇。班固的重心在于描述儒学价值观念,而主流思想使其并不注重以整体、全面的眼光看待问题,但任何事物都有多面性,班固只是标榜周礼古制,忽略从社会实际出发,从政治、经济、军事以及其他客观因素探究秦朝灭亡的深层原因,这是值得质疑的。

(二)对于"专任刑罚"的探讨

班固认为秦制"专任刑罚",[2]"专任"一词可被解释为"专门注重某一方面"。故"专任刑罚"是说"专门注重刑罚",以突出秦朝残虐的统治。但是,出土秦简表明,实际情况并非班固所述。由《秦律十八种》可见,秦的法律不仅专注刑罚,还包括《田律》、《厩苑律》、《仓律》和《金布律》等涉及民生、经济等方面的法律,很多条文也体现对罪犯的基本照顾。例如,管理厩圈和苑囿的法律《厩苑律》规定:"以四月、七月、十月、正月肤田牛。卒岁,以正月大课之,最,赐田啬夫壶酒束脯,为旱者除一更,赐牛长日三旬。"[3]优胜者奖赏酒肉减免更役。例如,《仓律》规定只要隶臣妾、城旦进行规定的劳作,即可获得相应的粮食。[4] 《属邦》中亦说:"道官相输隶臣妾,收人,必属其已禀年日月,受衣未受,有妻毋有。受者以律续食衣之。"[5]统治者考虑到隶臣妾等罪人的亲属状况,根据法律应该给其提供衣食。

---

〔1〕 参见(清)孙楷:《秦会要》,杨善群点校,上海古籍出版社2004年版,第1~125页。

〔2〕 (汉)班固:《汉书》,中华书局1962年版,第1096页。

〔3〕 睡虎地秦墓竹简整理小组编:《睡虎地秦墓竹简》,文物出版社1978年版,第30页。

〔4〕 参见睡虎地秦墓竹简整理小组编:《睡虎地秦墓竹简》,文物出版社1978年版,第25~53页。

〔5〕 睡虎地秦墓竹简整理小组编:《睡虎地秦墓竹简》,文物出版社1978年版,第110页。

另外,秦简《工人程》规定隶臣、下吏、城旦和工匠冬季劳动可3天收取相当夏季2天的产品。[1] 再如《秦律杂抄》中法律规定对于铁农具需谨慎管理,若未妥善履行职责,对其采取经济与行政惩戒相结合的方法。[2] 这在一定程度上也体现了人性,至少不能说专任刑罚。

汉简存在一定指向性,所以它并不反映整个汉初社会历史,甚至也无法涵盖全部的法律,我们观察到的也不是汉初社会的全貌。即便如此,我们也可以看出,班固偏重"仁义"的叙事方式使其忽视历史真相的本来面目,以至于过度强调"治人"的政治模式,以道德标准束缚秦朝。儒学思维模式也同样限制了班固自身的视界,使其机械地在秦朝的法律制度中只看到与"仁德"有关的内容,以至除了"专任刑罚"这一与儒学观念直接背离的事实以外,因认识的局限并不能看到其他仍有可取之处的法律制度,这就是儒学话语的理想描述与历史真实的背离。

(三)关于"刘邦仁厚"的证实

《汉书·刑法志》中有提到,"汉兴,高祖躬神武之材,行宽仁之厚……"[3]这里说刘邦仁厚,我们认为是片面的。刘邦在历史中可能存有"仁义"的一面,但很多史料也证明他并非单纯的仁德。参照司马迁在《高祖本纪》所述,刘邦好酒好色,整日无所事事。[4] 其有"无赖"的负面形象。"未央宫成……曰:'始大人常以臣无赖,不能治产业,不如仲力。今某之业所就孰与仲多?'……"[5]父亲看不起年轻时的他,这是刘邦自己的口述。

《史记·郦生陆贾列传》中,"诸客冠儒冠来者,沛公辄解其冠,溲溺其中。与人言,常大骂。"[6]因为讨厌儒生,刘邦对郦生极不尊重。另有,《史记·项羽本纪》记载,为躲避楚军追赶,刘邦曾将自己亲生子女推堕下车三次。[7] 历史上的刘邦侮辱儒生,为保自己性命抛弃亲生子女,恐非仁厚。

---

〔1〕 参见睡虎地秦墓竹简整理小组编:《睡虎地秦墓竹简》,文物出版社1978年版,第73页。

〔2〕 参见睡虎地秦墓竹简整理小组编:《睡虎地秦墓竹简》,文物出版社1978年版,第138页。

〔3〕 (汉)班固:《汉书》,中华书局1962年版,第1090页。

〔4〕 参见(汉)司马迁:《史记》,中华书局1959年版,第342页。

〔5〕 (汉)司马迁:《史记》,中华书局1959年版,第386页。

〔6〕 (汉)司马迁:《史记》,中华书局1959年版,第2692页。

〔7〕 (汉)司马迁:《史记》,中华书局1959年版,第322页。

此外,透过律法,可看到君王不为人知的一面。《二年律令》中仍收录严苛的法律制度。比如《贼律》中规定,"口来诱及为间者,磔。亡之口。"[1]虽然律文有残缺,但根据《奏谳书》可佐证:"即从诸侯来诱也",[2]只要引诱朝廷的人口到诸侯国,就处弃市极刑;比如《盗律》中规定:"徼外人来入为盗者,要斩。"[3]将盗窃犯处以腰斩极刑。"智人为群盗而通饮食馈赠之,与同罪;弗智,黥为城旦舂。"[4]即使不知情给予群盗食物的仍要处以城旦舂刑。弃市、腰斩甚至上文提及的灭族极刑用于并非十恶不赦的罪犯身上,这在汉律中均有体现。

就历代政治实践角度而言,能够战胜一切牵制力量登上九五之尊的君主,单靠仁厚之德,不大可能实现此目的。在危机四伏的战争和诡谲多变的政治斗争下潜伏着最终胜出者的种种心狠手辣。班固却与儒家一样将希望寄托于明君身上。谈及刘邦时,班固更侧重描述他仁厚,施行了一系列与儒家理想主义符合的经济、政治策略。相对而言,写武帝却描述其"百姓贫耗,穷民犯法,酷吏击断,奸宄不胜"[5]。同样是汉家帝王,班固却并未明显偏袒。二者产生差异的根本原因在于,前者在汉初表面温和的手段在官方看来基本符合儒家理想标准,而后者却明显盘剥百姓,导致大量社会矛盾发生。班固从始至终并未仔细分析《汉书·刑法志》中法律制度自身结构内容的利弊,而是以叙事的方式阐释君主颁布法律政策是否仁义,官方话语中是否体现礼制道德,背离仁义的君主相应背离人心等。这是儒家的叙事模式。

(四)对于法制主体内容的分析

《汉书·刑法志》中除了对于历史事实的认知偏差外,班固对于法律制度本身的描述也带有自己被主流思想影响而产生的误解。《汉书·刑法志》中内容过分偏重对于礼制、仁义的解析,对于法律制度的主体内容却较少涉猎,这是他先入为主的前见所致。

李力针对《汉书·刑法志》所载的关于秦汉劳役刑制的因革提出了问

---

〔1〕 彭浩等主编:《二年律令与奏谳书》,上海古籍出版社2007年版,第90页。

〔2〕 彭浩等主编:《二年律令与奏谳书》,上海古籍出版社2007年版,第339页。

〔3〕 彭浩等主编:《二年律令与奏谳书》,上海古籍出版社2007年版,第114页。

〔4〕 彭浩等主编:《二年律令与奏谳书》,上海古籍出版社2007年版,第115页。

〔5〕 (汉)班固:《汉书》,中华书局1962年版,第1101页。

题。首先，滨口重国将文帝刑制改革分为“废除肉刑的命令”与“伴随减刑的恩典”两部分解读，并解释“髡”字与“黥”字在文中被省略的具体含义。中日学者在此基础上，又做出相关研究。有学者认为《汉书·刑法志》本身有脱漏，并提出“脱文说”，通过补充最低限度字句的方法，尝试解决各种疑问；另有学者提出“窜入学说”，主张大概在西晋以后，传世《汉书》误将《汉书·刑法志》正文当作颜师古（或他人）的注文。[1] 但两种主流学说均只从客观层面出发，对于文本本身进行探讨，论证《汉书·刑法志》中法制文本的残缺不全以及后世传承中的遗漏问题，并未进一步从作者班固主观思想角度去分析，这是值得推敲的。

从主观方面出发，笔者的理解是作者可能认为劳役刑制及刑期等内容并不重要。这种看法受主流思想支配而产生认知偏见，班固只叙述他自己认为重要的东西，对当时或现今很重要的法制内容并不重视，比如一些重要的刑罚体系与刑期等并未详细记录于文中。班固对“文帝废除肉刑”事件本身进行探讨，看其做法是否仁义，对于改革的制度具体如何规定以及法律适用等问题并不关心，如《汉书·刑法志》中：“诸当完者，完为城旦舂；当黥者，髡钳为城旦舂。”[2] 对处罚规则的叙述并不明确，以致我们对“髡”“黥”字的完整含义并不理解并且不能对律文整体进行解读。刑罚制度的具体规定应该怎样，多种处罚方式之间符合何种条件才可以转化适用，单单就这一句话是看不出来的。

关于文帝肉刑改革的叙述只是《汉书·刑法志》的一个缩影。何四维在《汉律辑佚》中认为，班固花费较大篇幅叙述从古代到汉初的军事组织史，谈及汉朝的法律制度时进行快速简短的描写，而侧重对皇帝法制改革的事实情节和对弱势群体体恤政策的描述。粗略估计，文章中关于《周礼》等直接或间接的引用，将近占了《汉书·刑法志》一半的篇幅。综上所述，班固对于汉代法律制度的描述还远远不够，或者说他根本就没有试图着重叙述这个制度。他仅仅是强调了治法内容的几个方面，也从未对法律体系

---

〔1〕 参见李力：《秦汉法制史研究的两桩公案——关于〈汉旧仪〉、〈汉书·刑法志〉所载刑制文本解读的学术史考察》，载中国政法大学法律古籍整理研究所编：《中国古代法律文献研究》（第10辑），中国科学出版社2016年版，第170～198页。

〔2〕（汉）班固：《汉书》，中华书局1962年版，第1099页。

进行完整介绍。[1] 而在何四维的著作中,不仅详细介绍了具体的司法行政机构以及管理机制,还对汉朝法律制度中刑罚的种类以及每种具体刑罚的含义、制定、适用范围,实施步骤并结合秦汉时期的具体司法案例以及判决依据加以阐明,除此之外,其仍对相应的法律原则加以解释,如区分故意和过失原则、赦免原则等。

除此之外,丘汉平的《历代刑法志》对于《汉书·刑法志》中的内容作出增注。比如"钻"为膑刑,根据颜师古的注释,即钻去其髌骨也,后文出现的墨、劓、宫、刖、杀、舂、槁字均标注与之对应的刑罚及具体施刑过程。[2] 另外,书中对于犯罪从宽的法律原则也稍作解释。比如弗识、过失、遗忘分别采用颜师古的注释不审也、非意也和遗忘也。[3] 同时也对于实施刑罚的工具"桎梏"作出解释。[4] 但《汉书·刑法志》中很少提及刑罚的具体解释问题,即使偶尔提及,也是模糊带过,使人难以理解。

我们再结合上文提及的出土文献《云梦睡虎地秦简》《张家山汉简》,关于法律的叙述也涉及法律制度的类型以及运用问题,其中包含具体的司法判例和对于司法官员的具体要求等。比如《二年律令》中对于律令的规定很详细。其将刑罚体系按危害大小及处罚轻重进行分类,一共27种律和1种令,重至危害统治、违反伦常的贼律、盗律,轻至秩律、金布律等对民间经济生活有影响的制度。律文中仍提及一些刑罚原则,比如自首减刑。《亡律》规定:"诸亡自出,减之。毋名者,皆减其罪一等。"[5] 此外,刑罚种类分为主刑与附加刑,比如肉刑、劳役刑、死刑等主刑,具体表现为髡钳城旦舂、弃市、腰斩、枭首等,还明确涉及赎刑、罚金刑这种附加刑的适用问题,比如"亡印,罚金四两"。[6]

这些法律文献的内容都有共性,均涉及法制体系、法律制度等重要内容,相比专门记载法律制度的"治法"文献而言,班固的《汉书·刑法志》似乎并不是专注描述刑罚内容的,其更像以刑法为线索,进而宣扬儒学视野

---

[1] A. F. P. Hulsewé, *Remnants of Han Law*, Leiden, Brill Press, 1955, p. 313.

[2] 参见丘汉平:《历代刑法志》,群众出版社1988年版,第1~9页。

[3] 参见丘汉平:《历代刑法志》,群众出版社1988年版,第19页。

[4] 参见丘汉平:《历代刑法志》,群众出版社1988年版,第19页。

[5] 彭浩等主编:《二年律令与奏谳书》,上海古籍出版社2007年版,第166页。

[6] 彭浩等主编:《二年律令与奏谳书》,上海古籍出版社2007年版,第110页。

下的“治人”观念,用周礼、仁义衡量法律制度的利弊。班固作为汉朝官员,能将劳役刑制罗列出来即说明他理解肉刑的规定,但可能深受儒学“仁政”思想影响,班固对于法律制度产生认知偏差,并不重视法制主体内容,故《汉书·刑法志》中出现文本内容残缺不全,表述模糊的情形。

七、认知偏差的原因分析

对于秦汉,班固的认知产生了偏差,从而使其表述上与历史真实产生了较大差异。其中自然和他被儒学影响的政治立场有关,也与客观条件有关。究其原因,有以下几点:

(一)“前见”的影响——意识形态的认知错误

我们认为,上文中也有提到,这可能是因“前见”的影响而产生的格式套用。秦朝是与汉朝敌对的政权集团。就政治立场而言,作者对于前朝或多或少存在芥蒂。汉政权是建立在“反秦”根基上的,“反秦”亦是儒家学者的共识。在《汉书·刑法志》中,对于秦朝严苛的法律制度反复批判即可看出其“反秦”的政治立场。这种儒学价值观念在其脑中先入为主形成一种“前见”,让班固有意无意地使用它却没有认真分析它的正误。此后的《历代刑法志》均受到影响,叙事结构也基本是三段论式:首先,论述自然与天、人的关系,对于前任君主舞文弄法的批判,并突出对“圣王之道”的认同;其次,以记叙的方式描述历代帝王就具体法律事项与大臣商议的历史大事(多是恩赦、减刑等事项),并加以“微言大义”;最后,作者借用前人的话语抒发仁义的观点。比如《隋书·刑法志》《明史·刑法志》等。随着时间推移,后世已经离儒学兴盛期相隔较远,但历代刑法志评判法制仍基本以儒学观念为标准,可见儒学思想观念深刻影响后世,那么班固作为《刑法志》的开创者,又处儒学主流时期,则更应深受前见影响,被主流思想所误导。

(二)自身知识与记忆的局限性

除上述因素之外,根据所处社会的经济发展程度,科技、商业贸易并不发达,史学家思维受到限制,简单直观。比如将自然现象与传说或者将异象与个人尤其是皇帝及法律联系在一起,出现神化统治者的一系列说法。而造纸术也刚刚兴起,书籍的供应并不方便,客观条件的不充足,自身知识储备有局限性,大量史料掌握的不充分性,使他们在修史时根据自己的有限知识对于史料进行解读,并且会有意无意地运用自己熟知的评判标准去衡量一个自己并不熟悉的法律领域。另外,大多数史书都非当代人所写。后人对于历史也是一种回忆式书写,人的记忆力是有限的,年代久远而记忆更可能是模糊的。所以史学家很难将历史记得准确,这是不太现实的。

八、结论

儒家思想理论在经过文化与政治的不断磨合之后,实质上已经发展成君主统治中具有政治意识形态的理论,历代王权都选择它表达法律话语,其为统治阶级的政治目的进行"仁德"的理想建构。陈晓枫认为,《历代刑法志》传递给我们的远不是历史本身,它所传递的是关于那些法律历史的"话语"。在这个话语中,不仅传递了中国法律历史的片断和事件,同时也传递了历代士大夫编写正史的视野。[1]《汉书·刑法志》就是政治哲学思想演化而来的政治史,是儒学思想以及统治阶级意识的体现。因此,正史如《汉书·刑法志》俨然是一种有意识的灌输,宣扬着"圣王"理想观念,以儒学的视界叙述法律制度。但是,从儒学价值观念本身出发,班固推崇的这种儒学理想主义毕竟只是一种政治哲学理想,其本身逻辑就有缺陷。比如文中将国家的兴衰寄托于明君身上,但描述"圣王"的出现却需要百年时间,也并未详细解释中间这段漫长的岁月重新陷入黑暗该怎么办。这是儒学理想主义的自我矛盾。韩非子亦发出感叹:"且夫尧、舜、禹、桀、纣千世而一出……今废势背法而待尧舜,尧舜至乃治,是千世乱而一治也。"[2]圣人本就少见,更何况要求君主严于律己是不可能的。等待圣王来救世显然不符合客观形势。这种不合理的儒学理想主义渗透于班固的正史当中,影响作者本身的主观意识形态及立场,我们更要对其主笔的官修通史进行质疑批判。

此外,儒家理想主义崇尚"以名正实",即以不变的周礼的"仁德"标准去衡量现实社会正在变化的万事万物,这种观念也是不可取的。历朝历代都在不断变化,历史的客观选择都是因客观物质条件和统治需要不断变化的。从这一层面讲,儒家思想是不合时宜的。俞荣根也认为,以唐虞三代

---

〔1〕 陈晓枫:《〈历代刑法志〉:话语·语境与前见作用》,载倪正茂主编:《批判与重建——中国法律史研究反驳》,法律出版社2002年版,第269页。

〔2〕 (战国)韩非:《韩非子新校注》,陈奇猷校注,上海古籍出版社2000年版,第946页。

法律为理想法的法律价值观和思维模式,包含着严重的法律文化保守主义,一定程度上阻碍了法律批判、变革的新鲜活力。[1]

最后,从班固著作的内容出发,《汉书·刑法志》对于道德、法律与真相的界限区分并非十分清晰,其中亦有外部的客观条件以及统治阶级的政治影响,这无形中可能引导我们偏差理解,影响我们对于法律事实的客观认知。当代少有学者在研究中质疑《汉书·刑法志》的真实性,甚至对班固的"历史叙事"深信不疑,史学研究者未深思熟虑便加以引用将其作为学术研究的组成部分,忽略班固儒学视野下的叙述与法制事实的限制,在我们看来是不够严谨的。任何一种史料都有自己叙述的局限。更不要说经过史学家口耳相传,并且掺入个人的价值观念和统治阶级利益考量的官修史。或许研究者有独到的思路或学术见解,但史料的失真使其得出的研究结论未必准确。古代官方话语易麻痹学者的内心,使其淡化思辨的意识和自主反省的态度。如此循环往复,会使法制史研究背离其最本质的目的,最终只能在儒学视界的怪圈中原地踏步甚至倒退。

历史事实被官方话语掩盖着,而官方的话语功能又被儒学思想影响着,所以真相面前有重重障碍。能够拨开层层迷雾,透过表层不断深究法律真相,发现理想建构中的内在本质和真理,是法制史学者始终不能逾越的前提。法制史研究必须保留自身的独特性,那便是对于真相的执着追求。一旦失去了这种独特性,研究也就褪去了自身的价值。

儒学思想及儒家对法制历程的认识不能完全等同于实际历史。作为法制史研究者,我们更要辨析当时的官方意识形态的影响与法制事实之间的差异,谨慎而严肃地思考,对于史料进行认真考证、梳理,敢于质疑正史中的"不真实"成分,提高分析、鉴别史料的能力,以史学研究者的视野探求这些特定时代话语背后的史实以及作者赋予的叙事包括的含义。意识形态下的"历史"无论多么"真实",终不能代替历史事实成为我们法制史的研究依据。

主编说明

我曾经面向法律史专业学生开设"中国法制史专题研究"课程,其中有

---

[1] 俞荣根:《儒家法思想通论》,广西人民出版社1992年版,第277页。

长达五年以上的时间以《汉书·刑法志》作为经典文本,师生共同研读。不同学期、不同学生与本人在共同逐字逐句研读过程中,我均提出各种问题讨论,并将之汇集在一起,提炼学生学术研究的问题意识。杨潇在读期间,受本课程启示,以《汉书·刑法志》为基础,撰写研究生一年级的学年论文。在批阅论文期间,我提出一方面应该重视近三十年来出土的秦汉法律文献,另一方面应重视海外著名学者(比如何四维)的重要研究成果。在修订第二稿时,作为初学者,杨潇的一些表述存在极端化倾向(比如出现"最……"等),我指导她阅读严耕望《治史三书》,注重表达的严谨性;有的表述不够流畅,我指导她阅读钱穆《八十忆双亲　师友杂忆》、王钟翰《王钟翰学述》等,要求她仔细体会典范之作的流畅与典雅的表达形式。第三稿有明显进步。不过,作为初学者,她在论文的问题意识与"命题"方面尚不成熟。虽然杨潇用力很勤,遍观诸书,查阅资料甚广,论文篇幅已然写得很长,研究指向(要讨论的问题点)却不够明晰。为此,我要求她仔细研读刘南平的《法学博士论文的骨髓和皮囊》(《中外法学》2000年第1期)。近年市面上关于如何撰写优秀法学论文的著作或文章很多,我一直认为此文是最好的一篇。在此基础上,我要求她再度检阅所有近三十年出土秦汉法律文献,择其相关者补充进论文中。另外,初学者短期内在学术史综述方面有较大不足,我将所有同主题的重要研究文献逐一推荐她阅读。经过师生近半年时间数次修订,最终完成本稿。与高年级研究生不同,初学者在写论文时,中途往往因为思考难以深入或研究难以继续而抓狂,或者因为某些表述出现不应有的错误而受到指导老师严厉批评,要完成研究和产出优秀的研究成果,初学者必须要有十分的耐心和细致。杨潇较好地完成了这一研究任务。

专题二　诉冤与“健讼”：晚唐至宋元时期诉冤法律研究

海　丹*

目　次

一、导论

(一)概念界定与选题意义

所谓诉冤法律制度是指由当事人因为感到不满(在史料中,多称为“冤情”“冤抑”)提起上诉而发起诉讼程序的法律制度,其内容主要包括上诉受理和审理机关,及对当事人上诉行为的规范。晚唐至宋元时期的诉冤法律主要对直诉行为进行规范,即直诉法,其制度形式包括匦函、登闻鼓、邀车驾几种。但在部分时期(如南宋),也包括允许并规范越诉行为的法律制度,即

---

* 海丹,中央民族大学法学硕士,京都大学法学博士,现为中山大学历史系特聘副研究员。

越诉法。直诉法与越诉法有一定的共性。在设立目的上,它们均以使上级机关了解和解决地方上的“冤抑”事件为诉求。在起诉理由和当事人资格上,它们都规定须系当事人“自陈屈抑”。[1] 由于这两种法律都要求发起诉讼程序的人必须具备本人含冤这一条件,本文将之统称为诉冤法律制度。

虽然各时期的狱讼程序并不完全相同,但通常而言,诉讼都应经过自州、县到中央的由下至上、逐级上报的程序。[2] 无论直诉还是越诉,都是相对于正常的狱讼程序而言的特殊程序。

然而,这两者并非完全一致,它们在受理机关和经由程序上都有很大区别。唐和两宋时的直诉,均由皇帝指定专门机关负责受理,且须经过严格的逐级上诉程序方可投状。依据《唐六典》的规定,凡“在京诸司见禁囚……有冤滞不申欲诉理者”,应先经本司、本贯或者随近官司的审理,若不服,应要求审理者出具“不理状”后方可向尚书省提起上诉,若仍不服,亦须由尚书省出具“不理状”,此后可经三司陈诉,如仍被拒绝受理,方可挝登闻鼓。[3] 两宋时则规定诉冤者应先诉于州、县,结案后如不服,可上诉于转运司和提点刑狱司;如仍不服,方可经登闻鼓和邀车驾制度投状——即便如此,也应遵循“未经鼓院,检院不得收接;未经检院,不得邀驾进状”的程序,而不像后世越诉法所规定的那样只须先向提刑司上诉,若其不受理即可“经刑部、御史台越诉”。[4]

无须经过严格的逐级上诉程序即可至上级监司诉冤,是越诉法与直诉法的关键区别,也是在这层意义上,它们成为两个不同的概念。在当时人

[1] 《唐会要》卷五五。

[2] 关于五代的狱讼程序,参见杨鸿烈:《中国法律发达史》,上海书店出版社 1990 年版,第 537 页;刘琴丽:《五代司法制度研究》,陕西师范大学 2001 年硕士学位论文。关于宋代的狱讼程序,参见徐道邻:《宋律中的审判制度》,载徐道邻著:《中国法制史论集》,台北,志文出版社 1975 年版,第 89 ~ 113 页;戴建国:《宋代刑事审判制度研究》,载《文史》第 31 辑,中华书局 1988 年版,第 115 页;梅原郁:《宋代司法制度研究》,创文社 2006 年版,第 37 ~ 270 页;刘馨珺:《明镜高悬》,北京大学出版社 2007 年版,第 21 ~ 41 页。关于元代的狱讼程序,参见陳高華:「元朝的審判機構和審判程序考」、『東方学報 京都』第 66 冊;[美]韩森:《传统中国日常生活中的协商》,鲁西奇译,江苏人民出版社 2008 年版,第 115 页。

[3] 《唐六典》卷六,“凡在京诸司见禁囚”,陈仲夫点校。

[4] 《宋会要辑稿·刑法》三之一一、三之一二、三之一四、三之一六、三之三一、六之七三。

的观念中,正是因为越诉行为具有这一“乱名犯分”特征,才被认为不应具备合法性。[1] 事实上,即便仅从逻辑上推理也可以发现,如果越诉法与此前早已合法存在的直诉法完全相同的话,那么皇帝根本没有必要再专门以越诉为许可对象发布诏令,其只须重申“直诉”即可。

如果以制度基本趋于稳定的两宋诉冤法律为参照,对二者作一简单界定的话,或可认为,直诉法是指以诉冤者本人遵循常规狱讼程序进行诉讼作为必要前置条件,以皇帝或其指定机关作为审理者的特殊救济途径,其最终裁决权通常属于皇权。与此不同,南宋时的越诉法意味着诉冤者只须经过在本县的诉讼、无须经过常规狱讼程序的其他环节,便可提起上诉,审判和裁决由皇帝指定的机关(中央级的刑部和御史台与路一级的提刑司)进行,皇帝并不亲自行使这一权力。

传统法对越诉通常取明令禁止的态度。比如唐、宋律典中均规定:“诸越诉及受者,各笞四十。若应合为受,推抑而不受者笞五十,三条加一等,十条杖九十”,北宋初年的敕令也屡屡重申此点。[2] 因此,两宋之际设立越诉法的举动颇引人注意。不过,综观晚唐以降的史事可以发现,允许越诉的做法并非仅见于两宋之际。早在五代后唐,越诉行为便获得了一定程度的默许。[3] 而两宋之际允许越诉的范围及其法律精神,其实可以上溯至唐高宗时发布的《申理冤屈制》。[4] 与此相反,直诉在中国传统法律体系中渊源已久。[5] 晚唐、五代、两宋与元代都设有接受直诉的机构。[6] 在考察两宋越诉法开禁这一法律转折的同时,既要注意到前朝法律传统在立

---

〔1〕 刘馨珺:《明镜高悬》,北京大学出版社 2007 年版,第 43 页;《古今合璧事类备要外集》卷二十六。转引自郭东旭:《宋朝法律史论》,河北大学出版社 2001 年版,第 349 页。

〔2〕 刘俊文点校:《唐律疏议》,中华书局 1983 年版,第 447 页;薛梅卿点校:《宋刑统》,法律出版社 1999 年版,第 431 页;《宋大诏令集》卷一百九十八;《宋会要辑稿·刑法》三之一一、三之一二、三之一三、三之一五。

〔3〕 《五代会要》卷九,“议刑轻重”条。

〔4〕 陈登武:《从人间世到幽冥界》,北京大学出版社 2007 年版,第 27 页。

〔5〕 杨一凡、刘笃才:《中国古代匦函制度考略》,载《法学研究》1998 年第 1 期。

〔6〕 《旧五代史·刑法志》;《元史》卷七;(元)赵承禧等:《宪台通纪》(外三种),王晓欣点校,浙江古籍出版社 2002 年版,第 14 页,第 21 页,第 65 页,第 103 ~ 104 页,第 152 页;杜文玉、李洪涛:《五代立法与司法制度初探》,载《思想战线》1986 年第 4 期;黄纯艳:《下情上达的唐宋登闻鼓制度》,载邓小南编:《政绩考察与信息渠道》,北京大学出版社 2008 年版,第 214 页。

法过程中所起的作用,及越诉法自身作为法律传统对后世产生的影响,也不能忽视在这一时期一直合法存在的直诉制度。

另外,从唐至元,立法者设立诉冤法律的目的都包含纾解冤抑。但与此背道而驰的是,历代在法律运行中都出现了当事人依靠诉冤法“健讼”的现象,其中尤以南宋时为严重。更值得注意的是,南宋和元代设立诉冤法律的过程中都有明显的钳制豪强之意,但利用诉冤法律的当事人往往被司法者指为豪强。立法意图与运行效果呈现出明显的悖论。探析这一问题,不仅可以发现地方豪强与州县官吏间的复杂关系,对于理解唐、宋以后的诉冤法律制度及司法风格的演变,亦颇有可得之处。

在已有研究中,关于诉冤法律制度的文本规定及狱讼程序的成果较多,探讨诉讼参与人在法律中的活动及彼此关系(“法律中的人”)这一问题的较少。这导致史料中的一些细节遭到忽视。本文试图以两宋时期的诉冤法律的设立和运行为中心进行考察,探析晚唐、五代以来的法律传统和入元以后法律制度的嬗变,关注此类法律在较长历史时段中的发展,辨明法律传统与政策倾向在不同时期的延续和转折。在此基础上,从诉讼参与人之间的博弈关系出发,探究此类法律的运行状况。

(二)研究综述、目的、方法与路径

1. 研究综述

目前,学界关于诉冤法律制度已有一定研究,其中有关直诉制度的成果略多于关于越诉的成果。然而,无论是关于直诉还是越诉的研究,已有成果多为梳理制度渊源,对法律运作中的“人”(尤其是豪强利用诉冤法律“健讼”这一现象)的探讨并不很多。

早在杨鸿烈的《中国法律发达史》中,即已论及五代时的直诉法律。[1]杨一凡、刘笃才的《中国古代匦函制度考略》和张全民的《中国古代直讼中的自残现象探析》等文则探讨了较长历史时段中的直诉法律及自残、自辱等伴生现象。[2] 其中,关于唐代和五代的直诉法律的研究焦点主要集中

〔1〕 杨鸿烈:《中国法律发达史》,上海书店出版社1990年版,第537页。

〔2〕 杨一凡、刘笃才:《中国古代匦函制度考略》,载《法学研究》1998年第1期;张全民:《中国古代直诉中的自残现象探析》,载《法学研究》2002年第1期。

于匦函制度,关于宋代直诉法律聚焦于登闻鼓制度,关于辽、金、元时期直诉法律的研究相对较少。[1] 关于立法原因,戴显群认为匦函的设立虽缘于武则天大开告密之门之心,但确实起到了促进司法效率和廉明的作用。[2] 但杨一凡和刘笃才认为,将匦函认为是"'告密诬陷'的代名词"曲解了这一制度的基本性质与功能,匦函其实是君主"保障下情上达的工具"。[3]

另外,对越诉法律的研究涉及允许越诉的时期、立法原因、法律内容、司法实践及其评价几个方面。除了相对更为人所知的南宋越诉法外,杜文玉和李洪涛提出五代即已允许越诉,甚至制定有"越诉之条"。[4] 但刘琴丽认为,五代各朝关于越诉的规定不尽相同,并非所有的时期都允许越诉。[5] 此外,吴海航指出,元代法律允许因审判不公和审判者应回避而未回避这两种情况越级前往上级监司陈告。[6]

关于越诉法的立法原因,杜文玉和李洪涛认为五代越诉法的出台缘于统治者急于整顿吏治。[7] 郭东旭的《论南宋的越诉法》一文梳理了《宋会要辑稿》等大量史料中有关越诉的法令后,提出皇帝设立此法是为了钳制州县官吏与宽恤民力。[8] 但台湾地区学者陈登武认为,仅以皇权关心民瘼为由并不能区别"越诉"与"直诉"间的法意差别,当时允许越诉的理由

---

[1] 戴显群:《唐五代社会政治史研究》,黑龙江人民出版社2008年版,第152~155页;刘琴丽:《五代司法制度研究》,陕西师范大学2001年硕士学位论文,第13页;黄纯艳:《下情上达的唐宋登闻鼓制度》,载邓小南编:《政绩考察与信息渠道》,北京大学出版社2008年版,第213页,第221页,第223页;赵旭:《论唐宋之际登闻鼓职能的强化及影响》,载杜文玉主编:《唐史论丛》(第11辑),三秦出版社2009年版,第30~45页;叶潜昭:《金律之研究》,台北,商务印书馆1972年版,第222页;郝时远:《元代监察制度概述》,载元史研究会编:《元史论丛》(第3辑),中华书局1986年版,第82~104页。

[2] 戴显群:《唐五代社会政治史研究》,黑龙江人民出版社2008年版,第158页。

[3] 杨一凡、刘笃才:《中国古代匦函制度考略》,载《法学研究》1998年第1期。

[4] 杜文玉、李洪涛:《五代立法与司法制度初探》,载《思想战线》1986年第4期;杜文玉:《五代十国制度研究》,人民出版社2006年版,第516页。

[5] 刘琴丽:《五代司法制度研究》,陕西师范大学2001年硕士学位论文,第12页。

[6] 吴海航:《元代条画与断例》,知识产权出版社2009年版,第280页。

[7] 杜文玉、李洪涛:《五代立法与司法制度初探》,载《思想战线》1986年第4期;杜文玉:《五代十国制度研究》,人民出版社2006年版,第516页。

[8] 郭东旭:《宋朝法律史论》,河北大学出版社2001年版,第340页。

其实并未超出唐高宗以来的法律传统。[1] 与他们不同,赵旭认为,皇帝设立越诉法其实缘于弥补“日益捉襟见肘的财政状况”这一目的,其理由为此类法律所针对的违法行为多为“官员对民间财产的侵夺”,对此加以处罚意味着中央政府可以从中获利并弥补自身的财政困窘。[2]

关于南宋越诉法的内容,陈登武指出,除郭东旭文中所辑录的越诉法令外,还有其他一些法令许可越诉。比如两广、两浙受害蕃商,因地方官不准流通米粮而受害者,因诸路州县坑治兴发而受害者,和拥有民地契卷却被官员以屯田为由占地者等,都可以提起越诉。[3] 此外,德永洋介指出,因受灾所致租佃纠纷在孝宗初年也属可越诉范围。[4]

关于越诉的司法实践,王志强在考证《名公书判清明集》(以下简称《清明集》)所收判词的援引法条时,曾谈及有关越诉的敕条。[5] 刘馨珺的研究聚焦于宋高宗朝开放的越诉法令对县级狱讼的影响上,指出“越诉案件成立之后,县衙的司法工作并未中止”,而且越诉的合法化导致越诉风气蔚然而生,严重影响了地方狱讼程序,并使地方官府在面对熟悉诉讼流程的“豪民”时颇为无奈。[6] 在柳立言的研究中,也指出了讼师利用务限和越诉法获取胜诉这一问题,并谈及越诉程序中的诉讼参与人的行动选择问题,但因其研究主题所限,此文没有对豪强、讼师、民户等主体加以深究。[7] 此外,植松正与小川快之均指出,元代的江西存在很多的越诉现象。[8]

---

〔1〕 陈登武:《从人间世到幽冥界》,北京大学出版社2007年版,第10页,第18页,第27页。

〔2〕 赵旭:《唐宋法律制度研究》,辽宁大学出版社2006年版,第219页,第223页。

〔3〕 陈登武:《从人间世到幽冥界》,北京大学出版社2007年版,第10页,第18页,第27页。

〔4〕 德永洋介:「南宋时代の纷争と裁判」、梅原郁编『中国近世の法制と社会』、京都大学人文科学研究所、1993、366頁。

〔5〕 王志强:《南宋司法裁判引用的法条考》,载杨一凡编:《中国法制史考证》(甲编第五卷),中国社会科学出版社2003年版,第417页。

〔6〕 刘馨珺:《明镜高悬》,北京大学出版社2007年版,第43~47页。

〔7〕 柳立言:《青天窗外无青天》,载柳立言编:《中国史新论》(法律史分册),台北,“中央研究院”、联经出版事业股份有限公司2008年版,第235~282页。

〔8〕 小川快之:「明代江西における開発と法秩序」、大島立子編:『宋—清代の法と地域社会』、東洋文庫、2006、135頁;植松正:「元朝支配下の江南地域社会」、佐竹靖彦編:『宋元時代史の基本問題』、汲古書院、1996、345頁。

学界对如何评价南宋越诉法,意见颇为不一。郭东旭认为,此法的设立具有缓和阶级矛盾与扩大法的社会属性的积极效果,但刘馨珺指出此法严重影响了地方狱讼程序,“健讼”者甚至能借此脱罪。[1]

此外,关于晚唐至宋元时期豪强阶层,史学界多有研究,其中不乏围绕宋元时期江南社会各阶层展开的探讨。但这些研究多倾向于社会史(尤其是政治史和经济史)视角的研究,迄今几无从此角度切入的法制史研究成果,也很少将豪强与诉冤法律的运行联系起来进行考察的成果。这些成果对理解当时的决策过程与涉讼者的行动选择颇有助益。由于此类研究成果数量较多,此处不予一一列举。

综上所述,已有的关于晚唐至宋元时期的直诉法律研究成果以文本梳理为主,对司法实践及法律效果的探讨不多。另外,关于越诉法的已有研究虽然关注角度各不相同,但多未涉及豪强如何运用诉冤法律制度“健讼”这一问题。[2]

2. 研究目的、方法与路径

作为南宋越诉法和元代诉冤法的钳制对象之一的豪强却能利用诉冤法进行健讼,这一悖论本身就意味着问题。正如有研究者指出的,法律的运行其实是人与社会间的一种对话,无论是法官断案的标准,还是立法者立法的考虑,都与当时的社会不无关系。[3] 因此,本文试图将对相关法令的考察置于时空与社会的背景下,从豪强与诉冤法律的关系切入,考察地方豪强及其所依托生存的地方社会与政策制定者和执行者之间的关系,并从诉讼原理的角度分析诉冤法律运行中反映出的钳制行为与利用行为的僵持局面。

由于相关史料的分布较为分散,因此本文试图通过详细梳理和对比不同典籍中收录的诏令与判词,求得对当时的历史状况有一较为全面的了

---

〔1〕 郭东旭:《宋朝法律史论》,河北大学出版社2001年版,第349~350页;刘馨珺:《明镜高悬》,北京大学出版社2007年版,第43~47页。

〔2〕 目前仅见有陈智超《南宋二十户豪横的分析》一文曾就史料中反映出的中央政府关于“豪强操纵地方官吏”的忧虑及这一忧虑对越诉法的制定所具影响加以考察,然其惜未深论。陈智超:《南宋二十户豪横的分析》,载邓广铭等主编:《宋史研究论文集》,浙江人民出版社1987年版,第260页。

〔3〕 王平宇:《从〈清明集〉看待南宋地方官对待“争业”诉讼的态度》,载《思与言》第35卷第4期。

解。在此基础上,本文的研究将采取史学分析方法和法学规范分析方法,并依以下路径展开。首先,分时期简述晚唐至宋元时期的诉冤法律制度。其次,分析各时期立法的原因及其法律效果。如在晚唐、五代部分侧重分析狱讼淹滞与立法多变之间的关系,在两宋部分着重分析豪强与社会环境及其对法律所产生的影响,在元代部分则关注应对健讼的诉冤立法与诉讼策略之间的互动关系。最后,基于上述研究,分析诉冤法律制度具有的监察性质与其诉讼发起模式间的冲突,以及因此导致的当事人与官方的负面互动。

二、唐以来的传统和五代时的变化

(一)制度沿革与立法原因

1. 唐至五代诉冤制度沿革

自垂拱二年(686 年)设立匦函,唐代的直诉即以投匦为主要形式。同时,唐律明确禁止越诉。[1] 随着投匦性质的变化,在文宗年间(838 ~ 840 年)经历了数次有关匦使、检验副本等制度的反复后,投匦直诉制度基本确立。[2] 至五代时,虽然诉冤法律尚不如后世两宋时周全,但各朝也多设有接受直诉投状的机关。[3]

后唐天成元年(926 年)与长兴三年(932 年),先后发布了两道关于越诉的敕令,其中前者规定只要当事人表现出“实报深冤,无门上诉”的处境,即可越级上诉。[4] 有研究者认为,这说明当时的法律允许越诉,而作为承袭了后唐律令的后晋,自然也允许越诉。[5] 然而,现存有关后晋法律的记载中并无越诉相关内容。虽然可以从天福五年(940 年)关于剺耳的敕令中推知后晋统治者对妄诉行为相对宽容,不再因当事人实施了剺耳行为而彻底拒绝审理(而是在惩罚剺耳行为后受理其控告),但这并不能证明法律也允许越诉。[6]

---

〔1〕 刘俊文点校:《唐律疏议》,中华书局 1983 年版,第 447 页。

〔2〕 戴显群:《唐五代社会政治史研究》,黑龙江人民出版社 2008 年版,第 152 ~ 155 页。

〔3〕 《旧五代史·刑法志》;杜文玉、李洪涛:《五代立法与司法制度初探》,载《思想战线》1986 年第 4 期;杨伟立:《前蜀后蜀史》,四川社会科学出版社 1986 年版,第 77 页。

〔4〕 《五代会要》卷九,“议刑轻重”条。

〔5〕 刘琴丽:《五代司法制度研究》,陕西师范大学 2001 年硕士学位论文,第 12 页。

〔6〕 《旧五代史·刑法志》。

而且,后唐长兴三年(932 年)基于天成元年(926 年)敕所制定的“蓦越陈状”者须在文书后具以其所诉事由并“监送本处”这一规定,也并不说明此时的立法一定鼓励和允许越诉。[1] 事实上,从 926～932 年间后唐法律区别对待已经/未经断遣的诉讼一事可以看出,当时的统治者既没有完全否定已经存在的断遣的效力,也不鼓励当事人就尚未经断遣的诉讼越诉。其解决方式是将当事人遣送回原地、令其逐级陈诉。从当事人的角度来看,这一政策对越诉(甚至也包括直诉)的态度即使不是否定的,也至少是不鼓励的。很难说后晋继承的一定是后唐明宗初年允许越诉的敕令,而不是其晚期的不鼓励政策。

2. 立法原因

应当承认,唐初设匦(尤其是申冤匦),与立法者意欲纾解世间冤抑这一目的不无关系。五代(特别是后唐初期)之所以表现出比唐代更为宽松的越诉政策倾向,也和中央政府意图表现出为民申冤的姿态有关。

然而,“纾冤”并不等于为以词讼为主的民间诉讼提供上诉审判程序。虽然后世对唐初设立匦函的原因的表述不一,但无论是称为接受告密还是下情上达,所描述的制度功能其实是一样的,即为了实现信息由下至上的流通而设。从垂拱二年(686 年)所设匦函装载四种不同内容的进状可知,统治者意欲收获的信息不仅是百姓冤屈,还有关于朝廷得失、军国利害的政治进言。而且,唐初的立法者曾一度重申接受诉冤诉讼的职能属于三司,并以此为由禁止将此类事项投匦。[2] 由此可知,设匦的初衷只是为了使皇帝获得各类与执政有关的信息。

综观五代法律也可以看出,包括后唐明宗初年敕在内的各道敕文,其立法用意并非为民间诉讼提供上诉审程序,而是为了减少狱讼淹滞和冤滥刑狱。天成元年(926 年)十一月,以“近日多有冤滞”为由取消狱讼审理中追索其他关联证据这一步骤,改为一旦获得“赃验”即行“正断”。同年(926 年)十二月,允许越诉。从天成三年(928 年)发布的敕令中可以看出,

[1] 《五代会要》卷十七,“御史台”条。

[2] 《唐大诏令集》卷八十二,“申理冤屈制”条,“申冤制”条;《唐会要》卷五十五;戴显群:《唐五代社会政治史研究》,黑龙江人民出版社 2008 年版,第 152～155 页;杨一凡、刘笃才:《中国古代匦函制度考略》,载《法学研究》1998 年第 1 期;黄纯艳:《下情上达的唐宋登闻鼓制度》,载邓小南编:《政绩考察与信息渠道》,北京大学出版社 2008 年版,第 214～215 页。

统治者明显不信任诸道、州、府的审理结果,因而要求各地的观察、防御、团练、军事判官在案成后逐一当面录问,“如有异同,即移司别勘”。长兴元年(930年),皇帝下诏表示要嘉奖“善推疑狱及曾雪冤滥兼有异政”的官员。次年(931年)重申如经直诉、越诉后发现原审不当,将处分原审官和监察官。一年后(932年),皇帝又以“陈状诉屈人,据状内皆是讯鞫多时”为由取消将已被“州府断遣”的诉讼遣送回当地“依次第论对”改为“据状施行”,并将未经审判、“募越陈状”的越诉案件“具事由……监送本处”。[1]从如此频繁的变化中可以看出,后唐统治者最终试图实现的是减少狱讼,而不是为上诉者提供司法性的上诉审程序。后晋时亦是如此。统治者屡屡发布敕令,要求地方官员录检刑狱、以防狱讼“淹滞”并取消酷刑。[2]这政策倾向一直延续到后汉时,并无太大变化。从乾祐二年(949年)正月敕令中可以看到后汉统治者为了减少“舞文”之弊,明令地方官员审理案件时“但见其情,即为决狱”。[3]

(二)狱讼淹滞与词讼投匭

虽然唐代设匭和五代放宽对诉讼行为的限制都并非出于为民间提供上诉审程序的目的,但它终究还是导致了普通词讼上诉增多这一结果。早在唐大历十四年(779年),即有婚田、财产诉讼的当事人越过本司、省司和三司而投匭进状的记载,并且常有投匭者以词讼冒充军国重事投匭进状的事情发生。[4]五代以后,这种事情并未减少。后周广顺二年(952年),朝廷重申百姓诉论应“先诉于县”,显德四年(957年),再次申明受理诉讼的务限的法令。[5]这不仅说明这一时期的统治者渐趋严格管制诉讼行为,也反映出当时存在多讼与随意越诉的现象。

词讼投匭的增多应与上诉需求的增大有关。在同时存在相对严格(经三司上诉)和相对随意(投匭上诉)两种渠道的情况下,可以想见当事人会更倾向于通过后者上诉。由于统治者后续出台了禁止性立法,那些希望通

---

〔1〕《旧五代史·刑法志》;《五代会要》卷九“议刑轻重”条,卷十“刑法杂录”条,卷十七“御史台”条。

〔2〕《旧五代史·刑法志》。

〔3〕《旧五代史·刑法志》;《五代会要》卷十“刑法杂录”条,卷十七“御史台”条。

〔4〕《唐会要》卷五十五。

〔5〕《五代会要》卷十七“御史台”条;《册府元龟》卷六百一十三。

过投匦获得再次审理的词讼当事人为了实现自己的目的，势必要将诉状伪装为军国重事。

另外，从后唐天成元年(926年)以降的修订法令过程可以推知五代存在以下情形：(1)统治者认为民间存在很多冤抑，于是简化了审理程序，不料却导致了冤滥的增多，因此统治增设了逐一当面录问这一步骤，希望能监督审判。然而，当面录问的效果显然一般，否则就不会过了三年后又要嘉奖能雪冤者，也不会发生"皆是讯甘鞫多时"的问题。(2)统治者认为冤抑很多，于是允许越诉，但词讼投匦可能因此增多，否则就不会有926年至932年期间先改为一律"晓示陈状人送道，依次第论对"，后改为直接执行地方官已经审理的案件并将未经审判的越诉案件遣送回原处的事情。[1]

针对地方上狱讼淹滞的频繁指责和反复立法固然说明当时可能存在地方司法黑暗的现象，但也反映出皇帝对地方官极不信任。正是这种不信任导致了其立法政策的多变。这在天成三年(928年)敕中表现得尤为明显。然而，狱讼淹滞这一结果其实与立法草率不无关系。以天成元年(926年)敕令为例，取消对关联证据的取证、只看有无"赃验"即予定罪这一做法显然会导致定罪科刑过程的简单、草率，并无益于冤滥问题的解决。

三、两宋诉冤法及其运行

(一)两宋诉冤机制的架构

1. 两宋直诉与越诉法

鉴于五代时期的种种弊端，北宋建国后实施了一系列意在"走出五代"的改革措施，比如以朝官出任县官、收回镇将的司法权、地方长官必须亲自审理司法案件、以转运使纠察州军刑狱、限制当事人资格、诉状的书写格式日趋严格等。[2] 与此同时，秉承唐律和后周的法律精神，不仅《宋刑统》明令禁止越诉，北宋初年的皇帝也屡屡发布敕令、禁止越诉。[3]

---

[1] 《五代会要》卷十"刑法杂录"条，卷十七"御史台"条。

[2] 邓广铭：《宋史十讲》，中华书局2008年版，第57页；屈超立：《宋代地方政府民事审判职能研究》，巴蜀书社2003年版，第3～5页；戴建国：《宋代刑事审判制度研究》，载《文史》(第31辑)，中华书局1988年版，第115页；戴建国：《宋代刑法史研究》，上海人民出版社2008年版，第5页；(元)马端临：《文献通考》卷六十一。

[3] 《唐律疏议》，刘俊文点校，中华书局1983年版，第447页；《宋刑统》，薛梅卿点校，法律出版社1999年版，第431页；《宋大诏令集》卷一百九十八；《宋会要辑稿·刑法》三之一〇，三之一一、三之一二、三之一三、三之一五。

两宋时逐步建立了较完善的直诉制度。北宋雍熙元年(984 年)改匦为检后,至迟不晚于至道三年(997 年),另设了鼓司,由内臣掌管。景德四年(1004 年),将检改为登闻检院,隶于谏议大夫之下。同年(1004 年),鼓司改称登闻鼓院。南宋建炎三年(1129 年),登闻鼓院亦改隶谏院。由此,鼓院、检院与邀车驾组成一整套直诉程序,即所谓“未经鼓院,检院不得收接;未经检院,不得邀驾进状”。鼓院与检院的职能均为受理和转呈,而非言事机构和司法部门。[1] 与此同时,邀车驾虽然通常被限定为通过其他形式控告仍不能得偿时方可采取的补救手段,但亦为直诉手段之一。[2] 另外,自两宋之际开设越诉法后,相关立法逐年增多,其内容包括可以越诉的事由、受理越诉案件的机关、越诉查实后的法律后果等(见表 1)。

表 1 《宋会要辑稿·刑法》中所见允许越诉的法令[3]

庙号	时间	内容	提起越诉的主体	受理机关	立法级别	资料来源
徽宗	大观三年(1109 年)十一月	官员、军兵长期占用宫观寺院	寺观	未载	未载	刑法 2-50
	政和二年(1112 年)十一月十一日	在外现任官员私置机轴、织造匹帛	人	未载	未载	刑法 2-59
	宣和三年(1115 年)六月十四日	公吏辄置家人或贴身,以违制论	民户	监司	未载	刑法 2-82
	宣和四年(1116 年)十二月二十四日	在禁罪人,官司辄移他所	被禁之家	监司、廉访使者	未载	刑法 6-61
	宣和六年(1118 年)四月四日	外任官员自置机杼或令机户织造匹帛	未载	未载	未载	刑法 2-91

[1] (元)马端临:《文献通考》卷六十;《宋会要辑稿·刑法》三之一四;黄纯艳:《下情上达的唐宋登闻鼓制度》,载邓小南编:《政绩考察与信息渠道》,北京大学出版社 2008 年版,第 221 页,第 225~229 页。

[2] 《宋会要辑稿·刑法》三之一四。

[3] 关于《建炎以来系年要录》所收高宗朝越诉法令,可参刘馨珺:《明镜高悬》,北京大学出版社 2007 年版,第 43 页。

续表

庙号	时间	内容	提起越诉的主体	受理机关	立法级别	资料来源
高宗	绍兴元年(1131年)三月十七日	现任官员买卖不依市价	人户	未载	未载	刑法 2-108
	绍兴元年(1131年)十一月十三日	官员犯入己赃	人户	未载	未载	刑法 3-25
	绍兴三年(1133年)二月二十三日	官司无理骚扰阻截贩米客商	客商	尚书省	未载	刑法 2-102
	绍兴三年(1133年)七月二十二日	豪右、业主抑勒、骚扰流寓之人	被抑勒之人	本府不为受理,许诣朝省越诉	未载	刑法 2-147
	绍兴四年(1134年)六月八日	行在受纳米斛、钱帛仓库大量升合、非理退剥	纳人	尚书省	未载	刑法 2-105
	绍兴三年(或四,存疑)(1133年或1134年)十一月三日	非理科率	人户	未载	未载	刑法 2-103
	绍兴四年(1134年)九月十五日	官员犯入己赃	人	未载	未载	刑法 2-107
	绍兴十二年(1142年)五月六日	受理词讼辄委送所讼官司	人户	在内御史台,在外监司	未载	刑法 3-26
	绍兴十二年(1142年)五月十四日	州县多科其数,然后轻重出没	人户	未载	未载	刑法 2-108
	绍兴十四年(1144年)四月三日	公事淹留	被追干证之家	未载	未载	刑法 3-80、81
	绍兴十九年(1149年)十二月十三日	被上户侵夺田土	人户	未载	未载	刑法 3-48

续表

庙号	时间	内容	提起越诉的主体	受理机关	立法级别	资料来源
高宗	绍兴二十六年(1156年)闰十月十五日	州县官吏违法差雇夫轿车马之类及驱逐街市卖物村民,乱作名色拘占舟船,私役工匠营造己物,营造公物轮差不平	人户	未载	未载	刑法2-154
高宗	绍兴三十年(1160年)三月十四日	钱塘南山形势之家及诸军寨平占士庶坟墓,本县官吏受赂容情、擅行给佃	人户	径诣台府	未载	刑法2-155
高宗	绍兴三十二年(1162年)二月十九日	州郡以献助为名科率	民户	未载	未载	刑法2-156
孝宗	绍兴三十二年(1162年)八月二十三日(已即位,未改元)	州郡泛滥追呼	被扰人	未载	未载	刑法3-83
孝宗	隆兴元年(1163年)四月二十四日	下户为豪强侵夺,州县以务限拒受	人户	未载	未载	刑法3-48
孝宗	隆兴二年(1164年)正月五日	州县、监司所受词讼,经涉岁月不为结绝	人户	次第陈诉	未载	
孝宗	乾道九年(1173年)十一月九日	迁延诉讼限一月依公结绝	人户	赦	未载	刑法3-34、35
孝宗	淳熙元年(1174年)三月十三日	诸军科勒士卒	军人	径赴三省	未载	刑法2-156
孝宗		改绍兴二年七月十一日诸军不许越诉令			未载	
孝宗	淳熙二年(1175年)八月二十六日	州县因公事科罚百姓钱物	人户	台省	未载	刑法2-118、119

续表

庙号	时间	内容	提起越诉的主体	受理机关	立法级别	资料来源
孝宗	淳熙五年(1178年)八月十三日	前断官已移替,则词讼不须委送别处				刑法 3-35
	淳熙九年(1182年)九月十三日	州县科扰保正副	充役家	监司	赦	刑法 2-121
		州县违法籍没人财产	人户	提刑司		刑法 2-121
	淳熙十一年(1184年)十一月二十二日	官司辄立茶盐铺,虚给帖子,违法科抑	人户	未载	赦	刑法 2-122、123
		州县酒坊违法	人户	未载	赦	刑法 2-123
		州县辄于乡村差借人夫	人户	未载	赦	刑法 2-123
	淳熙十五年(1188年)九月八日	追索违欠茶盐钱物不得追索亲戚、改嫁妻	人户	未载	户部行下	刑法 6-41
	淳熙十六年(1189年)五月十六日	州县纵容豪强占据深水取鱼	人户	未载	未载	刑法 2-124
	淳熙十六年(1189年)十一月二十五日	福建路州县遇盗贼、紧急,辄于数里之外起动保甲,役使农民	未载	未载	未载	刑法 2-124
光宗	绍熙五年(1194年)九月十四日	迁延诉讼限一月依公结绝	人户		赦	刑法 3-37
宁宗	庆元元年(1195年)八月十七日	现任官员买卖不依市价	人户	在外监司,在内御史台	未载	刑法 2-126
	庆元三年(1197年)三月二十七日	应讼事三日内给出断由	人户		未载	刑法 3-37、38

续表

庙号	时间	内容	提起越诉的主体	受理机关	立法级别	资料来源
宁宗	嘉泰元年(1201年)正月七日	不应禁而收禁	不应禁人及家属	经提刑司越诉，如提刑司不为受理，仰经刑部、御史台越诉	未载	刑法6－73
	开禧三年(1207年)正月十六日	州县拘扰客贩、茶盐商船	客商	未载	未载	刑法2－136
	开禧三年(1207年)十一月十七日	州县以科买、和籴而辄作奸弊	人户	未载	未载	刑法2－136
	嘉定五年(1212年)九月二十八日	沿海诸邑州县科扰海船	船户	未载	未载	刑法2－137
	嘉定五年(1212年)十二月二十日	妄诉者收坐，妄经朝省者从重，欺罔天听者编配			未载	刑法2－137
	嘉定八年(1215年)五月一日	科折过数、预借赋税	人户		户部指挥	刑法2－139、140
	嘉定八年(1215年)十二月三十日	州县官司暴刻、胥吏取受	人户		未载	刑法2－141
	嘉定十三年(1220年)九月六日	折科	人户		未载	刑法2－143
	嘉定十四年(1221年)六月十六日	蕲、黄州移民随行衣物牛具驴马舟船免税，若违戾，许越诉	人户		未载	刑法2－144
	嘉定十四年(1221年)九月十日	官司动用，差顾人夫	充役之家	监司	赦	刑法2－144

续表

庙号	时间	内容	提起越诉的主体	受理机关	立法级别	资料来源
宁宗	嘉定十六年(1223年)八月五日	过数征收受纳苗米	人户	转运司	未载	刑法2-145
	嘉定十六年(1223年)八月八日	不应禁而禁	被关留人	未载	未载	刑法6-75
	嘉定十七年(1224年)四月八日	非法关留	家属	御史台	未载	刑法2-145

2. 设立越诉法的原因

关于两宋之际越诉的合法化,已有研究一般倾向认为缘于朝廷宽恤民力或昭雪冤狱的心愿,虽亦有学者指出越诉法在钳制州县官吏的同时也有钳制地方豪强之意,但钳制州县官吏被认为是宽恤民力的辅助,而钳制地方豪强只在结论处捎带提及,并未得到详论。[1]

首先,从这一时期允许越诉的法令的内容,确可看出立法者有意钳制州县官吏的违法害民行为。然而,如因此以为这是唯一的立法原因,似不能全面涵盖史料中反映出的问题。观察上表可以发现,两宋各朝设立越诉法的起因不仅限于钳制州县官吏的违法害民。《宋会要辑稿》“刑法”部中,最早一次允许越诉是在宋徽宗大观三年(1109年)。其不仅针对州县官吏,而且是针对全体现任/寄居官员、军兵和官物长期占用寺观的行为。[2] 政和二年(1112年)至宣和六年(1118年),立法虽多针对州县官吏的违法勾追、收禁行为,但也有两次是就地方现任官员“私设机轴,公然织造匹帛”这一侵害中央利益的行为制定。[3] 因此,将这一时期的越诉法称作钳制官吏违法行为或许可以说得通,但若说其均是针对州县官吏和害民行为则略为牵强。

其次,南宋历朝的越诉法令并非均出自同一目的。高宗朝初期的越诉

〔1〕 郭东旭:《宋朝法律史论》,河北大学出版社2001年版,第349页;陈登武:《从人间世到幽冥界》,北京大学出版社2007年版,第27页。

〔2〕《宋会要辑稿·刑法》二之五〇。

〔3〕《宋会要辑稿·刑法》二之五九,二之八二,二之九一,六之六一。

法多与“军兴”背景有关,此后历朝立法中虽以州县官吏的非法科率、追呼取证、取受贿赂、拖延词讼、审理不公乃至对越诉民众打击报复的事情居多,但也有一些法令与地方官府拒绝受理涉及豪强、上户的田宅纠纷有关,法令表述中亦不乏对豪强引发事端、勾结州县官吏压制贫弱下户的谴责、担忧之情。[1] 从“豪右兼并之家占据官地、起盖房廊、重赁与人”(1133年)、“被上户侵夺田土”(1149年)、坟墓为“形势之家及诸军寨……包占平夷”(1160年)、“有下户为豪强侵夺”(1163年)、“巨室妄作指占……勒取租钱”(1189年)等词句频见于越诉法令这一现象可以看出,地方豪强的豪横行为至少是立法者起意许可越诉的触因之一。[2] 在有的时期,立法者甚至会以“虑冤抑”和“交相侵夺”而考虑突破现行法律(务限法)的规定,出台向贫弱方倾斜的政策。[3] 因此,不能说越诉法只是为了钳制州县官吏而作。

作为一种原本被“坐之以罪”的行为,越诉的合法化意味着两宋之际中央政府对现行制度(常规狱讼程序和直诉程序)的突破,但这并不意味着其政策的突然改弦更张。恰恰相反,这是立法者继承北宋乃至更早以来的“纾冤抑”政治传统的表现。比如前述警惕、钳制豪强侵夺贫弱的思想,其实自后周与北宋以来即已存在。显德四年(957年)敕中关于“交相侵夺、情理妨害、不可停滞者”不在务限所限的规定,说明后周立法者亦有警惕豪强兼并、有意钳制豪强的意图。[4] 而以这一敕令为代表的法律精神(甚至法律语言),几乎为北宋法律全盘继承。[5] 北宋时曾针对主客户之间的矛盾和主户间关于田产兼并、土地划界等引发的纠纷,在禁止主户无理阻挠客户流动、客户以水旱灾害为由抗租引发的租佃纠纷的特殊务限、禁止县司在民户彼此田地交易后不更改税簿以致贫弱卖方日后受损、制定民间买钞之价以抑豪强等多个方

---

〔1〕《宋会要辑稿·刑法》二之一〇二,二之一〇三,二之一一八,二之一一九,二之一三六,二之一三七,二之一三九,二之一四〇,二之一四一,二之一四三,二之一四四,二之一四五,二之一四七,二之一五四,二之一五五,二之一五六,三之二五,三之二六,三之二七,三之四八,三之八〇,三之八三。

〔2〕《宋会要辑稿·刑法》二之一二四,二之一四七,二之一五五,三之四八。

〔3〕《宋会要辑稿·刑法》三之四八。

〔4〕《册府元龟》卷六百一十三。

〔5〕刘馨珺:《明镜高悬》,北京大学出版社2007年版,第68页。

面屡次下达诏令。[1]

在这一政治传统的影响下,加之南宋初年的政局不稳(外来侵略与朝野内部对其继承皇位的合法性的质疑都动摇着其政权的基础),宋高宗势必要采取一定的政治举措以巩固自己的地位。[2] 皇帝以亲民和纾冤抑的形象出现,显然是一个较好的办法。正如宋高宗在绍兴十二年(1142年)五月十四日再次允许越诉的诏令中自述的那样,许可越诉缘于"遭时艰难,盗贼蜂起,比分遣将帅,招来平荡,而民力久困,不可枝梧。访闻县令夤缘为奸,廉者取羡余,悦权贵,为进身之术;贪者充家,民无所聊,朕甚悯恻。"[3]绍兴二十七年(1157年),侍御史周方崇将此概括为"情理大有冤抑,官司敢为容隐,乃设为越诉之法"。[4] 南宋时人好言北宋初年皇帝亲自听断州县积案、纾解冤抑的现象,恐怕也是在揣度了皇帝的心意之后而为。[5]

最后,越诉法钳制的州县官吏是由州、县官员和吏员共同构成的,虽然他们因职务与利益的缘故而关系密切,但并不具有同等的社会地位。时人在阐释越诉法设立原因时也往往将之区别对待。比如前述绍兴十二年(1142年)诏称县令与胥吏夤缘为奸,[6]又如隆兴六年(1168年)时任宗正少卿兼权户部侍郎的王佐则将"开冒役越诉之门"的原因解释为"虑猾吏之为民害"。[7] 钳制州县官吏的做法隐含着设立越诉法的另一触因,即南宋时期地方军事力量和地方精英的崛起。越诉法所针对的豪强群体,与州县官吏招募、指挥的弓手、义军等地方军事力量和当地士人构成的地方精英

〔1〕《宋会要辑稿·刑法》三之四三,三之四四;宋史卷一百八十二;[日]周藤吉之:《宋代的佃户制》,载刘俊文编:《日本学者研究中国史论著选译》(第5卷),索介然译,中华书局1993年版,第108~113页,第123页;[日]草野靖:《宋代的顽佃抗租和佃户的法律身份》,载刘俊文编:《日本学者研究中国史论著选译》(第8卷),姚荣涛、徐世虹译,中华书局1992年版,第347页。

〔2〕关于南宋初年的政局,参见柳立言:《南宋政治初探》,载王健文编:《台湾学者中国史研究论丛——政治与权力》,中国大百科全书出版社2005年版,第338~341页。

〔3〕《宋会要辑稿·刑法》二之一〇八。

〔4〕《宋会要辑稿·刑法》三之二九。

〔5〕(宋)洪迈:《容斋随笔》卷十四,"祖宗亲小事"条;(南宋)李心传:《建炎以来系年要录》卷一百五十九。

〔6〕《宋会要辑稿·刑法》二之一〇八。

〔7〕《宋会要辑稿·刑法》三之三三。

群体之间存在错综复杂的联系。[1] 绍兴三十年(1160 年)诏允许受害者针对“形势之家”(吏户)和“诸军寨”(驻军)仗势平占士庶坟墓的行为提起越诉即为一证。[2]

这种警惕反映了当时的政局。在“军兴”背景下,为地方官掌控的地方武力获得发展,由于州县官吏负责征发船只、追捕盗贼,侵犯平民利益的现象时有发生。[3] 建军、征发、追盗等行为虽然在一定意义上反映出政权对地方社会的延伸性控制,但它也反向促进了中央政权对地方官所掌握的权力和在平日与之存在交往的地方社会精英的担忧与警惕。与此同时,由宗室、官户、士人和形势户所组成的地方精英群体在地方社会中占据的地位和所起的作用日益增大,甚至被认为已经成为地方社会的主力。[4] 因此,不能说两宋越诉法的立法原因仅缘于皇帝宽恤民力。至少,这不是其主要目的。

(二)豪强与“健讼”

1. 豪强的身份

对于豪强,史料中其实并无一个明确的概念,甚至没有统一的称呼。南宋初年,皇帝和中央官员往往称其为“巨室”、“上户”或“形势之家”;而南宋末年,以《名公书判清明集》所收判词的作者为代表的地方官员们,则往往称为“豪”或“村幢豪民”。[5]

豪强之所以被称为豪强,最关键的原因在于其为人作风豪横,这也是豪强与门阀世族所不同的一点。虽然南宋时期的判词中不乏将官户或士

---

〔1〕 黄宽重:《南宋地方武力》,台北,东大图书股份有限公司 2002 年版,第 338 ~ 340 页;黄宽重:《宋代基层社会的权力结构与运作》,载黄宽重编:《中国史新论[基层社会分册]》,台北,“中央研究院”、联经出版事业股份有限公司 2009 年版,第 310 页。

〔2〕 《宋会要辑稿·刑法》二之一五五。

〔3〕 《宋会要辑稿·刑法》二之一〇二,二之一三六,二之一三七,二之一四三,二之一四四,二之一五四,二之一五五,二之一五六;黄宽重:《从中央与地方关系看宋代基层社会的演变》,载宋史座谈会主编:《宋史研究集》(第 36 辑),台北,新文丰出版公司 2006 年版,第 166 ~ 167 页。

〔4〕 黄宽重:《宋代基层社会的权力结构与运作》,载黄宽重编:《中国史新论[基层社会分册]》,台北,“中央研究院”、联经出版事业股份有限公司 2009 年版,第 310 页。

〔5〕 《宋会要辑稿·刑法》二之一二四,二之一五五,三之四八;中国社会科学院历史研究所宋辽金元史研究室点校:《名公书判清明集》,中华书局 1987 年版,第 485 ~ 486 页,第 488 ~ 489 页,第 644 页。

人指为豪强的例子，但这些人之所以被这样指责缘于其行为的豪横，而不是因为身份或血缘的缘故。与此不同，虽然唐以前的门阀世族可能在入唐后早已几代布衣，但其最初却必须具备累世担任一定品级以上的官员这一条件，与其行为豪横与否并无关系。此外，豪强不同于唐以前的门阀世族的地方还在于其既不具备如后者一般能与君主"共天下"的全国性政治影响力，也没有为全社会所尊崇的郡望和门第。[1] 事实上，与"门阀"一词的中性意味相比，"豪强"更多的是一种含有贬义的称呼。这从南宋豪强中除了具有官方尊崇地位的官户、士人乃至宗室之外，还不乏地位相对卑微的形势户这一点即可看出。

虽然如此，豪强仍掌握有一定的社会、政治资源，全无背景的豪强相对少见。这些资源常与家族声威等因素有关。正如有学者指出的，一个宗族之所以构成强宗豪族，主要在于其社会势力、经济势力以及行为方式。[2] 而家族声威的形成与持续往往有赖于一定程度上的政治乃至军事影响力。大多数豪强之所以能够把持衙门公事，与其身份地位和社会关系有很大关系。比如北宋景德二年(1005 年)所发之曹州赵谏兄弟恐吓取财、干预政事案便是如此。赵氏兄弟日常"交结推右长吏"乃至与朝士、内职、中贵等中央政府中人书信往来、关系密切，因而得以"干预郡政"乃至诬陷中央官员。[3] 至南宋时，勾结州县吏人、把持公事已被认为是豪强能够豪横的原因之一。有学者总结《清明集》中关于豪强的描述后认为，豪强的违法行为主要集中在"侵夺国课"和"擅作威福"上，而其豪横行为往往依靠和地方政府关系密切之人(如罢吏)的帮助实施。[4]

家族为豪强提供的资源还包括相对富裕的家境。如北宋初年诬陷大将张永德图谋不轨的豪强高进，其在史料中首先被界定为"富民"，其次才

---

〔1〕 郭锋:《唐代士族个案研究》，厦门大学出版社 1999 年版，第 1 ~4 页；邱添生:《唐宋变革期的政经与社会》，台北，文津出版社有限公司 1999 年版，第 74 页；田余庆:《东晋门阀政治》，北京大学出版社 2005 年版，第 1 ~3 页。

〔2〕 王善军:《宋代宗族和宗族制度研究》，河北教育出版社 2000 年版，第 170 页。

〔3〕《宋会要辑稿·刑法》三之一二。

〔4〕 中国社会科学院历史研究所宋辽金元史研究室点校:《名公书判清明集》，中华书局 1987 年版，第 457 页，第 476 页；陈智超:《南宋二十户豪横的分析》，载邓广铭等主编:《宋史研究论文集》，浙江人民出版社 1987 年版，第 260 页。

是行为“豪横莫能禁”。[1] 至南宋初年,“豪”在一定程度上已被等同于上户(富裕的民户)。隆兴元年(1163 年)诏中将“豪”“富强之家”“上户”几种称呼混用,其所指向的均为同一群人。[2] 南宋末年,被地方官斥为“民害”的“豪”也通常具有家境相对富裕的特征。[3] 入元以后,“豪猾”与“富上”被并列使用。[4]

虽然各时期豪强的身份构成与语意指向并不完全相同,南宋末年的豪强不一定如宋初豪民一般具有“熟夷”“大姓”等特点,甚至可能是外地迁来的寄居户,而其身份构成亦以官户、宗室、士人、形势户和富户为主,因此不同于入元以后的闲居官员、曾充军役离职者、骤富豪霸者和泼皮凶顽者,但他们彼此间仍具有一定的共性,即相对富裕(拥有较多土地甚至佃户/在当地户等制划分中属于上户),拥有一定的社会、政治资源(对佃户有号召力/家族中有人为吏或为官,或本身为拥有社会尊崇地位的士人、宗室等),作风豪横。[5]

表 2　中华书局版《名公书判清明集》中所见豪强身份[6]

出现豪强的判词总数(次)	宗室(人)	官户(人)	士人(人)	形势户(人)	其他(人)
58	1	6	8	15	28

〔1〕《宋史》卷二百五十五。

〔2〕《宋会要辑稿·刑法》三之四八。

〔3〕中国社会科学院历史研究所宋辽金元史研究室点校:《名公书判清明集》,中华书局 1987 年版,第 457~458 页,第 488~489 页。

〔4〕《大元圣政国朝典章·刑部》卷十九,“禁富户子孙根随官贪”条。

〔5〕[日]周藤吉之:《宋代的佃户制》,載刘俊文编:《日本学者研究中国史论著选译》(第 5 卷),索介然译,中华书局 1993 年版,第 108 页;梁庚尧:《宋代社会经济史论集》(下册),台北,允晨文化实业股份有限公司 1997 年版,第 476 页;《大元圣政国朝典章·刑部》卷十九,“豪霸红粉壁迤北屯种”条;《大元圣政国朝典章·吏部》卷六,“考试廉访司书吏等例”,“保举官员书吏”条。

〔6〕中国社会科学院历史研究所宋辽金元史研究室点校:《名公书判清明集》,中华书局 1987 年版,第 111~112 页,第 128~129 页,第 157~159 页,第 200 页,第 317~318 页,第 330~332 页,第 392 页,第 398~402 页,第 402~404 页,第 412~416 页,第 418~422 页,第 423 页,第 432~433 页,第 452~473 页,第 474~482 页,第 485~487 页,第 488~490 页,第 517~523 页,第 525~528 页,第 530~533 页,第 553 页,第 554 页,第 572~575 页,第 586~594 页,第 600~602 页,第 605~606 页,第 610~611 页,第 623~624 页,第 636 页。

2.“健讼”的资源

虽然豪强是一种贬称,但就个体而言,豪强往往拥有较高的社会地位。从《清明集》中可以看到,南宋豪强中不乏宗室、官户、士人身份者,而形势户虽不如前者地位尊崇,但也因职业关系掌有一定资源。

南宋时,官户和士人都享有一定的官方优待。前者“在一定限度的田产内,享有免除差役和科赋的特权”,而后者由于是潜在的选官群体,其参与诉讼时,官员会采取与对待其他阶层人员所不同的态度(与之详加辩论,而非直接斥责,并且常先言明自己“于士类每加敬礼”,唯对“假儒衣冠”者才不假辞色)。[1]

虽然时人对士人及其子弟为吏或为豪强之事多有批判,认为这有悖于先贤所教。[2] 然而,考察两宋江南社会发展可以发现,好讼风气的形成与文教的兴盛不无关系。北宋时,江南各地学校渐增;南宋以后,随着北方学者的迁入,“向学”之风益盛,官学与书院多有增设。[3] 学校的大量设置不仅为居民资送子弟入学提供了便利,也为他们掌握包括诉讼知识在内的各种知识提供了便利。以分别位于两浙西路和江南西路的婺州和赣南地区为例,南宋初年著名理学家吕祖谦曾于婺州办学,致“四方来者近千余人”,而后者不仅是理学的发源地,还兴建了多所书院,因此被视作“先贤过化之地”。[4]

与此同时,这两个地区在南宋末年同以好讼闻名。《清明集》中,不乏当地士人包揽词讼之判。[5] 直至元、明时期,仍多有江南地区“尚气多讼”

---

〔1〕 朱家源、王曾瑜:《宋朝的官户》,载邓广铭等主编:《宋史研究论文集》,上海古籍出版社 1982 年版,第 30 页;梁庚尧:《宋代社会经济史论集》(下册),台北,允晨文化实业股份有限公司 1997 年版,第 220 页;中国社会科学院历史研究所宋辽金元史研究室点校:《名公书判清明集》,中华书局 1987 年版,第 474~475 页,第 477~478 页。

〔2〕 中国社会科学院历史研究所宋辽金元史研究室点校:《名公书判清明集》,中华书局 1987 年版,第 404~405 页,第 457 页,第 467~469 页,第 475 页,第 477~479 页。

〔3〕 葛绍欧:《宋代徽州的文教》,载中国文化大学编:《国际宋史研讨会论文集》,台北,中国文化大学史学研究所、史学系 1988 年版,第 536~541 页;陈雯怡:《由官学到书院》,台北,联经出版事业股份有限公司 2004 年版,第 156~157 页。

〔4〕 《宋史》卷八十八;吴松弟:《北方移民与南宋社会变迁》,台北,文津出版社 1993 年版,第 212~213 页;黄志繁:《“贼”“民”之间》,生活·读书·新知三联书店 2006 年版,第 26 页,第 33 页。

〔5〕 张百廷:《〈名公书判清明集〉中所见的宋代士人犯法问题》,载宋代官箴研读会编:《宋代社会与法律:〈名公书判清明集〉讨论》,台北,东大图书股份有限公司 2001 年版,第 47~65 页。

的记载。[1] 与此同时，入学变得更加便利意味着更多的人可以入学，但不意味着所有入学者都可以通过选官考试。对入仕失败的士人来说，学识比没有掌握知识的当事人具有更大的优势，而南宋时对士人的尊崇态度也为其在诉讼过程中进行博弈时提供了优势地位。当时之所以常有讼师和当事人以士人身份出现，或寻求通过审判者的“引试”而获得对自己具有这种优势身份的认可，与这一身份优势应不无关系。[2]

另外，宗室和官户不仅因亲族关系而为地方官所顾忌，他们本身也是构成地方行政的主力。[3] 南宋宗室散居各地，湖南新化、浙江桐庐、江西饶州等地都有宗室交结官员、托嘱公事乃至设置哗局、把持县事、私谒成风的记载。尽管宋高宗时对此加以严禁，但从南宋末年仍有此类记载来看，禁令的效果颇为可疑。[4] 与此同时，两宋官员极少有为官后就与亲友断绝往来的。即使贤如范仲淹，也会出于亲情而对本族子弟多加照顾。[5] 许多官员为了维系本族的官户地位不堕，在督促子弟学业的同时还会与其他官员乃至宗室联姻。[6] 依宋制，宗室与一定级别的官员的子弟均可荫补为官。虽然荫补官可出任的职位有限，但两宋之际放宽宗室出任军职的政策导致宗室任官的人数增多，而且限制荫补官担任清要职务这一政策实际上意味着大量的荫补官将出任基层地方官。[7]

---

〔1〕《大元圣政国朝典章·刑部》卷十九；小川快之：「明代江西における開発と法秩序」、大島立子編：『宋一清代の法と地域社会』、東洋文庫、2006、133～135頁。

〔2〕张百廷：《〈名公书判清明集〉中所见的宋代士人犯法问题》，载宋代官箴研读会编：《宋代社会与法律：〈名公书判清明集〉讨论》，台北，东大图书股份有限公司2001年版，第48～49页，第58页。

〔3〕柳立言：《青天窗外无青天》，载柳立言编：《中国史新论》（法律史分册），台北，“中央研究院”、联经出版事业股份有限公司2008年版，第276页。

〔4〕《宋史》卷四百一十五；中国社会科学院历史研究所宋辽金元史研究室点校：《名公书判清明集》，中华书局1987年版，第308页，第475页；[美]贾志扬：《天潢贵胄》，赵冬梅译，江苏人民出版社2005年版，第136页。

〔5〕[日]远藤隆俊：《北宋士大夫的寄居与宗族》，载[日]平田茂树等编：《宋代社会的空间与交流》，河南大学出版社2008年版，第211～226页。

〔6〕[美]刘子健：《两宋史研究汇编》，台北，联经出版事业公司1987年版，第146页；柳立言：《宋代的家庭和法律》，上海古籍出版社2008年版，第33页，第125～132页；黄宽重：《宋代的家族与社会》，国家图书馆出版社2009年版，第236～238页；[美]贾志扬：《天潢贵胄》，赵冬梅译，江苏人民出版社2005年版，第136页，第158～162页。

〔7〕游彪：《宋代荫补制度研究》，中国社会科学出版社2001年版，第417～425页；[美]贾志扬：《天潢贵胄》，赵冬梅译，江苏人民出版社2005年版，第128～129页，第172页。

构成地方行政的另一主力(吏员及其家族),也经常在《清明集》中以豪强的身份登场。唐以后,各级政府尤其是地方政府中有大量吏员。有学者统计认为,唐代吏员是官员总数的大约五倍,而在两宋州府之中,吏人约是官员总数的十倍多。[1] 按照南宋初年役法,除了官户可依"限田法"享有免服差役的权利外,其他民户无论贫富都可能担任政府差役、成为吏人,其中的富者还可能因其富裕而承担更多的役务。[2]

虽然充役为吏常令民户深受其苦乃至破产逃亡,但随着时间的推移,一部分充役为吏者逐渐转向成为专业化、世袭化的胥吏阶层(形势户),他们"多长期任职于一个地区或机构",并"成为基层政治运作的要角"。[3] 有学者认为,两宋时一县政事的运转须由"官人、胥吏、衙役、职役四要素的立体关系支撑",胥吏虽无地位,却常能代官理政甚至越权行事。[4] 在南宋时,形势户已不被认为属于贫弱之人,而世代在一个地区或机构中从事吏业更为他们提供了把持公事、成为豪强的可能。

较为良好的经济状况和知识优势,不仅使豪强在"健讼"时具有普通民户(尤其是贫弱者)所不具备的优势,也增大了他们卷入诉讼的可能性。豪强往往拥有较多的土地和佃户,这增大了兼并、租佃而与人发生纠纷乃至诉讼的可能。试想,如果一户农户的土地较少、仅足自耕,当然也可能因田界、坟山、兼并等事卷入纠纷,但一般不会卷入租佃纠纷。如果该农户为佃

---

〔1〕 苗书梅:《宋代州级公吏制度研究》,载《河南大学学报》(社会科学版)2004年第6期。

〔2〕 梁庚尧:《宋代社会经济史论集》(下册),台北,允晨文化实业股份有限公司1997年版,第220页;宋晞:《宋代户等考》,载宋史研究会主编:《宋史研究集》(第8辑),台北,"国立"编译馆1980年版,第350~352页;宋晞:《宋代役法与户等的关系》,载《宋史研究集》(第13辑),台北,"国立"编译馆1980年版,第263~277页;黄繁光:《南宋中晚期的役法实况》,载宋史研究会主编:《宋史研究集》(第32辑),台北,新文丰出版公司2002年版,第413页。

〔3〕 (南宋)李心传:《建炎以来系年要录》卷一百五十九;宋晞:《宋代户等考》,载宋史研究会主编:《宋史研究集》(第8辑),台北,"国立"编译馆1980年版,第350~352页;宋晞:《宋代役法与户等的关系》,载《宋史研究集》(第13辑),台北,"国立"编译馆1980年版,第263~277页;黄宽重:《从中央与地方关系看宋代基层社会的演变》,载宋史座谈会主编:《宋史研究集》(第36辑),台北,新文丰出版公司2006年版,第170页。

〔4〕 佐竹靖彦:「『作邑自箴』の研究」、滋賀秀三編:『中国法制史基本資料の研究』、東京大学出版会、1993、387頁;[日]佐竹靖彦:《佐竹靖彦史学论集》,中华书局2006年版,第218~226页;祖慧:《论宋代胥吏的作用及影响》,载《学术月刊》2002年第6期。

户,那么或许会卷入租佃纠纷,但因其居于相对贫弱的地位,所以至少不会被受案官员视为"豪"。另外,相对于贫弱者,豪强更可能出资培养子弟接受儒学或讼学教育,形势户的子弟则因其家族世业而可能拥有他人所较难具备的吏学知识。这对他们在诉讼中居于优势不无助益。[1] 即使同无擅讼之人,豪强显然也较贫弱者更有财力,从而聘请讼师或者承担诉讼费用。庆元四年(1198 年)臣僚上奏指责州县官府"民词到官,例借契钱"的规定导致"富者重费而得胜,贫者衔冤而被罚",便是一证。[2] 因此,豪强不论是为己还是为人,和不具备上述优势的贫民相比,都更有可能参与到诉讼活动中。

3. 豪强为何"健讼"

作为社会中的人,豪强的豪横行为不仅依托宗族进行,也是以其所处地方社会为背景存在的。人际间的行为与往来为判断某人的行为是否豪横提供了参照物。把持公事等事所需的知识显然也不可能脱离社会环境独立产生。以南宋时期为例,豪强多见于两浙西路、两浙东路、江南东路、江南西路、荆湖南路和福建路的部分地区。这当然不意味着这一时期南宋境内其他地方就没有豪强,而应与史料性质有关。[3] 然而,豪强频现于这些地区,与当时、当地社会环境不无关系。

两宋以后,土地频繁流转及由此增加的赋税、契约、继承事件,都隐喻着诉讼增多的倾向。[4] 由于长期以来的移民与开发,入宋以后,江南的许多地区(如福建、蜀、淮南、浙西等)都出现了地少人多的问题。宋室南渡后,大量移民自北方前往江南地区。在带来劳动力与先进文化和生产技术的同时,也令这一地区的经济资源变得更加紧缺,甚至导致许多已在江南定居的中、下户居民为了避免赋役而将原有田产售卖后改营他业,或迁往耕地较多而赋税较少的地方(如荆湖南、北路相对于江南西路的袁、吉二州

---

〔1〕 中国社会科学院历史研究所宋辽金元史研究室点校:《名公书判清明集》,中华书局 1987 年版,第 481 ~483 页。

〔2〕 《宋会要辑稿·刑法》三之三八。

〔3〕 这一时期的判词多收录于《名公书判清明集》中,此书的作者多任职于上述地区有关。王志强:《〈名公书判清明集〉法律思想初探》,载《法学研究》1997 年第 5 期;陈智超:《明刻本〈名公书判清明集〉述略》,载杨一凡编:《中国法制史考证》(乙编第 4 卷),中国社会科学出版社 2003 年版,第 403 ~406 页。

〔4〕 邓建鹏:《财产权利的贫困》,法律出版社 2006 年版,第 105 页。

而言即为前者)。[1]

地少人多和移民迁徙在一定程度上导致了包括田土纠纷在内的各种纠纷的增多。[2] 准备迁出的人们在售卖土地时一般会倾向于选择出价更高或者在本地社会中更具有其他压力因素(这里暂不讨论买卖过程中的其他压力因素是否对买卖合意形成的自愿性有所影响)的买家,刚迁入的人们则在购置田产、租赁房屋或者寻求佃耕时更有可能流向拥有较多田产和房屋的业主。由于豪强通常相对富裕并拥有权势,在买卖与租赁活动中的豪强兼并现象益发严重。[3] 这引起了官方的警惕。这一时期的越诉法中有专条规定当移民与豪强业主之间因房屋租赁引发纠纷时可以提起越诉。[4] 另外,因为农村土地较少而人口增多,许多人从农村流入城市,但城市中的富户仍拥有大量乡间耕地,他们大多将田地租给佃户耕作。[5] 占据乡村人口很大比重的佃户处在一种既不易向上流动、又向下流动有限的稳定的贫困状态中。[6] 因此,这一时期出台了许多允许佃户和贫弱者越诉的法令。

从《清明集》中可以看到不少争夺资源和财产纠纷的例子。如《使州送宜黄县张椿与赵永互争田产》一判,因田产代管人随意处置田产导致权属不清,引发了佃户与自外乡前来索田的田主间的冲突。又如

---

〔1〕《宋史》卷八十八、卷一百七十四;梁庚尧:《南宋的农村经济》,新星出版社 2006 年版,第 13 页;吴松弟:《中国移民史》(第 4 卷),福建人民出版社 1997 年版,第 458 ~ 467 页;邓建鹏:《财产权利的贫困》,法律出版社 2006 年版,第 108 页;吴松弟:《北方移民与南宋社会变迁》,台北,文津出版社 1993 年版,第 46 页;中国社会科学院历史研究所宋辽金元史研究室点校:《名公书判清明集》,中华书局 1987 年版,第 89 页。

〔2〕《宋史》卷八十八;邓建鹏:《财产权利的贫困》,法律出版社 2006 年版,第 64 ~ 66 页;雷家宏:《宋朝民间争讼简论》,载漆侠编:《宋史研究论文集》,河北大学出版社 2002 年版,第 591 ~ 592 页;植松正:「元朝支配下の江南地域社会」、佐竹靖彦編:『宋元時代史の基本問題』、汲古書院、1996、345 頁。

〔3〕《宋史》卷一百七十四。

〔4〕《宋会要辑稿·刑法》二之一四七。

〔5〕梁庚尧:《南宋的农村经济》,新星出版社 2006 年版,第 10 ~ 11 页;梁庚尧:《宋代社会经济史论集》(上册),台北,允晨文化实业股份有限公司 1997 年版,第 388 页。

〔6〕李华瑞:《论宋代乡村客户的流动》,载邓小南、荣新江主编:《唐研究》(第 11 卷),北京大学出版社 2005 年版,第 632 页;梁庚尧:《宋代社会经济史论集》(上册),台北,允晨文化实业股份有限公司 1997 年版,第 670 页。

《限田外合计产应役》一判,看似属于官户限田纠纷,但其起因却缘于非官户的举报人希望借举报他人来逃避自己应承担的差役。[1] 即使是诬告、豪横等刑案,其背后往往也隐藏着兼并、谋财等因素。从《清明集》中可以发现,虽然南宋末年的豪强违法行为各不相同,但其中不乏“侵夺”和兼并土地。如蔡杭所撰《豪横》一判中的方震霆,除私设牢狱等“擅作威福”行为外,更多的是夺人田地、山林、房屋等事。[2] 又如胡颖《典主迁延入务》和《叔告其侄服内生子及以药毒父》两判。前者的典田退赎纠纷经知县判决后,典主仍以已开耕为由拒绝执行。再审者(胡颖)将此归咎于典主欲行兼并,后者则缘于叔父贪图兄长家财产因而控告养子。[3]

有学者指出,虽然道德与风俗对唐宋以来的多讼现象有一定影响,但另一个不可忽视的重要因素,是各地物候和经济发展程度的影响。[4] 南宋以后,贫富转化、身份流动已经成为普遍现象。[5] 虽然贫者向上流动的可能性(如科举)已经出现,但概率较低。相反,富者极可能因破产、官场失意等原因向下流动。为了避免堕入贫困和争夺更多的资源,他们很可能倾向于锱铢必较和“健讼”。

(三)当诉冤成为策略

1. 诉冤与“健讼”

晚唐以降,尽管历代均非为了向当事人(尤其是词讼当事人)提供上诉审判程序而设置诉冤程序,但这一程序却经常被民众用为上诉渠道,甚至发展出各种诉讼策略。尤其是南宋越诉法导致诉讼当事人习于将越诉作

---

[1] 刘馨珺:《明镜高悬》,北京大学出版社2007年版,第217~218页;中国社会科学院历史研究所宋辽金元史研究室点校:《名公书判清明集》,中华书局1987年版,第77~80页,第101~102页。

[2] 中国社会科学院历史研究所宋辽金元史研究室点校:《名公书判清明集》,中华书局1987年版,第452~455页;陈智超:《南宋二十户豪横的分析》,载邓广铭等编:《宋史研究论文集》,浙江人民出版社1987年版,第257页。

[3] 中国社会科学院历史研究所宋辽金元史研究室点校:《名公书判清明集》,中华书局1987年版,第317页,第493页。

[4] 邓建鹏:《财产权利的贫困》,法律出版社2006年版,第105~106页。

[5] 李华瑞:《论宋代乡村客户的流动》,载邓小南、荣新江主编:《唐研究》(第11卷),北京大学出版社2005年版,第632页。

为一种策略,借此拖延时间,进而博取利益。[1]

与北宋初年豪强诣阙多出于私愤诬告官员在政治上行为不轨不同,南宋常有豪强利用越诉法滥诉词讼或诬告乡邻的事情。在《清明集》中,常常可以看到谴责豪强为害乡里的判词。[2] 嘉定十年(1217 年)的臣僚奏议直斥豪强为"小利"越诉,时人常将此归咎于地方官"不治妄状"及监司错误地将越诉案件移回原审州县处理。[3] 大量词讼越诉不仅扰乱了州县狱讼,也令法律本身受到怀疑。民众(尤其是豪强)利用诉冤法律的现象令法律和立法者处于一种颇为尴尬的境地。时人如胡致堂即直言皇帝是以越诉法取悦百姓,"而不恤其乱名犯分"。[4]

民众利用诉冤法律"健讼"的问题其实不仅见于南宋越诉法实施之后。即使是在屡申越诉禁令的北宋,也时有民众以州、县官审理不当以致冤抑为由诣阙越诉婚田、公事,所以咸平六年(1003 年)皇帝才会诏责"诣阙越诉,顽猾亦多",此后又增转运使职责,令其受理针对州县官吏提起的控告。然而,从天圣八年(1030 年)立法者重申诣阙投状不得实封文状、须确证诉状确属冤抑且无关婚田、公事后方可收进一事可知,咸平六年诏的效果恐怕并不十分理想。[5]

虽然谴责日益严厉,词讼当事人利用诉冤法律"健讼"的事情却未见消失。而且,民众的诉讼策略随着法律制度的调整不断发生变化。中唐、五代投匦中即已多见词讼。北宋初年,随着务限法的出台,人们往往让家中老者出首起诉,以此逃避违法所致杖责。当此种做法遭立法禁止后,人们便重拾起唐人投匦时以词讼冒充军国重事的办法。[6] 南宋时,由于可以受理越诉的机关众多,诉

---

[1] 中国社会科学院历史研究所宋辽金元史研究室点校:《名公书判清明集》,中华书局 1987 年版,第 120~122 页,第 126~127 页,第 173~174 页,第 192~194 页,第 208~209 页,第 247 页,第 250~251 页,第 287~289 页,第 311~313 页,第 315~317 页,第 328~329 页,第 389~390 页,第 495~496 页,第 504~505 页,第 509~511 页,第 605~606 页,第 606~608 页。

[2] 《宋史》卷二百五十五;《宋会要辑稿·刑法》三之一二。

[3] 《宋会要辑稿·刑法》三之四二。

[4] 刘馨珺:《明镜高悬》,北京大学出版社 2007 年版,第 43 页;《古今合璧事类备要外集》卷二十六。转引自郭东旭:《宋朝法律史论》,河北大学出版社 2001 年版,第 349 页。

[5] 《唐会要》卷五十五;《五代会要》卷十七,"御史台"条;《宋会要辑稿·刑法》三之一一,三之一二,三之一三,三之一七。

[6] 《宋会要辑稿·刑法》三之一〇,三之一三,三之一七;《唐会要》卷五十五。

讼当事人常利用各机关间行移公文的时间来拖延诉讼(见表3)。

表3 中华书局版《名公书判清明集》中所见多年未结诉讼

判词	过程	资料来源
漕司送下互争田产	累年交讼	第120~122页
子不能养父母而依栖婿家则财产当归之婿	紊烦官司,凡十余载	第126~127页
兄弟争业	首尾四年	第173~174页
谋诈屋业	轻经使、府上司十年论诉	第192~194页
不可以一人而为两家之后别行选立	两年犹未施行	第208~209页
已立昭穆相当人而同宗妄诉	前政累追不出,以致词讼淹延	第247页
已有亲子不应命继	又复番诉	第250~251页
处分孤遗田产	不能绝词,展转十年	第287~289页
典卖田业合照当来交易或见钱或钱会中半收赎	凡九载	第311~313页
孤女赎父田	展转五年,互诉于县	第315~317页
盗葬	自嘉定五年(1212)以来,累经州县论诉	第328~329页
弟妇与伯成奸且弃逐其男女盗卖其田业	至今四年,不曾剖决	第389~390页
妄以弟及弟妇致死诬其叔	赦后妄诉不已	第495~496页
挟雠妄诉欺凌孤寡	自县而州,自州而监司,自监司而省部,滚滚二十余年	第504~505页
以累经结断明白六事诬罔脱判昏赖田业	诬罔累经结断之事	第509~511页
谢文学诉嫂黎氏立继	经隔五年	第605~606页
郭氏刘拱礼诉刘仁谦等冒占田产	始讼之于县,又三诉之宪台,两诉之帅司	第606~608页

2. 钳制“健讼”的法律尝试

鉴于这些问题,历朝均试图就诉冤法律运行中的“健讼”加以钳制。通常的做法是通过补充立法完善制度。比如,唐代通过设置匦使和检验投状副本的方式监督投状的内容。[1] 北宋则试图在诉讼程序上增加阻止性制度。乾德三年(965 年),针对由老人起诉以规避“务限法”的现象,立法禁止除孤老无依者以外的七十岁以上老人提起词讼。[2] 淳化二年(991 年),再次针对特定地区(荆湖、淮南、江南、两浙、西川、岭南管内诸州)自然灾害所致歉收引发的租佃词讼设定特殊诉讼务限。[3] 咸平六年(1003 年)、景德二年(1005 年)、大中祥符五年(1012 年),先后三次授权各地转运使和录问官管辖诉讼,并重申此类诉讼诣阙时必须写明“曾经转运陈诉日月、因依”,否则不予收受。[4] 南宋时规定更为详细。经过高宗朝和孝宗朝前期以开放越诉禁令为主的大量立法活动后,孝宗朝后期至宁宗朝(1182 ~ 1224 年)期间的越诉法除了继续允许当事人就州县的非法科率、勾追和关留行为越诉外,亦频有关于州县拖延词讼的立法。[5] 究其原因,与时人认为地方拖延词讼审判导致词讼越诉增多这一观点不无关系。[6]

与此同时,南宋朝廷频频针对诉冤者的“健讼”和妄诉行为出台限制性立法,先后设立了越诉词状格式和投状登记制度(1168 年)、重申投状须先经鼓院投匦的程序(1171 年、1214 年)、禁止监司审理尚未结绝的诉讼(1210 年)以及重申妄诉者的法律责任(1179 年、1205 年)等制度。[7] 针对诉冤者“于宰执马前投陈白纸”、自残、于车驾出幸时唐突诉事、随意投匦等事亦不乏敕令或指挥。[8]

---

[1] 《唐会要》卷五十五;戴显群:《唐五代社会政治史研究》,黑龙江人民出版社 2008 年版,第 152 ~ 155 页。

[2] 《宋会要辑稿·刑法》三之一〇。

[3] 《册府元龟》卷六百一十三;《宋会要辑稿·刑法》三之四三。

[4] 《宋会要辑稿·刑法》三之一一,三之一二,三之一三,三之一五。

[5] 《宋会要辑稿·刑法》二之一二一,二之一二二,二之一二三,二之一二四,二之一二六,二之一三六,二之一三七,二之一三九,二之一四〇,二之一四一,二之一四三,二之一四四,二之一四五,三之三二,三之三三,三之三四,三之三五,三之三六,三之三七,三之三八,三之四〇,三之四一,六之四一,六之七三,六之七五。

[6] 《宋会要辑稿·刑法》三之三〇。

[7] 《宋会要辑稿·刑法》三之三二,三之三三,三之三四,三之四〇,三之四二。

[8] 《宋会要辑稿·刑法》三之三二,三之三三,三之三五,三之三八,三之三九。

南宋时还屡屡发布诏令和文告严厉谴责“健讼”，责成地方官张贴这些谴责文告、晓示民众，并命其“申严告讦之禁”和取缔教讼现象。[1] 这些诏令往往倾向于认为依靠精明强干的官员和细化法制即可解决问题，因此它们常常要求州县官在审理案件时辨明当事人是否豪强、有无妄诉、从速判决并给予断由，否则将被按劾乃至行遣，并命地方监司加强对州县官吏的监察。[2]

然而，从前述各诏发布若干年后成书的《清明集》中仍有大量豪强越诉之事来看，上述找零的效果颇为可疑。究其原因，在于诉冤程序虽非为词讼上诉所设，却在客观上为其提供了上诉渠道。随着两宋以后信息向上流动的渠道逐步固定为登闻鼓等诉冤程序，因此词讼必须通过诉冤程序才能上诉。北宋时针对词讼诣阙的禁令只会导致唐代时已经出现的结果，即诉讼当事人将其所讼之事伪装为军国重事诣阙上诉。两宋之际越诉开禁不久即南渡，疆域狭小、人口稠密、资源紧缺导致词讼上诉需求增多，越诉法不仅令词讼当事人更加方便地提起上诉，也导致了司法的困境。

（四）司法的困境

《清明集》中不乏谴责和打击“健讼”者（尤其是豪强）的判词。豪强对知识的掌握与家族身份虽可在诉讼中为其提供一些优势，但其“健讼”的行为也可能遭致不利的后果。当事人在诉讼过程中滥用自己拥有的社会、政治资源的行为可能引起审判者的厌恶，甚至因此被斥为“豪横”和遭到贬抑。[3] 另外，《清明集》所收判词的作者并非都是最基层的县级官员，其中谴责“健讼”与豪强最为严厉的胡颖，其判词大多作于荆湖南路提刑任上。换句话说，地方监司的主官虽然是越诉案件的最主要的处理者，但他们可能比别人（中央官员和县级官员）更为厌恶利用越诉法“健讼”的行为与豪横的当事人。[4] 究其原因，除了审判者个人性格、出身背景等

---

〔1〕《宋会要辑稿·刑法》二之一二六，二之一二七，二之一三七，三之二六。

〔2〕《宋会要辑稿·刑法》三之三六。

〔3〕柳立言：《青天窗外无青天》，载柳立言编：《中国史新论》（法律史分册），台北，“中央研究院”、联经出版事业股份有限公司2008年版，第236～240页；中国社会科学院历史研究所宋辽金元史研究室点校：《名公书判清明集》，中华书局1987年版，第311页，第459页，第461页、第477～478页、第487～489页、第491页、第497页、第498页。

〔4〕陈智超：《明刻本〈名公书判清明集〉述略》，载杨一凡编：《中国法制史考证》（乙编第4卷），中国社会科学出版社2003年版，第403页。

因素的影响,也与地方监司官员同样处于越诉法所致司法困境有关。[1]

较之中央官员和县级官员,地方监司的主官既比前者更贴近地方社会,也比只有转呈案卷和接受审查义务的后者承担了更多的审判职责,所以是最直接地感受到越诉法被滥用的人。虽然上级监司这一身份令他们比县级官员更为超脱,但他们同样会因豪强的诉讼行为及其利用社会资源的行为产生困扰。

观察狱讼场景,可以发现其中出现的人大致具有两种身份。一为官(及其助手吏),二为民(两造及证人等诉讼参与人)。官、民两者看似对立,但如果暂时脱离狱讼现场,转而观察他们所处的地方社会,便会发现两者之间存在流动乃至相交。民有上升为官的可能,官亦会因解任而回退为民。固然解任之官(绅)与乡野村夫在作为"民"时实质差异可能极大,但不能因此否认绅是民的一部分这一事实,更不宜断言官、民之间存在绝对的对立与隔膜。

任职回避导致地方官通常不熟悉任地社会,因而处在任吏员和地方精英摆布的处境。[2] 即使是对任地社会十分熟悉的官员(如胡颖于荆湖南路任上),也无法避免在判断时受到豪强的双重社会面貌的影响。因为豪强并非时时刻刻都以豪横的姿态出现,当其以长者的姿态出现时,人格魅力、赈灾行为等因素还可能令其在本地社会中有一定的号召力。[3]

即便官员系因任职的缘故前往某地"寄居",但定居日久也难免在寄居地社会生根发芽。在《清明集》中,经常可以看到指责寄居官及其家族成员为豪强的判词。比如《提举再判下乞照限田免役状》一判,颖秀一乡的全体居民都是寄居官户,均依限田法免役,因此当其中一户被科差后,各家出于自保目的纷纷为其出谋划策、寻求越诉。在地方官看来,和本县其他地区

---

〔1〕 关于胡颖的性格和出身,参见柳立言:《青天窗外无青天》,载柳立言编:《中国史新论》(法律史分册),台北,"中央研究院"、联经出版事业股份有限公司2008年版,第240页。

〔2〕 苗书梅:《宋代县级公吏制度研究》,载《文史哲》2003年第1期。

〔3〕 中国社会科学院历史研究所宋辽金元史研究室点校:《名公书判清明集》,中华书局1987年版,第475页、第477页;《宋史》卷四百一十六;刘馨珺:《明镜高悬》,北京大学出版社2007年版,第197页;苗书梅:《宋代州级公吏制度研究》,载《河南大学学报》(社会科学版)2004年第6期;柳立言:《宋代的家庭和法律》,上海古籍出版社2008年版,第35页;梁庚尧:《宋代社会经济史论集》(下册),台北,允晨文化实业股份有限公司1997年版,第474~527页。

居住的民户相比,这些常年免役的寄居官户无疑就是豪强。[1] 正如有学者指出的,士大夫“地方化”后,可能同时具备本地长者和豪强的两种面孔。[2] 但即使时没有士大夫身份的豪强,其也可能在当地社会中具有长者的一面。北宋豪民及南宋虔州等地土豪足以“率众”的记载,及《清明集》所收牵涉多人的“健讼”案件中起领袖作用的往往是所谓豪强,都说明了这一点。[3]

何况,地方官与宗室、官户、形势户乃至士人间还可能有包括联姻、师承、工作利益等诸多渊源。即使是《清明集》中的诸位“名公”,亦难免有之。《清明集》所收判词的作者共有49人,其中事迹可考者19人,这些人多与理学关系密切,甚有交游往来。比如,马光祖尝“从真德秀学”,真德秀“早年从游朱熹弟子詹体仁”。又如,黄干和蔡杭的祖父蔡元定同为朱熹弟子,黄干的两名学生(赵师恕与黄朴)的后辈则结为婚姻。而在这一婚姻关系中,男为宗室,女为官户。至于集中收文最多的胡颖,则自幼受其外伯祖(赵方)家诸舅赏识,有学者指出,胡颖仕途较为平坦顺利与显赫的外家的提携不无关系。[4]

南宋时期的诉讼请托问题从另一个角度反映出了司法的困境。虽然法律严禁请托,但请托却很常见。参与请托的人形形色色,但多为官户、宗室、豪富、胥吏乃至士人。[5] 请托的多见不仅令当事人败诉后往往将失利

---

〔1〕 中国社会科学院历史研究所宋辽金元史研究室点校:《名公书判清明集》,中华书局1987年版,第90页。

〔2〕 柳立言:《宋代的家庭和法律》,上海古籍出版社2008年版,第35页;梁庚尧:《宋代社会经济史论集》(下册),台北,允晨文化实业股份有限公司1997年版,第474~527页。

〔3〕 《太宗实录》卷七八,“制置剑南峡路诸州旁户”条。转引自[日]周藤吉之:《宋代的佃户制》,载刘俊文编:《日本学者研究中国史论著选译》(第5卷),索介然译,中华书局1993年版,第107~108页;《宋史》卷四,卷二百四十三,卷二百四十七,卷二百五十八;中国社会科学院历史研究所宋辽金元史研究室点校:《名公书判清明集》,中华书局1987年版,第488~489页。

〔4〕 陈智超:《明刻本〈名公书判清明集〉述略》,载杨一凡编:《中国法制史考证》(乙编第4卷),中国社会科学出版社2003年版,第403页;王志强:《〈名公书判清明集〉法律思想初探》,载《法学研究》1997年第5期;《宋史》卷四百三,卷四百一十六;侯外庐等编:《宋明理学史》(上),人民出版社1997年版,第517页,第608~609页;柳立言:《青天窗外无青天》,载柳立言编:《中国史新论》(法律史分册),台北,“中央研究院”、联经出版事业股份有限公司2008年版,第240页;福建省博物馆:《福州南宋黄昇墓》,文物出版社1982年版,第81~84页。

〔5〕 刘馨珺:《宋代的请托风气》,载宋代官箴研读会编:《宋代社会与法律:〈名公书判清明集〉讨论》,台北,东大图书股份有限公司2001年版,第189~193页,第201~211页。

归咎于审判者的行为不当并因此越诉,也促使民众更加倾向于通过请托影响审判结果,司法困境益发难解。

无论是直诉法还是越诉法,其最终结果都将着落在对官吏的考课上。越诉法规定官吏的理讼行为不当也可以被提起越诉,而根据此时的考课规定,审判者应该辨明每一个案的客观真实,否则即须承担被越诉、丢官罢职乃至被坐以罪的责任。〔1〕这既促使示范性的书判和官箴往往表现为积极用世、合理公平的姿态,也导致地方官常因为种种原因(比如本地豪强的群起攻讦)被上级官员认为失察和遭到驳判。〔2〕失察和驳判的多见既为当事人不信任地方官的审判和越诉提供了口实,也令作为榜样的"名公"们常常陷于"青天窗外无青天"的苦恼中。〔3〕

四、元代的诉冤法律制度

(一)纠弹不法与肃清风俗

元世祖时停止沿用金律,此后逐步建立各项制度。〔4〕关于诉讼程序,元代法律规定,当事人应当自下而上逐级控告,凡不待本路结案即上诉的,将被视为越诉并一律转发原处,但若径赴监察机关控诉官吏受赂不法的,不属于越诉。这一时期的法律允许包括登闻鼓和邀车驾两种形式的直诉行为,并限定了邀车驾的必要前置条件:上诉案件已提交省部台院且"陈诉有理",但"路府州县不行"。〔5〕

---

〔1〕 刘馨珺:《明镜高悬》,北京大学出版社2007年版,第323页;邓小南:《考课与监察的结合:多途考察与宋代的信息处理机制》,载邓小南编:《政绩考察与信息渠道》,北京大学出版社2008年版,第39~53页,第60~73页。

〔2〕 刘馨珺:《明镜高悬》,北京大学出版社2007年版,第209~215页,第247~248页,第322~323页;中国社会科学院历史研究所宋辽金元史研究室点校:《名公书判清明集》,中华书局1987年版,第77~80页、第311页。

〔3〕 柳立言:《青天窗外无青天》,载柳立言编:《中国史新论》(法律史分册),台北,"中央研究院"、联经出版事业股份有限公司2008年版,第257~266页。

〔4〕 [日]宫崎市定:《宋元时代的法制和审判机构》,载刘俊文编:《日本学者研究中国史论著选译》(第8卷),姚荣涛、徐世虹译,中华书局1992年版,第264~271页;姚大力:《论元朝刑法体系的形成》,载元史研究会编:《元史论丛》(第3辑),中华书局1986年版,第118页。

〔5〕 《元史》卷七,卷一百五;(元)赵承禧等编:《宪台通纪》(外三种),王晓欣点校,浙江古籍出版社2002年版,第103~104页,第152页,第155页,第201页;《大元圣政国朝典章·刑部》卷十五,"越诉转发元告人"条。

至元五年(1268 年)发布的《设立宪台格例》详细规定了上诉到中央后的流程,即“民户经左右部,军户经枢密院,钱谷经制国用使司。如理断不当,赴中书省陈告,究问归着。若中书省看徇或理断不当,经御史台纠弹”。[1] 由此可知,诉冤案件的最后监督权属于御史台。九年后发布的《行台体察条例》进一步将所有诉讼(包括刑名和词讼)的地方监督权明确赋予御史台的地方分支——行御史台和各地提刑司(廉访司)。[2] 另外,自元成宗时开始,中书省会不定时地选派使臣前往各地,对包括监察机构在内的地方各机构的官吏予以纠察。使臣亦会接受包括词讼在内的诉状。虽然大德六年(1302 年)时中书省曾对此予以否定,但至正五年(1345 年)出使四川的王守诚仍接受了包括词讼在内的诉状。[3]

在使臣出使中尤其引人注目的是,其有权纠劾原本负责纠察地方的监察机构。[4] 这一方面与当时的政治局势乃至江南财赋问题有关,另一方面也意味着常规的监察者将受到非常规的外来者的监察,亦即开辟了针对接受诉冤者的诉冤渠道。[5] 这与针对普通官吏的诉冤法律的制度精神相通,均系通过监察者的介入获取官吏违法的信息。而且其获得信息的渠道也相同,即在监察者主动发现信息(比如刷卷)的同时,从当事人的上诉中获取信息。[6]

事实上,由关于诉冤程序的规定多见于设立监察机构的法令中即可看出,元代对当事人诉冤的许可是建基于比以前的朝代更为浓重的监察意味上的。换句话说,因为要纠弹不法,所以才允许诉冤。因此,法律虽然在原则上禁止了越诉,但并不禁止当事人就官吏受赂不法之事向监察机关控

---

〔1〕《元史》卷一百五;(元)赵承禧等编:《宪台通纪》(外三种),王晓欣点校,浙江古籍出版社 2002 年版,第 14 页。

〔2〕(元)赵承禧等编:《宪台通纪》(外三种),王晓欣点校,浙江古籍出版社 2002 年版,第 21 页。

〔3〕《大元圣政国朝典章·刑部》卷十五,“出使人不得接受民词”条;《元史》卷一百八十三;李治安:《元代政治制度研究》,人民出版社 2003 年版,第 549 ~ 577 页;吴海航:《元朝整肃官僚队伍的钦差大臣》,载《西安外事学院学报》2007 年第 3 期。

〔4〕李治安:《元代政治制度研究》,人民出版社 2003 年版,第 556 ~ 561 页。

〔5〕《元史》卷十八,卷十九,卷二十;吴海航:《元朝整肃官僚队伍的钦差大臣》,载《西安外事学院学报》2007 年第 3 期;植松正:『元代江南政治社会史研究』、汲古書院、1997、242 ~ 246 页。

〔6〕《大元圣政国朝典章·刑部》卷十五;(元)赵承禧等编:《宪台通纪》(外三种),王晓欣点校,浙江古籍出版社 2002 年版,第 186 页;郝时远:《元代监察制度概述》,载元史研究会编:《元史论丛》(第 3 辑),中华书局 1986 年版,第 100 ~ 104 页。

告。而此时所谓受赂不法，也和南宋时一样涵盖了地方官府的理讼不当行为。[1] 有学者将此概括为"有条件地限制越诉"。[2]

从当事人的角度来看，这样的诉冤法律与前朝（比如南宋时的越诉法）并无二致。只须称冤即可赴台控告或者拦住路过的使臣，控告的对象也仍然包括审判行为。至于控告是否会被视为越诉，可以留待后续博弈。因此，虽然立法者的用意发生了改变，诉讼当事人却无须理睬这一用意。其可以将自己对诉讼利益的期待放在下一步的行动选择上，即放在如何与上诉后的承办者打交道的问题上。也正是因此，虽然元代的法律禁止越诉，但越诉的现象从未消失。[3]

与南宋时相同，元代也不乏利用诉冤法律"健讼"的现象。此中既有因迁延入务等因素导致的越诉，也有豪强"健讼"乃至把持诉讼的事情。[4] 值得注意的是，元代诉冤法律的设立往往是针对"健讼"问题所做应对性立法。这些法令往往先写明当前存在"健讼"问题，进而指令监察机关在监察官吏的同时纠举"健讼"（所谓肃清风俗）。此外也有不少禁令针对豪强的"健讼"行为发布。如至元二十五年（1288 年）的《有司未绝公事不许吊卷》一令，明确禁止监察御史"辄凭告人饰词"调取诉讼过程中的案件的卷宗，并赋予监察机关纠举包括豪强兼并在内的各类违法行为的权力。至元六年（1269 年）与至大四年（1311 年）发布的《传闻不许言告》与《禁治风闻公事》两令，先后指责地方豪强与

---

〔1〕（元）赵承禧等编：《宪台通纪》（外三种），王晓欣点校，浙江古籍出版社 2002 年版，第 21 页、第 155 页；《大元国朝圣政典章·刑部》卷十五，"越诉转发元告人"条，"告论官吏不论越诉"条。

〔2〕吴海航：《元代条画与断例》，知识产权出版社 2009 年版，第 280 页。

〔3〕《大元圣政国朝典章·刑部》，卷十五"出使人不得接受民词"条，"站官不得接受词状"条，卷十九"禁豪霸"条，"闲良官把柄官府"条，"扎忽儿歹陈言豪霸泼皮"条，"禁富户子孙根随官贪"条；（元）赵承禧等编：《宪台通纪》（外三种），王晓欣点校，浙江古籍出版社 2002 年版，第 201 页；黄时鉴点校：《通制条格》，"务停"条，"豪霸迁徙"条，"论告官吏"条，浙江古籍出版社 1986 年版，第 57 页，第 320 ~ 321 页；［日］小川快之：「明代江西における開発と法秩序」、大島立子編：『宋—清代の法と地域社会』、東洋文庫、2006、135 頁；植松正：「元朝支配下の江南地域社会」、佐竹靖彦編：『宋元時代史の基本問題』、汲古書院、1996、345 頁。

〔4〕郭成伟点校：《大元通制条格》，法律出版社 2000 年版，第 59 ~ 60 页；《大元圣政国朝典章·刑部》卷十九，"闲良官把柄官府"条，"禁富户子孙根随官贪"条。

讼师以赴上级监司控告收受财物为把柄要挟州县官员从而获得把持公事的地位。[1]

纠弹不法与肃清风俗并举,令元代诉冤法律呈现出与前代不太相同的特点。和南宋时的同类机构相比,元代的御史台、行御史台与各地提刑司(廉访司)不仅在机构设置和人员数量上配置更强,其拥有的监察权限也更为广泛。就诉冤法律而言,元代各级监察机关既有权“刷磨诸司案牍”和接受当事人的上诉,也可以靠“肃清风俗”这一权限将越诉、诬告的百姓治罪。[2] 这意味着不仅被告者(官)是监察的对象,控告者(民)也是被监察和肃清的对象。和前代制度相比,元代法律更加明确地指出了上诉者借着诉冤的机会来实现自己的诉讼利益是不被允许的,否则将“官民皆罪之”。[3]

元代的官箴与奏议对豪强的谴责颇为严厉。入元以后,类似南宋时胡太初的批评(“从政者类以抑强扶弱为能”,实以“以矫世绝俗为心,而不问其事之曲直非是”)几无所见。大德年间(1297~1307年),颁布了多条针对江南地区官豪影占田土、佃户的谴责性诏令。同一时期的中央官员如张养浩(1269~1329年)和郑介夫,则在其所撰官箴与奏议中就此类问题或建议地方官在审判中对当事人区别“强弱”对待,或建议警惕豪强及其兼并行为,以免社会矛盾激化。[4] 这些谴责的出现应与当时的社会结构和土地兼并问题有关。诉冤法律针对豪强把持诉讼和健讼的谴责变得更为严厉,并且更为强调监察机关肃清“健讼”风俗的责任。[5]

---

〔1〕《元史》卷七,卷一百五;(元)赵承禧等编:《宪台通纪》(外三种),王晓欣点校,浙江古籍出版社2002年版,第14页、第20页、第103~104页、第152页、第155页、第201页;郭成伟点校:《大元通制条格》,法律出版社2000年版,第16~17页。

〔2〕《元史》卷一百五;《大元圣政国朝典章·刑部》卷十五;(元)赵承禧等编:《宪台通纪》(外三种),王晓欣点校,浙江古籍出版社2002年版,第14页,第21页,第186页;丹羽友三郎:『中国元代の監察官制』、高文堂出版社、1994、29頁、96頁。

〔3〕《元史》卷七。

〔4〕(南宋)胡太初:《昼帘绪论》,载官箴书集成编纂委员会编:《官箴书集成》(第一册),黄山书社1997年版,第114页;(元)张养浩:《为政忠告·牧民忠告》,载官箴书集成编纂委员会编:《官箴书集成》(第一册),黄山书社1997年版,第204页;(明)黄淮、杨士奇编:《历代名臣奏议》卷六十七,上海古籍出版社1989年版,第928页。

〔5〕《大元国朝圣政典章·吏部》卷六,“考试廉访司书吏等例”条。

（二）论告官吏与把持诉讼

元代的豪强以闲居官员、曾充军役离职者、骤富豪霸者和泼皮凶顽者为多，南宋时常见的士人豪强不再多见。其“健讼”行为也与南宋时不完全相同。这一时期的“健讼”豪强除了仍被指责为交结官员、逃避赋役、把持公事外，还常以“论告官吏”作为威胁，从而“欺凌路府州县”。[1]

与两宋时相同，元代的豪强之所以能够把持公事，也与其拥有的经济和社会资源有关。其中尤以豪强与书吏（特别是负责监察的各地监司中的书吏）间的密切关系为关键。[2]

元代选官制度导致书吏的作用与地位在各级政府机构中变得比南宋时更为重要。不仅在普通的地方机构中如此，在地方监察机构中也可以看到这样的现象。在各道肃政廉访司中，书吏不仅是日常公务的执行者，“也是监察官员（特别是蒙古、色目官员）的直接助手”，当司官缺员、新任或者怠于公务时，书吏甚至能够代行其职权。[3] 与此同时，虽然监察官员的选任是采取各族人相参委用的政策，并且以蒙古、色目和汉人（而非南人）官员为多，但书吏却一度如南宋时期的形势户一样，大多世代居住于同一地区、并任职于同一机构中。[4] 书吏和本地社会的密切关系令当事人（尤其是其中的豪强）更容易获得官府内部的信息，把持诉讼也变得更容易和多见。

各地方监察机构的南人书吏常被认为勾结豪强，有害于监察机构的职权行使。甚至因此出台了任职限制法令。元廷试图通过加强对地方监司的人事管理，切断其与任地社会（尤其是地方豪强）之间的联系。至大四年（1311 年）和天历元年（1329 年），先后颁布《保举官员书吏》等三道法令，

---

〔1〕《大元圣政国朝典章·刑部》卷十九，“闲良官把柄官府”条，“禁富户子孙根随官贪”条；（元）赵承禧等编：《宪台通纪》（外三种），王晓欣点校，浙江古籍出版社 2002 年版，第 201 页。

〔2〕《大元国朝圣政典章·吏部》卷六，“考试廉访司书吏等例”条。

〔3〕郝时远：《元代监察制度概述》，载元史研究会编：《元史论丛》（第 3 辑），中华书局 1986 年版，第 97～98 页；许凡：《元代吏制研究》，劳动人事出版社 1987 年版，第 16～18 页；萧启庆：《内北国而外中国：蒙元史研究》（下册），中华书局 2007 年版，第 428～431 页，第 438 页，第 446～459 页。

〔4〕《大元国朝圣政典章·吏部》卷六，“迁转人吏”条；植松正：『元代江南政治社会史研究』、汲古書院、1997、249 頁。

以书吏与当地富户往来、妨碍公务为由,将云南、海南、两广以外的各道肃政廉访司内全体南人书吏和“游学、岁贡秀才”革罢。[1] 然而,从此类法令在1311年至1329年间屡屡发布这一事实可以推知,革职原有书吏并未能消灭豪强把持诉讼的现象。

豪强之所以能利用诉冤法律“健讼”乃至把持诉讼,不仅缘于其和书吏勾结,更和此时法律关于越诉的暧昧态度有关。由于论告官吏不被视作越诉,因此当事人只要以赴监察机关控告相威胁,便可能迫使地方官吏就范。无论这一胁迫行为是为了就进行中的诉讼提起上诉(政教合一)眼前利益,还是为了在日后的诉讼中获取便利(所谓把持公事)的目的,都可以说是一种“健讼”行为。另外,由于法律禁止论告官吏以外的越级上诉行为,则当事人如欲越诉,便必然要证明或者至少是宣称在其所讼之事中存在官吏受赂不法的情形。法律的但书促成了一种诉讼策略,这恐怕是立法者始料不及的。

五、诉冤制度与“健讼”风气

(一)监察与诉讼的冲突

由诉冤法律自唐以迄宋元的嬗变过程可以看到,立法动因在晚唐至北宋时期表现为追求“纾冤”和解决狱讼淹滞问题,当时尚无利用诉冤法律钳制地方官吏与豪强的确证,然而,南宋以后,这一用意变得十分明显。另外,虽然建立诉冤制度的初衷并非为民间提供词讼上诉审判程序,但这一制度经常被利用为词讼上诉程序。诉冤法律的功能结果和其立法目的背道而驰。因此,各朝往往在设立诉冤程序一段时间后陷入打击“健讼”的循环中,并由此形成某种“钳制—利用”关系。本文认为,这与诉冤制度本身的缺陷是分不开的。

在诉冤法律下,负责审理狱讼的是州、县等地方官员,央、地监察机关负责纠举辖境内官吏的不当行为,当事人的上诉则是发动诉冤审判的主要信息渠道。由当事人提起诉讼的模式令诉冤程序看起来与近代的上诉审程序颇为相似。然而,从诉冤的对象通常是官吏的不当行为和监察机构负责受理和审理投状等事可以看出,诉冤制度的根本目的在于政治性的监

---

〔1〕《大元国朝圣政典章·吏部》卷六,“保举官员书吏”条;(元)赵承禧等编:《宪台通纪》(外三种),王晓欣点校,浙江古籍出版社2002年版,第75~76页。

察,而不是司法性的审判。无论是“抒冤”还是纠弹,其最终的结果都将着落在对官吏的奖惩上。要言之,当事人之所以被允许投状,缘于增多获取监察信息渠道的目的。

然而,诉冤法律实际上提供了上诉审判程序。虽然不同时期的具体规定不同,但审判行为一直都属于诉冤事由。个案的复杂性与“冤”的指代的不明确性令当事人自可认为自己含冤,如不予审查,则无从知其针对原审的指责是否属实。然而,审查需要时间,加之公文移转等制度局限,审判难免淹滞。与此同时,审判者自可认为其处断是唯一正确的结论,但在无尽上诉和监察特性的环境中,当事人随时可以谋求通过上诉推翻既有处断,甚至对未决诉讼的审判施加影响,原审处断也随时可能被上级官员和皇帝全盘推翻。[1] 诉冤法律在突破固有狱讼程序、为上级监司提供更便捷的掌控地方的手段的同时,也为当事人的“健讼”提供了制度可能——只要当事人勇于寻求新的介入者和坚持不懈地上诉,就有可能获得最终的胜利。这意味着只要不出现新的、合法的、简便的替代性渠道,随着词讼上诉的需求不断增长,通过诉冤程序非法上诉的词讼的数量就只可能增多,而不可能减少甚至消失。

根据直诉和越诉法律,上诉者所诉之事如不具备“含冤”这一要件,其行为就不合法,也就不能获得胜诉。[2] 但皇帝与上级官员也承认,地方官的不当审判行为并非只发生在重大刑案的审判中。只要当事人能证明审判不公(含冤)缘于官吏的不当行为,他们也认可词讼上诉的合法性。这种合法与不合法之间的微妙感令词讼上诉行为很难被一概而论,只能通过个案判断上诉者的行为是否合法。

对上诉者而言,虽然不具合法性的上诉会导致越诉乃至把持诉讼的罪名,但与可期待的诉讼利益相比,其未必就不会选择冒这个风险,甚至会因为上诉行为原已欠缺合法性而百般变化诉讼策略、寻找法律漏洞。毕竟,在上诉行为的合法性尚很微妙的前提下,要求已经冒着违法风险的当事人额外具备诉讼自律性,显然并不现实。另外,在上诉等于铤而走险的环境

---

〔1〕［日］谷口安平:《程序的正义与诉讼》,王亚新、刘荣军译,中国政法大学出版社1996年版,第18页。

〔2〕［日］寺田浩明:《权利与冤抑》,载滋贺秀三等:《明清时期的民事审判与民间契约》,王亚新等译,法律出版社1998年版,第217页。

中,无论是如五代时那样反复修改立法,还是如宋元时那样发布文告以进行道德教化,都无法真正地解决“健讼”问题。

综上所述,在行为合法性基于含冤这一点上,诉冤制度的内部逻辑是自洽的,但从历代法律效果可以看出,这是一种相当不稳定的自洽。它随时可因社会对诉冤者依靠法律“健讼”的现象而产生的怀疑颠覆。究其原因,肇于诉冤制度的设计功能(监察)和实际功能(诉讼)之间的冲突。而就其社会效果而言,将导致法律的各方参与人的工具目的频繁冲突,进而导致诉讼行为被归结为道德恶性,引发立法者与审判者加强对“健讼”的钳制。与此同时,钳制的加强导致民众随着法律的改变而改变其诉讼策略。最终,社会对待法律的态度益发趋于工具主义,诉讼者、审判者和诉讼法律形成了一种负面互动。

(二)诉讼策略的变化

观察晚唐至宋元期间的诉冤活动,可以发现民众的诉讼策略总是在随着诉冤法律的改变而改变。比如前文提及的北宋初年多有七十岁以上的老年人投状以规避务限法的现象,及南宋时常见利用越诉法的制度漏洞拖延诉讼时间、为了增加诉状字数而黏附白纸等现象,都是此证。[1] 与此同时,官方对诉冤案件的审查日趋严厉,针对豪强(甚至非豪强)当事人的“健讼”行为的谴责日渐严厉,诉冤法律本身也随着诉讼策略的发展而不断修订。[2] 然而如前所述,上述努力并未获得多少成功。

在诉冤法律的调整过程中,颇值得注意的便是官方渐渐倾向于在立法和审理中对当事人的身份加以甄别。[3] 晚唐、五代乃至北宋时的史料中,此类政策尚属少见。然而,南宋的判词和官箴中反映出,这种歧视性政策已经存在。至元代以后,诉冤法律不仅将“健讼”视为民风不正的表现,还采取了较南宋时更为强硬的政策,其将官、民均列为监察对象,要求地方监

〔1〕《宋会要辑稿·刑法》三之一〇、三之一三、三之一七、三之三二、三之三三;《唐会要》卷五十五。

〔2〕中国社会科学院历史研究所宋辽金元史研究室点校:《名公书判清明集》,中华书局 1987 年版,第 503 ~ 504 页;《宋会要辑稿·刑法》三之三二、三之三三。

〔3〕(南宋)胡太初:《昼帘绪论》,载官箴书集成编纂委员会编:《官箴书集成》(第一册),黄山书社 1997 年版,第 114 页;(元)张养浩:《为政忠告·牧民忠告》,载官箴书集成编纂委员会编:《官箴书集成》(第一册),黄山书社 1997 年版,第 204 页。

察机关在纠弹官吏违法的同时矫正民风。

当事人之所以会提起上诉往往是出于对第一次审理的结果不满并且期望通过获得再次审理以求得改变现有审理结果的想法。所谓的冤,正是这种不满的体现。面对法律制度的种种限制,为了获取再次审理并取得胜诉,当事人选择讼师与诉讼策略可以说是十分自然的结果。也正是因此,在前述诉讼策略与诉冤法律的互动中,一方的改变总是很快就导致另一方的改变。

与此同时,由于法律和政策的改变仅限于制度修补与道德指责,不仅很难促使"健讼"现象消失,也无法推动诉冤程序的转型,诉讼策略与诉冤法律由此陷入了一种僵持状态。法律效果与立法目的的大相径庭则导致法律本身的合理性不断遭到怀疑与否定。

对于立法者来说,这种负面互动只意味着不断地修补制度和立法成本的增加。而对审判者,则意味着其处于动辄得咎和孤军奋战的困境中。就当事人而言,诉讼策略的不断更新意味着在诉讼中对专业人员的倚赖日渐增多,这导致了诉讼成本提高。由此,一些人倾向于忍气吞声以平息诉讼,而另一些人则倾向于不惜血本进行诉讼。同时,这还隐喻着豪强更有可能"健讼"的结果。这些社会现象令社会大众在看待诉讼与讼师时的心态矛盾、复杂,而民众在看待包括诉冤法律在内的法律时则充满疑惧。

以诉冤法律与诉讼策略之间的这种互动作为切入视角,或许可以重新认识宋元以后讼学发展所经由的路径。随着诉讼策略与诉冤法律、审判政策间的互动、互变,宋元时的诉讼领域发生了许多与后世不无关联的变化。有学者指出,此时逐渐多见由地方官员发布有关"放告日"的规定,这一制度至清代时仍多见且更趋规范,[1]又如前文所提及的南宋时对于越诉词状格式和字数的规定,亦为后世众多诉状格式所采纳。[2]虽然南宋时的此类规定还仅止于越诉法的范畴,且由于材料所限也尚不能确定是否在地方监司的受诉中已经采纳这种规定,但后世的州县司法档案中此类规定的多见说明这一格式制度随着时代的推演变得更加普及了。正是随着诸如

---

〔1〕 刘馨珺:《明镜高悬》,北京大学出版社 2007 年版,第 66 ~ 67 页;邓建鹏:《财产权利的贫困》,法律出版社 2006 年版,第 66 页,第 71 ~ 72 页。

〔2〕 邓建鹏:《清朝〈状式条例〉研究》,载《清史研究》2010 年第 3 期。

此类的制度增订,当事人对于掌握包括诉状书写技巧在内的更多诉讼知识的讼师的需求变得更为迫切,“健讼”问题也变得更为严重。[1]

(三)法律的时间与空间性

虽然晚唐至宋元时期,诉冤法律一直具有强烈的中央性,不仅立法权属于中央,诉讼的受理和审理权也由中央监察机构或其下属的地方监察机构行使,但仍应承认,不同的时代与地理环境令各时期的诉冤法律并不完全一致。这种不一致既体现在法律运行的结果上,也体现在制度设计上。其中尤以南宋越诉法引人注目。

固然,“健讼”现象在南宋时期尤为多见与越诉法本身的限制性规定不如北宋和唐代的直诉法严格有关,但南宋时期的时空环境对这一结果的形成也有影响。与前朝相比,南宋所辖疆域狭小,许多地方(尤其是靠近首都临安的两浙西路、江南西路地区)具有地狭人稠、资源匮乏的特点,这导致人们在经济领域中争夺激烈,疆域的狭小及由此产生的地域间交通相对近便也令当事人更有可能前往首都上诉。与此同时,对外战争导致地方官的权限获得较大扩张,施政行为侵害平民利益的现象因而多见。这既令立法者感到有必要设立诉冤法律,也令此类诉讼增多,,进而表现为整体多讼的状态。在多方面因素的综合作用下,南宋时期的诉讼当事人将越诉法作为诉讼策略的问题较之北宋与唐代时表现得尤为激烈,引发了立法者的一系列后续修补行动。

此外,从个别主官(如胡颖)的态度与同僚相比起来格外严厉可以看出,在政策掌握上,不同的地方监司的态度可能并不相同。另外,从南宋时的信州、饶州和明州三地的情形可以发现,即使是在同一时期的邻近地区,由于主要生产部门和利益纠纷领域的不同,常见的诉讼起因与当事人(尤其是其中的豪强)行为方式也不完全一致。[2] 虽然这些差别似乎从根本上并无碍于诉冤法律的制定和地方官的审判行为,但却为进一步追踪探讨诉冤法律在不同地域的运行实效和诉冤审判中的法律与事实推理过程提

---

〔1〕［日］夫马进:《讼师秘本〈珥笔肯綮〉所见的讼师实象》,载邱澎生、陈熙远编:《明清法律运作中的权力与文化》,台北,“中央研究院”、联经出版事业股份有限公司2009年版,第15页。

〔2〕小川快之:『伝統中国の法と秩序』、汲古書院、2009、56~60頁、83~95頁、109~118頁。

供了可能的研究路径。

综观唐以后的诉冤法律发展轨迹，可以发现其一直在缓慢地改变。唐初，至少在立法者的制度构想上，投匦还只是经三司陈诉方式的一种补充，设匦的目的更多的是满足皇帝获取执政信息的需要。然而，由于投匦上诉的便捷，中唐以后，随着词讼投匦的增多，匦函逐渐演变为一种常见的直诉方式，并在五代和历史上曾经存在过的登闻鼓制度结合起来。至北宋时，终于被共同纳入直诉制度，分为鼓、检两院，至南宋初年，更被同隶于谏院。另外，南宋的越诉制度是在登、检制度基础上建立的。随着越诉的制度化，相对不够便捷和简易的直诉方式在南宋时期出现了被轻视的现象。这与唐代设匦以后，经三司陈诉的方式即被轻视的现象可谓异曲同工。然而，越诉的简便易行同时意味着当事人借其"健讼"的简便易行。因此，入元后立法转为原则上禁止越诉、允许越级论告官吏不法行为，并由监察者（亦即上诉受理者）负责打击"健讼"者的方针。尽管不同时期的制度名称、运作程序甚至立法目的都有所不同，诉冤制度包含监察与诉讼两种功能这一性质都未曾改变，监察地方官吏一直是立法的重要目的，并且随着时代更迭有加强的趋势。

在这一嬗变过程中，隐含着历代诉冤法律所处的不同时空中的人们在法律运行过程中采取的不同的行动选择。无论是立法者设立制度的最初动因，还是其后续细化制度的种种尝试，也无论是审判者就每一个案所作处断，还是当事人的种种诉讼策略，都是行动选择的结果。选择的过程，即法律运行的过程。立法者、审判者与当事人通过选择采取何种行动而发生互动，并促生下一步的行动选择。其中，立法者的行动选择意味着法律制度的调整。由此，逐步形成了晚唐以后诉冤法律的大体格局，并预示着明、清以后此类法律的发展变化。

主编说明

这是海丹同学的硕士学位论文。诸多法律史文献（比如白居易的《甲乙判》《折狱龟鉴》《棠荫比事》《洗冤录》《明公书判清明集》）表明，唐五代至宋元的司法文献逐渐由文学化转为世俗化，这是中国诉讼与司法风格的重大转型，其原因颇值探讨。但是除了陈景良、戴建国等学者外，关注这个时间节点的国内学者较为有限。海丹同学所选择的研究主题时间跨度大，要掌握的各类法律史文献众多，实属不易。可喜的是，作者钟情于学术研究，思虑成熟，同时对已有学术成果给予充分注意，颇有日本一些法律史学者查阅资料时“一网打尽”的风范。充分收集各类文献方面，国内一些法律史硕士论文做得较差。不重视前人研究，在论文开头不作学术综述的毕业论文触目皆是。另外，海丹同学在细致的分析中，指出唐五代至宋元时期的特殊法制本身内含有政治意图，而最后竟然为“健讼”之人所利用。制度的预期目标与最终结果之间如云泥之别。这对当今的制度建设，仍有丰富的启示意义！

专题三　命债必偿：清代谋殴与谋杀共犯归责的机理

吴饶竹[*]

目　次

一、引言

清代命案的归责，是将被害人死亡的结果归因于某个或某几个行为进而归责于行为人的过程。在共同犯罪中，还要根据共犯成员在犯罪中的作用分配责任，以确定抵命之人。但共犯的作用没有统一的评价标准，行为与结果间的因果关系也没有固定的程度要求。

---

* 吴饶竹，中央民族大学法律硕士，现就职于厦门某公司。本文发表于台湾地区《法制史研究》2020年。

在共谋杀人和谋殴致人死亡中尤其明显,同类情节在两罪中的归责权重如镜像般截然相反,因果关系的强弱呈现两极分化,并在差异中呈现出对称性。考虑到两罪在主客观方面的联系以及各自在命案体系的重要地位,可以相信两种归责方式是互相参照而产生的制度设计,必有某种思维方式造成了这种差异。

以命案为焦点分析谋杀和谋殴在归责方式上的差异是研究其内在机理的可行路径。本文的谋杀和谋殴,除非另有说明,仅在狭义上指代清律中"谋杀人"和"斗殴及故杀人"的相关规定,不包括"谋杀祖父母父母"或"殴制使及本管长官"等特殊条款的内容,也不包含谋杀未遂、中止(已行未伤、伤而未死[1])和谋殴未致人死亡的情况,以使人命的对价不受伦理和等级观念的太大影响。此外,因清代谋殴和共殴并无本质区别,本文也会兼论共殴致人死亡的情况。

事实上,类似的比较在现代刑法中早已有之,故意杀人和故意伤害致人死亡的区分在理论和实践中均受到重视,同理可知谋杀和谋殴的区别在古代刑法的重要性。但在中法史领域,两罪的比较研究仍然处于空白状态。常见的研究是某罪在某个朝代的立法和司法状况,[2]某罪在历史上的发展变化[3]或两个朝代同一罪的纵向对比。[4] 众多"六杀""七杀"的合并研究则经常局限为蜻蜓点水般的罗列和某个朝代的命案概况,未能突出两罪的区别。[5] 传统中国对各类命案的规制不是彼此无关的存在,也并非处于泛化的联系之中。以具有强关联性的几类命案作为研究切入点,更能发掘背后的法律思维特征。

从清代承审官和律学家的解释可知,"一命数抵"和"一命一抵"是当时处理谋杀案和谋殴致人死亡最核心的思维方式。这种"抵命"思想,简单

---

〔1〕 谋杀的已行未伤、伤而未死既有可能是未遂而没有完成杀人,也可能是主动停止犯罪、防止犯罪结果发生。

〔2〕 参见闵冬芳:《清代法律和司法实践对共同谋杀之首犯与从犯的认定》,载《北方法学》2011年第4期;刘晓林:《唐律"斗杀"考》,载《当代法学》2012年第2期。

〔3〕 参见闵冬芳:《中国古代谋杀概念的形成与演变》,载《法学》2009年第2期。

〔4〕 参见刘晓林:《秦汉律与唐律"谋杀"比较研究》,载《甘肃社会科学》2013年第2期。

〔5〕 参见刘晓林:《唐律"七杀"研究》,商务印书馆2012年版;陈志杰:《清律"六杀"探析》,河南大学2014年硕士学位论文。

地说就是由凶手的生命抵偿被害人的生命。学界对两家之间互殴[1]和涉外司法中的抵命现象[2]已经有过专门研究,但这些特殊情况未必适用于普通命案。也有不少学者研究抵命的思想渊源。如将抵命归因于中国人历史悠久的宇宙论思想,[3]或是人类共同本性中的同态复仇,[4]或是让冤魂得以安眠的手段。[5] 但以上观点并没有太多司法档案的案件作为支撑,很难看出哪个才是正确的。虽偶见用"一命一抵"来解释个案裁判[6]的论述,但总体上比较侧重从单纯的思想层面展开研究,与命案的处理过程割裂开来。至于"一命数抵",则完全被学界所忽视。

谋杀和谋殴的责任分配一般通过清律主文的共犯体系予以确定。但在出现胁从犯的场合,共犯的作用发生改变,部分责任也相应变化。当共犯在受刑前因故死亡,责任的承担主体也会转移。为此,本文将从以上三个方面对谋杀和谋殴的归责展开研究,以律例规定、明清著名律学著作和有刑部背景的司法档案为史料,试图证明在抵命思想的影响下,谋杀和谋殴的共犯归责在互相区别的表象下,整体上呈现出连带性的特点,并进一步探讨这种连带责任的思想根源。

二、谋殴命案中共犯的法律规定

律文有规定共犯的种类和刑罚,但无法直观地看出共犯成员的主客观方面和特征,需要借助大量的条例、案件和律学注释来理解。不知道共犯的分类,就谈不上归责的问题。律文"斗殴及故杀人"最后一段规定如下:

若同谋共殴人,因而致死者,以致命伤为重,下手(致命伤重)者,绞(监

---

[1] 参见霍存福:《复仇·报复刑·报应说——中国人法律观念的文化解说》,吉林人民出版社2005年版,第166~170页。

[2] 参见唐伟华:《试论清代涉外司法中的"一命一抵"》,载《清史研究》2009年第2期。

[3] 参见[美]D.布迪、C.莫里斯:《中华帝国的法律》(第2版),朱勇译,江苏人民出版社2010年版,第270~272页。

[4] 参见梁治平:《法意与人情》,中国法制出版社2004年版,第17~25页。

[5] 参见尚海明:《善终、凶死与杀人偿命——中国人死刑观念的文化阐释》,载《法学研究》2016年第4期。

[6] 参见王志强:《清代刑部的法律推理》,载王志强:《法律多元视角下清代国家法》,北京大学出版社2003年版,第87页。徐忠明:《办成"疑案":对春阿氏杀夫案的分析》,载《中外法学》2005年第3期。

候)。原谋者,(不问共殴与否。)杖一百、流三千里。余人(不曾下手致命,又非原谋。)各杖一百(各兼人数多寡及伤之轻重言)。[1]

同谋共殴致人死亡属于共同犯罪,这就涉及如何认定首犯与从犯的问题。本罪与名例律中"造意为首,随从者减一等"的共犯原则性规定不同,而以"下手致命伤重者"为首犯,承受最重的绞监候,"原谋"次之,杖一百流三千里,"余人"最轻,不论人数多少和伤之轻重均杖一百。但这种分类并不适用于共殴各犯"本不同谋,偶因事触忿,众手共殴人致死者"[2]的时候,类似于"事前无通谋的共同犯罪",因为此时没有原谋。例如闲谈中突然言语不和大打出手,[3]因赌博无钱而被众人围殴等。[4] 律学家认为应该仿照唐律[5]按个犯情况分别处理,不再有原谋与余人的划分,属于普通斗殴。[6] 然乾隆年间规定"猝遇在场帮护"且用凶器、金刃伤人的共犯处以充军或徒刑,除了下手致命者拟绞监候,其他共犯仍按余人杖一百。[7] 所以仍然是按照共同犯罪处理。

(一)原谋者的处罚机理

原谋是煽动、纠集众人斗殴的首祸。"元者,首也,首发殴人之谋,故称元谋。"[8]清律对这种"肇衅之人"的处罚一般极严,但在同谋共殴的情况下,被害人的死亡在原谋的意料之外,所以其作用弱于下手者。原谋大多

---

〔1〕《大清律例》(第26卷),田涛、郑秦点校,法律出版社1999年版,第430页。

〔2〕(明)王樵:《读律私笺》(第2卷),载中华古籍资源库:http://mylib.nlc.cn/web/guest/search/shanbenjiaojuan /medaDataDisplay? metaData. id = 6517286&metaData. lId = 3754647&IdLib = 402834c3409540be0141aa7d72035310,最后访问日期:2018年6月10日。

〔3〕(清)祝庆祺等编:《刑案汇览全编·刑案汇览》(第29卷),杨一凡、尤韶华点校,法律出版社2007年版,第1598页。

〔4〕(清)祝庆祺等编:《刑案汇览全编·刑案汇览》(第29卷),杨一凡、尤韶华点校,法律出版社2007年版,第1598~1599页。

〔5〕"其不同谋者,各依所殴杀伤论。"(唐)长孙无忌等撰:《唐律疏义》,中国政法大学出版社2013年版,第272页。

〔6〕(清)沈之奇:《大清律辑注》(第19卷),怀效锋、李俊点校,法律出版社2000年版,第684页。

〔7〕胡星桥、邓又天主编:《读例存疑点注》(第33卷),中国人民公安大学出版社1994年版,第585页。相关案例参见杜家骥等编:《清嘉庆朝刑科题本社会史料辑刊》(第2册),天津古籍出版社2008年版,第665~666页。

〔8〕(清)沈之奇:《大清律辑注》(第19卷),怀效锋、李俊点校,法律出版社2000年版,第680页。

在殴人前就已经形成了纠集众人的犯罪预谋,实践中有在斗殴中临时喊旁人帮忙[1]或纠集之初衷并非共殴的人,[2]量刑时一般不算原谋或只依原谋减轻处罚,[3]所以目的性和预先性是原谋需要具备的特征。但在另一个语境中,临时喊人帮忙的先殴者因故死去,又可视同原谋代下手者偿命,[4]可见抵命者具有较强的可替代性。

原谋的刑罚较为固定,律文小注规定其"不问共殴与否"都处杖流,但在被害人致命部位造成重伤,就上升为唯一的首犯处绞。[5]其在共同犯罪中主要是纠邀和煽动作用,所以不仅不用亲自动手,甚至不必亲至现场即可获罪,[6]但又不同于仅用言语激化他人矛盾,自己却置身事外(未曾纠众,也未共殴)的情况,后者只照不应重律杖八十。[7]原谋的刑罚要根据共犯造成的结果进行调整,若纠众殴死二人,原谋从一科断仍处流刑,殴死三人加一等处充军,一直加到发遣为止。[8]但不必对所纠之外的其他人[9]或预谋之外的其他行为负责。[10]若纠众殴人不仅没把人打死,纠往

---

〔1〕 参见(清)祝庆祺等编:《刑案汇览全编·刑案汇览续编》(第17卷),杨一凡、尤韶华点校,法律出版社2007年版,第768页。

〔2〕 参见(清)许梿、熊莪纂辑:《刑部比照加减成案》,何勤华、沈天水等点校,法律出版社2009年版,第159页。

〔3〕 参见(清)祝庆祺等编:《刑案汇览全编·刑案汇览》(第29卷),杨一凡、尤韶华点校,法律出版社2007年版,第1571~1572页。

〔4〕 参见杨一凡、徐立志编:《历代判例判牍》(第6册),中国社会科学出版社2005年版,第162~163页;(清)祝庆祺等编:《刑案汇览全编·刑案汇览续编》(第17卷),杨一凡、尤韶华点校,法律出版社2007年版,第776页。

〔5〕 参见杨一凡、徐立志编:《历代判例判牍》(第6册),中国社会科学出版社2005年版,第163~164页。

〔6〕 参见(清)祝庆祺等编:《刑案汇览全编·刑案汇览》(第29卷),杨一凡、尤韶华点校,法律出版社2007年版,第1569页。

〔7〕 参见(清)祝庆祺等编:《刑案汇览全编·刑案汇览》(第29卷),杨一凡、尤韶华点校,法律出版社2007年版,第1573~1574页。

〔8〕 参见(清)祝庆祺等编:《刑案汇览全编·刑案汇览》(第29卷),杨一凡、尤韶华点校,法律出版社2007年版,第1548~1549页。

〔9〕 参见(清)许梿、熊莪纂辑:《刑部比照加减成案》,何勤华、沈天水等点校,法律出版社2009年版,第553页。

〔10〕 如故杀者独立处罚。参见杜家骥等编:《清嘉庆朝刑科题本社会史料辑刊》(第3册),天津古籍出版社2008年版,第1518~1520页。

之人反倒被对方打死,那纠集者就不算原谋,只照不应重律杖八十。[1]

(二)下手致命伤重者与法律拟制

下手致命伤重者将被害人直接打死,其行为结果超出了原先预谋的范围,处罚比原谋更重,是一般情况下唯一的抵命者。如沈之奇所言:"……在同谋者,原止欲殴,而下手者,乃致其死,则致命之伤为重,究其下手殴此致命重伤之人,坐以绞罪。"[2]其他律学家也有类似的看法。[3]值得注意的是"下手致命伤重者"本身也无杀人故意,即"不特元谋与余人本无欲杀之心,即下手之人,亦无欲杀之心也"。[4]其并没有形成独立于原谋和其他共犯的杀人意志,不属于现在刑法意义上的"实行过限",这就与故杀区别开来。

下手致命伤重者的认定是一个相当复杂的过程,从被害人身上找出对死亡结果具有最大原因力的一处伤痕,是将死刑施加于其中一名共犯的关键。有刑部官员于案内说明:"是办理共殴之案,应否拟抵,总以伤之致命不致命及下手之轻重为断。"[5]通过部位和轻重两个方面来判断伤痕。条例列举了二十一处人体的重要部位作为致命部位,[6]而伤痕的轻重在实践中主要通过颜色深浅(微红/青色/紫赤/紫黑)[7]和伤口深度(至骨/骨损/骨折/透内)等外在形态来判断。[8]

---

〔1〕 参见(清)祝庆祺等编:《刑案汇览全编·续增刑案汇览》(第9卷),杨一凡、尤韶华点校,法律出版社2009年版,第441～442页。

〔2〕 (清)沈之奇:《大清律辑注》(第19卷),怀效锋、李俊点校,法律出版社2000年版,第680～681页。

〔3〕 参见(明)雷梦麟:《读律琐言》(第19卷),怀效锋、李俊点校,法律出版社2000年版,第353页。

〔4〕 (清)沈之奇:《大清律辑注》(第19卷),怀效锋、李俊点校,法律出版社2000年版,第682页。

〔5〕 (清)祝庆祺等:《刑案汇览全编·刑案汇览》(第30卷),杨一凡、尤韶华点校,法律出版社2007年版,第1599～1600页。

〔6〕 参见胡星桥、邓又天主编:《读例存疑点注》,中国人民公安大学出版社1994年版,第581～582页。

〔7〕 参见杜家骥等编:《清嘉庆朝刑科题本社会史料辑刊》(第2、3册),天津古籍出版社2008年版,第837～838页、第1289～1290页。

〔8〕 参见(清)祝庆祺等:《刑案汇览全编·刑案汇览》(第30卷),杨一凡、尤韶华点校,法律出版社2007年版,第1599～1600页。

最重伤要经过复杂的选择机制挑选出来。同时在致命部位和非致命部位发现多处伤痕，如果轻重一样，造成致命部位的伤为致命伤。[1]致命部位有多处伤痕的时候，认定起来较为复杂，有条例规定："凡同谋共殴人，伤皆致命，如当时身死，则以后下手重者，当其重罪。若当时未死而过后身死者，当究明何伤致死，以伤重者坐罪。"[2]从本条表述来看，同在致命部位的伤痕，如果被害人当场死亡，后造成的为死因；如果被害人事后才死，则要明确是何伤致死，以最重伤为死因。前半句的适用在实践中类似一种"近因原则"，已经形成了一套固定表述，承审官经常认为当场死亡的被害人前面被殴以后"尚不致死"[3]或"尚能与某某格斗"[4]，最后被打才失去了反抗能力"即时倒地"[5]，即最后一击被视为被害人身体状况的拐点，这是以直觉来判断死因的表现。此时最重伤似乎并不作为死因，但档案所载绝大多数当场死亡的共殴案的最后一击刚好也是外观上最重的伤，承审官阐述某伤实属重伤的同时总是强调"又系最后下手"[6]。以常理而言，众人共殴的最后一击并不一定下手最重，让人怀疑有裁剪案情的可能。《办案要略》所载的斗殴条有言："先殴轻伤后殴重伤此情理也，若先重后轻，则死者不能回殴，凶手亦非无故矣。"[7]其认为后造成的伤肯定是重伤才符合斗殴的正常逻辑，否则凶手有故杀的嫌疑。这种观点的存在可能在一定程度上导致官员为了坐实罪名而调整了伤痕的先后或轻重。此外，律例并未解决的致命部位轻伤、其他

---

〔1〕 参见(清)祝庆祺等:《刑案汇览全编·刑案汇览》(第30卷),杨一凡、尤韶华点校,法律出版社2007年版,第1600~1601页。

〔2〕 《大清律例》(第26卷),田涛、郑秦点校,法律出版社1999年版,第431页。

〔3〕 杨一凡、徐立志编:《历代判例判牍》(第6册),中国社会科学出版社2005年版,第160~161页。

〔4〕 杨一凡、徐立志编:《历代判例判牍》(第7册),中国社会科学出版社2005年版,第391~392页。

〔5〕 参见杜家骥等编:《清嘉庆朝刑科题本社会史料辑刊》(第2册),天津古籍出版社2008年版,第531~532页。

〔6〕 此类案件俯拾即是。参见杜家骥等编:《清嘉庆朝刑科题本社会史料辑刊》(第3册),天津古籍出版社2008年版,第1289~1290页、第1582~1583页。

〔7〕 (清)王又槐:《办案要略》,陆昕注释,载《一个师爷的办案经》,九州图书出版社1998年版,第3页。

部位重伤的情形,实践中有时也以后下手的近因原则予以认定。[1] 而被害人事后死亡的情况,就难说最后一击是直接死因,应从各伤痕找出最重之伤,[2]或找出与死亡存在明显因果关系的伤痕,实践中有时依靠人为建立一种因果关系,例如有不少案件的"尸亲"称死者生前呻吟身上某处伤很痛,[3]则该伤即为死因,即使其看起来比其他伤痕轻得多。据《刑幕要略》记载,即便原谋未在致命部位殴有伤痕,只要所拟的文牍以"尸亲"的名义坚称死者在生前说过原谋所殴之伤疼痛厉害,就以此伤为最重。[4] 可见"尸亲"的证言具有人为重塑因果关系的作用。

但共殴时经常情况混乱,不一定能分清先后轻重,在无法区分时以原谋为首(无论原谋是否参与共殴[5]),如果没有原谋(临时共殴的场合),则以首先殴打者为首。总之,多人共殴致一人死亡的情况下,有且只有一个承担绞刑的罪犯。这种部位、轻重、先后的繁杂规定,一方面是因为医学发展局限的环境下,无法科学准确地认定作为死因的伤痕,[6]另一方面又未能像部分实行全部责任一样,将死亡结果归因于所有伤皆致命的共犯,[7]却必须从中找出一处最重伤以满足一命一抵的需要,而不得不根据经验和直觉作出的法律拟制。这种死因的拟制性或不确定性,成为下文所述代偿制度的基本前提。

---

〔1〕 参见(清)祝庆祺等:《刑案汇览全编·刑案汇览》(第30卷),杨一凡、尤韶华点校,法律出版社2007年版,第1599页;(清)祝庆祺等编:《刑案汇览全编·续增刑案汇览》(第9卷),杨一凡、尤韶华点校,法律出版社2007年版,第443页。

〔2〕 杨一凡、徐立志编:《历代判例判牍》(第7册),中国社会科学出版社2005年版,第417~418页。

〔3〕 参见杜家骥等编:《清嘉庆朝刑科题本社会史料辑刊》(第2、3册),天津古籍出版社2008年版,第601~602页、第1155~1156页、第1758~1759页。

〔4〕 (清)佚名:《刑幕要略》,载《一个师爷的办案经》,陆昕注释,九州图书出版社1998年版,第96页。

〔5〕 参见(清)祝庆祺等:《刑案汇览全编·刑案汇览》(第30卷),杨一凡、尤韶华点校,法律出版社2007年版,第1596页。

〔6〕 死者身上可能任一损伤均足以单独导致被害人死亡,是为"联合死因"。也有可能各损伤均不足以单独致死,而由各因素共同作用最后导致死亡,是为"协同死因",均难以区分各损伤在死亡发生中作用的主次程度。参见丁晓军等:《法医学死因分析及其参与度划分规范的探讨》,载《法医学杂志》2010年第5期。

〔7〕 参见张明楷:《共犯的本质——"共同"的含义》,载《政治与法律》2017年第4期。

(三)余人的处罚机理

根据律文规定,"余人"是原谋与下手致命伤重者之外的其他共犯,不限殴打轻重和人数多少都杖一百。斗殴律文有注:"……同谋殴人至死,虽不下手。及同行知谋,不行救阻者,各依本律,并杖一百。"[1]即使没有动手,只要在场就算是余人,属于共犯的一员,而仅仅参与同谋而未到场的就不算余人。[2] 这与下文谋杀的共犯外延不同。

余人的客观表现不一,却一律杖刑,似乎不合情理。薛允升指出:"手足他物伤轻仅应拟笞者,亦科满杖,似嫌参差。如谓用刃伤人,仅拟满杖,反较伤人未死之案科罪为轻……"[3]情节轻微者受杖刑虽然偏重,还可以说是因为被害人的死亡。但大量对被害人造成重伤或持有非民间常用之刀的余人,可能只比下手致命者的伤害轻一点,因为被害人死去而只杖一百。同样的情节在未死人的斗殴中本应受流刑或充军。[4] 换言之,首犯(或下手致命伤重者,或原谋)的死刑在某种意义上吸收了其他共犯的刑罚。

几位律学家都注意到这一点,他们认为:"盖本律重在死上,谓既以下手之人抵命,死者可以瞑目,故余人得以从宽;斗殴律重在伤上,谓不尽科之,则伤者何辜?"[5]照这种逻辑,只有在被害人没死的时候才要根据其伤痕深究每个殴打者的责任;一旦将人打死,重在让死者瞑目,确定抵命人选后其他共犯即可在一定程度上卸掉责任。虽然条例有补充规定,余人用鸟枪、枪刀造成(致命)伤痕的要处充军,[6]使用金刃伤人要处

---

[1] 《大清律例》(第27卷),田涛、郑秦点校,法律出版社1999年版,第444页。

[2] 参见(清)祝庆祺等编:《刑案汇览全编·刑案汇览》(第29卷),杨一凡、尤韶华点校,法律出版社2007年版,第1566~1567页。

[3] (清)薛允升:《唐明律合编》(第18卷),怀效锋、李鸣点校,法律出版社1999年版,第486页。

[4] 参见田涛、郑秦点校:《大清律例》(第27卷),法律出版社1999年版,第443页。

[5] (清)沈之奇:《大清律辑注》(第19卷),怀效锋、李俊点校,法律出版社2000年版,第684页;(明)王肯堂:《大明律附例笺释》(第4册),载中华古籍资源库:http://mylib.nlc.cn/web/guest/search/shanbenjiaojuan/ medaDataDisplay? metaData. id = 5262172&metaData.lId = 2696273&IdLib = 402834c3409540be0141aa7d72035310,最后访问日期:2018年6月10日。

[6] 参见(清)沈之奇:《大清律辑注》(第19卷),怀效锋、李俊点校,法律出版社2000年版,第685~686页;胡星桥、邓又天主编:《读例存疑点注》(第33卷),中国人民公安大学出版社1994年版,第581页。

杖徒,[1]但只限于固定几类凶器。薛允升指出:“只言枪刀等项凶器,而未及寻常刃伤,以原定例意,本非照斗殴门凶器伤人科断故也。惟彼门既定有专条,则执持寻常金刃刀械,即不在拟军之列矣。”[2]还是有使用其他武器的人只杖一百。例如,乾隆年间有共殴致死案中的一个凶犯棍殴被害人太阳穴、脊背等致命部位致其坠楼身亡,被江西巡抚拟为绞监候。但刑部发现原谋也在致命部位殴有伤痕,应以原谋抵命。原拟的正凶所殴之处“虽系致命重伤,然非例载凶器”,直接改为余人杖一百。[3] 其刑罚几乎完全被吸收掉了。

三、谋/共殴中的胁迫

下手致命伤重者复杂的挑选机制表明立法和司法者对死刑入罪的慎重态度,但如果下手者被胁迫,威逼者就会取代下手者成为抵命之人,此时下手者出罪就显得非常容易。

清律并没有将胁从犯规定在名例律中,处理共殴中的胁从犯见于“威力制缚人”“……若以威力主使(他)人殴打而致死伤者,并以主使之人为首,下手之人为从论,减(主使)一等。”[4]本条原为防止豪强、官僚动用私刑解决纷争,以及规制捆缚、监禁等行为,并非是从属于“斗殴及故杀人”的条例,却是一种可套用于各类斗殴案的共犯关系规定。刑部在案内有论:“细绎律意,凡威力主使人殴打致死之案,律内只称以主使之人为首,其罪名或斩或绞,并未定拟,诚以主使情节原无一定,或系主使一人殴死一人,或系主使数人殴死数人,而死者或系一家,或非一家,则主使为首之罪或绞或斩,或应立决监候,全在临时据案科断,难以悬定。”[5]这与唐律规定的初衷早已不同,如沈家本所言:“《疏议》谓威力,或以官威,或恃势力,非谓平人但有喝令情形即以主使论。后来用此律

---

〔1〕 胡星桥、邓又天主编:《读例存疑点注》(第33卷),中国人民公安大学出版社1994年版,第585页。

〔2〕 胡星桥、邓又天主编:《读例存疑点注》(第33卷),中国人民公安大学出版社1994年版,第585页。

〔3〕 参见杨一凡、徐立志编:《历代判例判牍》(第7册),中国社会科学出版社2005年版,第391~392页。

〔4〕 《大清律例》(第27卷),田涛、郑秦点校,法律出版社1999年版,第453页。

〔5〕 (清)祝庆祺等编:《刑案汇览全编·刑案汇览》(第28卷),杨一凡、尤韶华点校,法律出版社2007年版,第1527页。

者,多失此意。"[1]有条例又规定:"凡主使两人殴一人、数人殴一人至死者,以下手伤重之人为从,其余皆为余人。"此时共犯可分为主使者、下手伤重之人及余人。薛允升认为:"此系仿照共殴律定拟者,主使者为首,故下手伤重之人为从,谓照律科以流罪也。"[2]

主使者在共同犯罪中的作用超过了下手者和原谋者。刑部曾经指出:"诚以主使之人与原谋虽同系首祸,而威力主使其助殴之人有不得不从之势,较之原谋更重。"[3]但主使者在主观上并无杀人故意。薛允升指出:"威力主使殴人,虽属凶暴,亦非有心致死,大抵用棍棒者居多,故仍拟绞罪。"[4]

本罪与同谋共殴的区别在于共犯间的关系和下手之人的意志因素。几个律学家都仔细对比过两罪,沈之奇认为:"盖豪强之威足以慑人,力足以凌人,为所使者,实不敢不从之势,虽行殴人之事,原无殴人之心,故以主使为首,下手为从也。同谋共殴者,下手之人原有殴人之心,故下手抵命,元谋拟流也。"[5]雷梦麟[6]、王肯堂也有同样的看法。[7] 下手者主观上并不愿意参与犯罪,但如果查出下手者与被害人有仇,有理由相信其是自愿殴打,那就仍作为首犯。[8] 这种认定似乎正与"律贵诛心"的原则相吻合。

---

〔1〕 (清)沈家本:《历代刑法考》,邓经元、骈宇骞点校,中华书局1985年版,第1874页。

〔2〕 胡星桥、邓又天主编:《读例存疑点注》(第35卷),中国人民公安大学出版社1994年版,第635页。

〔3〕 (清)祝庆祺等编:《刑案汇览全编·刑案汇览》(第38卷),杨一凡、尤韶华点校,法律出版社2007年版,第2001页。

〔4〕 胡星桥、邓又天主编:《读例存疑点注》(第35卷),中国人民公安大学出版社1994年版,第635页。

〔5〕 参见(清)沈之奇:《大清律辑注》(第20卷),怀效锋、李俊点校,法律出版社2000年版,第743页。

〔6〕 (明)雷梦麟:《读律琐言》(第20卷),怀效锋、李俊点校,法律出版社2000年版,第379~380页。

〔7〕 薛允升有记载王肯堂的观点。(清)薛允升:《唐明律合编》(第22卷),怀效锋、李鸣点校,法律出版社1999年版,第594页。

〔8〕 (清)祝庆祺等编:《刑案汇览全编·刑案汇览》(第38卷),杨一凡、尤韶华点校,法律出版社2007年版,第1998页。

实践中,承审官员经常凭借单一的标志性行为“喝令”,认定共犯之间存在主使与“不得不从之势”。乾隆六十年(1795年),刘万禄主使在店里住宿的李虎山、陈四海和雇工王际桂殴打刘老屋。刘万禄因刘老屋不服,将其鞋袜脱去,叫李虎山等殴打其腿部、腕部等处。直到刘老屋求饶磕头才让住手。刘老屋十日后因伤死亡。刑部在本案对同谋共殴和威力主使殴打进行了甄别:“原谋与主使之分总以当场有无喝令为断。如仅止起意谋殴,当场并未喝令,则谋殴之人应以原谋论。若既经起意纠殴,又复当场喝令,则喝令之人应以主使论。”刘万禄起意纠殴刘老屋泄愤,众人在其指挥下令行禁止,属于当场喝令,因此刘万禄成为抵命者。刑部又认为“李虎山、陈四海系伊店内住宿之人,王际桂又系雇工,均属倚伊居住,是有不得不从之势”。[1]

从前案刑部之论可知原谋可以转换为主使者,但实际上原谋并非主使的必经阶段。咸丰元年(1851年),刑部官员在一桩命案中指出:“威力主使人殴打致死,以主使之人为首,下手之人为从……向来办理此等案件,总以先经起意谋殴而当场并未喝令者以原谋论,如当场有喝令情事,下手之人有不得不从之势者,则勿论是否纠殴,均应以主使论。”换言之,谁喝令就由谁抵命,并不局限于原谋。在该论所涉案中,图清额和僧吉陈争吵,乌第陈“喝令”其弟图清额殴打僧吉陈,被鞥顾善劝阻。乌第陈揪住僧吉陈发辫殴打。图清额因僧吉陈向其吵嚷,又拳打僧吉陈头部,拾起木棍多次殴打,僧吉陈倒地死亡。地方将军认为乌第陈是原谋,但并无致命重伤,应以图清额作为下手致命伤重者拟绞。刑部指出,二人争吵是临时发生的事情,乌第陈并无预先纠集殴打的情节,不属于原谋。另外,乌第陈当场喝令殴打时,如果图清额当即听从下手,“是乌第陈以兄使弟有不得不从之势”,乌第陈应作为威力主使之人拟绞,图清额是从犯拟流。但如果乌第陈当时喝令后,图清额因鞥顾善劝阻并没有马上听从殴打,而是在僧吉陈对其吵嚷之后才将其殴打致死,“则乌第陈虽有喝令之言,并无主使之实”。[2]

可以看出,除喝令之外,主使者与下手之人的关系也是认定存在“威

---

〔1〕(清)祝庆祺等编:《刑案汇览全编·刑案汇览》(第38卷),杨一凡、尤韶华点校,法律出版社2007年版,第1995页。

〔2〕(清)祝庆祺等编:《刑案汇览全编·刑案汇览续编》(第17卷),杨一凡、尤韶华点校,法律出版社2007年版,第756页。

力”的重要因素，但这并无固定的模式。嘉庆十四年(1809年)，牛忠纠邀崔广大殴打司廷芳致死。此案原拟将牛忠和崔广大分别按威力主使绞、流处理，但刑部指出地方官只查出牛忠“恐力不能敌，嘱令崔广大帮殴等情，并未将崔广大有不得不从之势，牛忠实有可畏之威详晰声明，案近同谋共殴”，予以驳回。后因查出牛忠为地主，崔广大为地户，“平素听其指使”，并且“崔广大耕种牛忠地亩，合家俱在牛忠家闲住，不得不听”。从这种身份上的依赖关系和平日关系就可以推导出案发时二者之间存在威逼关系，即“似属有威”，按威力主使处理。[1]

以上寄宿关系、兄弟关系、地主地户关系都可以认定存在“不得不从之势”，同时配合“喝令”的行为，实际上只是一种推断的逼迫。上述第二个案例也只是说明喝令和殴打之间需要存在前后相继的因果关系，并未或无须实际查清共殴时有无受到强制以及强制力度的大小，例如不参与殴打则不让继续居住等确实难以忍受的情况，所以达到主使者的标准非常容易，死刑犯从下手者替换为主使者不需要严格的审查过程。从现在刑法角度来看，上述胁从犯仍具有很大的意志自由，在共犯罪中起的作用很大，最多有轻微的经济强制，几乎不可能直接减等处罚。

但是这种威逼的标准在致死多人且主使病故的案件就显得完全不同。道光十三年(1833年)，胡叔明与曾起云等存在耕地纠纷，令陈超遵纠众往殴。陈超遵就同其子、工人、好友共十四人乘船前往。刚好曾起云等十四人先已到田里工作。陈超遵点放竹铳轰伤曾起云等二人，其子、工人各用刀划伤一人。曾起云等人逃跑，陈超遵喝令众人追殴。因原先乘来的船只飘到河中，曾起云等纷纷跳到水里逃跑。当时潮涨水急，众人游到船边后，将船扳翻沉下去，曾起云等十三人全部溺亡。巡抚将陈超遵依主使殴死三命非一家拟绞立决，已经在监病故，胡叔明等拟遣、流。

本案存在“喝令”和父子关系、雇工关系，符合威力主使的一般要件。但刑部认为：“主使殴打致死之案，必主使者实有可畏之威，而下手者又实有不得不从之势，方可将主使之犯依律拟抵，下手之犯减等拟流……至案

---

〔1〕（清）祝庆祺等编：《刑案汇览全编·刑案汇览》（第38卷），杨一凡、尤韶华点校，法律出版社2007年版，第1996页。

关多命,尤当详细研鞫,务使一命一抵,岂容轻听狡饰之供,率援主使之律,将下手之犯仅拟满流,致滋轻纵。”还指出本案“喝令只系空言,并无不得不从之势……案关彼造十三命,自应究明何人系何人追逐致溺,按律分别拟抵,方足以昭平允。乃该抚辄援主使之律,归重罪于已死之犯,将下手者概拟减流,致令多命之案竟无一人实抵,殊非慎重人命之意。”[1]刑部这种看似严格适用威力主使的论调,实际上是看到抵命者与被害者人数的巨大差距,才反推出主使者标准过低的结论,绝非适用于所有的同类案件。而普通的威力主使之所以如此宽松地适用,正是因为已经满足了一命一抵。在清人看来,法律文本到底应该宽松还是严格地适用取决于更为本质的法律目的或者天理人情,[2]一命一抵既是从律文规定所推导出来的原则,又是古人的朴素正义观,当案情发生变化的时候,就要随时调整律文的理解以满足抵命的需求。

四、谋殴命案中“一命一抵”的代偿机制

上述内容基本上围绕着共犯成员的作用来分配责任,但假如有一个次要责任人在正凶受刑前因为案件意外死去,相当于先行承担了主要责任,原主要责任人就可以免除死刑。换言之,命债已经有人提前代偿了,这是债务连带性的一个重要特征。

(一)代偿时情法两尽的考虑

根据“斗殴及故杀人”律文下的条例,当其他罪行严重的共犯因故死亡,可以免去下手致命伤重者的死刑。具体而言,纠集众人共殴的原谋或者助殴重伤之余人在以下两种情况下死亡时,原本应处绞监候的下手致命伤重者可以减为流刑而免死:(1)正凶处决之前在监狱中死亡的;(2)被押解到上级衙门复审的途中病死的。[3]

本条源自明代万历十六年(1588年)旧例,经过多次修改。早先明律“斗殴及故杀人”门内只有3条:“一为共殴之人,审系执持枪刀等项凶器,亦有致命伤痕,发边远充军。一为实系造意首祸之人,方以原谋拟

---

〔1〕(清)祝庆祺等编:《刑案汇览全编·刑案汇览》(第28卷),杨一凡、尤韶华点校,法律出版社2007年版,第1504~1505页。

〔2〕徐忠明:《凡俗与神圣:解读“明镜高悬”的司法意义》,载《中国法学》2010年第2期。

〔3〕参见《大清律例》(第26卷),田涛、郑秦点校,法律出版社1999年版,第431页。

流，殴有重伤而又持有凶器者，方以合例拟遣。一即系此条。"[1]王肯堂认为："第三条为一命不可两抵，瘐死一人已足瞑死者之目矣。"[2]刑部在同治九年(1870年)对此条例有专门论述，指出早期条例内代正凶偿命的"助殴伤重"之余人专指第一条持枪刀等凶器且殴有致命伤痕的共殴者，因为这种共犯和原谋，"均罪在军流以上。军流例应收禁解勘，其去死罪止差一间，一经在监在途病故，故可准其抵命"。[3] 而以他物殴人和虽用金刃但未致人重伤的共犯，只处杖刑或徒刑。杖刑犯不用收禁，也不必押到上级复审，徒刑犯一旦犯病必须保出监狱调治防止传染，[4]"徒罪亦只解府，并不解省。中途病故一层，自属少有之事"。[5] 所以这些情节较轻的共犯在程序上就基本不可能瘐毙狱中或解审病故。可知死去余人的刑罚要接近死刑，才有"资格"代替正凶偿命。至于共殴内原拟偿命的正凶，因"秋审多可入缓，故随案减流并不为纵"。[6] 所以无论从抵命者还是正凶的角度，都不会显得情法失平。

乾隆年间在监毙、病故之外又增加畏罪自尽作为因故死亡的种类，并将自尽和监毙、中途病故的时间范围分别限定在"未经到官之前"和"到官以后，未结之前"，[7]在刑部看来这几种情况"均属不得其死，是以例准抵命。"[8]沈之奇认为："盖律止欲一命一抵，彼死于殴，此死于监内、途中，均

---

[1] 胡星桥、邓又天主编：《读例存疑点注》(第33卷)，中国人民公安大学出版社1994年版，第587页。

[2] (明)王肯堂：《大明律附例笺释》(第4册)，载中华古籍资源库：http://mylib.nlc.cn/web/guest/search /shanbenjiaojuan/medaDataDisplay? metaData. id = 5262172&metaData.lId = 2696273&IdLib = 402834c3409540be0141aa7d72035310，最后访问日期：2018年6月10日。

[3] 胡星桥、邓又天主编：《读例存疑点注》(第33卷)，中国人民公安大学出版社1994年版，第587页。

[4] 参见田涛、郑秦点校：《大清律例》(第36卷)，法律出版社1999年版，第567页。

[5] 胡星桥、邓又天主编：《读例存疑点注》(第33卷)，中国人民公安大学出版社1994年版，第587页。

[6] (清)祝庆祺等编：《刑案汇览全编·刑案汇览》(第29卷)，杨一凡、尤韶华点校，法律出版社2007年版，第1550页。

[7] 胡星桥、邓又天主编：《读例存疑点注》(第33卷)，中国人民公安大学出版社1994年版，第586页。

[8] 胡星桥、邓又天主编：《读例存疑点注》(第33卷)，中国人民公安大学出版社1994年版，第586页。

非正命,足以相抵。"[1]如果是"配发事结"以后死亡、被捕前在家中病死或者因为别的原因自尽不得按此条例将罪犯减等。[2] 实践中,共殴伤重之余人当场被死者杀死,也可以代替正凶偿命。[3] 可见余人的死亡必须和本案具有高度相关性。

综合来看,这些重刑犯和被害人一样因案件死于非命,可视同承担死刑而相互扯平,因其原本就接近死罪,视为抵命也不会显得情法失平。正所谓:"既有一助殴伤重之人到官拖毙,情同伏法,又有伤重应抵正凶长流不返,其罪亦只去一间,亦足以泄其冤忿。"[4]可见排泄死者的冤情是抵命的主要目的。本条例既坚持"一命一抵"的基本原则,也在一定程度上兼顾着罪刑的适应性。

(二)代偿时因果关系的考虑

清代中后期经过修例,对有资格偿命的余人几经修改,代偿制度合理性论证的侧重点从刑罚的相近改为因果关系的竞合。乾隆年间于"助殴伤重"后面添入"亦足致死"四字,相应的通行强调"即无正犯所殴之伤,亦足毙命"。[5] 因故死去的余人和正凶所殴之伤都足以单独导致被害人死亡才可以代其抵命,同属"联合死因"的情况才适用。嘉庆六年(1801 年),条例又从"助殴伤重,亦足致死"改为殴有"致死重伤",但对此四字的含义并无详细规定,在实践中出现不少争议。

刑部曾在多个场合强调因故死去的余人必须和正凶所殴之伤轻重相等。道光二十六年(1846 年),安徽巡抚认为在被害人致命部位造成抵骨之伤的余人因故死去可以代替造成右手腕骨断伤的正凶偿命。但刑部指出:"查共殴案内伤重致死之余人病故,将应拟绞抵之犯减等拟流

---

[1] (清)沈之奇:《大清律辑注》(第 19 卷),怀效锋、李俊点校,法律出版社 2000 年版,第 687 页。

[2] 参见(清)祝庆祺等编:《刑案汇览全编·刑案汇览》(第 29 卷),杨一凡、尤韶华点校,法律出版社 2007 年版,第 1562~1563 页。

[3] (清)祝庆祺等编:《刑案汇览全编·刑案汇览续编》(第 17 卷),杨一凡、尤韶华点校,法律出版社 2007 年版,第 771~772 页、第 777 页。

[4] (清)祝庆祺等编:《刑案汇览全编·刑案汇览》(第 29 卷),杨一凡、尤韶华点校,法律出版社 2007 年版,第 1554 页。

[5] (清)祝庆祺等编:《刑案汇览全编·刑案汇览》(第 29 卷),杨一凡、尤韶华点校,法律出版社 2007 年版,第 1554 页。

之例,系指病故余人所殴之伤与正犯之伤相等,实足致死者而言……"而该案抵骨伤和骨断伤轻重悬殊,不同意适用代偿的条例。安徽巡抚则认为条例中根本没有明确致死重伤是什么含义,也没有规定要两者的伤轻重相等。刑部又指出"……致死重伤之余人病故准将正凶减流之例,虽无与正凶所殴之伤相等明文,然详覆致死重伤字义,盖默寓罪疑惟轻之意。"如果任何余人死去都可以代偿,那例文直接写"帮殴有伤"即可。刑部还参考保辜限期的规定,指出无论何种手段造成破骨伤,其正限均为五十日,而抵骨之伤要根据手足、他物、金刃限期二十日或三十日。期限的长短从侧面证明了本案两个罪犯所殴之伤"轻重判然",显然骨断伤才是死因,不存在任何可疑之处。[1] 可见权衡时似乎更偏重于伤痕的轻重而非部位。

同治年间,又有巡抚在案中认为"致死重伤"四字"可分可合",单独造成致命部位的伤或某部位重伤都可能致人死亡,不一定要二者兼备才能代正凶偿命。当时的刑部亦默许了这种论述,允许在致命部位造成非极重之伤的余人代替造成致命重伤的正凶偿命,因为即使没有正凶所殴之伤,亦难保被害人不死。[2] 嘉庆年间也有在手指、臂膊造成骨损重伤的余人代替扎透腹部的正凶偿命的案件。[3] 可见改过后的条例在适用时并非如想象中那般严苛。

可以肯定的是,清代修改后的条例,均强调余人和正凶所殴之伤对死亡结果具有近乎相等的原因力,而对代偿之余人的刑罚并无要求,从案件情况来看,已经不再强调抵命者的刑罚要接近正凶。[4] 殴有致死重伤的余人可能只处徒刑而因病保出监狱调治死于监外,因此也不再强调要死于

---

〔1〕 (清)祝庆祺等编:《刑案汇览全编·刑案汇览续编》(第17卷),杨一凡、尤韶华点校,法律出版社2007年版,第774~775页。

〔2〕 参见(清)祝庆祺等编:《刑案汇览全编·新增刑案汇览》(第10卷),杨一凡、尤韶华点校,法律出版社2007年版,第204~208页。

〔3〕 参见杜家骥等编:《清嘉庆朝刑科题本社会史料辑刊》(第2册),天津古籍出版社2008年版,第645~646页。

〔4〕 参见(清)祝庆祺等编:《刑案汇览全编·刑案汇览续编》(第17卷),杨一凡、尤韶华点校,法律出版社2007年版,第775~776页。

监内了。[1] 嘉庆二十二年(1817 年),刑部官员奉皇帝之意批改公文,在案内论述抵命条例的本意:“推原例意,共殴之案以伤痕之重轻定罪名之差等,所争在几微之间,所关有生死之别,吕刑所谓五刑之疑是也。遇有首祸之原谋及助殴伤重亦足致死之余人病毙自尽,命已有抵死者,不致含冤,故下手伤重之犯得以减流,较之秋审时共殴案内每因余人亦有骨损骨折重伤,罪疑惟轻,议入缓决,即此意也。”[2]

刑部几次提到罪疑唯轻,是因为如前文所述,以当时的医学条件,很多情况下根本无法准确判断被害人是何伤致死,原先的下手致命伤重者也只是根据经验和直觉的法律拟制,当其他共犯和正凶造成的伤痕轻重极为接近,那原拟的偿命方式就显得缺乏正当性或颇值怀疑。现代刑法学家指出,在无法查明死因的共同射击案中,如果不适用部分实行全部责任,就只能将共犯都减轻处理,或是恣意地让其中一人承担主要责任。[3] 清代刑法的规定类似于两者的综合,即为了抵命而硬要在形式上选出一个定死罪,秋审时再以案件存疑列入缓决。而在已经有余人因故死去的情况下,就象征性地视为抵命,把正凶免死的程序提前到定罪时。刑部指出:“……原以余人与正凶均有致死重伤,其果因何伤致死尚属介在疑似,余人既经监毙在狱,一命已有一抵,应可援罪疑惟轻之义,将正凶量从末减。”[4]

总之,为了论证代偿制度的适用不至于出入人罪,当时的立法和司法者可谓颇费周章。这种“一命抵一命”的制度至少需要满足三个条件:一是双方死者数量大致相等;[5]二是都因本案死于非命;三是“代偿者”的刑罚与下手致命伤重者相差不大或所造成的伤害非常接近。如果说前两种确实是源于同态复仇的朴素精神,第三种却是出于“情法两尽”和

---

〔1〕 胡星桥、邓又天主编:《读例存疑点注》(第 33 卷),中国人民公安大学出版社 1994 年版,第 587 页;参见(清)祝庆祺等编:《刑案汇览全编·新增刑案汇览》(第 10 卷),杨一凡、尤韶华点校,法律出版社 2007 年版,第 204 ~ 208 页。

〔2〕 (清)祝庆祺等编:《刑案汇览全编·刑案汇览》(第 29 卷),杨一凡、尤韶华点校,法律出版社 2007 年版,第 1550 页。

〔3〕 参见张明楷:《共犯的本质——“共同”的含义》,载《政治与法律》2017 年第 4 期。

〔4〕 (清)祝庆祺等编:《刑案汇览全编·续增刑案汇览》(第 15 卷),杨一凡、尤韶华点校,法律出版社 2007 年版,第 754 页。

〔5〕 杀死三命以上不准适用本条,参见(清)祝庆祺等编:《刑案汇览·刑案汇览》(第 29 卷),杨一凡、尤韶华点校,法律出版社 2009 年版,第 1547 ~ 1549 页。

“罪疑唯轻”的思维方式。但第三个条件在秋审中被实质性废弃，《秋审实缓比较条款》[1]有载：“寻常共殴之案，定案时共殴伤轻之余人有病故者，已属命有一抵，虽正凶情伤略重，亦可酌量入缓。”细查文后列举的嘉庆二十四年（1819年）和道光八年（1828年）的数个案例，既包括普通共殴，也包括有原谋的谋殴，而且正凶比因故死去的余人情节要重得多。[2]如此一来，连造成轻伤的余人死去都可代替正凶偿命，代偿者几乎不再有什么“资格”的限制了。至此谋殴致死案已经基本上可以让任一共犯偿还命债，加上下手致命伤重者受到轻微强制时也可免除死刑，足见谋殴的死刑门槛具有严入宽出的特点。

五、谋杀命案中谋和谋杀的法律限定

谋杀案的归责同样与共犯体系密不可分，但此处仅限于分析杀人既遂的情况。因为前文斗殴致人死亡作为结果加重犯并不存在未遂的形态，无法与谋杀比较，且谋杀的“未曾杀讫”系参照既遂的规定依次减等处罚，虽有死刑的规定，但与抵命没有关系。清律“谋杀人”规定如下：

凡谋（或谋诸心或谋诸人）杀人，造意者斩（监候），从而加功者绞（监候），不加功者杖一百流三千里，杀讫乃坐（若未曾杀讫而邂逅身死止依同谋共殴人科断）。

……

其造意者（通承已杀已伤已行三项）身虽不行仍为首论，从者不行减行（而不加功）者一等。[3]

和斗殴杀人一样，谋杀也属于“非必要共同犯罪”，可以一人谋诸心，单独为之，也可以谋诸人，多人共为。如王肯堂所言：“夫以人杀人，一人可以自行，非若谋反叛者之必共为谋也。”[4]共谋的产生没有太多时间限制，可以是数人当场临时达成杀人合意，王肯堂认为：“如有合词同为

---

〔1〕（清）谢诚钧辑，书前有著者序，年分不详，清光绪四年（1878）江苏书局刊印。张晋藩主编：《中华法学大辞典·法律史学卷》，中国检察出版社1999年版，第319页。

〔2〕参见杨一凡主编：《清代秋审文献》（第7册），中国民主法制出版社2015年版，第461页。

〔3〕《大清律例》（第26卷），田涛、郑秦点校，法律出版社1999年版，第420页。

〔4〕（明）王肯堂：《大明律附例笺释》（第4册），载中华古籍资源库：http://mylib.nlc.cn/web/guest/search /shanbenjiaojuan/medaDataDisplay? metaData. id = 5262172&metaData.lId = 2696273&IdLib = 402834c3409540be0141aa7d72035310，最后访问日期：2018年6月10日。

故杀人,只以谋论。"[1]如一人被激怒后以口头表露杀意,其他人在其命令下当场殴打被害人致死。[2] 所以造意者并不像原谋一定在事前产生犯意。当然谋杀也可以是数人事先形成预谋,达到"谋"的程度不能仅仅是"知情",还必须确有参与谋划或"身在事中",[3]正与"同行知有谋害"[4]形成对比,但并不要求谋杀各犯对杀人方法及过程的认识完全一致,只要同有杀人的意图即可。有案中一人委托他人咒死别人,[5]但受托者因诅咒不灵而私自谋杀人,刑部认为委托者"虽不知谋杀之情,而彼此欲杀之心则一",将二人作为谋杀共犯处理。[6] 每个共犯一般只限于对自己所参与的犯罪性质与犯罪对象承担责任,或有人因受隐瞒而不知谋杀之情,只对所谋的斗殴罪或弃尸罪负责,[7]或有人杀死的被害人超出了当初共谋的范围,其他共犯不对超出部分负责。[8] 所以,谋杀之"谋"有时间、程度与范围的规定性。

共谋杀人与同谋共殴都是共同犯罪,对于二者的主客观区分,沈之奇有一番精辟论述:"此谋殴与谋杀,同有谋情,其意迥别,盖谋以杀人,其心本杀人之心,其事亦杀人之事。至于杀讫,原在谋者之意中,故造意之罪重于加功。同谋共殴,其心本非杀人之心,其事亦非杀人之事,因而

---

〔1〕 (明)王肯堂:《大明律附例笺释》(第4册),载中华古籍资源库:http://mylib.nlc.cn/web/guest/search /shanbenjiaojuan/medaDataDisplay? metaData. id = 5262172&metaData.lId = 2696273&IdLib = 402834c3409540be0141aa7d72035310,最后访问日期:2018年6月10日。

〔2〕 参见杨一凡、徐立志编:《历代判例判牍》(第6册),中国社会科学出版社2005年版,第97~98页。

〔3〕 参见(清)全士潮等纂辑:《驳案汇编·驳案新编》(第10卷),何勤华等点校,法律出版社2009年版,第198页;(清)祝庆祺等编:《刑案汇览全编·刑案汇览续编》(第13卷),杨一凡、尤韶华点校,法律出版社2007年版,第586~587页。

〔4〕 《大清律例》(第27卷),田涛、郑秦点校,法律出版社1999年版,第442页。

〔5〕 "造魇魅,符书咒诅"是谋杀的一种特殊形式。参见田涛、郑秦点校:《大清律例》(第26卷),法律出版社1999年版,第429~430页。

〔6〕 参见(清)祝庆祺等编:《刑案汇览全编·刑案汇览》(第22卷),杨一凡、尤韶华点校,法律出版社2007年版,第1240~1241页。

〔7〕 参见杜家骥等编:《清嘉庆朝刑科题本社会史料辑刊》(第2册),天津古籍出版社2008年版,第813~814页;(清)祝庆祺等编:《刑案汇览全编·刑案汇览》(第22卷),杨一凡、尤韶华点校,法律出版社2007年版,第1236~1237页。

〔8〕 参见(清)祝庆祺等编:《刑案汇览全编·刑案汇览》(第22卷),杨一凡、尤韶华点校,法律出版社2007年版,第1496页。

致死，殊出谋者之意外，故下手之罪重于元谋。元谋之名，与造意不同，余人之称，亦与加功各异也。"[1]类似于从主观方面和客观方面来分析两罪的界限。

因此谋杀与谋殴的共犯体系不同，以是否起意、是否动手、是否到场三个标准将全体共犯分为造意者、加功者、行而不加功者、从者不行四类罪犯。各共犯杀死一名被害人，造意者斩监候，加功者绞监候，行而不加功者杖一百流三千里，从者不行杖一百徒三年。共谋杀人的造意者和加功者都处死刑，意味着可能有二人以上偿命。沈之奇认为："虽以数命抵一命，亦情法应然也。"[2]王肯堂认为：造意不必亲杀，致死实由加功，故虽以二三命抵一命，不为过也。[3] 薛允升注："谋杀一命数抵，强盗不分首从律内，罪名最重……"[4]可见清代各律学名家都指出谋杀可能导致一命数抵。但笔者未在司法档案或其他官方论述中见到明确指出"一命数抵"的称述，因此其隐蔽性更强，不过在共犯的分类和刑罚中可见其端倪。

（一）造意者的界定与法律责任

造意者是谋杀的首犯，西晋律学家张斐指出："倡首先言谓之造意，二人对议谓之谋，制众建计谓之率，三人谓之群。"[5]从字面上看造意是指首先起意并将犯意表现出来。但此论有因言获罪的嫌疑。清例规定："凡勘问谋杀人犯，果有诡计阴谋者，方以造意论斩……毋得据一言为造谋。"[6]本意是防止官员过于轻率地认定造意，否定以言定罪的做法。实践中认定造意者需要把握一个度，既不会仅仅因为一句要杀人的话就认定为造意，但又不必确实制定了计策，只要起意杀人并将犯意传播给众人形成共同犯

---

〔1〕（清）沈之奇：《大清律辑注》（第19卷），怀效锋、李俊点校，法律出版社2000年版，第682页。

〔2〕（清）沈之奇：《大清律辑注》（第19卷），怀效锋、李俊点校，法律出版社2000年版，第650～651页。

〔3〕（明）王肯堂：《大明律附例笺释》（第4册），载中华古籍资源库：http://mylib.nlc.cn/web/guest/search /shanbenjiaojuan/medaDataDisplay? metaData. id = 5262172&metaData.lId = 2696273&IdLib = 402834c3409540be0141aa7d72035310，最后访问日期：2018年6月10日。

〔4〕胡星桥、邓又天主编：《读例存疑点注》（第35卷），中国人民公安大学出版社1994年版，第545页。

〔5〕马建石、高潮主编：《中国历代刑法志注释》，吉林人民出版社1994年版，第92～93页。转引自邓建鹏：《中国法制史》，北京大学出版社2015年版，第127页。

〔6〕《大清律例》（第26卷），田涛、郑秦点校，法律出版社1999年版，第421页。

罪意志即可。若一人起意,另一人出谋划策,仍以前者为造意者。[1] 因为此人是"祸端所起",具有很强的煽动犯罪能力,即使没有到场实施谋杀,仍是首犯,[2]实际动手的往往是加功者。

值得注意的是,造意者既有可能仅仅起意而未动手,也有可能参与动手杀人,并非一定"坐镇幕后"。参与实施杀人行为一般不会改变其性质和刑罚,这一点与如今的教唆犯显然不同。针对每一个被害人,造意者有且仅有一人,档案记载有两拨人分别造意谋杀同一人,认识后合作杀人。刑部只以其中一人为造意者,另一个未动手的起意之人变通为加功处理。[3] 一人造意杀死二人以上,从一科断仍处斩监候;造意杀死非一家三人,处斩立决。[4] 如果是数人合作谋杀数人的案件,则可能每一个被害人各有一个造意者。[5] "造意为首"的思路过分夸大了犯意发起者的作用,是古代诛心思想的体现,对现在司法实践仍具有深刻影响。[6]

(二)加功者的法律内涵与判定

加功者处绞监候,从属于造意者直接动手,其认定标准相当于死刑的准入门槛。清律对加功的规定先是照搬明例:"助殴伤重者,方以加功论绞……毋得据一言为造谋,指助势为加功……一概拟死,致伤多命。"[7]这种规定使下手未达到重伤的共犯既不属于加功,也不属于助势,实践中易陷入混乱。

道光五年(1825年)特此颁布通行:"其所称助势、助殴自系以是否下手为断。未下手为助势,不得遂以加功论;既下手为助殴,虽止

[1] 参见(清)沈之奇:《大清律辑注》(第19卷),怀效锋、李俊点校,法律出版社2000年版,第656页;杜家骥等编:《清嘉庆朝刑科题本社会史料辑刊》(第3册),天津古籍出版社2008年版,第1539~1540页。

[2] (清)沈之奇:《大清律辑注》(第19卷),怀效锋、李俊点校,法律出版社2000年版,第652~654页。

[3] (清)祝庆祺等编:《刑案汇览全编·续编》(第13卷),杨一凡、尤韶华点校,法律出版社2007年版,第572页。

[4] 《大清律例》(第26卷),田涛、郑秦点校,法律出版社1999年版,第428页。

[5] (清)祝庆祺等编:《刑案汇览全编·续编》(第13卷),杨一凡、尤韶华点校,法律出版社2007年版,第568~569页。

[6] 参见周光权:《造意不为首》,载《人民检察》2010年第23期。

[7] 《大清律例》(第26卷),田涛、郑秦点校,法律出版社1999年版,第421页。

架、拉、推、揿、按手脚，或被逼勉从，或殴而未伤；或伤而不重，不得仍以不加功论……"[1]并相应修改了条例，把"助殴伤重"改为"下手助殴"。从现在刑法的角度，类似控制被害人行动的实行犯同样起到很大的作用，确实并不一定要造成伤害。但这种规定在清代的司法实践中却演变成只要一动手接触到被害人就算加功，并没有去实际判断作用的大小，而且人数无上限。

不过，律文中"杀讫乃坐"四字除了强调犯罪既遂才处斩绞流之刑，[2]还暗含对加功者行为与犯罪结果的因果关系要求，若案内二人动手谋杀被害人先未成功，接着造意者独立以其他方式杀死被害人，此时另一共犯因来不及下手或畏惧跑回，而与最终死因没有直接关系，则应比照加功者减轻处罚。[3] 再如一人虽有参与谋杀，但从尸检判断其动手前被害人已经死亡或没有生还希望，不对死亡结果产生实质性影响，则不算加功或只照加功减等处罚。[4]

纵览各类既遂的谋杀案，如果没有以上这种因果中断或死亡前置的情况，那么加功的作用再微弱也不能减轻处罚，被害人受伤后很久才死也不能切断因果关系，[5]显然是过于严苛。因此有大量未对被害人的死亡产生实质性作用的共犯被纳入加功的范畴，甚至还有不少共犯没有实际接触到被害人也被视同加功者处理。如将"帮同买药"[6]"在外瞭望"[7]"以子

---

[1] （清）祝庆祺等编：《刑案汇览全编·刑案汇览》（第22卷），杨一凡、尤韶华点校，法律出版社2007年版，第1234～1235页。

[2] 参见胡星桥、邓又天主编：《读例存疑点注》，中国人民公安大学出版社1994年版，第546页。

[3] 参见（清）祝庆祺等编：《刑案汇览全编·刑案汇览续编》（第13卷），杨一凡、尤韶华点校，法律出版社2009年版，第573页；（清）许梿、熊莪纂辑：《刑部比照加减成案》，何勤华、沈天水等点校，法律出版社2009年版，第514页、第516页。

[4] 参见（清）全士潮等纂辑：《驳案汇编·驳案新编》（第10卷），何勤华等点校，法律出版社2009年版，第191～192页、第197～198页。

[5] 谋杀之案例不保辜。（清）祝庆祺等编：《刑案汇览全编·刑案汇览》（第22卷），杨一凡、尤韶华点校，法律出版社2007年版，第1245页。

[6] （清）祝庆祺等编：《刑案汇览全编·刑案汇览》（第22卷），杨一凡、尤韶华点校，法律出版社2007年版，第1269页。

[7] （清）祝庆祺等编：《刑案汇览全编·刑案汇览续编》（第13卷），杨一凡、尤韶华点校，法律出版社2007年版，第572～573页。

代身”[1]、掩盖死者身份[2]视同到场加功,这种变通多为临时据案裁断,并不一定同样的行为都会视为加功,实际上为更多人抵命大开方便之门。总之,相比于数量和标准都严格限定的下手致命伤重者,加功者的认定要简单和灵活得多。

（三）行而不加功、从者不行的界定

行而不加功与从者不行轻于前两种共犯。沈之奇认为,“若虽同谋共行,而临时不加功者,犹有畏缩之心,止杖一百,流三千里”。[3]《刑案汇览》有案记载刑部论述:“查谋杀人案内,从者不行及行而不加功之犯,因其临时畏惧不行或在场并未动手,故分别拟以徒流。”[4]据此两者区分的界限为是否在场,行而不加功是有到场但没有对被害人动手,即所谓“助势”,从者不行则没在现场。

从者不行虽然杀人时没到达犯罪现场,但可能提供了其他的帮助。例如谋杀过后帮忙处理尸体即属从者不行。[5] 反之,同样是处理尸体的行为,如果谋杀时有在场目击则是行而不加功。[6] 所以,他们凭借是否到达现场、是否起意、是否动手这类较为直观的单一表现作为划分共犯罪行轻重之尺度。但是,若有其他从严情节,也可能将未同行的共犯变通为行而不加功处理。[7] 所以谋杀的共犯外延及于参与预谋的所有人,而谋殴致人死亡到场的才算余人,普通共殴不下手伤人皆勿论,[8]因此共犯的范围

---

[1]（清）祝庆祺等编:《刑案汇览全编·刑案汇览》（第23卷）,杨一凡、尤韶华点校,法律出版社2007年版,第1266～1267页。

[2]（清）全士潮等纂辑:《驳案汇编·驳案新编》（第10卷）,何勤华等点校,法律出版社2009年版,第195～196页。

[3]（清）沈之奇:《大清律辑注》（第19卷）,怀效锋、李俊点校,法律出版社2000年版,第657页。

[4]（清）祝庆祺等编:《刑案汇览全编·刑案汇览》（第23卷）,杨一凡、尤韶华点校,法律出版社2009年版,第1267页。

[5] 参见（清）祝庆祺等编:《刑案汇览》（第22卷）,杨一凡、尤韶华点校,法律出版社2009年版,第1236页;杜家骥等编:《清嘉庆朝刑科题本社会史料辑刊》（第3册）,天津古籍出版社2008年版,第1691页。

[6] 参见（清）祝庆祺等编:《刑案汇览全编·刑案汇览》（第22卷）,杨一凡、尤韶华点校,法律出版社2009年版,第1235页。

[7] 参见（清）许梿、熊莪纂辑:《刑部比照加减成案》,何勤华、沈天水等点校,法律出版社2009年版,第128、517页。

[8]《大清律例》（第27卷）,田涛、郑秦点校,法律出版社1999年版,第444页。

取决于案件的类型。清代没有类似实行犯与教唆犯、帮助犯等犯罪分类，因为一旦确定这些分类就会固化共犯之外延，那就无法根据各罪性质来扩大或缩小打击面。可能正如滋贺秀三所言："并不是嫌区别它们麻烦，而是在于要把更为广泛的犯罪的协力行为认定为犯罪行为。"[1]

六、谋杀案中的"胁从犯"

谋杀案非常容易入死罪，却再也无法因为特殊情况出罪，以保证有足够的抵命人数。这与谋殴里严入宽出的死刑制度完全相反，最集中的体现就是对于胁从犯的相反处理。如上文所述，在谋殴命案中，只要存在"喝令"的情节，就可以让胁从犯减轻一等，其胁迫的程度相当低。而在谋杀案里，道光五年(1825 年)的通行[2]和条例明确强调"不得以被逼勉从，及尚未成伤，将加功之犯率行量减"。加功者即使受到性命之忧的强迫，也不能减等处罚。

嘉庆二十二年(1817 年)，邓嵚想杀死义子，令其亲子邓恒茂帮忙，并威胁如果不从就先打死他。邓恒茂无奈之下拿起扁担打了被害人左后肋一下，"色止微红"，不肯再打。邓嵚随后自己动手杀死被害人，该犯在监狱中病故。广西巡抚认为邓恒茂是"子从父命，势复迫于生死""与甘心加功，殴有重伤者迥异"，应按加功者减一等拟流刑。但刑部认为："……惟此等可原情节，应俟秋审时酌情办理，若于定案时即行减等拟流，是以曾经下手之犯而与从而不加功者一例定拟，实无以示区别……"[3]此案胁从犯的罪过和作用都很小，但刑部坚持定案时必须让两名罪犯均入死罪。本案发生于道光五年(1825 年)颁布的通行之前，可知通行并非起到创设作用，主要是一种确认效果。

既然刑部认为应在秋审时酌情办理，那实际是什么情况呢？《秋审实缓比较条款》有载："谋杀加功之案，无论被逼勉从或仅帮同揿按，并止代为买药，未曾下手，俱应情实。从前间有因被父母家长吓逼帮按，或先代为求饶，及死者系奸淫并应死罪人，酌入缓决者，近来一概入实。如死者自愿毙

[1] [日]西村克彦：《东西方的共犯论》，载《国外法学资料》1982 年第 1 期。

[2] (清)祝庆祺等编：《刑案汇览全编·刑案汇览》(第 22 卷)，杨一凡、尤韶华点校，法律出版社 2009 年版，第 1234 ~1235 页。

[3] (清)祝庆祺等编：《刑案汇览全编·刑案汇览》(第 22 卷)，杨一凡、尤韶华点校，法律出版社 2007 年版，第 1233 ~1234 页。

命因而听从加功及听从谋杀应抵正凶等项尚可酌入缓决。"[1]可以看出父母胁迫子女动手的案件确有可能入于缓决,但也只是偶然现象,后来全都入于情实。结合比较条款中所载"凡人谋故杀之案,俱应情实",[2]可知非伦理类谋杀案的死罪基本都是"实抵"。

道光二十六年(1846年),宋鹤庆与宋郭嬴则商谋杀死王久忠,宋郭嬴则与王久忠"毫无嫌隙",但因其一家都靠宋鹤庆养活,只好勉强答应。宋郭嬴被宋鹤庆"喝令"后用刀将王久忠砍死。山西巡抚认为他"较之寻常谋杀加功自已亦挟素嫌砍毙者有间",而作为造意者的宋鹤庆"虽属主谋,第先砍数刀,旋即手轻,王久忠究非毙于该犯之手"。本案造意者客观上造成的伤害较小,加功者主观上并非情愿,巡抚问是否可以照威力主使殴打处理,让下手者免死。但刑部认为"查威力主使之殴打致死之律……要其初均无杀人之心"。本案的共犯显然有杀人之心,而且"为从者止论其是否加功,原不问其有无嫌隙,若既经加功,即不得以被逼勉从率行量减,例内已有明文;为首者于其所欲谋杀之人既经杀讫,即属罪状已定,律严造意,又何得更论其死于何犯之伤,另生枝节"。[3]可以看出,一旦将案件性质确定为谋杀,造意者的认定是一种主观归罪的思路,而加功者的认定是客观归罪的思路,两种共犯成员的罪刑认定分别是两种极端。

谋杀中的胁从犯如果不服从可能会被杀死,这种有性命之忧的强制程度要比共殴中的威逼高得多,且谋杀的加功者所起的作用一般比下手致命伤重者小,从现在刑法的角度来看,前者比后者更应该减轻处罚。[4]但清代的司法实践却完全相反,纵览各案例汇编和律学注释对此均无令今人信服的解释。如果说谋杀是比谋殴更重的罪行,所以被迫杀人的胁从犯比被迫打人的罪行更重,那又为何造意者强迫他人参与谋杀丝毫没有加刑,反倒是共殴时"喝令"他人殴打就直接上升为首犯处绞?

---

〔1〕 参见杨一凡主编:《清代秋审文献》(第7册),中国民主法制出版社2015年版,第421~422页。

〔2〕 杨一凡主编:《清代秋审文献》(第7册),中国民主法制出版社2015年版,第419页。

〔3〕 (清)祝庆祺等编:《刑案汇览全编·刑案汇览续编》(第13卷),杨一凡、尤韶华点校,法律出版社2009年版,第574~575页。

〔4〕 参见陈兴良:《共同犯罪论》,中国人民大学出版社2006年版,第208~219页。

从抵命的角度分析可以得到较为合理的解释。在一命一抵的谋殴中，被胁迫的下手致命伤重者非常容易出罪，是为了腾出抵命的位置好让起主导作用的威逼者承担死刑。而谋杀的加功者基本都是被造意者威逼，且造意者本就是首犯，罪至斩监候已在抵命之列。所以不同于谋殴的情况，这里并没有出现共犯作用次序的改变。一旦加功者因受胁迫获得减等，那大量案件就只剩下造意者一人承担死刑，无法满足一命数抵的要求，也没有任何其他人代替加功者偿命。虽然不排除有造意之外的其他共犯胁迫加功者的情况，但也不可能单独就这种情况让威逼者代替加功者偿命，否则就会存在胁从犯被不同的人威逼而受刑不一的情况。所以不同命案所决定的责任分配方式才是胁从犯受到不同处理的背后原因，而并非是具体共犯成员的主客观因素。

七、谋杀案中一命数抵的补偿思想

如前文所述，在共殴致人死亡的案件，其他因故死亡且罪行严重的共犯可以代替下手致命伤重者偿命，这是基于共殴致人死亡一命一抵的原则。那在一命数抵的共谋杀人，出现同类的情况是如何处理的？有条例和相应的通行明确规定谋故杀人等命案不准适用代偿制度，因为代偿制度适用的前提是存在所谓“罪疑唯轻”的情况。而惩处谋杀案罪犯时根本没有必要去区分是谁给了被害人致命一击，造意者和所有的加功者都要偿命。刑部在分析谋杀不适用代偿制度时指出：“若谋故火器杀等项，则例必应实，即秋审时亦从无因原谋及余人监毙酌拟入缓之案，诚以谋殴则罪严首祸，共殴亦罪可分肩，至谋故杀人，虽起衅或非伊所肇，而致死则罪归正凶，若以最烈之火器戕害人命，伤者已应发烟瘴，死则与故杀同科，非原谋及助殴余人所能分其重罪。”[1]从“分肩”“分其重罪”可知谋/共殴致死的原谋或余人因故死去，视同承担死刑后实际上是多承受了本不属于自己的责任，从而“分担”了正凶的刑罚，而且在很多时候都是原谋死去代下手者偿命，不存在放纵首祸的情况。而造意者本在抵命之列，即使因故死去也无法分担加功者的刑罚，从刑部审查这类案件的倾向性诘问可以看出，其思路甚至走在完全相反的方向。

---

〔1〕 (清)祝庆祺等编:《刑案汇览全编·刑案汇览》(第29卷)，杨一凡、尤韶华点校，法律出版社2007年版，第1550～1551页。

道光二十一年(1841 年),罗茂修抱养的义子罗望儿盗窃财物,游手好闲。罗茂修怕被连累,要求陈中典将其勒死,许诺酬谢。罗望儿当初是陈中典说合领养的,如果不杀死罗望儿就要陈中典自己带回去管养。陈中典答应,找到文中导、陈支梅二人一起帮忙杀人并许诺酬谢,说是“罗茂修因子不孝作主杀死,可保无事”,二人答应。他们向罗望儿谎称送其回家,文中导从身后抱住,陈中典拿出梭绳将其勒死。各犯“旋被获案,陈中典、罗茂修、陈支梅均在监病故,该抚将文中导依谋杀人从而加功律拟绞监候等因具题”。本案已有三名共犯因故死亡,其中包含造意者和加功者。若在共殴情形下,可让参与动手的文中导减等免死,即使在谋杀案中,从人数上似乎也能满足“一命数抵”的要求。

但是刑部提出三点质疑:一是“罗望儿经罗茂修抚养成人,恩义已非一日,即云游荡花费而查阅供招始终并无倔强情形,何至遽起阴谋,已非情理”。二是“当罗茂修逼令陈中典致死罗望儿时,陈中典既因一人不能行事,何不即商令罗茂修一同下手,断无即行应允而回转代为邀约该犯(文中导)之理”。三是“陈中典之听从谋命,固由图谢,亦尚可云因罗茂修逼令领管所致,至该犯文中导则系局外无干之人,且与罗茂修始终并未见面,但凭陈中典许分谢钱一言,既无现赃又无成数,何至即甘心为人驱使,自陷谋命重罪。是该犯等致死罗望儿显有别情,罗茂修亦恐系事后扶同捏饰……”〔1〕

刑部是根据地方官员所呈上的文牍进行审查,并未查证实际情况,所以其驳审的内容往往带有一定的主观倾向。此三连问具有逻辑上的内在关联,一是试图否定罗茂修的造意者身份,引导地方官另寻其他造意之人;二是对文中导“受邀”加入共犯的方式深表怀疑;三是质疑文中导的犯罪动机,肯定自己另有图谋。刑部的三问环环相扣,矛头直指唯一活着的罪犯,试图将造意之罪安到其头上,而对同样有此疑问的陈支梅只字未提。

就事论事而言,罗茂修的供词中确实没有陈述有关罗望儿“倔强”的具体事迹,但清代父母杀死忤逆子孙的案子并不少见,况且罗望儿也非亲生。而罗茂修相当于买凶杀人,自己不亲自动手也是情理之中。至于文中导的

---

〔1〕（清)祝庆祺等编:《刑案汇览全编·刑案汇览续编》(第 13 卷),杨一凡、尤韶华点校,法律出版社 2009 年版,第 571 ~572 页。

杀人动机,原文有提到其起先并未答应,但陈中典说"罗茂修因子不孝作主杀死,可保无事",在当时的伦理背景下,有这种想法并不为奇。[1] 刑部既认为罗茂修与罗望儿"恩义已非一日",不存在造意杀子的可能,却又认为帮助文中导等人"事后扶同捏饰",逻辑上存在矛盾。从该案可以看出刑部对供词的重视,死者生前是否留有口供,以及口供是否完整,决定是否予以采信。

道光十二年(1832 年),聂文祥的妻子刘氏先后与贺应方及雇工李么等人通奸。贺应方起意将刘氏拐到别处,拜托李么帮忙勾出逃走。刘氏担心被查知不愿同走。李么自己也想将和刘氏续奸,同时因贺应方许诺成功后给钱娶妻,就与贺应方商谋杀死聂文祥,再设法拐逃。贺因到湖南贩卖粮食,暂时离开。李么随身带着一块以前留下的砒霜找机会下手。后李么与聂文祥在田里工作,聂刚好口渴。李么说自己有现成茶水,将身上带的砒霜搅入茶内,倒出一碗给饮。聂不久腹痛毒发殒命。"该督将李么依奸夫起意杀死亲夫例拟斩立决,刘氏拟绞监候,贺应方比例减等拟流,声明李么业已病故等因具奏。"

刑部认为"贺应方与李么商同谋命之时,别无证佐,而李么生前又坚不承招,所称李么造意只系贺应方一面之词,即谓毒药确有来历,下毒经人见闻,亦焉知非李么之听从贿嘱,代为加功,何得执为贺应方并未造意之据?且贺应方与刘氏恋奸情熟,图拐不成,因而商同谋命,方且志在必得,何遽舍之远行,显有事发畏罪,托名远出,借图狡卸情事"。刑部发现李么生前没有承认造意杀人,无法证明不是贺应方首先起意的。接着刑部还指出田间人多不容易下毒以及砒霜不能马上溶于水的质疑。同时刘氏所称其丈夫被杀自己并未同谋的话也不可信。根据清代有关秋审的文献,在奸夫谋故杀亲夫,奸妇不知情的案件中,除非奸妇有事后仍与奸夫续奸或自愿跟随奸夫一同逃跑等"恋奸忘仇"或导致父兄等多人被杀的情况,一般都入于"缓决"。[2] 所以刑部在本案指出:"案关因奸谋杀亲夫,自应详细研鞫,乃该督轻听现犯供词,归重罪于已死之犯,致令奸夫奸妇竟无一人实抵,殊非

---

〔1〕 参见(清)祝庆祺等编:《刑案汇览全编·刑案汇览》(第 23 卷),杨一凡、尤韶华点校,法律出版社 2007 年版,第 1266 ~ 1267 页。

〔2〕 参见杨一凡主编:《清代秋审文献》(第 7 册),中国民主法制出版社 2015 年版,第 403 ~ 404 页。

慎重人命之道。"[1]这里奸夫奸妇的存在似乎增加了供词的不可信度,但所提到无人实抵的结果才是促使刑部作出以上质疑的真正动因。

道光十二年(1832年),徐瀧兴与陶宝观之妻戴氏通奸。徐瀧兴趁陶宝观不在时找戴氏续奸,去厕所前把酒壶暂寄给戴氏。刚好陶宝观回来认识是徐瀧兴的酒壶,斥责戴氏。徐瀧兴听到后欲掩饰奸情,与之争辩。陶宝观把徐瀧兴祖父徐坤元叫到家中训斥徐瀧兴,徐瀧兴跑开。陶宝观欲殴打戴氏,被徐坤元劝住。徐坤元担心离开后戴氏被打,就让戴氏拿灯送他回去。徐瀧兴躲在附近见二人走后,因陶宝观禁止通奸而心生杀意,进入陶宝观家里。陶宝观发现后上前扭打,剪掉徐瀧兴的头发。徐瀧兴扭陶宝观到门外河边,将其推跌落水溺死。戴氏回家后得知前情,向县衙报案找到尸体。"该抚将徐瀧兴依奸夫起意谋杀本夫例拟斩立决,声明在监病故,陶戴氏依奸妇不知情律拟绞,并声明尚有不忍致死其夫之心,听候夹签声请等因具题。"[2]

刑部认为谋杀案应该是"非趁人之猝不及防,必与己之力足相制",本案陶宝观和徐瀧兴从屋内拉扯到河边,不存在猝不及防的情形,而且当时陶宝观手中有剪刀,为何任凭徐瀧兴一人拉到河边?又未听说徐瀧兴在拉扯中有被剪刀戳伤,不合常理。另外,戴氏和徐瀧兴通奸二十多年,被陶宝观禁止后还敢让徐寄放酒壶,试图继续通奸,难保没有同谋的情节。至于徐坤元大晚上的不让陶宝观送,却让一个妇女送他回家,也是不合情理。综上,显然是戴氏当时同场谋害,事后捏称外出,企图卸掉重罪。就该案而言,刑部的质疑是站得住脚的,不过这种质疑的动机也明确写在了文末:"乃该抚仅凭案犯狡饰之词,草率定断,致令因奸谋命之案竟无一人实抵,殊非慎重人命之道。"可见,刑部是看到无人实抵才更加谨慎地对待此案,这种似曾相识的实质性思维也见于前文威力主使人殴打的案件中。

以上数案,都是刑部在造意者因故死去的时候,转而怀疑其他幸存者有造意或同谋的可能。这种质疑有时候也会出现在造意者以尊犯卑,本不应抵的案件。在谋命重案多加审慎,有时可以在客观上逼迫地方官究出案情背后的真相。

---

〔1〕(清)祝庆祺等:《刑案汇览全编·刑案汇览》(第24卷),杨一凡、尤韶华点校,法律出版社2007年版,第1302~1303页。

〔2〕(清)祝庆祺等:《刑案汇览全编·刑案汇览》(第24卷),杨一凡、尤韶华点校,法律出版社2007年版,第1303~1304页。

乾隆五年(1740),刘彩文盗窃族人刘章耕牛被查获。族长刘宾认为刘彩文触犯家族禁令,决议让刘彩文出钱置办酒席谢罪。将刘彩文交给刘公允带回其母陈氏收管,令明日回信。刘彩文因陈氏不同意卖掉田亩备酒,大骂陈氏并将其推倒在地,陈氏愤怒想杀死他。陈氏把锄头交给大儿子刘文登去挖坑准备活埋,把刘彩文灌醉,让刘文登背着上山。自己带着稻草,让次子刘相、四子刘牙护送。刘相半路跑走,刘牙在坑边哀求不要杀人。陈氏不理,将带来的稻草放在坑底垫好,叫刘文登一起把刘彩文放进坑里,举锄掩埋而死。此案巡抚拟刑如下:除刘文登、刘宾病故不议外,陈氏合依"子孙殴骂父母而父母殴杀之者,勿论"律勿论。刘相、刘牙屡次求陈氏宽恕,但怕母亲自尽,不能挽回,应免予追究。刘章、刘公允抓到贼后不送官,听从刘宾私自惩罚酿成此案,依"不应"重律各杖八十。

照该巡抚的拟刑,此谋命重案无一人实抵。刑部质疑:"查刘彩文虽经盗卖伊母膳田,行窃族人刘章牛只,即或陈氏忿怒,何难鸣官究治?以母子至情,讵肯忍心灭性,执意活埋致死?"此问意在指出母亲造意杀子的不合理。"即伊大功兄刘文登,虽与不睦,亦并无深仇夙怨,何至听从陈氏挖坑,复背至坑中掩埋?"刘文登身为兄长也不该完全听从杀人。"且刘彩文年非幼小?虽被酒沉醉,何至听凭背负置坑,并无知觉?而刘文登一人,亦何能置放坑中?是此案致死缘由似出情理之外。"在刑部看来作案过程也值得怀疑。接着,刑部开始把矛头指向他人:"是刘彩文系刘宾交与刘公允领回,令其覆信之人。迨刘彩文被埋,酿成人命,次日刘公允何以竟置之不问,远避江西?而被窃获牛之刘章亦并不究问。且刘相、刘牙系伊母陈氏令护送往山之人,据尸妻李氏供称:'四处访查,两个郎叔劝婆婆不住,实没有动手'等语,究访于何人、查于何处?并无确供。其中显有造谋主使及加功之人。以陈氏一人承认可以脱卸己罪,而索银、加功俱推卸于病故之刘宾、刘文登二人。陈氏等妇女无知,不无贿嘱扶供等情。"可见,刑部试图减轻责任的都是已故之人或无须偿命之人,而想加重罪责的人全都尚存。

题驳去后,经另一名巡抚查实,此案的真相是刘宾见刘彩文未置办酒席,就主张埋死。刘宾让刘章之子刘大嘴用细链牵走刘彩文,让刘文登在后推。走到一半刘相就跑了,刘牙求宽恕刘彩文,刘宾不允。刘宾让刘文登挖坑,待陈氏铺垫稻草后,和刘大嘴将刘彩文推落下坑,刘文登和陈氏掩埋而散。此案"除为首主使之刘宾及下手挖坑之刘文登并私和之刘相俱经先后病故不议外,查刘彩文与刘大嘴等系无服族亲,应同凡论,刘大嘴听从指使帮同活埋,应依律拟绞监候……"[1]

如此终于查出一个未死的加功者,刑部也同意了巡抚的拟刑。回头看刑部此前的质疑,虽说众多疑点都被刑部指出,客观上促使地方官谨慎对待此案,但查出的真相和刑部的预判也相去甚远。因其试图怀疑和猜测除陈氏以外的存活之人,一味排除已死之人的犯罪可能,主要是基于一种拉人偿命的思维逻辑,追究案情真相的目的反在其次。

然而,并不是所有的同类案件最终都会通过质疑事实来达到补偿的目的,有些情况只需要纠正一下法律的适用即可。乾隆二十四年(1759年),陈贵听到范延龄要带钱回家,就和沈林商谋准备抢劫,等范延龄到了以后拉住搜身,未发现分文。范延龄原本就认识沈林,说要向其父告状。沈林产生杀意,叫陈贵拉住范延龄的左手,自己用手巾套在他的脖子上勒死。沈林剥掉范身上的衣裤和鞋帽,把尸体和鞋帽扛到水潭丢弃,衣裤被陈贵带回去卖掉。巡抚认为沈林是临时起意谋杀应拟斩监候,已经病故不议,陈贵是加功拟绞。刑部认为本案是陈贵纠约沈林在途抢劫,无钱可抢后看到范延龄身上的衣裤,于是决定勒死并剥去衣裤,"是其起意图财,又复害命得财,已无疑义,即所供被范延龄认出沈林,因而帮同灭口,显属狡饰"。刑部的第一反应仍然是质疑案犯口供,否认死者有造意杀人的情节。不过刑部马上又指出这个案子并不是简单的谋杀案,应该是属于谋杀人因而得财,同强盗不分首从皆斩,所以陈贵应该拟斩立决。[2]

这似有一种思维定式指引刑部官员在同等情形下采用同样的驳审方式,当原拟的造意者因故死去,或者因特殊身份不必承担死刑,刑部就会尝试在既有材料的范围内挑出事实认定与法律适用的瑕疵,引导地方官另寻其他共犯作为造意者,或尝试拉进更多的人偿命。在以上几个案件,造意者未能实抵和刑部的类型化驳审如影随形地出现,这种批驳的事实基础薄弱,发问逻辑指向性明显,结合谋杀与谋殴的诸多相反规定,有理由相信这种情况并非巧合,存在一种有别于代偿制度乃至几乎完全相反的补偿做

---

〔1〕(清)全士潮等纂辑:《驳案汇编·驳案新编》(第10卷),法律出版社2009年版,第182~184页。

〔2〕杨一凡、徐立志编:《历代判例判牍》(第6册),中国社会科学出版社2005年版,第107页。

法。如果结合谋殴代偿制度的逻辑,不难推测这种补偿思维:如果说谋殴案中罪不至死的余人和原谋因故死去是多分担了别人的刑罚,导致其他共犯可能卸掉命债偿还责任,那么谋杀的造意者因故死去却是一种相对于斩监候更为轻松的死法,即并非实抵,所以原来的造意者在某种意义上少承担了自己的责任,这种刑事责任的溢出就要转嫁给其他人来承担。其实这种想法并非难以理解,它甚至仍然存在于当代中国普通人的思维中:一名郑州女子遇害案件的凶手在归案前溺亡于河中,大量网民认为真凶另有其人或存在其他共犯,并给出了种种“推测”。[1] 这种想法的存在,一方面是因为信息和专业技术的不对称,另一方面则是源于一种“报复感”的落空,即有一种“真凶就这样轻易死去实在是太便宜他”的想法,从而应该让“命债”令其他“真凶”偿还,两相结合就得出了自以为合理的结论,这与刑部的思维方式如出一辙,均是出于双方伤害非对称性的失落感。

刑部这种想法并未落实在律例中,只是因为具有最高司法机关的影响才演变为一种司法现象,所以并不能断言清代所有乃至大部分同类情况的谋杀案都采用这种驳审模式。以笔者目力所及,已有数个案件在造意者因故死亡的情况下未见刑部有任何针对性的驳审内容。试想刑部也不可能在无法寻得驳审切入点的时候强行另找他人偿命,如造意者在被取得完整有罪供述后才病故,多次严诘不移,又如本是尊长主导犯罪,驳为卑幼造意不合常理,也可能只需对法律适用稍作调整或纠正即可加重刑罚而没有进行此类驳审的必要。[2]

八、结论

刑部对两种命案的共犯团体所承担的刑责总量有一个大致平衡的概念,一旦失衡就会试图矫正并维持与初始状态一致。原拟绞刑的下手致命伤重者被胁迫后少承担的刑罚转移到了主使者身上,本不该死的余人和原谋因故死去而多承担的部分就可以替下手者分担,这是在维持一命一抵的平衡。

---

〔1〕 江宁公安在线:《网友开脑洞称“空姐遇害案”真凶另有其人警方答疑》,载网易新闻:http://news.163.com/18/0514/01/DHNRG4A50001875P.html,最后访问日期:2018 年 6 月 10 日。

〔2〕 参见杜家骥等编:《清嘉庆朝刑科题本社会史料辑刊》(第 2、3 册),天津古籍出版社 2008 年版,第 850~852 页、第 1715~1716 页。

原拟斩监候的造意者因故死去少承担了责任，就要从其他共犯身上找补回来，反之被胁迫的加功者因为没有其他共犯代偿而不能减轻处罚，这是在维持一命数抵的平衡。总之，一个共犯比原定状态少承担责任，必源于另一个共犯多承担了责任，反之亦然，形成一种动态平衡的责任体系。

可以很明显地看出这种归责方式具有连带性的特点，抵命并不总是某个或某几个共犯的责任，而是全体共犯的责任。其实无论是谋殴的原谋、代偿者、威力主使者还是谋杀的加功者，在一开始都有各种标准或限制条件，并不具有很强的连带性。但在司法实践中慢慢走样，代偿者资格放宽、加功者标准模糊，最终变成共犯中任一成员都可代为偿命和拼命凑足抵命人数的司法状态。

划分共犯成员的标准因此变得更加直观和单一，起意、动手、到场、喝令等标准比现在刑法主要作用、次要作用的抽象划分方式更容易操作。但这些标准并不足以准确衡量行为人在犯罪中所起的作用。这种"具象化"的共犯分类，是为了满足抵命需求所搭建的简单框架，从一开始就不打算死板地遵守。清代官员审理命案的过程并不是从已知推出未知的简单形式逻辑，而是根据案件类型在心中先预设了结果。如果结合法律和事实进行初步审理的结果使抵命的朴素正义感严重失衡，那就要回头重新审视和调整。当然这并不是公然背离事实和法律，而是采用对文本进行扩大或类推解释、对口供进行倾向性质疑等方法，有意无意地形成一种断罪引律令和深究案件事实的表象，从而接近一命一抵或一命数抵的结果。这种牛羊反刍式的实质正义运送过程，与西方形式化的裁判具有巨大差异。[1]

从现在刑法的角度来看，虽然各个共犯的行为与最终结果存在物理或心理上的因果关系，但也只是意味着要对最终结果承担与自己的作用相匹配的责任，"违法是连带，但责任不可能连带"。[2] 只有坚持分别评价与罪责自负，才能起到预防和报应的作用。而清代谋杀和谋殴将共同犯罪的刑事责任视为群体性责任，并没有把抵命的责任绝对固定于某一个体身上，而可以在共犯成员之间进行互相转移和分担。这与当时共盗案件的追赃

〔1〕 参见徐忠明：《清代中国司法裁判的形式化与实质化——以〈病榻梦痕录〉所载案件为中心的考察》，载《政法论坛》2007年第2期；孙笑侠：《中国传统法官的实质性思维》，载《浙江大学学报》2005年第4期。

〔2〕 张明楷：《共犯的本质——"共同"的含义》，载《政治与法律》2017年第4期。

方式有相似之处，即盗犯除了要赔自己的赃物以外，若有剩余家产还应当替没有财力的其他案内盗犯代赔。[1] 虽然并无实据证明命案中共犯的归责方式是源于或者借鉴于共盗罪犯的赔偿方法，但可以肯定的是它们在功能上具有相似性，即都是以整个团体来确保债的实现，不管是钱债还是“命债”，所以两者更有可能是不谋而合的制度设计。

这种设计说明清代的立法者与承审官想最大限度地保证给死者一个交代。如上文所述，刑部多次提到抵命是为了让死者“瞑目”、“不致含冤”或“泄其冤忿”。传统中国社会从上流阶层到底层人民，坚信“冤”是一种被官府或罪犯枉杀而产生的“气”。而“冤”和“债”是一对相伴而生的概念，所谓“冤有头、债有主”，中国人一直把害人性命视为欠下债务，即所谓“人命债”。[2] 对命案的归责在某种意义上也是一种“还债”的过程，“抵命”或“偿命”就是还债的方式。作为人命债的“债权人”，被害人冤死在全体共犯手里，这种死于非命的状态容易滋生冤魂，为祸人间。[3] 想要纠正这种现象，就必须由司法官代替死者复仇，让杀人者同样不得好死。[4] 这也是“不得其死”或“均非正命”作为代偿制度条件的原因。“冤”和“债”的一个共同特点是，无论共犯/共同债务人之间的关系、情况如何变化，被害人/债权人的冤情/债的总量是维持不变的，所以司法机关总会让全体共犯付出与假想中的冤屈程度大致相当的代价，维持一种动态平衡，这应该就是连带责任的根据。如尚海明所言：“传统中国人以命抵命的死刑正义观与鬼魂冤抑想象密切相关。”[5]平冤是中国古代独特的刑事责任目的或刑罚正当性来源，“杀人偿命、欠债还钱”并不只是一句俗语，两者在某种意义上是相通的。“抵”字原本用于货物交易，从《周礼·地官·泉府》的“买者

---

〔1〕 参见胡星桥、邓又天主编：《读例存疑点注》（第26卷），中国人民公安大学出版社1994年版，第424页。

〔2〕 如英国早期汉学家马礼逊认为中国人把杀人视为债务。See Robert Morrison, “Homicide in China”, The Chinese Repository 3, 1834, p. 38.

〔3〕 参见霍存福：《复仇·报复刑·报应说——中国人法律观念的文化解说》，吉林人民出版社2005年版，第230页。

〔4〕 参见尚海明：《善终、凶死与杀人偿命——中国人死刑观念的文化阐释》，载《法学研究》2016年第4期。

〔5〕 尚海明：《善终、凶死与杀人偿命——中国人死刑观念的文化阐释》，载《法学研究》2016年第4期。

各从其抵”到三章之法的“杀人者死,伤人及盗抵罪”,这种民刑互通的语词表述背后,也隐含着传统中国命债与钱债在思维方式和制度逻辑上的共轭性,成为中国刑法史上命债必偿的特殊机理。

主编说明

与多数法律硕士不同,吴饶竹没有选择部门法与热点问题作为毕业论文,而是毅然选择了法律史,这源于他内心对该领域的浓厚兴趣。在与我商量许久后,他最终选择了本主题作为毕业论文。遗憾的是,吴饶竹毕业答辩时呈交的论文并不令人满意。其主要原因有二,一是论文篇幅甚长,多为大量法律史文献(各种同主题相关的案例)的简单堆积;二是论文逻辑混乱,无法明了作者的研究指向,实有不忍卒读之感(这些可参见书末吴饶竹写的心得体会)!这两个问题在一些法律史论文中存在一定的共通性。不过,吴饶竹为完成此文,耗费精力甚多,其毕业之后,在繁忙的工作期间,自称仍无时无刻不在考虑如何进一步完善毕业论文。在师生多次学术通信中,我数次强调,论文的第一部分必须明确论文选题意义、已有研究取得的成果和存在的欠缺,本文将分几个层次,从什么方面弥补已有研究的不足。论文应开门见山,使读者快速整体上把握论文大致脉络,而非一头雾水。经多次修订,论文逻辑上明显通顺。另外,我们在商讨过程中,逐渐认识到在古人的视野下,“命债”与“钱债”的“偿付”存在类似原理,我当即建议吴饶竹以此作为文章分析的论题,重新调整、编排与组合文章的逻辑、观点和史料。鉴于论文太长、简单堆砌文献等问题,我要求吴饶竹大幅度删减原始文献,除非特别必要,则自行概括案例核心内容,以免“吊书袋”之嫌!这种状况恰恰在当前一些法律史研究中较为严重。在接下来的修订中,我提出论文要超越前人,应避免“描述式法律史研究”“讲故事式”法律史叙述,为此,研究应有法学理论的深度参与,并对现代同类型案件给予应有的关注。一方面,我建议吴饶竹阅读大量涉及共犯的刑法理论;另一方面,我将近年经眼的重要共犯研究论文与专著逐一推荐给他详阅。经过毕业后三四年断断续续的修改,最后定稿前,吴饶竹再度耗费整整两个月时间细细修订。如今论文已初具规模,远非一般法律硕士毕业论文可比,我为吴饶竹同学而欣喜!

专题四　清朝“光棍例”研究

——基于“流氓罪”的比较视角

刘吉庆*

目　　次

一、导论

（一）研究对象

本文通过对《大明律》《皇明条法事类纂》等文献资料的梳理，结合明末清初的社会历史背景，重点考察清朝“光棍例”的历史特征。在此基础上，与新中国成立以后“严打”时期的“流氓罪”进行对比，探讨了两个相隔三百年的罪名背后的立法动机以及隐藏的立法价

* 刘吉庆，中央民族大学法学硕士，现供职于甘肃省某国有企业。

值取向的相似性。在本研究中，明清两代关于“光棍例”的文献资料、“光棍例”实施的社会背景、“严打”时期“流氓罪”的法律规定、刑事政策以及社会环境都是研究的对象。

（二）研究现状

张光辉对明清两代的“光棍”犯罪及立法中的有关“光棍”条例作了较为详细的梳理，尤以明代律例中“光棍”犯罪的论述最为具体。[1] 张文中还总结了明代适用“光棍例”侧重点的变化：前面光棍条例侧重于白昼抢劫，但对于最初扰乱钱粮征收的行为反而疏于涉及。所以弘治十三年（1500 年），又重申天顺年间惩治“打搅仓场”光棍的条例。[2] 苏亦工《清律“光棍例”之由来及其立法瑕疵》[3]一文从立法技术出发，重点探讨了清律“光棍例”这一法律条文具体所指的对象。苏亦工认为吴坛将“光棍例”追溯到康熙十二年（1673 年）事例，并非是“光棍例”的最初根源，经过对比《世祖实录》与《雍正会典》等著作中“光棍例”文本的不同，确定了今人所言的“光棍例”具体所指，以及该条例在有清一代中的发展过程。李典蓉论文论述了明末清初时期达官显贵的家人以及投靠而来的社会流民倚仗主人政治权力违法乱纪、为非作歹的现象。文中对投充之人进行了辨析，认为这时投充的人与入关以前八旗的奴仆不同，此时投充之人多半是京畿附近之人，有被逼迫的，还有趁机依附之人。此外，李文中还指出我国 1979 年《刑法》中的“流氓罪”与清代的“光棍例”两者在量刑与犯罪行为上的部分重合与相似。[4]

在国外，诸如日本学者山本英史以《读例存疑》《刑案汇览》《集政备考》，分析了“光棍例”的变化，他认为在清朝，对中国本土支配开始安定的康熙二十年（1681 年）前后，实践中对“光棍例”的运用开始显示出渐趋现实、柔软的倾向。进而，经过乾隆初年的法令整备之后，“光棍例”的

---

〔1〕 张光辉：《明、清朝的“光棍罪”》，载《旧律新诠：〈大清律例〉国际研讨会会议论文》（第 1 卷），清华大学出版社 2016 年版，第 279 ~ 289 页。

〔2〕 张光辉：《明、清朝的“光棍罪”》，载《旧律新诠：〈大清律例〉国际研讨会会议论文》（第 1 卷），清华大学出版社 2016 年版，第 283 页。

〔3〕 苏亦工：《西瞻东顾：固有法律及其嬗变》，法律出版社 2015 年版，第 87 页。

〔4〕 李典蓉：《棍徒、奴仆与流氓：对清前期旗下人与光棍例发展的推想》，载《旧律新诠：〈大清律例〉国际研讨会会议论文》（第 1 卷），清华大学出版社 2016 年版，第 354 ~ 379 页。

适用对象被限定了，旧的原则虽然在制度上被继续维持，但实践中却极力回避用其对“光棍”进行处断。[1] 美国学者步德茂的研究通过对清代乾隆年间刑部数百件案件细致入微的研读，发现其他学者未曾关注到的清代社会实像与皇朝视觉之间的落差，从社会学的角度探讨了“光棍”犯罪的原因。[2]

（三）研究现状评价

在前述研究中，张光辉充分关注了明代律例中针对“光棍”这一类人犯罪行为的惩治，并列举了大量材料，展示明朝末年“光棍”犯罪在空间上的变化以及适用主体范围的扩大，关于清代的论述略显不足。苏亦工的论文花费大量篇幅，主要从立法技术上论证了清律“光棍例”的由来，并结合薛允升与沈家本二人的观点，对“光棍例”的立法瑕疵进行了简要的评析，但并未对产生“光棍”的社会原因进行分析。李典蓉在论述过程提到了与“光棍例”很相似的一个罪名——新中国成立以后的“流氓罪”，但对“流氓罪”与“光棍例”有何区别与联系并未言明，并未继续对此问题进行论述。[3] 山本英史的论文指出在清朝统治稳定以后，实践中对“光棍例”的适用开始显示出柔软的倾向，但并未对其原因进行深入分析。步德茂的研究发现了其他学者未曾关注到的清代社会实像与皇朝视觉之间的落差，其从社会学的角度探讨了“光棍”犯罪的原因。遗憾的是，尽管其文中对于“光棍”破产以致犯罪境地的描述令人印象深刻，但并未进一步挖掘导致平民破产的原因，仅将其归咎于皇朝视野与社会现实之间的落差，这缺乏说服力的。

针对上述问题，本文将从以下方面展开：(1)扩大文献资料的爬梳范围，重点关注明末清初有关“光棍例”的规定；(2)以赋税、经济为线索了解这一历史时期的社会背景，将法律规定与社会现实情况结合在一起考察

---

〔1〕 李典蓉：《棍徒、奴仆与流氓：对清前期旗下人与光棍例发展的推想》，载《旧律新诠：〈大清律例〉国际研讨会会议论文》（第1卷），清华大学出版社2016年版，第328页。

〔2〕 [美]步德茂：《18世纪山东的杀害亲人案件：贫穷、绝望与讼案审理中的政治操作》，载邱澎生、陈熙远编：《明清法律运作的权利与文化》，台北，联经出版公司2009年版，第257页。

〔3〕 李典蓉：《棍徒、奴仆与流氓：对清前期旗下人与光棍例发展的推想》，载《旧律新诠：〈大清律例〉国际研讨会会议论文》（第1卷），清华大学出版社2016年版，第355~356页。

“光棍”群体的犯罪；(3)将“光棍例”与“严打”时期的“流氓罪”在犯罪主体、客体、侵害法益等方面进行对比；(4)对“光棍例”与“流氓罪”的立法价值取向进行讨论和评价，以期能将“光棍例”的研究突破立法——司法的制度性层面。

二、“光棍”的概述

在明清时期“光棍”这一源于民间俗语的称呼，带有明显歧视性含义，并于明朝末年进入国家法律的规制范围，由此开始了“光棍”这一群体在明清国家法中的命运。

(一)“光棍”一词的产生及其含义

“光棍”一词，由唐朝的“棍棒”之意发展到宋元文学中的“无赖”“单身汉”之意，再到明清时期泛指的“地痞”“无赖”之流进入国家法律，其含义是不断发展变化的，“光棍”进入法律规定与其含义密切相关。因此，有必要对“光棍”这一概念进行梳理。

据学者研究“棍”字最早具有棍棒的意思，并与特定的一类人联系到一起是在唐朝。[1] 唐开成元年(836年)诗人李绅《拜三川守诗序》：“开成元年……又里巷比多恶少，皆免帽散衣，聚为群斗，或差肩追绕击大球，里言谓之打棍谙论，士庶苦之，车马逢者不敢前，都城为患日久。”[2]此处将一群衣冠不整打闹玩乐的恶少称为“打棍”。《元杂剧·杀狗劝夫》楔子：“却信着这两个光棍，搬坏了俺一家儿也。”[3]据学者郭莹、薛万鹏考证此处的“光棍”是指地痞、流氓、无赖。[4] 汤显祖戏曲《牡丹亭·闹宴》中记载：“叫中军官暂时拿下那光棍。”冯惟敏戏曲《僧尼共犯》第一折记载：“哄俺弟子都做光棍，一世没个老婆。”[5]可见，原本产生于里巷的“打棍”，随着口语的发展和元代戏曲的兴盛，从唐到元完成了从“打棍”到“光棍”的进化。据张光辉考证，所谓“光棍”就是民间所说的地痞无赖之流，宋代称为“捣子”，元代开

---

〔1〕 苏亦工：《西瞻东顾：固有法律及其嬗变》，法律出版社2015年版，第87页。

〔2〕 《全唐诗》，中华书局1979年版，第5488页。

〔3〕 王季思主编：《全元戏曲》(第5卷)，人民文学出版社1999年版，第153页。

〔4〕 郭莹：《说“光棍”》，载《文史知识》2002年第10期；薛万鹏：《“光棍”考》，载《咬文嚼字》2011年2月刊。

〔5〕 夏征农、陈至立主编：《辞海》(第6版缩影本)，上海辞书出版社2010年版，第641页。

始流行称“光棍”,明清两代“光棍”已成为官方对流氓的通称。[1]

《辞海》中“棍”字有两个含义:其一,棒,如木棍、铁棍;其二,无赖、坏人,如恶棍、赌棍。[2] 根据《现代汉语方言大词典》中的解释可将“光棍”一词的含义分为三大类:其一,指以地痞流氓为代表的无赖;其二,指单身的男性;其三,指英雄好汉杰出的男人。[3] 可以说以上的三大分类基本上已经涵盖了“光棍”一词在汉语中的含义。

第一类以地痞流氓为代表的无赖实际上就是上述唐诗中提到的“打棍”,元曲《杀狗劝夫》中提到的“光棍”。京剧研究专家齐如山在《北京土语》中解释:“凡因穷而要不值,强索人钱财,占人便宜者,则名之曰‘光棍’。言其穷如一根棍,比棍还光。且既名曰棍,则决非柔轸之物,故以形容硬而不讲情理之人。”[4]明代律例中提到的“光棍”与清代“光棍例”中所指“光棍”就是这一类人。

第二类以单身男性为所指,冯惟敏戏曲《僧尼共犯》中“一世没个老婆”正是此含义,但是近年来“光棍”一词含义有了新的发展。“光棍”的含义也不仅仅指单身的男性了,单身的女性也包括在内了。当今社会“光棍”一词成了口语化、娱乐性的词语。[5]

第三类含义较为独特恰好与第一类含义相反,“光棍”一词指英雄、好汉一类的人。这一含义出现的时间较晚,晚清民国时期势力强大的帮会中人公开以“光棍”自居。洪帮(哥老会、袍哥)的成员分为三等,号称“三等光棍”:头等光棍叫清水光棍,是在社会上有一定学识、声望、地位的人;二等光棍叫浑水光棍,指有实力有武装,打家劫舍、拦路索要财物、盗窃库房等行为的人;三等叫捐班光棍,是只出财务粮食不参加其他活动的人。[6]

---

〔1〕 张光辉:《明、清朝的“光棍罪”》,旧律新诠:《大清律例》国际研讨会会议论文(第1卷),清华大学出版社2016年版,第279页。

〔2〕 夏征农、陈至立主编:《辞海》(第6版缩影本),上海辞书出版社2010年版,第658页。

〔3〕 李荣主编:《现代汉语方言大词典》,江苏教育出版社2002年版,第1350页。

〔4〕 齐如山:《北京土语》,燕山出版社1991年版,第8页。

〔5〕 燕志华、宋金萍:《11月11日,一个寻常的日子缘何成了一个“节日”——“光棍节”的社会学解读》,载《新华日报》2009年11月12日,第A03版。

〔6〕 周声远:《我所知道的帮会情况》,载《河北文史资料》编辑部编:《近代中国帮会内幕》(上卷),群众出版社1992年版,第209页。

实际上,二等光棍就是指地痞流氓一类人,与"光棍"一词的第一类含义相同,只是他们加入了帮会的缘故,此处"光棍"是帮会成员对自己的称呼,从他们口中出来的"光棍"就是英雄、好汉的意思了。郭莹认为帮会中人特意以"光棍"这样一个世人鄙夷、流氓味十足的称呼自许,强烈地反映了近代帮会成员与社会抗衡的非制度性心理。[1] 当世人将他们冠以歧视性侮辱性的"光棍"称呼时,他们不以为耻反而以此为荣,以"光棍"自称。[2]

(二)"光棍"进入国家法律

至明末时期,原本宋元文学中的"光棍"一词,开始指打家劫舍、拦路索要财物、盗窃库房等行为的犯罪分子。"光棍"分子另外还有"喇虎""赖皮"等称号,实际上都是同一类人。明代"光棍"犯罪主体除了以上所言之人,还包括无籍军户、旗校、舍余匠役人等,明律中没有专门针对"光棍"群体的规定,而是以条例的形式散见各处,且处刑较重。美国学者大卫·罗宾逊在关于明代暴力犯罪的研究当中,指出当时的社会观察家已运用"光棍"及"喇虎"形容北京一带参与抢劫、恐吓、卖淫等帮派分子。[3] 这一类人首次出现在明英宗天顺八年(1464 年)拟定的"白昼抢夺三五成群打搅仓场充军为民例"中:

天顺八年(1464 年)十一月三十日,刑部尚书陆等题,为陈言事。该南京大理寺卿龚奏称,舍人军余家人结成群党,打扰仓场库务,冲市人集之处,挟制唬吓,诈骗财物,合谓之"打光棍"。合照无籍户游食帮凶伴拟断,编发充军等因。会官议得:今后城内外附近关厢市镇去处,有等无籍军户、旗校、舍余匠役人等,不务正业,三五成群,白昼在街撒泼,殴打平人,抢夺财物,及于仓场打扰纳户人等取财,号名"光棍",通同官揽、斗级人等入仓楼扒,偷盗官粮事发,问拟明白,犯该笞杖及计赃不满贯,徒罪,

---

〔1〕 郭莹:《说"光棍"》,载《文史知识》2002 年第 10 期。

〔2〕 据林志坚对清代惩治邪教的研究,也反映出类似的问题,一方面官府大肆查拿以及严厉的惩罚邪教,但并未使邪教组织改头换面,反而使得原本比较安分的教门铤而走险,走上了反叛的道路;另一方面促使很多"邪教"组织改头换面,继续危害社会,或者蜕变成帮派或者会道门等组织形态,继续兴风作浪。参见林志坚:《清代中期对"邪教"案件的惩治——以司法案例为中心的考察》,中央民族大学法学院 2012 年硕士学位论文,第 49 页,此文收入本书。

〔3〕 David Robison, *Bandits, Eunchs, and the Son of Heaven: Rebellion and the Economy of Violence in mid-Ming China*, Honolulu: University of Hawaii Press, 2001, p. 49.

照常例发落。[1]

由上可知,明代“光棍”一词指“无籍军户、旗校、舍余匠役人等”,他们的罪行是“不务正业,三五成群,白昼在街撒泼,殴打平人,抢夺财物,及于仓场打扰纳户人等取财”。此后,明宪宗成化四年(1468 年)该条例被重申。当时有一个叫“王骚狐”的人犯,伙同其兄王福得、弟王羊儿,自成化元年(1465 年)以来“倚恃凶泼,专一殴打平人,强赖银两等物,人皆畏惧,号称赖皮等项名色”。[2] 该条例规定:“今后但有三五成群,白昼在街撒泼,抢人财物,犯该充军徒罪者,俱照前例发落。”[3]这是明代第二次申明严惩光棍、“赖皮”的条例。

在明代的司法实践中,是否对于上述严惩“光棍”的条例称为“光棍例”,目前尚不能从已有的文献资料中确认。但确定无疑的是早在明英宗天顺八年(1464 年)开始,随着地痞流氓犯罪行为的泛滥,严惩“光棍”的条例已经被创设出来并在司法活动中实施开来。

由于目前关于“光棍”犯罪的研究,以清代“光棍”犯罪的论文较为多见,对于明代“光棍”群体犯罪的关注相对较少,实际上,“光棍”群体犯罪在明代后期的司法实践中非常多见。仅以《皇明条法事类纂》卷三四刑部类中所收录的所有 24 条例文为例,在例文中明确提到“光棍”犯罪的就有“禁约喇虎光棍欺打平人把截买卖抢夺财物赌博诈骗害人等项及窝藏奸宿开张赌场例”等以上 7 个条例,加上明英宗天顺八年(1464 年)定例“白昼抢夺三五成群及打搅仓场充军为民例”,占《皇明条法事类纂》卷三四刑部类中所收录的 24 条例文的 1/3。

对目前可见资料中有关明末包揽诈骗,以及涉及无赖、光棍、地方强徒的条例进行归纳,发现有关“光棍”及“光棍”群体犯罪的行径主要有:(1)打搅仓场,包揽钱粮,诓骗财物的行为,条例显示这些人犯罪场所一般是京师、仓场、水陆交通驿站;(2)地痞流氓棍徒之流,成群结队、强索财物,勾结官吏,合

---

〔1〕 杨一凡等编:《中国珍稀法律典籍集成》(乙编第 5 册),《皇明条法事类纂》卷三四,科学出版社 1994 年版,第 340 页。

〔2〕 杨一凡等编:《中国珍稀法律典籍集成》(乙编第 5 册),《皇明条法事类纂》卷三四,科学出版社 1994 年版,第 340 页。

〔3〕 杨一凡等编:《中国珍稀法律典籍集成》(乙编第 5 册),《皇明条法事类纂》卷三四,科学出版社 1994 年版,第 343 页。

作敛财；(3)地方旗军卫所，把持道路，或王府家人、役人，官府差役倚仗权势，勒索小民。可以说在明朝后期的司法实践中，“光棍”类犯罪是非常普遍的。

明代严惩“光棍”的条例一开始针对“三五成群”的地痞流氓，是对群体性犯罪的规定。成化十二年(1476年)这一情况发生了变化。当时浙江道审理张昭一案，张昭系金吾右卫前军所军匠籍，自成化十二年(1476年)以来，多次恐吓、打骂民人，或抢夺，或讹诈，为恶乡里。依当时律例应当判处“杖一百徒三年”。但都察院和刑部都认为此刑法不足以惩处凶顽，理由是“张昭节次在街撒泼，殴打平人，抢夺财物，虽是一人，众皆畏避，其视二三成群者尤为凶恶，若不严加禁约，虑恐凶徒仿效”，[1]因此建议，将张昭依照明英宗天顺八年(1464年)确立的严惩“光棍”的条例惩处，宪宗准奏，遂成条例。这预示着在明代经过张昭案将“光棍”惩处的对象由多人推及一人。

其次就是惩治“光棍”的条例适用范围的变化。自明英宗天顺八年(1464年)第一次在“白昼抢夺三五成群打搅仓场充军为民例”中提到对“光棍”的打击以来，该条例开始仅限于“两京城内外附近关乡市镇去处”；[2]在成化十五年(1479年)时定“通州一带地方拿获窃盗至徒流罪者枷号半月，其喇虎三五成群抢夺财物再犯累犯者枷号一月充军为民例”将适用范围扩大至“通州一带”；[3]在成化二十二年(1486年)经过确立“沿江等处殴打平人抢夺财物照在京事例充军为民例”，将适用范围扩大到了“上至九江，下至苏州一带沿江去处”；[4]到了弘治元年(1488年)重申成化十五年严惩光棍的条例：“查得成化十五年十一月，该太子太保兵部尚书兼都察院左都御史王越奏准：两京内外并通州附近等处，但有号称喇虎等项名目，白昼在街殴打平人……”[5]并且于弘治三年(1490年)十月依照

---

〔1〕 杨一凡等编：《中国珍稀法律典籍集成》(乙编第五册)，《皇明条法事类纂》卷三四，科学出版社1994年版，第340页。

〔2〕 杨一凡等编：《中国珍稀法律典籍集成》(乙编第五册)，《皇明条法事类纂》卷三四，科学出版社1994年版，第350～352页。

〔3〕 杨一凡等编：《中国珍稀法律典籍集成》(乙编第五册)，《皇明条法事类纂》卷三四，科学出版社1994年版，第352～354页。

〔4〕 杨一凡等编：《中国珍稀法律典籍集成》(乙编第五册)，《皇明条法事类纂》卷三四，科学出版社1994年版，第356～357页。

〔5〕 杨一凡等编：《中国珍稀法律典籍集成》(乙编第五册)，《皇明条法事类纂》卷三四，科学出版社1994年版，第362页。

都察院御史朱英等奏准："申明前例，一向遵行，其成化四年五年事例，俱合革去"，[1]将行用的地区从"两京及附近关厢去处""通州一带""上至九江，下至苏州一带沿江去处"扩大到全国范围。

与之对应的社会环境就是明后期与后金连年不断的战争以及国内风起云涌的农民起义。据史料可考明朝自万历、崇祯始不断提高赋税，对全国农民进行掠夺式的赋税征收。明朝的财政收入主要来自田赋，种类有二，一是粮食，二是货币。明朝的宫廷费用和国家经费分开，入内库的就是宫廷收入，主要供皇室使用，入太仓（外库）的是国家经费，由户部使用。

据学者杨三寿考证，明末每年入太仓约400万两白银。国家的财政支出主要有三项：第一，年例银，即发给全国军事卫所的军费。明朝初年，卫所的军费以军屯生产就能基本维持，但到了明朝中后期军屯制度废弛，养兵费用由政府承担。弘治、正德年间，诸边年例银43万两，嘉靖时增至270余万两，到明末万历时猛增到380余万两，已接近于太仓岁入400万两之数了。[2]

第二，战争费用。战争费用应该为明末最主要的支出。崇祯十年（1637年）为实施兵部尚书杨嗣昌剿灭农民起义军的军事计划，增加田赋银280万两，称"剿响"，计划一年剿灭农民起义，然而"饷尽而贼未平……至是，督饷侍郎张伯鲸请全征。帝虑失信，嗣昌曰：'无伤也，加赋出于土田，土田尽归有力家，百亩增银三四钱，稍抑兼并耳。'大学士薛国观、程国祥皆赞之。"[3]于是在"剿饷"外复增"练饷"七百三十万两白银。此外，还有为了应付辽东与后金战争的"辽响"。《明史·杨嗣昌传》载："神宗末增赋五百二十万，崇祯初再增百四十万，总名辽饷。至是，复增剿饷、练饷，额溢之。先后增赋千六百七十万。"[4]

第三，皇室的奢靡费用。明朝政府收入的一部分归入内库，原本是供应皇室所费，但由于皇帝挥霍无度，内库存银不足时皇帝经常使用外库存

---

〔1〕 杨一凡等编：《中国珍稀法律典籍集成》（乙编第五册），《皇明条法事类纂》卷三四，科学出版社1994年版，第362页。

〔2〕 杨三寿：《试论明末清初的财政经济》，载《云南师范大学学报》（哲学社会科学版），1993年第6期。

〔3〕 张廷玉等撰：《明史·杨嗣昌传》，中华书局1974年版，第6515页。

〔4〕 张廷玉等撰：《明史·杨嗣昌传》，中华书局1974年版，第6515页。

银,导致“外库如扫”。

可以说明朝中后期兵农合一制度的解体,是产生“光棍”的制度性因素。明太祖朱元璋建立明朝后,在全国实行卫所制度。在全国区域内设置军事卫所,每个卫所管辖一定数量的军户,卫所的经济基础就是军事屯田,能基本维持卫所的开支。如上文所述,弘治、正德时期年例银只需43万两,到了明朝末年万历时期达到了380余万两,几乎是增长了10倍。镇压农民起义需要练兵,与后金继续战争需要练兵,兵从何处来?大规模的募兵导致大量的社会游食无赖之徒进入军队,此类人倚仗军人身份索要钱财,敲诈勒索更加剧了社会状态的恶化。在加派730万两“练响”与280万两“剿响”之时,崇祯帝其实意识到了赋税沉重的问题,但最后还是准许了杨嗣昌的建议,继续征收加派的赋税,练兵剿匪防卫辽东。实际上情况是“九边自有额饷,概予新饷,则旧者安归?边兵多虚额,今指为实数,饷尽虚糜,而练数仍不足。且兵以分防不能常聚,故有抽练之议,抽练而其余遂不问。且抽练仍虚文,边防愈益弱。至州县民兵益无实,徒糜厚饷。”《明史》对其评价:“民不聊生,益起为盗矣。”[1]

为了大明江山就必须大量募兵以练兵平乱,练兵平乱就需要征收远超常规的赋税,征收重税又导致了社会经济的崩溃,产生大量流民,流民或起为盗贼或汇集到军队中,这就造成了“光棍”群体的主要来源。当军队作战失败又需要征税、募兵,又会滋生新的破产农民、盗贼、兵痞群体,明末的社会陷入了恶性循环。

三、从“光棍”到“光棍例”的变化

清入关以后的几十年,由于面临复杂动乱的社会环境,是“光棍例”发展完善的黄金时期。明末《问刑条例》中散见的惩治“喇虎”“赖皮”“光棍”的条例,到清初顺治年间单独定例,成为一条专门针对该类犯罪的法律规定——“光棍例”。除了对“光棍”群体的严惩,清代“光棍例”还将打击范围扩大到“满洲家人”“旗下人”具有鲜明的满洲特色,处刑严且重。

(一)“光棍例”的形成

在明末的司法实践中,以上文中提到的“军余”“舍人”及社会上棍徒流氓地痞等人为犯罪主体的“光棍”犯罪已经是很常见的了,清初也不例

---

[1] 张廷玉等撰:《明史·杨嗣昌传》,中华书局1974年版,第6515页。

外,顺治三年(1646 年)御史苏京奏:“投充名色不一,率皆游手无赖之人,身一入旗,夺人之田,攘人之稼,其被攘夺者愤不甘心,亦投充旗下争讼无已,刁风滋甚。”[1]以上所言“游手无赖之人”应与明末司法实践中的“光棍”犯罪属于同一类型。

清入关以后,顺治元年(1644 年)六月,摄政王多尔衮采纳大臣柳寅东、吴达海等人意见,下令修订《大清律例集解附例》,几年后修成颁行。《皇朝文献通考》载:“顺治元年,严奸民假托搜捕贼孽互相仇告之禁,从大学士范文程之请也。谕旗人有强取民间一切细物者,鞭八十贯耳,定问刑衙门准依明律治罪先是。国初律令重罪有斩刑轻罪用鞭折,至是准用明律。”[2]这段记载说明了当时的背景。在清律颁布以前,定罪处刑除了按照原有满洲制度以外,主要依据是明律。顺治朝颁布的《大清律例集解附例》是清代第一部成文法典。但当时由于立国未稳,仓促编成,其分卷、篇目都照搬《大明律》,严惩“光棍”的条例也被顺治律所继承,但由于明末与清初面临的社会环境不同,清律该条例所惩治对象已经与明代发生了变化。《清朝文献通考》载:近有奸宄之徒托名满洲,或悍仆借之以欺故主,或狡吏借之以凌本官,或贱役借之以侮缙绅,或亡赖借之以倾富室,种种为害不可枚举。[3]

大量投充旗下的奴仆倚仗满洲权势巧取豪夺,诈索官民财物,主要以投充八旗的包衣、奴仆为犯罪主体,显示出鲜明的满洲特色。目前所见研究“光棍例”的论文,一般以顺治十三年(1656 年)定例为起始,或者忽略明末清初这一阶段,实际上“光棍”作为一类社会群体,只要存在流民群体,必然就会产生类似国法所谓的“光棍”群体,犯罪行为也随之而来。故在明末清初这一时段该类犯罪也一直存在,但因为大量汉人投充八旗现象的发生,旗下人、奴仆成为“光棍例”打击对象,这在明末是未有的。

学者郝秉键的研究显示晚明清初时期,江南流氓活动频繁,有以暴力手段谋生的“打行”;有借“访查”之名寻衅滋事的“访行”;有以教唆诉讼为业的“讼师”;还有表面上以正当职业为生,实际上暗地敲诈勒索的“脚夫”

---

〔1〕 王云五主编:《清朝文献通考》,商务印书馆民国二十五年 1936 年版,第 6598 页。
〔2〕 王云五主编:《清朝文献通考》,商务印书馆民国二十五年 1936 年版,第 6598 页。
〔3〕 王云五主编:《清朝文献通考》,商务印书馆民国二十五年 1936 年版,第 6598 页。

等人。[1] 学者张光辉认为，明末清初“光棍”大有蔓延之势，并且逐渐发展成为一种职业。[2] 清入关以后大量主动或者被动投充于清朝门下的旗下人也成为“光棍”犯罪的主体，清律“光棍例”在此背景下产生。

薛允升以为“光棍例”源于顺治十三年(1656年)，“此系顺治十三年题准定例，嗣后节次修改，康熙十九年现行则例议准，雍正三年修改，乾隆五年改定”。[3]《清朝文献通考》记录顺治十三年(1656年)“申定律例四事”，第4条载：满洲家人私结伙党，指称隐匿逃人，索诈民间财物，三人以上为首者以光棍律正法，为从系民人责四十板，边卫充军，旗人枷号三个月鞭一百，如止二人依为从律。[4]

此处“以光棍律正法”让人误以为在此之前已经制定了“光棍律”，实际上笔者纵览《清朝文献通考》卷195和卷196部分，发现最早出现“光棍律”的就是顺治十三年(1656年)定例第4条。顺治初年颁布的《大清律例集解附例》与《大明律》高度相似，仅仅改变了非常少的几个条文，且都与“光棍例”无关。此处言“以光棍律正法”只能有一种解释，即《大清律例集解附例》中所附例文部分继承了明代《问刑条例》中惩治“光棍”的条例。在此次定例中，第4条定例即为薛允升所言的“光棍例”定例。此为清代律例中第一次提到“光棍例(律)”，嗣后随着司法实践的发展“光棍例”也逐步发展开来。

(二)“光棍例”的定型

“光棍例”于顺治十三年(1656年)题准定例后，面对司法实践中出现的新问题、新形势不断进行修改。在这个过程中最重要的修改是康熙十九年(1680年)现行例议准及雍正三年(1725年)的修改，最终于乾隆五年(1740年)定型，一直延续到清朝灭亡。在顺治十三年(1656年)确定“光棍例”后，在清代的司法实践中该条例被广泛地适用。《清朝文献通考》载，

---

[1] 郝秉键：《晚明清初江南“打行”研究》，载《清史研究》2001年第1期。

[2] 张光辉：《明、清朝的“光棍罪”》，载《旧律新诠：〈大清律例〉国际研讨会会议论文》(第1卷)，清华大学出版社2016年版，第285页。

[3] 薛允升著，胡星桥、邓又天编：《读例存疑点注》，中国人民公安大学出版社1994年版，第501页。

[4] 王云五主编：《清朝文献通考》，商务印书馆民国二十五年1936年版，第6600～6601页。

顺治十六年(1659年),御史余缙奏言:绩蠹棍徒窝访卖访,交结衙役欺蒙问官,种种恶习难以悉举,伊等身不在胥役之列,而能驱使胥役捷于指臂,事不登简牍之迹而能飞腾简牍幻于鬼神。敕巡方诸臣严行查治,下部议。行犯者以光棍律拟罪。[1]

清初"光棍"的打击对象大致可分为两大类,一类即传统型"光棍",如顺治十六年(1659年)、顺治十八年(1661年)、康熙三年(1664年)、康熙十年(1671年)、康熙十四年(1675年)条例中所言"光棍",该类"光棍"犯罪手段不外乎欺诈、恐吓,以及其他暴力手段,其犯罪主体与行为都与民间所言"光棍"相符合;另一类是新出现的"光棍",如顺治十七年(1660年)例文中的"讼师讼棍",康熙二十六年(1687年)例文中所言的押解人犯的差官,及康熙三十六年(1697年)条例中所纳入的太监,通过以上条例使"光棍例"犯罪主体逐步扩大化。以上顺治十七年(1660年)定例将讼师群体纳入"光棍例"范围,康熙六年(1667年)条例将王公以下文武各官家人纳入其中,康熙三十六年(1697年)条例将太监纳入"光棍例"打击范围,可以说自顺治十三年(1656年)以来,"光棍例"的适用过程就是其发展过程。

清代出现了直接以"光棍例"治罪的规定。康熙十一年(1672年)刑部《现行则例》补充例文:恶棍勒写文约、嚇诈财礼、聚众殴打,致死人命,审有实据,为首者立斩;为从,助殴伤重者,拟绞监候,余仍照光棍为从例治罪。其家主父兄,系旗下人鞭五十,系民责二十板,系官议处。其家主父兄出首者,免议,本犯仍照例治罪。[2]

以上内容在康熙十九年(1680年)刑部《现行则例》也有记载。[3] 康熙十一年(1672年)、十九年(1680年)例文相比于顺治十三年(1656年)确立的例文进步明显。顺治十三年(1656年)例文仅限于"满洲家人私结伙党,指称隐匿逃人,索诈民间财物"的行为,且满足"三人以上为首者"方可以"光棍例"拟罪。到康熙十一年(1672年)、十九年(1680年)该条例罪状发生了扩大,包括"恶棍勒写文约、嚇诈财礼、聚众殴打,致死人命"的行为,

---

〔1〕 王云五主编:《清朝文献通考》,商务印书馆民国二十五年1936年版,第6602页。

〔2〕 薛允升著,胡星桥、邓又天编:《读例存疑点注》,中国人民公安大学出版社1994年版,第712页。

〔3〕 陈梦雷编:《钦定古今图书集成》,卷六零《祥刑典》,华中科技大学出版社2008年版,第701页。

也取消了三人以上的限制。另一巨大变化是顺治十三年(1656年)定例限定犯罪主体为“满洲家人”。也就是说,“光棍例”确定的初衷是专门为了惩治“满洲家人”这一群体的犯罪行为。而在康熙十一年(1672年)与十九年(1680年)的条例中已没有这一限制,“旗下人”与“民”这两个群体都成为“光棍例”的犯罪主体。可以说至此“光棍例”完成了适用对象上的巨大突破。

雍正朝《大清会典》内载“光棍例”,凡恶棍设法诈索内外官民,或书张揭帖,或声言控告,或勒写契约、逼取财物,或斗殴栓拏处害者,部分得财与未得财,为首者,立绞。为从者,系民责四十板,发边卫充军。系旗下人枷号三个月,鞭一百。其满洲家人私往民间,结伙三人以上,指称隐匿逃人,索诈财物者亦照此例,分别首从治罪。如止一二人者,俱依为从例拟罪。[1]

与康熙朝条例相比,雍正年间“光棍例”行文更为简练,内容更为丰富。雍正朝条例增加了“书张揭帖,或声言控告,或斗殴栓拏处害者”,这应该是康雍年间“光棍例”继续发展的缘故,已经非常接近于乾隆朝定例的水平。到乾隆五年(1740年)“光棍例”遂被定型:凡恶棍设法索诈官民,或张帖揭帖,或捏告各衙门,或勒写借约,吓诈取财;或因斗殴纠众系颈,谎言欠债,逼写文券;或因诈财不遂竟行殴毙。此等情罪重大,实在光棍事发者,不分曾否分财,为首者斩立决,为从者俱绞监候。其犯人家主父兄各笞五十,系官,交该部议处。如家主父兄首者,免罪。犯人仍照例治罪。[2]

与康雍年间相比,最终定型的“光棍例”取消了“旗下人”“满洲”群体的规定,增加了“官”这一群体,使“光棍例”犯罪主体成为一般主体,在司法实践中不必再区分满汉,更加简单易行,反映出该条例历经百年发展逐渐稳定成熟。在清代“光棍”犯罪进一步明确,惩治“光棍”犯罪的法律制度也比明末完善。“光棍”的行为被确定为“索诈官民,或张帖揭帖,或捏告各衙门,或勒写借约,吓诈取财;或因斗殴纠众系颈,谎言欠债,逼写文券;或因诈财不遂竟行殴毙”;对其处刑也较明末要重。明末惩治“光棍”行为处以发口外为民,最重是充军,清代则“首犯斩决,从犯绞候”。犯罪主体方面,“旗下人”成为清代“光棍例”中重要主体,与明末惩治“光棍”行为相比

---

〔1〕《大清会典》卷一七二。

〔2〕《大清律例》,田涛、郑秦点校,法律出版社1999年版,第402页。

具有鲜明的满洲特色。

四、“光棍例”在清代的司法实践

“光棍例”作为清初确立的用以严厉惩治社会犯罪的重要条例，只有将其法律规定与清代的司法实践结合起来，才能更进一步了解“光棍例”的实质。

（一）“光棍例”的适用

“光棍例”的适用，间接出现在以“光棍例”为适用方式的清代例文中，这些“照光棍例”处理的条文规定与“光棍例”中犯罪主体、行为规定的差异，恰好反映出“光棍例”适用过程中扩大化现象。

《大清律例》中有很多条例提到了“光棍例”，[1]以下按制定的时间顺序列举：

表1 《大清律例》中的“光棍例”

序号	《大清律例》中所在位置	例文制定的时间	条例内容
1	《大清律例》卷一五《户律·市廛》，把持行市	康熙六年（1667年）	内务府人员家人及王以下大臣官员家人，指名倚势，网取市利，挟制有司，干预词讼，肆行非法；该主遣去者，本犯枷号三个月，鞭一百；本犯私去者，照光棍例治罪
2	《大清律例》卷三三《刑律·犯奸》，犯奸	康熙十八年（1679年）	恶徒聚众，将良人子弟抢去强行鸡奸，无论曾否杀人，仍照光棍例，为首者拟斩立决；为从若同奸者，俱拟绞监候；遣黑龙江给披甲人为奴。其虽未伙众，因奸将良人子弟杀死，及将未至十岁之幼童诱去强奸鸡奸者，亦照光棍为首例斩决
3	《大清律例》卷二五《刑律·贼盗下》，略人略卖人	康熙十九年（1680年）	凡伙众开窑，诱取妇人子女，藏匿勒卖事发者，不分良人奴婢，已卖未卖，审系开窑情实，为首，照光棍例，拟斩立决；为从遣黑龙江给披甲人为奴

〔1〕 该表格资料参见杨一凡等编：《中国珍稀法律典籍集成》（丙编第1册），科学出版社1994年版，第226～227、263、321、323、332、334、353、367、423、424页。

续表

序号	《大清律例》中所在位置	例文制定的时间	条例内容
4	《大清律例》卷二五《刑律·贼盗下》,恐吓取财	康熙三十六年(1697年)	凡在内太监逃出索诈者,俱照光棍例治罪
5	《大清律例》卷一九《兵律·军政》,激变良民	康熙五十三年(1714年)	直省刁民,假地方公事,强行出头,逼勒平民,约会抗粮,聚众联谋,敛钱构讼,及借事罢考罢市,或果有冤抑不于上司控告,擅自聚众至四五十人,尚无哄堂塞署,并未殴官者,照光棍例,为首拟斩立决;为从,拟绞监候
6	《大清律例》卷三三《刑律·犯奸》,犯奸	雍正二年(1724年)	凡喇嘛、和尚等,有强奸致死人民者,照光棍例,分别首从定拟
7	《大清律例》卷三三《刑律·犯奸》,犯奸	雍正五年(1727年)	轮奸良人妇女已成之案,审实,照光棍例,为首拟斩立决;为从同奸者,拟绞监候
8	《大清律例》卷二六《刑律·人命》,斗殴及故杀人	雍正六年(1728年)	凡凶徒好斗生事,见他人斗殴,与己毫无干涉,辄敢约伙寻衅,迁怒与其父母,毒殴致毙者,照光棍例,分别首从治罪
9	《大清律例》卷二四《刑律·贼盗中》,白昼抢夺	雍正十二年(1734年)	江南通州、崇明、昭文沙民,伙众争地,除不持器械争夺,及聚众不及四五十人者,照侵占他人田宅律科断。如系执持器械,及聚众四五十人,有抗官重情者,照光棍例,为首者,拟斩立决;为从者,拟绞监候
10	《大清律例》卷三三《刑律·犯奸》,犯奸	雍正十二年(1734年)	强奸十二岁以下幼女,因而致死,及将未至十岁之幼女诱去强行奸污者,照光棍例,斩决

续表

序号	《大清律例》中所在位置	例文制定的时间	条例内容
11	《大清律例》卷二四《刑律·贼盗中》，白昼抢夺	乾隆八年(1743年)	直省不法之徒，如乘地方歉收，伙众抢夺，扰害善良，挟制官长，或因赈贷稍迟，抢夺村市，喧闹公堂，及怀挟私愤，纠众罢市辱官者，俱照光棍例治罪
12	《大清律例》卷二四《刑律·贼盗中》，白昼抢夺	乾隆二十三年(1758年)	川省匪徒，并河南、安徽、湖北等三省交界地方，及山东之兖州、沂州、曹州三府，江苏之淮安、徐州、海州三府州，如有红胡子、白撞手，拽刀手等名目，在于场市人烟凑集之所，横行抢劫，……如纠伙五人以上，不论曾否得财，为首照光棍例，拟斩立决，为从同抢者，俱拟绞监候
13	《大清律例》卷二七《刑律·斗殴上》，殴制使及本管长官	乾隆二十三年(1758年)	部民、军士、吏卒犯罪在官，如有不服拘拿，不遵审断，或怀挟私仇，及假他方公事，挺身闹堂逞凶，杀害本官者，拿获之日，不论本官品级及有无谋故，已杀者，不分首从皆斩立决；已伤者，为首照光棍例斩决，为从下手者绞候
14	《大清律例》卷二五《刑律·贼盗下》，恐吓取财	乾隆二十五年(1760年)	凡台湾无籍游民、犷悍凶恶，肆行不法，犯该死罪者，即照光棍例，拟斩立决

“光棍例”例文中所言及的“光棍”犯罪罪状是“恶棍设法索诈官民，或张帖揭帖，或捏告各衙门，或勒写借约，吓诈取财；或因斗殴纠众系颈，谎言欠债，逼写文券；或因诈财不遂竟行殴毙”。[1] 根据该例文规定，可将“光棍”犯罪的行为归为三类：一是挑战官方权威，危害官方利益的行为，如“索诈官民”“捏告各衙门”；二是扰乱社会秩序的行为，如“张帖揭帖”“斗殴纠众”“谎言欠债，逼写文券”；三是侵害平民人身、财产权益的行为，如“吓诈取财”

〔1〕《大清律例》，田涛、郑秦点校，法律出版社1999年版，第402页。

“因诈财不遂竟行殴毙”。以上三类犯罪行为的主体就是例文中所言的“恶棍”,即明清官民语境中都一致称为“光棍”的流氓群体。清律中对以上三类“光棍”犯罪行为的规制,已经基本上将“光棍”犯罪侵害的官方与民间利益囊括在内,并对其严厉打击,可明显看出其侧重点在官方利益的保护。

清初“光棍例”大量出现在清代的立法中,同时被大量适用。沈家本言:“此顺治年间定例,当时京师恶棍甚多,故特立此等重法。”〔1〕薛允升言:“康熙年间,犯者最多,故定例亦严而祥核。”〔2〕山本英史将“光棍例”大量适用的原因与康熙十二年(1673年)吴三桂起兵的“三藩之乱”联系在一起,“光棍例的一连串变化,很可能正是反映了此时的政治情势,亦即须得强化取缔反清、反政府、反体制分子以及体制内的不稳定分子”。〔3〕笔者以为,康熙年间的三藩之战只是清前期大量适用“光棍例”的一个方面,犯罪行为作为社会现象的一种,应该还有更深层次的社会原因。

第一个原因是清初战争导致沉重的赋税。战争只是导致社会崩溃,流民(光棍)增多的直接原因,根本原因在于从顺治到康熙中期频繁战争导致的沉重的赋税。顺治帝在位十八年,是清朝定鼎北京后的开国立业时期。终顺治一朝,清军战火不断,一共进行了92次战争。〔4〕顺治朝常额军费为1300万两白银,顺治十六年(1659年),“大兵进取滇黔”,年支出3000万两白银,顺治十七年(1660年)支出也超过3000万两白银。〔5〕据学者陈锋研究,顺治一朝的战费支出在1亿两白银左右。康熙时三藩之乱期间的战费在1亿~1.5亿两白银。〔6〕这期间的耕地与人口越来越少而赋税每年都在增加。〔7〕

---

〔1〕沈家本:《沈家本未刻书集纂》《律例偶笺》卷二,韩延龙等整理,中国社会科学出版社1996年版,第312页。

〔2〕薛允升:《读例存疑点注》,胡星桥、邓又天编,中国人民公安大学出版社1994年版,第501页。

〔3〕[日]山本英史:《光棍例的成立及其背景——清初秩序的形成的一个过程》,载《旧律新诠:〈大清律例〉国际研讨会会议论文》(第1卷),清华大学出版社2016年版,第350页。

〔4〕中国军事史编写组:《中国军事史》附卷:《历代战争年表》(下),解放军出版社1986年版。

〔5〕陈锋:《清代军费研究》,武汉大学出版社2013年版,第238~239页。

〔6〕陈锋:《清代军费研究》,武汉大学出版社2013年版,第240~246页。

〔7〕参见杨三寿:《试论明末清初的财政经济》,载《云南师范大学学报》(哲学社会科学版)1993年第6期。

清初重税是继明末后对社会经济的再次掠夺。顺治八年(1651 年)与万历六年(1578 年)相比,耕地减少二分之一以上,人口仅剩六分之一,却要承担不低于明末的经济负担。在人口、土地大量减少的情况下征收比明末还重的赋税,对社会经济的伤害远大于明末。农民在超经济剥削下,贫困到连起码的再生产条件都不具备。农民失去再生产的能力,经济恢复无望,只能大量沦为流民。流民问题对于入关不久的清代皇帝而言关系到其统治是否安定、持续的因素,这就不难理解为何在清初"光棍例"以及比照"光棍例"治罪的条例大量出现,且对"光棍"群体施以"首犯斩决,从犯绞候"的严酷刑罚现象了。

第二个原因是清初入关以后的圈地活动。清初的圈地是清入关以后将京畿附近的土地大规模圈占,分给满洲八旗。顺治帝对此表示:"满洲从前在盛京时,原有土地耕种,凡赡养家口,以及行军之需,皆从此出。数年以来,圈拨田屋,实出于万不得已,非以扰累吾民也。"[1] 仅仅京营各旗分拨土地为,镶黄旗 23,633 顷 40 亩,正黄旗 23,543 顷 85 亩,正白旗 20,796 顷 48 亩,正红旗 12,207 顷 10 亩,镶白旗 16,444 顷 30 亩,镶红旗 13,053 顷 70 亩,正蓝旗 17,136 顷 60 亩,镶蓝旗 14,101 顷 28 亩,总计 140,128 顷 71 亩。[2] 清初大量投充旗下为奴的现象,其原因在于民众地都没了,除了当贼(光棍),或投充为奴,几乎没有其他出路。

(二)"光棍例"适用的趋势

自顺治十三年(1656 年)以来,"光棍例"的适用有犯罪主体扩大化的趋势。"光棍例"顾名思义就是惩治该类"光棍"群体犯罪的法律。步德茂认为,虽然"光棍"一词在清律中并未得到清楚的定义,但这个名词仍然出现在许多清律例文中,很显然这条例文已经预设了一个前提:讼案审理官员在见到"光棍"时,可以肯定地判断他或他们是不是"光棍"。[3] 上表中所罗列的即为《大清律例》中所涉及的照"光棍例"惩处的例文。显然,在清初及清中后期"光棍例"的司法实践中,"光棍例"适用主体一直在扩大,

[1] 《清世祖实录》卷三一。

[2] 陈锋:《清代军费研究》,武汉大学出版社 2013 年版,第 27~28 页。

[3] [美]步德茂:《18 世纪山东的杀害亲人案件:贫穷、绝望与讼案审理中的政治操作》,载邱澎生、陈熙远编:《明清法律运作的权利与文化》,台北,联经出版公司 2009 年版,第 261~262 页。

增加了“喇嘛”、“通州、崇明、昭文沙民”、“部民、军士、吏卒”、“台湾无籍游民”及“川省匪徒”等人。这不由得使人想起新中国成立后的一个刑法中的术语——口袋罪。口袋罪的特征就是立法界定不清，司法适用混乱，将原本不属于该罪的行为纳入打击范围。其中，“流氓罪是个筐，什么都能往里装”，说的就是当时著名的口袋罪之一 ——流氓罪。

“光棍例”的适用在犯罪主体扩大化的同时，清廷对于“光棍例”在司法实践中的适用进行了限制。薛允升认为：“光棍及凶恶棍徒均为例所不载，凶恶棍徒之例已重，此则更严，以有人命故也。惟现在有犯此等情节，均不照此例定拟。此条亦系虚设，而别条照光棍例定拟者，均与此条不符。”[1]薛允升指出“光棍例”在司法实践中一大弊端：符合“光棍例”犯罪的行为没有得到相对应惩处，但是其他不符合“光棍例”犯罪的行为却比照“光棍例”进行了惩处，该条例“康熙年间犯者最多，故定例亦严而祥核”。[2] 沈家本也持相同观点：“此顺治年间定例，当时京师恶棍甚多，故特立此重法。例内所言，乃当日情形，即俗所谓‘土豪恶霸’也。后来无此情事，他例之照此定拟者，亦与此条所言不符。”[3]清廷也注意到了这一点，清律《断罪引律令》门载乾隆二年(1737年)定例：例载比照光棍条款，仍照例斟酌定拟以外，其余情罪相仿尚非实在光棍者，不得一概照光棍例定拟。[4] 此条例预示着清朝开始对“光棍例”在司法审判中的适用进行限制。

以清代刑事审判案例集《刑案汇览》卷一九“恐吓取财”[5]共收录案例55件为例，经统计，在55件案例中适用“光棍例”的只有第1件，占1.8%，照棍徒扰害有16件，占29%，照刁徒凭空讹诈有17件，占30.9%，另拟具题或者再审17件，占30.9%，其他4件，占7.3%。通过上面的数据，可以发现清律“光棍例”立法目的是为严惩凶恶光棍，但是司法实践中对于上述

---

〔1〕 (清)薛允升：《读例存疑点注》，中国人民公安大学出版社1994年版，第501页。

〔2〕 (清)薛允升：《读例存疑点注》，中国人民公安大学出版社1994年版，第501页。

〔3〕 沈家本：《沈家本未刻书集纂》《律例偶笺》卷二韩延龙等整理，中国社会科学出版社1996年版，第312页。

〔4〕 杨一凡等编：《中国珍稀法律典籍集成》(丙编第1册)，《大清律例·刑律·断罪引律令》，科学出版社1994年版，第480页。

〔5〕 参见杨一凡主编：《刑案汇览全编》卷十九“恐吓取财”条，法律出版社2007年版，第1057~1112页。

行为很少适用“光棍例”,更多的是“棍徒扰害例”以及“刁徒平空讹诈例”,这两种适用方式占了《刑案汇览》所汇辑的55件案例中有明确判决结果的95%以上。目前,没有任何证据证明《刑案汇览》中案例的汇编是带有目的指向性的,作者故意删减其中以“光棍例”定罪的案例的情形恐不存在。这或说明在清初广泛适用的“光棍例”,在经过清初广泛的适用期以后,至少在乾隆元年(1736年)开始,在司法实践中呈现出适用减少。对于这样的结果,根本性的原因就是经过顺康雍三朝上百年的发展,社会生产逐渐稳定下来,上文中提到的“光棍”大量产生的社会原因已经大为改观,除非再有新的战乱或者天灾很少会出现大量的流民群体,“光棍”也就丧失了主要的来源。

除了清廷意识到“光棍例”的缺点,进行司法适用限制之外,另一原因就是“光棍例”条文本身的缺陷,其所侵犯的客体均为复杂客体,行为人既侵犯了财产权益,又侵犯了被害人的人身权利。“光棍例”处刑极重,但律文规定却带有一定的模糊性,这导致了实际适用上的选择困难。林山田认为,规范的构成要件要素须经价值判断,故其明确性显较描述性的构成要件要素为低。因此,在刑事立法上,应尽可能使用描述性的构成要件要素,以制定不法构成要件,唯有无法以描述性的构成要件要素作完整的犯罪描述时,方使用规范性的构成要件要素。[1] 以危害程度来判断罪与非罪,此罪与彼罪,像薛沈二位律学大家都尚有疑惑,更不用说其他司法官员。

此外,一个制度性的原因在于,清律中对断罪引律令有明确严格的规定,官员们在审判活动中出现错误,都关系着自己的切身利益。“光棍例”处刑极重,适用复杂,一般官员自然不敢轻易适用。更关键的是,不像户婚田土一类的细故,由基层官员审结,同时也便于掩盖失误。官员审案时一旦适用“光棍例”,就意味着该案件走上审转覆核程序,从地方到中央,审判者犯下的每一个错误都可能是埋在司法过程中的定时炸弹,将来案件一旦上级启动追责,炸弹随即引爆!

据白阳博士对清代错案的归责机制的研究,在清代错案追究中清律与《吏部处分则例》中的相关条文共同发挥作用,从而形成了错案责任的“双

[1] 林山田:《刑法通论》(上册),北京大学出版社2012年版,第236页。

轨制”法律规范体系。“双轨制”的运行实态为：当官员因错案而被追究责任时，首先依照《吏部处分则例》的规定予以处理，若无免责条文，则施以罚俸、降级留任、降级调用或者革职等行政处罚。若《吏部处分则例》条文将处罚方式指向《大清律例》，或者由于案情重大、出入悬殊等原因对官员予以革职仍不能蔽辜，需要加重处罚的，则在革职之后，在皇帝的许可下，适用清律，处以刑罚。[1] 可以说在结果归责的压力之下，清廷对案件的容错度极低，而相应的处罚又较为严厉，加之错案的评判标准有模糊之处，故而稍不留意，承审官员就会因案件拟断不确而被追究责任。这就导致官员在适用“光棍例”时采取保守谨慎的态度。

五、“光棍例”与“流氓罪”：比较的视角分析

清律“光棍例”与20世纪80年代“严打”时期的“流氓罪”存在很大相似性。清律中的“光棍”与“严打”时期的“流氓”都是一种身份的代表，是一种歧视性的称呼。从顺治十三年（1656年）“光棍例”题准定例到1979年《刑法》中的“流氓罪”，二者相隔三百多年，但这两个相隔数百年的罪名仿佛是一种历史中的身份错位。此两者在犯罪主体、犯罪行为、侵害法益及立法的价值取向等方面都有诸多相同点。

（一）“光棍”与“流氓”：历史错位中的身份对比

新中国成立后的1979年《刑法》中的“流氓罪”，是一个著名的口袋罪。[2] “流氓罪”为1979年《刑法》第160条规定：“聚众斗殴，寻衅滋事，侮辱妇女或者进行其他流氓活动，破坏公共秩序，情节恶劣的，处七年以下有期徒刑、拘役或者管制。流氓集团的首要分子，处七年以上有期徒刑。”

1979年《刑法》颁布后的几年，全国立案数量暴涨、大案频发，尤其是1983年以来发生了数起影响极坏的恶性案件。[3] 当时主管政法工作的彭真将这种现象称为“倒退”，“一个人民民主专政的国家，一个共产党领导的

〔1〕 白阳：《清代错案责任追究制度》，中国法律与历史国际学术研讨会会议论文，北京，2017年7月，第12页。

〔2〕 1997年刑法修正之前理论界公认的三大口袋罪，分别是流氓罪、投机倒把罪和玩忽职守罪。参见陈兴良：《口袋罪的法教义学分析：以危险方法危害公共安全罪为例》，载《政治与法律》2013年第3期。

〔3〕 1980年全国立案75万多起，其中大案50,000多起；1981年立案89万多起，其中大案67,000多起；1982年立案74万多起，其中大案64,000多起。群众失去安全感，党内外反应强烈。参见汪明亮：《“严打”的理性评价》，北京大学出版社2004年版，第35页。

国家,三十几年了,怎么还能允许出现这种情况!"[1]当时的恶性刑事案件问题成为全国上下关注的焦点。在这种情况下,邓小平于1983年7月在北戴河同当时的公安部部长刘复之谈话中指出:"为什么不可以组织一次、二次、三次严厉打击刑事犯罪活动的战役?""现在是非常状态,必须依法从重从快集中打击,严才能治得住。搞得不痛不痒,不得人心""就是应该把严重刑事犯罪分子当作敌我矛盾来处理。"[2]针对严打中央定的政策是"要雷厉风行"[3],"公、检、法要思想一致,行动一致。"[4]在此背景下,1983年9月2日,全国人大常委会通过《关于严惩严重危害社会治安犯罪分子的决定》,"严打"的刑事政策正式形成并取得合法地位。该决定规定了对流氓犯罪集团的首要分子及携带凶器进行其他流氓犯罪活动情节严重的可在刑法规定的最高刑以上处刑,直至判处死刑。从此,"流氓罪"的刑罚最高刑为死刑,成为"严打"中适用"流氓罪"判处死刑的依据。

"严打"一度产生了明显的效果。"严打"前的1982年,全国公安机关刑事案件立案总数为74.8万余起,1983年的刑事立案数下降为61万余起,仅在三个月内就拘捕108万余人。[5] 在三年的"严打"期间,全国共抓获170余万名各类犯罪分子。据最高人民法院统计,1983年8月至1986年12月,全国各级法院共审结刑事案件140万余件,判处罪犯172万多人。其中,判处5年以上直至死刑的重刑占4成(39.65%),5年以下有期徒刑、拘役、管制和免除刑罚的占6成(59.65%),宣告无罪的占0.7%。[6] 在1985年召开的全国政法工作会议上彭真讲到(严打)取得了很大的胜利,在全党、全军、全国人民的支持下,为人民立了一大功。社会秩序明显好转,广大群众拍手称好,大快人心。[7]

"严打"是一场自上而下贯彻执行的严厉打击刑事犯罪的战斗,战果辉

---

[1] 彭真:《论新中国的政法工作》,中央文献出版社1992年版,第345页。

[2] 邓小平:《邓小平文选》(第3卷),人民出版社1993年版,第33~34页。

[3] 彭真:《论新中国的政法工作》,中央文献出版社1992年版,第346页。

[4] 彭真:《论新中国的政法工作》,中央文献出版社1992年版,第345页。

[5] 崔敏:《反思八十年代的严打》,载《炎黄春秋》2012年第5期。

[6] 参见《中国法律年鉴》(1988年),法律出版社1989年版,第636页。

[7] 彭真:《论新中国的政法工作》,中央文献出版社1992年版,第372页。

煌,效果显著。但在这个过程中由于追求“雷厉风行”“从快、从重”,使这场运动的缺点也很明显,最为突出的就是以“流氓罪”为代表的大量冤假错案的产生,导致很多人被重判或错杀。主要原因有以下几点:(1)政策左右法律,违反刑事程序办案,彭真在讲话中说“过去我们对法制建设的重要意义认识不够”;[1](2)历经“文化大革命”动乱,政法队伍素质不高,“一高一低”年龄偏高,文化偏低,是当时政法队伍的普遍现象;[2](3)对外开放,经济体制改革的影响。以邓小平、彭真为代表的领导人从“严打”运动的开始,就意识到对外开放和经济体制改革对社会治安的影响,多次强调刑事斗争的长期性和艰巨性。[3]“严打”结束以后,20世纪80年代后期到90年代前期的《刑法》修订大讨论中,“流氓罪”引起广泛批评,刑法学界一致认为应该修改流氓罪。在此背景下,1997年《刑法》废除了流氓罪,新增了聚众斗殴罪、强制猥亵、侮辱妇女罪、聚众淫乱罪以及寻衅滋事罪等几个罪名,“流氓罪”的历史在中国宣告结束。

以目前可见的资料来看,从明末至清末“光棍例”所涉及的犯罪主体有:无籍军户、旗校、舍余匠役人、旗下奴仆、王公大臣家人以及奴仆、太监、社会流氓分子等,看似是一个非常复杂的组成。实际上,如薛允升言:别条照光棍例定拟者,均与此条不符。[4]闲散无业的社会流氓群体,即“光棍”群体是“光棍例”犯罪主体的最主要构成部分。其他不属于“光棍”群体的犯罪分子,如军人、奴仆、太监等人的犯罪按照“光棍例”处罚,其原因并不在于以上犯罪主体的适格,而在于“光棍例”能对该类急需整治的犯罪现象起到快速、严厉的打击。1979年《刑法》的“流氓罪”中,其犯罪主体为“聚众斗殴,寻衅滋事,侮辱妇女或者进行其他流氓活动”的犯罪分子,社会上的地痞流氓即属此类。可以说“光棍例”与“流氓罪”的犯罪主体有很大部分的重合。

从“光棍例”与“流氓罪”的犯罪行为出发,可以发现同样的问题。“光棍例”的犯罪行为是“索诈官民,或张帖揭帖,或捏告各衙门,或勒写借约,

---

〔1〕 彭真:《论新中国的政法工作》,中央文献出版社1992年版,第362页。

〔2〕 彭真:《论新中国的政法工作》,中央文献出版社1992年版,第367页。

〔3〕 彭真:《论新中国的政法工作》,中央文献出版社1992年版,第373页。

〔4〕 薛允升著,胡星桥、邓又天编:《读例存疑点注》,中国人民公安大学出版社1994年版,第501页。

吓诈取财;或因斗殴纠众系颈,谎言欠债,逼写文券;或因诈财不遂竟行殴毙”。“流氓罪”的犯罪行为是“聚众斗殴,寻衅滋事,侮辱妇女或者进行其他流氓活动,破坏公共秩序”。“斗殴纠众”与“聚众斗殴”,“诈索官民,张帖揭帖,捏告衙门,勒写借约”与“寻衅滋事”、“破坏公共秩序”对比,可以发现犯罪行为相似度极高,甚至相同。清中期开始性犯罪也被纳入“光棍例”惩治范围,这与“流氓罪”里的性犯罪也很相似。

在侵犯法益方面,“光棍例”与“流氓罪”更是高度一致,共同指向社会秩序以及个人的人身、财产权益的保护,且共同受到道德及社会舆论的谴责。二者在行为后果方面也存在相似,“严打”期间“流氓罪”最高刑上升到死刑,这与“光棍例”首犯斩决,从犯绞监候的处理方式基本一致。

从其含义看,清律中的“光棍”与今人所言的“光棍”,二者含义大相径庭,而与“流氓”一词最为相似。这就导致将相隔数百年的清“光棍例”与“严打”时期的“流氓罪”联系在一起时,可以惊奇地发现,两个相隔甚远的罪名居然如此相似。“光棍”与“流氓”仿佛是一种历史错位中的身份对照。

(二)立法的价值取向

国家本位的立法价值取向以国家利益为先,其首要目的在于保护国家统治秩序,在此基础上其他利益都可以被选择性的放弃。在清代,皇帝除了是国家的统治者,还具有立法机关的职能。清律“光棍例”的立法、发展乃至最后的定型,无一不是经过顺治、雍正、康熙、乾隆四位皇帝的首肯。在清代真正的立法者有且只有一个那就是皇帝。与之相对应的向皇帝呈报具体法律条文,请求定“例”或者入“律”的机关或者个人,更像是将现实的立法需求与皇帝意见结合在一起,并形成书面意见的草拟人。在这个过程中,内阁大臣与各部堂官起到立法工具的作用,而最后由皇帝赋予法律效力。同样,对某一法律条文的废除,也只有获得皇帝本人首可后才能失效。

清代皇帝可能未具备了解暴力犯罪节节攀升背后之动态因素的现代社会学知识,但他们却很敏锐地嗅出动摇社会秩序的可能祸因,[1]即皇帝

---

〔1〕[美]步德茂:《18世纪山东的杀害亲人案件:贫穷、绝望与讼案审理中的政治操作》,载邱澎生、陈熙远编:《明清法律运作的权利与文化》,台北,联经出版公司2009年版,第257页。

意识到了“光棍”的泛滥危及其统治利益。因此,皇帝做出了选择,以“首犯斩决,从犯绞候”的严厉刑罚惩治“光棍”犯罪。顺治帝对满清圈地现象的态度反映出清代统治者们的立场。虽然意识到了圈地的危害,但在满洲的利益面前圈地还是要继续,清帝就是满洲利益的代言人,在统治利益与其他利益的冲突面前,统治者一定会选择以统治利益为先。明末万历皇帝也是如此,当意识到“三饷”征收对社会的危害以后,还是毅然选择继续加征赋税,其目的很简单就是维护其一家的统治。可以说,清律“光棍例”的价值取向就是维护清帝为代表的帝国的统治利益。这一点,前述考察“光棍例”的历次修改内容及其适用对象扩大化的过程就可以反映出来,在此不再赘述。

依照“严打”期间“流氓罪”的规定,打击犯罪维护社会利益是首要的价值取向,这与新中国成立以后一直坚持和宣扬的“先国家,后集体,最后个人”的价值取向一致。在这样的价值导向下,立法机关全国人大很快通过《关于严惩严重危害社会治安犯罪分子的决定》,“严打”的刑事政策正式形成,并取得合法地位。在国家利益与个人利益的价值选择上,前者占据了首要位置。因此,为了维护社会秩序,个人利益应做出必要的牺牲。“严打”期间“敌我矛盾”的提法,预示“严打”刑事政策浓厚的政治性,政治的首要任务是分清敌我。毛泽东说:“谁是我们的敌人谁是我们的朋友这个问题是革命的首要问题。”[1]对于“流氓罪”等严重危害社会治安的“敌我矛盾”就是要从肉体上消灭这些“严重刑事犯罪分子”。在此背景下,领导人的谈话成为指导“严打”活动的刑事政策,直接影响“严打”期间的刑事司法活动。有的地方甚至用行政命令直接规定量刑的轻重和重刑的比例,这就导致了刑讯逼供、超期羁押等严重伤害犯罪嫌疑人权利的行为大量出现,[2]其结果必然导致违反法定程序,产生冤假错案。

邓小平将“严打”视为一项要长期坚持的刑事政策,是解决刑事犯罪问题的非常手段,是人民民主专政的体现。[3] 在面对急需解决的犯罪问题时,清代中国与现代中国不约而同地加重了原有刑罚的量刑,使“光棍例”

---

〔1〕 毛泽东:《毛泽东选集》(第1卷),人民出版社1991年版,第3页。

〔2〕 杨庆文:《当代中国刑法史研究》,浙江大学人文学院2005年博士学位论文,第88页。

〔3〕 邓小平:《邓小平文选》(第3卷),人民出版社1993年版,第34页。

与“流氓罪”成为特殊时期国家严厉打击犯罪的重典。可以说这与中国古代“刑罚世轻世重”“以刑去刑”的刑罚思想一脉相承，北宋的“重法地法”就是皇帝通过一系列敕令对特点区域特定犯罪施加高于原有法定刑的惩处，其目的就是严厉、快速的处理急需打击的犯罪行为。“严打”期间重刑主义的传统思维被“激活”“严打”的初衷是在法律规定的范围内从重判处，“严打”与重刑并不冲突。但是，在“从重、从快”刑法政策的主导下，司法实践突破了《刑事诉讼法》的限制。从清律“光棍例”首犯斩决，从犯绞候的严厉处罚和“严打”时期的“流氓罪”都是国家的立法和司法在所处时代的法律价值驱动下而做出的努力，在短期内也起到了非常明显的效果。值得深思的是在道德和法律双重打击下的“光棍”“流氓”类犯罪为何相隔百年还能频频发生？

“光棍例”适用最为广泛的时段就是明末清初战乱不断、赋税沉重、流民四起的时期，清初以后战争消弭社会稳定下来，同时统治者开始削减赋税，恢复社会生产，从这一时期开始清律“光棍例”的适用也趋缓。“严打”正值“文化大革命”结束不久的时段，刚结束十年“文化大革命”的中国社会百废待兴，正在进行各方面的改革，社会秩序混乱。在这样的社会背景下，“流氓罪”可谓生逢其时。“严打”结束以后，经过改革开放数十年的发展，社会环境发生了巨大变化，“流氓式”的撒泼耍横已经不是主要打击目标，“流氓罪”也就逐步消失。

六、结语

清初与20世纪80年代的中国都是一个政治变革期。在逐步完善国家行政制度，加强社会治理能力的历史时期，都面临着打破旧的不合时宜的制度，建立新的符合社会需求的制度的考验。与此相对应，“光棍例”以清帝国利益为立法的价值导向，这对当时的司法实践起到直接影响。量刑的严酷、犯罪主体的扩大化的需求，都是清律“光棍例”适用过程中对立法的反馈，这种反馈得到立法的回应，并在历次修律定例中逐步完善，从而再次反馈到司法实践中。“严打”期间的“流氓罪”也存在这样的情况，面对“严打”开展以前极度混乱的社会治安情况，从社会到官方自下而上都热切希望严厉打击“流氓”犯罪，恢复正常社会秩序。不久后，全国人大将“流氓罪”量刑大幅提高到死刑的决议，也满足了这一需求。在制度建设上清初与“文化大革命”结束这一时期近似，既要“破旧”也要“立新”，必然要损伤部分利益群体,经历新旧制度更迭过程中的阵痛。

值得反思的一点是,无论是清代官方话语中的“凶恶光棍”,还是“严打”时期刑法中的“流氓”,都无疑在设立之初就将这类人视为危险分子,甚至是潜在的犯罪分子,司法机关在司法实践中难以保持中立的态度,竭尽全力的为各种犯罪行为寻找罪名,而不是在犯罪构成的基础上分析犯罪行为,为犯罪行为全面客观定性。这种先入为主的立法思路,使得犯罪人失去了国家立法层面的宝贵的宽恕机会,或者说立法者根本没有过这样的考虑,“从严”“从重”“从快”是当时的追求,结果就是司法实践中法律适用的混乱和冤假错案的产生。

当今,在法治化的建设过程中,法律不应当仅是国家的统治手段或镇压工具,而应该是平等地横架于国家和人民之上的“法网”,国家和人民都无例外地受其制约,受其保护。[1] 政策不应该主导刑事司法,而应当服从法律,在法律的框架内起作用。在中国特色社会主义发展的新时代,不断面临新情况,在国家利益与个人利益冲突的情况下,我国立法将如何取舍?这将是对中国立法的挑战,同时也是一次完善发展的机遇。

主编说明

我一向认为,选择研究主题,就像婚姻一样,自由恋爱远胜包办婚姻。刘吉庆选择研究清代“光棍”作为毕业论文研究主题时,我当即同意。在多次交谈中,我发现“光棍”例的立法背景、立法目的、立法逻辑和司法实践,与新中国改革开放初期的“流氓罪”和“严打”存在相似性。与此同时,在作学术综述时,刘吉庆亦发现,近年虽然存在一些“光棍”例的研究,但是将上述两种现象作对比研究的则寥寥无几,单纯分析“光棍”例的研究则已然成熟。为此,我建议刘吉庆的研究若能贯通古今,“化制度之成败为现今之启示”,在学术创新方面或有独到之处。不过,在研究期间,刘吉庆发现收集清代相关案例甚易,收集现代案例与数据则难于上青天。众所周知,法律史领域的研究讲究有一份材料,说一份话,这种情况迫使研究者必须及时调整思路。作为对现代文献收集的部分弥补,我建议刘吉庆重点查阅20

---

〔1〕 杨庆文:《当代中国刑法史研究》,浙江大学人文学院2005年博士学位论文,第152页。

世纪80年代初期国家领导人以及中央政法委、“两高一部”等机构主要负责人的回忆录等出版物，特别是将上述人物涉及“流氓罪”和“严打”的言论、指示均应重点择出。在刘吉庆毕业答辩顺利结束后，我认为论文仍有改进之处，主要问题是讨论稍嫌简单，部分表述不够成熟，现代文献收集不充分，对“流氓罪”的对比研究不深入，因此整体上影响了论文的学术创新程度。这虽然是一篇合格的毕业论文，但不是非常优秀的硕士成果。在繁忙的工作之余，刘吉庆全力以赴，历经大半年时间再次修订，前赴省图书馆查阅文献，最终完成本稿，实属不易。一开始刘吉庆的论文标题为《清朝“光棍”例研究》，鉴于单纯的“光棍”例研究已有不少，后续研究很难超越前辈学者，况且评价学术研究的核心原本就是创新性。思索再三，我最后将论文标题微调为《清朝“光棍例”研究——基于“流氓罪”的比较视角》。此外，一方面定稿文章中仍有一些句子或缺乏主语，或语句过长，或标点有欠缺，或存在一些错别字，交稿前在不触动内容与观点的前提下，我对此作了一些校正，大约有两三百处；另一方面，涉及现代法制对比研究部分，由于众所周知的原因，大量关键性案例与数据无从收集，遗珠之憾，不免叹息！

专题五　清代中期“邪教”案件的惩治*

林志坚

目　次

一、绪论

“邪教”是中国古代长期存在的重大社会问题，历朝历代均对“邪教”予以严厉的打击。就中国古代“邪教”发展的历史和治理“邪教”的经验来看，清代集中国传统治理“邪教”机制之大成，代表着中国古代在治理“邪教”问题上所能达到的最高水平。但令人疑惑的是，清代也是“邪教”问题最为严重的一个朝代。据不完全统计，明代276年间只发生过270起“邪教”案件，

---

* 本文于2013年获得“第一届曾宪义法律史奖学金优秀硕士论文奖”。林志坚，中央民族大学法学硕士，现供职于中国保险业协会。

而清朝267年间所发生的“邪教”案件竟多达492起。[1] 那么究竟什么是“邪教”？为什么集中国古代治理“邪教”经验之大成的清代会出现如此众多的“邪教”犯罪？其惩治“邪教”的立法有哪些，在实践中这些法规又是怎样执行的？惩治“邪教”的表达与实践之间是否存在背离？基于对清代反“邪教”立法和司法实践的诸多疑问，笔者选择以清代中期(1729～1840年)对“邪教”犯罪的治理为研究对象，着重考察相关规定在司法实践中的运用，以期能够解答心中的诸多疑惑。

顺治和康熙两朝由于处于国家的草创阶段，统治者将主要的精力置于国家的统一及战后的休养生息上面，因而对“邪教”采取了较为宽松的政策。雍正帝继位之初沿用康熙朝治理“邪教”的政策，在各地秘密查办“邪教”的过程中他对“邪教”问题有了新的认识，并正试图改变此前对秘密教门的消极应对策略，转而主动进行查禁。[2] 伴随这一政策上的转变，地方各级官员亦闻风而动，开始大力查拿“邪教”。正是基于从中央到地方的一系列政策性的变化，笔者选择以这一时期作为研究的起点。

鸦片战争以降，社会关系日趋复杂，内外矛盾不断的激化，清廷也被迫调整了其处理“邪教”犯罪的政策。清政府还一改对所有“邪教”全部进行打击的政策，选择一些危害性较小、可资利用的“邪教”组织加以扶植，以对抗外来的宗教，如光绪年间对在理教和以八卦教教众为骨干的义和拳的短暂承认与利用。[3] 总体说来，这一时期清廷在打击“邪教”的问题上，无论是指导思想，还是具体措施均有异于此前清廷的一贯做法，具有被动性和多变性的特征；加之这一时期涉及宗教的案件主要是与天主教有关的“洋教案”，这类案件已经超出了传统意义上“邪教”案件的范畴，有些甚至牵扯到政治和外交等因素，故不宜将其纳入本研究的范围之内。基于上述两点原因，笔者将研究的时间下限定在道光二十年(1840年)。为了行文的简练，文中所用的“清代”一词，如果不作特别说明，均指代1729～1840年这一时期，即本文所称“清代中期”。

根据国内学者们对“邪教”的认识，可将其分为前后两个阶段。前一阶

---

〔1〕 参见宋军：《清代弘阳教研究》，社会科学文献出版社2002年版，第2～3页。

〔2〕 参见郑永华：《清代秘密教门治理》，福建人民出版社2003年版，第96页。

〔3〕 相关内容参见孔祥涛、孙先伟：《清代治理民间秘密教门法律政策及措施研究》，载《中国人民公安大学学报》(社会科学版)2007年第1期。

段学者们将“邪教”纳入秘密宗教的范围内加以研究，在他们眼中除儒、释、道等国家承认的正统宗教外，其余一切具有宗教性质或以宗教名义活动的秘密团体均属于“邪教”的范畴，因此在某种程度上秘密宗教成了“邪教”的代名词；后一阶段随着对“邪教”本质认识的不断加深，一些学者将其作为一个独立的问题，强调其所具有的社会危害性，并从越轨行为和社会控制的角度对其进行研究。

前一阶段就研究的视角来看，学者主要从宗教学和社会学的角度对清代秘密宗教加以研究，如马西沙的《清代八卦教》。[1] 除了从宏观角度对清代秘密教门所进行的研究外，还有从个案入手研究某一具体教派的，如孔祥涛、马西沙、韩秉方以及宋军等人。[2] 秦宝琦在《中国地下社会》[3] 中从社会学的视角将秘密教门与秘密会党并称为清代“秘密社会”的两大组成部分。持同样观点的还有蔡少卿和连立昌。[4] 而欧阳恩良更是在对比分析了这两大系统之后，得出了二者形异而神同的本质特征。[5] 此外，民俗学、人类学等新的视角也被引入到研究中，产生了一批具有创新性的成果。[6]

在研究方法上，早期侧重于历史唯物主义的研究方法将“革命”或“农民战争”作为解释一切的根据，“邪教”也就因此成了“农民的宗教”或“起义者的宗教”，这一时期的代表性著作包括《康雍乾时期城乡人民反抗斗争

---

〔1〕 马西沙：《清代八卦教》，中国人民大学出版社1989年版。

〔2〕 孔祥涛：《同光宣时期离卦教研究》，南京大学历史系1997年博士学位论文。马西沙：《江南斋教研究》，载中国人民大学清史研究室编：《清史研究集》(第7辑)，光明日报出版社1990年版。韩秉方：《清代的红阳教》，载中国人民大学清史研究室编：《清史研究集》(第7辑)，光明日报出版社1990年版。宋军：《集市、庙会与红阳教的传播——以嘉庆年间直隶顺天府通州为中心》，载《中国历史文物》1997年第2期；《清代红阳教与乡土社会》，载《清史研究》1997年第2期。

〔3〕 秦宝琦：《中国地下社会》(第1卷：清代前期秘密宗教)，学苑出版社2004年版。

〔4〕 蔡少卿：《中国秘密社会》，浙江人民出版社1989年版；连立昌：《福建秘密社会》，福建人民出版社1989年版。

〔5〕 欧阳恩良：《形异神同——中国秘密社会两大系统比较研究》，贵州人民出版社2004年版。

〔6〕 参见宋军：《清代弘阳教研究》，社会科学文献出版社2002年版，序言；刘平：《文化与叛乱：以清代的秘密社会为视角》，商务印书馆2002年版；参见梁景之：《清代民间宗教与乡土社会》，科学文献出版社2004年版，扉页。

资料》、《清代农民战争史资料选编》和《清中期五省白莲教起义资料》。[1]上述研究仅是史料的简单罗列,并未进行过多的理论分析和深入的研究,其史料价值大于学术价值,为后来的研究起了铺垫作用。近年来,一些学者采用田野调查的方式进行研究。如路遥教授及其课题组花费近十年时间,走遍冀鲁豫等省的70多个县,收集了自清代以来以山东为中心的华北地区许多被藏于民间的邪教经卷抄本和其他重要资料,完成了专著《山东民间秘密教门》。[2]

随着对秘密宗教危害性认识的逐步加深,越来越多的学者主张沿用清代的传统称其为"邪教",并在此基础上进行了卓有见地的研究。王清雅等合著的《中国邪教史》,[3]是第一部以"邪教"为研究主题的专著。赫治清的《清代邪教与清朝政府对策》[4]则是对清代"邪教"所做的专门性研究。还有一批学者针对"邪教"的社会危害性,以法学的视角,用社会控制的理论进行了研究。如郭成伟主编的《中国古代邪教与恐怖犯罪问题研究》,[5]但该书由于"时间跨度大,涉及的史料多,许多研究仅停留在史料整理和历史勾画上,对于某一朝代政府治理'邪教'的法律制度尚缺少细致、深入的梳理与解析"。[6] 与之类似的还有王宏治、武乾、何序哲等人的著作。[7] 郑永华的《清代秘密教门治理》[8]对清代各时期治理"邪教"的

---

〔1〕 中国人民大学清史研究所、中国人民大学档案系中国政治制度史教研室编:《康雍乾时期城乡人民反抗斗争资料》(上、下),中华书局1979年版。中国人民大学历史系、第一历史档案馆编:《清代农民战争史资料选编》,中国人民大学出版社1984年版。中国社会科学院历史研究所清史室、资料室编:《清中期五省白莲教起义资料》,江苏人民出版社1981~1982年版。

〔2〕 路遥:《山东民间秘密教门》,当代中国出版社2000年版。

〔3〕 王清雅等:《中国邪教史》,群众出版社2007年版。

〔4〕 赫治清:《清代邪教与清朝政府对策》,载中国社会科学院历史研究所明清史研究室编:《清史论丛》(2003—2004年号),中国广播电视大学出版社2004年版。

〔5〕 郭成伟主编:《中国古代邪教与恐怖犯罪问题研究》,中国检察出版社2007年版。

〔6〕 周向阳:《清代治理邪教犯罪研究:1644—1840》,中国政法大学2008年博士学位论文,第28页。

〔7〕 王宏治:《中国古代的反邪教立法》,载《政法评论》(2002年卷),中国政法大学出版社2002年版;武乾:《中国古代对巫术邪教的法律惩禁》,载《法学》1999年第9期;何序哲:《简论中国古代法对邪教、巫术的惩戒》,载《辽宁公安司法管理干部学院学报》2001年第3期。

〔8〕 郑永华:《清代秘密教门治理》,福建人民出版社2003年版。

指导性原则和行政措施进行了较为全面的梳理，在一定范围内考察了相关的法律规范，作者对清政府的上述举措并未持完全否定的态度，而是从社会控制论的角度肯定了其中的合理因素。此外，郑永华、田东奎、周向阳等也对清代“邪教”治理进行了专门性研究。[1] 不过上述著作多以整理历代反“邪教”法律规范或勾画清代对“邪教”控制的轨迹为主，而较少通过案例解析的形式对此问题进行司法实践层面上的分析。

近些年来，国内较好地运用清代遗留下来的“邪教”案例进行研究的学者主要有郑永华、周向阳、张佐良。其中郑永华的《清代秘密教门治理》一书主要以年代为纲，根据不同皇帝统治时期对待“邪教”的态度，结合相关年代的案例，分析和总结了清代不同时期惩治“邪教”犯罪的政策和措施。张佐良在《乾隆朝社会动乱及政府对策研究》一文中对乾隆年间的主要社会动乱进行了统计学上的分析，根据其曲线的分布，得出乾隆朝“邪教”犯罪的主要分布特征，并选择了其中较有影响的三个大案进行分析。周向阳的《清代治理邪教犯罪研究：1644—1840》一文是当今这一研究领域比较全面且颇具价值的研究成果，既有对传统法律规定的梳理与解读，也有对司法实践的解析，在前人研究的基础上有所突破。尽管上述从不同角度对清代“邪教”犯罪案例所进行的研究取得了相当的成果，但其所隐含的问题也同样不容忽视。从时间上来讨论，固然可以看出其政策的变化性，但从现有的资料来看，清代惩治“邪教”犯罪政策的转变往往是以某个具体的司法案件为拐点，[2] 而不是完全按照某个皇帝在位的期间来划分的。所以，按照皇帝的年号来划分，有时会造成前后两个时期没有政策性变化，而某段期间却有多次的变化，使阶段的划分缺乏合理性，表达起来较为复杂。以重大案例为中心的研究，最大的问题是重大的“邪教”犯罪案件尽管留下的资料较多，社会影响也较大，且对清代惩治“邪教”犯罪的政策走向有着重大的影响，但是这类案件往往带有相当的特殊性，以此来研究能否得到清代关于此类问题的一般性结论，笔者表示怀疑。周向阳的研究尽管将重点

---

〔1〕 郑永华：《试论雍正初年查禁“邪教”的决策及实施》，载《公安大学学报》1999年第6期；田东奎：《明清律典中的巫术犯罪》，载《唐都学刊》2005年第1期；周向阳：《从邪教惩禁个案看清代司法对立法的矫正》，载《云南行政学院学报》2009年第3期。

〔2〕 如乾隆十一年（1746年）张保太大乘教一案，是清代首次以“谋逆”律来惩处教门案件，标志着清代从严打击“邪教”犯罪案件的开始。

放在了皇权与地方官僚权力的互动上面,但是其对地方官僚的认识似有不妥之处。因为在“邪教”案件中能与皇帝直接对话的只有少数督抚级别的封疆大吏,这些官员大多秉承皇帝的旨意办事,二者之间很少产生冲突,[1]而绝大多数州县级的小官,很难直接得到皇帝的指示,也就不可能直接与皇权产生交锋,而现实中曲解、变通相关法律或上级指示的多是这些基层的官吏。因此,将地方官员“一刀切”,作为与皇帝相对立的部分来进行研究的做法并不科学。

境外学者对此领域的研究要早于大陆学者,且产生了众多有价值的研究成果。日本学者平山周的《中国秘密社会史》被认为是最早对清代“邪教”开展研究的著作。[2] 此外,矢野仁一、泽田瑞穗、酒铃木中正、小林一美、酒井忠夫、野口铁郎、浅井纪、武内房司等人,对白莲教、罗祖教、青莲教、八卦教等清代主要教门的研究也极具价值。由于宋军博士对日本学者关于清代“邪教”研究的状况已有专文论述,[3]故笔者在此就不再赘言了。欧美学者对清代“邪教”的研究始于19世纪,代表性的人物有:杨庆堃、朱德永、凯利、韩书瑞、欧大年诸人。[4]

我国台湾地区对清代“邪教”研究的诸多学者中,以戴玄之和庄吉发二先生为最。戴先生的《中国秘密宗教与秘密会社》一书,由三十余篇学术论文组成,深刻地考察了清代的秘密宗教,对其“邪教”的本质进行了深刻的批评,斥其为“不法邪教”。[5] 庄先生对清代“邪教”的研究成果主要以论文为主。其中既有对清代重要“邪教”组织的考证,[6]又有对清代各时期

---

[1] 尽管孔飞力在其书中着重描述了地方督抚为了隐瞒某些案件的发生或实情,采用种种办法阻碍皇帝获得相关的信息,甚至不惜采用欺骗的手段。但实践中只要实情为皇帝所知悉,并下达了明确的指示,各级督抚无不遵照执行,极少有抗命不遵的情形出现。

[2] 平山氏曾亲自参加龙华会等秘密社会团体,故其研究颇具真实性,史料价值较高。参见林万传:《先天道研究》,台北,天巨书局1986年版,戴玄之序。

[3] 宋军:《日本学者关于清代秘密宗教的研究》,载《清史研究通讯》1989年第1期。

[4] 欧美学者在此领域的研究成果,参见郑永华:《清代秘密教门治理》,福建人民出版社2003年版,第17~18页。

[5] 参见戴玄之:《中国秘密宗教与秘密会社》(上),台北,商务印书馆1990年版,第103页。

[6] 庄吉发:《清代乾隆年间的收元教及其支派》,载台湾《大陆杂志》(第63卷)1981年第4期;《清代嘉庆年间的白莲教及其支派》,载台北《师大历史学报》1980年第8期。

查禁“邪教”对策与经过的评说，[1]更有从社会学角度对“邪教”及相关问题所进行的微观研究。[2] 此外，林万传和郑志明的作品也是台湾地区研究清代“邪教”的重要成果。[3]

二、“邪教”概述

（一）“邪教”与“邪教”犯罪

1.“邪教”的范围

“邪教”在中国古代并没有一个明确的定义。在中文里，“邪教”也就是指不正当的、邪恶的宗教或组织，通常指那些装神弄鬼，聚众结党，旁门左道，危害社会和民众的秘密组织，[4]其概念在本质上具有相对性和可变性。所谓相对性是指“邪”与“正”相对立，因此，“邪教”也就是相对于“正教”而言的。正是这种相对性，导致了其概念上的可变性。因此，很难用一个明确而统一的概念来界定中国古代的“邪教”到底指什么，只能根据不同时空下的情况，具体问题具体分析。

目前学界普遍认为最早见诸史料的有关“邪教”的记载是唐武德四年（621 年）六月二十一日，太史令傅奕上《废省佛僧表》言称：“胡佛邪教，退还天竺。凡是沙门，放归桑梓。”[5]但实际上在清代之前，“邪教”这一名称并未被广泛地使用，人们常用其他称谓来代指与“邪教”有关的行为，如唐及以前惯用“左道”“妖道”“邪门外道”等词，宋人多言“吃菜事魔或事魔妖党”，元及明初则称“左道乱政之术”。“明中叶以后，随着各种名目秘密教门的蜂起及其对明朝封建统治秩序构成的威胁，朝臣上奏时便纷纷用‘邪教’来泛指罗教、黄天教、弘阳教、闻香教等秘密教门。”[6]

---

〔1〕 庄吉发：《清高宗查禁罗教的经过》，载台北《大陆杂志》（第 63 卷）1981 年第 3 期；《清高宗查禁大乘教的原因与经过》，载台湾《食货》（复刊）（第 11 卷）1981 年第 6 期。

〔2〕 庄吉发：《从院藏档案谈清代秘密宗教盛行的原因》，载台北《故宫学术季刊》（第 1 卷）1983 年第 1 期；《清代民间宗教信仰的社会功能》，载台北《故宫学术季刊》（第 18 卷）1985 年第 2 期。

〔3〕 林万传：《先天道研究》，台北，天巨书局 1986 年版；郑志明：《台湾民间宗教论集》，台北，台湾学生书局 1984 年版。

〔4〕 罗伟虹：《关于“邪教”的界定》，载《科学新闻》2006 年第 6 期。

〔5〕 参见（唐）傅奕：《箴傅奕上废省佛僧表》，载（唐）释道宣：《广弘明集》卷 11，线装书局 2000 年版；另见（清）董诰编：《全唐文》卷 133，中华书局 2009 年版。

〔6〕 赫治清：《清代邪教与清朝政府对策》，载中国社会科学院历史研究所明清史研究室编：《清史论丛》（2003—2004 年号），中国广播电视大学出版社 2004 年版，第 125 页。

“邪教”真正作为一个内涵相对固定的概念被普遍使用，始自清代。史载，早在入关前后金政权就已经和“邪教”有过接触了，如崇德七年（1642年）的“善友教”案，[1] 但那时尚未对“邪教”加以定义。顺治三年（1647年），吏部给事中林起龙奏称：“近日风俗大坏，异端蜂起，有白莲、大成、混元、无为等教，种种名色，以烧香礼忏，煽惑人心，因而或起异谋，或从盗贼，直奸民之尤者也……如遇各色教门，即行严捕，处以重罪，以为杜渐防微之计。”[2] 其主张严惩“邪教”。顺治十三年（1656 年）十一月，世祖谕礼部：乃有左道惑众，如无为、白莲、闻香等教名色，邀集结党，夜聚晓散。小者贪图财利，恣为奸淫；大者招纳亡命，阴谋不轨。……今后再有踵行邪教，仍前聚会、烧香、敛钱、号佛等事，著……设法缉拿，穷究奸状，于定律外加等治罪。[3] 这是清朝官方文献中第一次出现“邪教”这一词汇。雍正二年（1724 年）六月，在给江西巡抚的朱批奏折中称：“所谓邪教者，非指世俗异常僧道之流而言也”“大抵妄立名号，诳诱愚民，或巧作幻术，夜聚晓散。此等之人，党类繁多，踪迹诡秘”。[4] 嘉庆皇帝认为：“邪教”只不过是“假烧香治病为名，窃佛经仙篆之语”，与“劝人为善，戒人为恶，辅翼王化”的释教、道教完全不同。[5]

综上所述，清代统治者认为“邪教”是有别于“劝人向善”“辅翼王化”的释、道等正统教派的宗教组织。[6] 在清代，凡是号称白莲、无为、闻香等名色的宗教组织，一概被认定为是“邪教”。但清代“邪教”的名色众多，据学者统计仅档案中有记载的清代秘密宗教组织，其名目就多达 107 种，[7] 而那些湮没在史料之外的“邪教”组织更是不知几何。因此，仅用列举的方

---

〔1〕 本案详情参见喻松青：《明清时代民间的宗教信仰和秘密结社》，载中国人民大学清史研究所编：《清史研究》（第 1 辑），第 118 页。另见郑永华：《清代秘密教门治理》，福建人民出版社 2003 年版，第 59～65 页。

〔2〕 （清）蒋良骐：《东华录》，顺治三年六月丙戌，中华书局 1980 年版。

〔3〕 参见《清实录》（第 3 册），《顺治朝实录》卷一〇四，中华书局 1985 年版。

〔4〕 张书才主编：《雍正朝汉文朱批奏折汇编》（第 3 册），江苏古籍出版社 1991 年版。

〔5〕 参见清仁宗：《邪教说》，载中国社会科学院历史研究所清史室、资料室编：《清中期五省白莲教起义资料》（第 5 册），江苏人民出版社 1981 年版，第 165 页。

〔6〕 在 1840 年之前，天主教、基督教等西来宗教也被归为“邪教”一类，但由于其传自域外，且与我国土生的“邪教”有诸多的不同，后来又通过“条约”获得了合法的地位，情况殊为复杂，故不在本文中加以讨论。

〔7〕 参见刘子扬：《清代秘密宗教档案史料概述》，载《历史档案》1986 年第 3 期。

法，是不足以打击所有“邪教”组织的。于是，清政府又对其行为采取了列举的方式，将具有“妄立名号”“左道惑众”“邀集结党”“夜聚晓散”“窃佛经仙篆之语”“散布妖书妖言”“假神道之名蛊惑人心”“敛钱渔色”，甚至聚众谋反等行为的民间教派或迷信团体也认定为“邪教”。这样双管齐下，保证在最大的范围内打击“邪教”犯罪。

2.“邪教”犯罪

清代的“邪教”犯罪是一种典型的组织型犯罪，其最突出的特征是在“邪教”组织的名义下，从事各种法律所禁止的行为。对于“邪教”组织，笔者认为应该包括秘密教门和迷信团体两类。其中秘密教门是指“以宗教信仰的面貌出现，以师徒传承的方式组成，以对‘无生老母’的崇拜和‘弥勒救世’‘天盘三劫’等信仰作为维系内部联系与团结的纽带。以入教可以消灾获福或避劫免厄来吸引群众，要求徒众茹素食斋，诵经礼佛，表面上与佛教和道教有某些相似之处，因此被人们称为：‘民间宗教’或‘秘密宗教’”。[1] 而迷信团体则主要是指民间因某些祭拜性的民俗活动或巫术类的迷信行为，而临时组织的，没有固定成员和组织结构的团体。其活动方式主要包括迎神赛会、扶鸾祷圣、巫医降神、聚众淫祀等多种形式。

结合清代相关的史料，笔者认为清代“邪教”犯罪主要表现为“邪教”组织的犯罪和与“邪教”组织相关的犯罪两类。前者主要是指“邪教”组织的成员以“邪教”组织的名义或受“邪教”组织的指使，所进行的一系列犯罪活动，如前述的“散布妖书妖言”“假神道之名蛊惑人心”“敛财渔色”等犯罪行为。如果仅有上述各种犯罪行为，而不以“邪教”组织为依托，仅以个体的、非组织性的形式出现，那么就不能简单地认定其为“邪教”犯罪，而可能只是普通的“师巫邪术”“妖书妖言”等类犯罪，或者根本就是民间的一些陋俗。后者主要包括：“兴立邪教等发起、组建邪教组织的行为；加入邪教、习念邪教经卷、参与邪教聚会、供奉图像等传习邪教行为。”[2] 因此，笔者认为，“邪教”犯罪本质上是依托于“邪教”组织，没有明确的范围，有

---

〔1〕 秦宝琦：《中国地下社会》（第1卷：清代前期秘密宗教），学苑出版社2009年版，第1页。

〔2〕 参见周向阳：《清代治理邪教犯罪研究：1644—1840》，中国政法大学2008年博士学位论文，第128页。

别于个人实施的“邪术”类犯罪和民间陋俗的一系列特殊的、有组织的犯罪活动。

(二)“邪教”的类型

1. 基于外部特征的考察

根据清代“邪教”日常的行为模式与正统宗教的相似程度,可以大致将其分为宗教型和迷信型两类。宗教型的“邪教”一般组织比较严密,成员较为固定,有自己的经卷和祭拜偶像,大多要求信徒持斋念经,遵守某种戒律,这些都与正统宗教存在相似之处。但其又不属于正统宗教,这主要是因为:(1)一般来说,正统宗教得到国家的认可,可以公开地自由传播。而“邪教”由于受到国家的打击,所以不能公开传播,只能秘密地进行活动;(2)其所祭拜的偶像,如“无生老母”“飘高老祖”等均非正统宗教所信奉的对象;(3)其所尊奉的经典与正统宗教“劝人向善”“辅翼王化”的主旨不同。“邪教”的经书多宣扬末世论,主要包括“天盘三劫”“白阳世界”“信教可以渡劫”等内容,利用信徒对末世的恐惧和对未来世界的向往来吸纳并控制信徒。迷信型“邪教”主要是指在日常生活中所进行的迎神赛会、聚众吃斋念经以及为治病所进行的巫医降神等迷信行为。这类行为虽然具有一定的宗教属性,但是由于其没有经卷更没有固定而严密的组织,因此只能算作一般性的迷信团体,尚不能称为“教”。但由于其具有聚众性,可能对社会秩序造成潜在的威胁,因此在打击“邪教”扩大化的时期,也将其列为“邪教”加以打击,从广义上讲,其也算是“邪教”的一种表现形式。

2. 基于本质属性的考察

从本质上来看,根据其教义中有无悖逆之词和反抗精神,可将清代“邪教”分为激进型和温和型两类。前者在其教义中表现为对现实统治的不满,其经典中常出现一些具有反抗性的悖逆之词,如乾隆三十七年(1772),相继查获的两本叛逆性“邪书”。一本内称“平胡不出周刘户,进在戊辰己巳年”“也学太公渭水事,一钩周朝八百秋”。[1] 一本内称“走肖木易卯金

〔1〕 参见乾隆三十七年四月十三日上谕,载中国第一历史档案馆编:《乾隆朝上谕档》(第七册),档案出版社1991年版,第50页。

刀”“来争战”“朝廷离幽燕，建康城里排筵宴”。[1] 这类宗教由于其悖逆的本质，最终都会主动或被迫地走向反叛的道路，因此可称其为激进派。而温和派在教义中则没有上述悖逆的话语，“他们自私‘修好’‘行善’，实行三皈五戒，要求温良恭俭让，甚至激励谀颂统治者，宣扬忠君之道，孝悌之礼，提倡‘先有忠孝，后有修行’”。[2] 尽管其在言辞上与统治阶级所宣扬的内容相差无几，但其组织上的聚集性使统治者有理由相信其可能会对政权的稳定构成威胁，因此对其不加区别地加以查禁。

3. 基于设立目的的考察

此前的研究在概念上几乎将“邪教”组织等同于“秘密宗教”组织，因此将“邪教”组织设立的目的归纳为“敛财渔色”和“聚众谋逆”两种类型。但实际上，清代的“邪教”组织除了“秘密宗教”以外，还包括为数众多的“迷信团体”。这类“迷信团体”由民众自发组成，其创立的目的不外乎是祈福、吃斋、行善、念经等活动。此类“邪教”组织与传统人们意识中“邪教”骗钱骗色、图谋不轨的印象相去甚远，可被认为是一种与之并列的“邪教”组织。因此，笔者认为清代的“邪教”组织从设立的目的来看主要可以分为“祈福行善”型、“敛财渔色”型、“聚众谋逆”型三类。从客观角度来看，“祈福行善”型的“邪教”组织与“敛钱渔色”型和“聚众谋逆”型“邪教”组织在自身的规模、组织的严密性以及社会危害性等方面均存在较大的差别，但因其本身荒诞不经的言论所具有的迷惑性，以及其聚众性可能对社会的稳定造成潜在的威胁，因此被统治者不加区别地列入“邪教”组织的范围内，给予严厉的打击。

尽管我们从不同的角度将清代的“邪教”组织划分为不同的类型，但不同类型的“邪教”组织之间并不是孤立存在的，其内部存在一定的逻辑关系。一般而言，“祈福行善”型的“邪教”组织多属于迷信团体，本质上也比较温和，通常不会对社会稳定造成太大的威胁；“敛财渔色”型和“聚众谋逆”型“邪教”组织则多是具有严密组织的“秘密教门”，本质上也较容易走向极端，对社会秩序造成严重的危害。这种分类方法并不是绝对的，在某

---

〔1〕 参见《朱批奏折》，乾隆三十七年五月十九日，山东按察使国泰折，中国第一历史档案馆馆藏。

〔2〕 郑永华：《清代秘密教门治理》，福建人民出版社2003年版，第5页。

些时候不同类型的“邪教”组织间可进行单向的不可逆转的转变。如普通的迷信团体可以随着组织规模的扩大,吸收或借鉴某种教义,演变为具有组织形态的“秘密宗教”。而秘密宗教的教主也可能随着“敛财渔色”行为的深入,野心逐渐膨胀,最后走上叛逆的不归之路。

(三)“邪教”的双重属性

清代认定“邪教”的话语权主要掌握在统治集团和被统治集团认可的正统宗教集团的手中。其认定“邪教”的主要依据为:是否威胁统治集团的利益以及是否和正统宗教的理念相背离。也就是说,清代对“邪教”的判定主要是从政治和宗教两个层面上进行的。至于法律层面,《大清律例》中并未给出明确的判定“邪教”的标准,只是规定了一些惩治“邪教”犯罪行为的措施。因此对“邪教”的认定主要应该从政治和宗教两个方面入手。

从宗教的角度来看,绝大多数“邪教”组织都曾借助过佛道等正统宗教的形式进行传播,如有些教派借用佛教的戒律,要求教徒吃素食斋、焚香诵经、拜佛祈福。还有的教派采取道教的修行方式,要求教众运气打坐,学习辟谷炼丹。但实际上,这种表面上的相似,不能掩盖“邪教”与正统宗教在教义、膜拜对象、传习目的以及受官方认可程度等方面存在的本质性差别。例如正统宗教宣扬惩恶扬善,强调隐忍顺从,与统治者所宣扬的封建礼教内涵上较为一致,而“邪教”经卷中所寄托的对现世和人生的不满,以及其在传教过程中男女混杂、夜聚晓散等行径,则为封建统治者所不容。所以“邪教”作为正统宗教的对立面,为历代统治者所严厉的打击。从政治角度来看,“邪教”组织可能存在聚众颠覆政权的社会危险性。这是因为“秘密教门多源于佛教异端教派,继承了异端教派中的叛逆思想,具有反现存社会秩序,反传统的特点,在历史上多次举行武装反抗斗争,因而被历代统治阶级视同叛逆,受到取缔与镇压”。[1] 在统治集团看来:“民间宗教团体的上供诵经、烧香念佛、做会或建立道场等行为,无论有无政治图谋,都是一种具有潜在危险的聚众行为,构成了危及统治秩序的不安定因素。”[2] 正

[1] 秦宝琦:《中国地下社会》(第1卷:清前期秘密社会卷),学苑出版社2004年版,第11页。

[2] 参见梁景之:《清代民间宗教与乡土社会》,社会科学文献出版社2004年版,第139～141页。

是基于政治上的原因,“邪教”才成为历代王朝重点打击的对象。从清代打击“邪教”的司法实践来看,乾隆朝以前,主要以打击各种“邪术”犯罪为主,绝少提及其对统治秩序的危害;乾隆朝以降,才逐渐加大对其危及统治秩序行径的打击力度。尽管这种变化反映了不同统治者治国策略上的差异,但同时也说明清代统治集团对“邪教”的双重属性都是十分重视的,只是不同时期的侧重点有所差异,二者同等的重要,并非一直以政治性为主。笔者认为,“邪教”中的“邪”反映了其与世俗相异的思想和叛逆精神;“教”则反映了其所具有聚众的团体性特征。宗教性是其外在的表现特征,使其被认定为“邪教”,而政治性则是其内在的本质,使其受到打击,二者互为因果,不分轩轾,同等的重要。

三、清代惩治“邪教”的法律规定

清代惩治“邪教”犯罪的法规主要是在继承明律的基础上发展起来的,顺治三年(1647年)颁布的《大清律》被认为是“明律的翻版”,[1]其中惩治邪教的条款也是直接照抄的明律,只是加以小注予以说明。此后相关的规定随着历次修律,逐步形成了自己的特色。如乾隆十三年(1748年),首创了惩治“倡立邪教”犯罪的专门条款,表明“凡是从事与‘邪教’有关的一切行为,都是犯罪,将受到刑事处罚,这实际上将邪教犯罪化了”。[2] 随后制定的禁止“传习邪教”的条例,表明清代对“邪教”犯罪的打击力度较此前有了大幅度的提升,同时也使清代打击“邪教”犯罪的法律体系更加的系统化与完善化。

前述的“邪教”犯罪的概念表明“邪教”犯罪是一类有组织的犯罪,但其在《大清律例》中并未形成一类罪名,而是分散在《大清律例》的各个章节之中。这主要是因为,清代的“邪教”犯罪是以其组织为基础,以一般的犯罪行为为载体来实现的,因此对其进行惩治的规定也分散在《大清律例》的各个相关的条款中。总体来看,这些规定大致可以分为两类:一是直接针对“邪教”组织,即针对其属性中的政治性(聚众性)特征,对待敢于“倡立邪教”“传习邪教”的行为予以打击;二是针对其属性中的宗教性特征,着重打击其在宗教上的不法行为,如“师巫邪术”和“造妖书妖言”等行为。

---

〔1〕 张晋藩:《中华法制文明的演进》,中国政法大学出版社1999年版,第526页。
〔2〕 周向阳:《清代对邪教犯罪的法律惩禁》,载《求索》2009年第2期。

前者为直接性的打击,后者为间接性的打击。二者相互配合共同构成了清代惩治“邪教”犯罪的法律体系。

(一)直接的法律规定

1. 惩治“倡立邪教”的规定

乾隆十三年(1748 年)新增的惩治“倡立邪教”犯罪的条例,表明清代已经将“邪教”犯罪与其他类型的犯罪进行了区分。清代将“倡立邪教”的行为单独规定为犯罪,并从严惩处,表明其对此类犯罪的重视。同时也体现出“中国古代惩治‘邪教’立法技术的进步,标志着清代治理‘邪教’有了新发展”。[1] 在统治者看来,“倡立邪教,传徒滋事,非叛逆而情同叛逆者也”。[2] 因此规定:“除实犯反逆案内之亲属仍照例缘坐外,其有人本愚妄,或希图诓骗财物,兴立邪教及挟仇编造邪说,煽惑人心,比照反逆定罪之案。”[3]

此条是由乾隆三十四年(1769 年)的定例和四十六年(1781 年)依照上谕,恭纂为例的两条例文合二为一而成。[4] 在统治者看来“倡立邪教”在行为上的聚众性和思想上对现实的不满,与不利于国,谋危社稷,或者不利于君,谋毁宗庙、山陵及宫阙的“谋逆”行为形异而神同,因此将“倡立邪教”的行为比照“谋反大逆”律进行处罚。但二者又在处罚的力度上稍有不同,与不加区别地将罪犯之亲属一概加以缘坐的“谋逆”律相比,“倡立邪教”律中若本犯的祖父母、父母、期亲伯叔等确不知情,则概予省释,不必加以缘坐。这反映了清代对利用“邪教”实施的“反逆”行为与“倡立邪教”的行为在处罚上是有所区别的。嘉庆六年(1801 年),清政府进一步细化了本条规定,对“亲属应缘坐及免其缘坐”[5]的情况重新进行了规定:

---

〔1〕 周向阳:《清代治理邪教犯罪研究:1644—1840 年》,中国政法大学 2008 年博士学位论文,第 86 页。

〔2〕 (清)薛允升:《读例存疑》卷二十五,《刑律一·贼盗上之一·谋反大逆》,胡星桥、邓又天点校,中国公安大学出版社 1994 年版。

〔3〕 《大清律例根原》卷四十,《礼律一·祭祀》,同治十年安徽敷文书局刊印,中国政法大学图书馆馆藏。

〔4〕 参见(清)薛允升:《读例存疑》卷 25,《刑律一·贼盗上之一·谋反大逆》,胡星桥、邓又天点校,中国公安大学出版社 1994 年版。

〔5〕 参见(清)薛允升:《读例存疑》卷 25,《刑律一·贼盗上之一·谋反大逆》,胡星桥、邓又天点校,中国公安大学出版社 1994 年版。

“除实犯反逆及纠众戕官反狱，倡立邪教传徒，惑众滋事案内之亲属，仍照律缘坐外，其有人本愚妄，书词狂悖，或希图诓骗财物，兴立邪教，尚未传徒惑众；及编造邪说，尚未煽惑人心；奸徒怀挟私嫌，将谋逆重情捏造匿名揭帖，冀图诬陷，比照反逆及谋叛定罪之案，正犯照律办理，其家属一概免其缘坐。”[1]

本条规定将“倡立邪教”的行为与“反逆”“纠众戕官”“惑众滋事”等行为并列提出，表明统治者对此类案件的高度重视；同时在处罚的力度上，除了继续强调对于公开或者秘密利用“邪教”组织实犯“反逆”的行为，直接适用“反逆”律的规定外，还进一步细化了“倡立邪教”行为的量刑标准：对于已经产生惑众结果的，由于其存在进一步威胁统治秩序的可能，因此直接适用“反逆”律，对首犯不分主从，皆处以凌迟之刑，其亲属也照例缘坐；而对于那些尚未传徒惑众，或者已传徒惑众，但尚未达到煽惑人心后果的，则要比照“谋逆”律进行处断，主犯仍处以凌迟之刑，但对其家属则一概不予缘坐。

尽管上述规定较此前的条文在内容上更加具体，层次上也更加清晰，反映出清代惩治“邪教”立法水平的进步，但是用词上的模糊性导致了司法实践中对该律的适用存在不确定性，例如律文缺乏对“人本愚妄，书词狂悖”“邪教”“邪说”等概念的准确界定，使实践中缺乏具体的适用标准，因此也就容易出现为了满足某种特殊需要，而刻意对其进行有目的的解释的情况。这种模糊性的立法与清代整体的客观具体主义的立法模式相背离。造成这种背离的原因主要有：(1)清代“邪教”犯罪的表现形式多样，客观具体主义的立法模式无法穷尽所有的犯罪行为，因此在立法中需要尽可能地将具体的犯罪行为加以概括总结，随着用语包容性的增强，其语言的模糊性也就不可避免地增大了；(2)由于“邪教”的宗教属性，导致其思想中多含有离经叛道的成分，而思想内容本身又过于抽象难以用精确的语言加以界定，因此立法中为了回避此种难题，便直接将其比照“反逆”律进行处理；(3)模糊性的法律语言有助于在实践中变通性地加以解释，清代不同时期对待“邪教”的态度有着明显的区别，因此在实践中需要变通性地使用相

---

〔1〕 参见(清)薛允升：《读例存疑》卷25，《刑律一 · 贼盗上之一 · 谋反大逆》，胡星桥、邓又天点校，中国公安大学出版社1994年版。

关律例,而模糊性立法可大可小的覆盖范围,为这一目的的实现提供了有效的帮助。实践中正是通过对这些语言扩大或缩小的解释,调和了相对固定的法律与不断变化的政策之间的矛盾,使清代打击“邪教”的立法发挥了最大功效。总之,尽管惩治“邪教”立法在语言上的模糊性给清代法律制度的确定性带来了一定的影响,但其在司法实践中却又为惩治“邪教”犯罪提供了极大的便利。

2. 惩治“传习邪教”的规定

清政府在“禁止师巫邪术”的条例中,不仅惩治了利用“邪教”组织进行犯罪的行为,还对“传习邪教”的行为作出了专门的规定。这些规定主要包括:

雍正十一年(1733 年)的定例规定:“私习罗教,为首者,照左道异端煽惑人民律拟绞监候。”[1]但乾隆五年(1740 年)修订律例时认为“罗教应该包含在律文所言的一应左道异端之术的范围内,单独列出恐有失简洁”,[2]故此,予以删除。

嘉庆十八年(1813 年),在“禁止师巫邪术”条下,添加了惩治“传习邪教”的专门规定。[3] 因其在立法时未考虑周详,所以,嘉庆二十四年(1819 年)对该条内容进行了修订,对“传习邪教”者予以了区别对待,规定了不同的刑罚措施。该条例将“传习邪教”的行径分为四类,[4]并综合考虑其首从、年龄、是否有悔改表现等因素,加以区别定罪。该条例的制定,较此前的立法更加科学与合理。同时在此次修律时,对“传习邪教”情节较重者加重了处罚,规定“各项邪教案内,应行发遣回城人犯有情节较重者,发往配所,永远枷号”。[5] 自此惩治“传习邪教”的条例才最终定型。

---

〔1〕 (清)吴坛、马建石、杨育棠主编:《大清律例通考校注》,中国政法大学出版社 1992 年版,第 544 页。

〔2〕 参见《大清律例根原》卷四十,《礼律一·祭祀》,同治十年安徽敷文书局刊印,中国政法大学图书馆馆藏。

〔3〕 参见《大清律例根原》卷四十,《礼律一·祭祀》,同治十年安徽敷文书局刊印,中国政法大学图书馆馆藏。

〔4〕 参见《大清律例根原》卷四十,《礼律一·祭祀》,同治十年安徽敷文书局刊印,中国政法大学图书馆馆藏。

〔5〕 参见《大清律例根原》卷四十,《礼律一·祭祀》,同治十年安徽敷文书局刊印,中国政法大学图书馆馆藏。

上述两条是清代独创的惩治“邪教”犯罪的规定，是对此前历代打击“邪教”犯罪规定的进一步发展。其主要是针对清代“邪教”组织所表现出的聚众性和危及统治秩序的可能性。同时我们也发现，清代司法实践中多将此类案件直接按照或比照“谋反大逆”的规定进行惩治，尽管在亲属缘坐方面有些许的区别，但是相对于其他的惩治“邪教”犯罪的规定来说仍然显得过于严厉。这一方面说明，在乾嘉时期，此类犯罪逐渐增多，为了有效地打击这类犯罪行为，不得已进行立法，创立专条予以惩治；另一方面也表明，统治者已经对“邪教”聚众的危险本质有了清晰的认识，所以才不惜设立重法对此类犯罪进行严厉的打击，以维护统治的秩序和社会的安宁。综上所述，这两条规定是清代惩治“邪教”犯罪的重要条款，代表了清代相关立法的最高水平，在实践中对抑制“邪教”犯罪的发展起到了重要的作用。

（二）间接的法律规定

早在清朝建立之初，统治者就已经认识到如果不对民间广泛存在的、大规模的迷信性聚集活动加以控制，而是任由其肆意妄为、发展壮大，以致形成相对固定的团体，则可能会对统治秩序造成威胁。因此对民间有组织的大规模迎神赛会、聚众烧香等活动明令加以禁止。据《大清会典》记载，康熙十八年（1679年）曾有诏令曰：“凡迎神进香，鸣锣击鼓，肆行无忌者，为首之人照邪教惑众律拟绞监后，秋后处决。”[1]此中的“邪教惑众律”，无论是从立法的时间，还是从其所处的绞监后的刑罚来看，均指向的是顺治三年（1646年）律中的“师巫邪术”条，该条具体规定如下：

“凡师巫假降邪神，书符咒水，扶鸾祷圣，自号端公、太保、师婆（名色），及妄称弥勒佛、白莲社、明尊教、白云宗等会，一应左道异端之术，或隐藏图像，烧香集众，夜聚晓散，佯修善事，煽惑人民，为首者，绞（监候）；为从者，各杖一百、流三千里。”[2]

其中尽管没有直接提到“邪教”这一称谓，但是无论是其中的白莲社、明尊教、白云宗等教门名色，还是假降邪神、扶鸾祷圣、书符咒水等行为，都暗合清代统治集团对“邪教”的认识，因此认定其是惩治“邪教”犯罪的规

---

〔1〕 参见《禁止师巫邪术》，载《大清五朝会典》（第2册），《康熙朝会典》（上）卷一一六，线装书局2006年版。

〔2〕《大清律集解附例》，王宏治、李建渝点校，载杨一凡、田涛主编：《中国珍稀法律典籍续编》（第5册），黑龙江人民出版社2002年版，第238页。

定无可厚非。

乾隆年间的河南巡抚何煨奏称："臣伏思善于煽惑而易于聚众，外托其劝人为善，而包藏祸心，一遇水旱灾荒，即乘机滋釁，所以名为邪教，实皆叛逆。臣向来遇有邪教案件，总比照大逆不道办理，不敢照邪教之例完结。"[1]

那么本奏折中何煨所言的"邪教之例"所指为何？从时间上看，该奏折是乾隆三十九年（1774 年）所上，此时关于惩处"邪教"犯罪的规定，除了顺治三年（1646 年）律外，还有乾隆十三年（1748 年）首创的"倡立邪教"例。那么从刑罚上来看，顺治三年（1646 年）律中对"邪教"犯罪一般处以绞监后，而"倡立邪教"条则一般比照"反逆"律，对首犯处以凌迟之刑。所以，很明显地可以发现何煨所言的"邪教之例"是指顺治三年律中的"师巫邪术"律及其下相关诸条。由此可见在清代官员的心目中，"师巫邪术"的相关律例也被认为是惩治"邪教"犯罪的规定。

此外，实践中也有用"造妖书妖言"律惩治"邪教"犯罪的案例，如康熙二十一年（1682 年）二月，楚人朱方旦"诡立邪说，妄言休咎，煽惑愚民，诬罔悖逆"。此案经湖广巡抚审理，最终以"造妖书妖言"律处以"朱方旦斩刑，甘称弟子、刻造邪言之顾齐弘等俱为斩监候"。[2]

综上所述，在清代无论是皇帝还是地方官员，都将"师巫邪术"和"造妖书妖言"律视为打击"邪教"犯罪的规定。但由于其并未直接出现"邪教"这一名称，以及其打击的范围除了"邪教"犯罪，还包括一般人的此种犯罪行为，所以只能认为其是惩治"邪教"犯罪的间接性规定。

1. 禁止"师巫邪术"下的相关规定

禁止"师巫邪术"这一条款，始创于明代，其律文为清代所继承，只是以小注的形式进一步明确了其意思而已。此条内容见前文所述。

其下条例规定为：

"各处官吏军民僧道人等，妄称谙晓扶鸾祷圣、书符咒水，或烧香集徒，夜聚晓散，并捏造经咒邪术，传徒敛钱，一切左道异端，煽惑人民，为从者，

---

〔1〕参见乾隆三十九年十月初三，河南巡抚何煨折，载国立故宫博物院编：《宫中档乾隆朝奏折》（第 37 册），台北，"国立"故宫博物院 1985 年版，第 121～124 页。

〔2〕参见《清实录》（第 5 册），载《康熙朝实录》卷一〇一，中华书局 1985 年版。

改发回城,给大小伯克及力能管束之回子为奴。其称为善友,求讨布施至十人以上者……寺观住持不问来历窝藏、接引、容留、披剃冠簪至十人以上者,俱发近边充军。……至守业良民、讽念佛经,茹素邀福,并无学习邪教,捏造经咒传徒敛钱惑众者,不得滥用此例。”

从制定上看,“此例原为二条,俱系前明《问刑条例》之规定,雍正五年(1727 年)、乾隆三十六年(1771 年)两次修改,经嘉庆六年(1801 年)修并,于嘉庆二十年(1815 年)改定完成”。[1] 从内容上看,本条例是对律文的进一步说明,在原有的书符咒水、扶鸾祷圣、烧香集众等行为的基础上,又增加了称为善友、求讨布施至十人以上等行为,使打击的范围进一步扩大。此外,将为从者的处罚由流三千里,改为发配回城给大小伯克及力能管束之回子为奴,较此前的规定进一步明确且加重,反映了嘉庆年间对“邪教”犯罪打击的严厉。最后,对守业良民、讽念佛经,茹素邀福,并无学习邪教,捏造经咒传徒敛钱惑众等情形,免于适用本条规定。

2. 禁止“妖书妖言”下的相关规定

此处的“妖书妖言”在官方看来是指制造、传播荒诞不经、鄙俚亵慢等异端的思想、言论及文字,假借鬼神之口来表达对现存秩序的不满,借以达到煽动民众的目的。其在形式上大多表现为语言和思想上的离经叛道,与“师巫邪术”等具体危害社会的行为有着明显的不同,具有非暴力性和较强的蛊惑性,传播速度较快,更加容易引起社会的恐慌,因此为历代统治者所重视。

《大清律例·刑律》下的“造妖书妖言”律规定:

“凡造谶纬、妖书、妖言,及传用惑众者,皆斩(监候。被惑人不坐,不及众者,流三千里。合依量情分坐)。若(他人造、传)私有妖书,隐藏不送官者,杖一百、徒三年。”[2]

从律文内容来看,该律的前半部分主要打击两类行为:一是造谶纬、妖书、妖言;二是传用上述妖书妖言惑众。这一规定具体反映到“邪教”犯罪中则表现为:对邪教经卷和口号的制造和传播,因其具有较大的迷惑性,容易产生惑众的效果,因此为历代统治阶级所严厉打击,并对其处以斩监候

---

[1] 参见(清)薛允升:《读例存疑》卷十八,《礼律之一·祭祀》,胡星桥、邓又天点校,中国公安大学出版社 1994 年版。

[2] 《大清律例》卷二十三,《刑律·贼盗上》,田涛、郑奏点校,法律出版社 1999 年版。

的重刑，但若惑不及众，则仅处流刑。本律的后半部分规定了私有和隐藏上述文书的，因其惑众性相对较轻，故处罚要轻得多，仅杖一百，徒三年。可见，此律的关键在于是否达到“惑众”的后果以及是否对上述言论进行过传播。

本律所附各例均是对此律的进一步扩展与补充，其内容较此前更为丰富，在司法实践中的应用也更为广泛。其内容是：

“凡妄布邪言，书写张贴，煽惑人心者，交与步军统领五城、顺天府及大、宛二县不时严拿。为首者，斩立决；为从者，皆斩监候。”[1]

“凡狂妄之徒，因事造言，捏成歌曲，沿街唱和，及以鄙理亵嫚之词刊刻传播者，内外各地方官实时察拿，坐以不应重罪。若系妖言惑众，仍照律科断。”[2]

上述两条规定了“造妖书妖言”的两种不同的类型，前者表现为以书写粘贴的形式传播邪言，即以各种方式传播那些荒诞不经，与统治者所宣扬的封建伦理道德明显相悖的言辞；后者表现为狂妄之徒以歌谣的形式，沿街传唱对某一事件的看法，或者刊印内容鄙俚亵慢的书籍。但二者在处罚的力度上却有所差别：前者处以斩立决，后者则是按律处以斩监候。二者同罪而异罚，多少有点不合情理，因此嘉庆二十二年（1817 年）最终将其合二为一。其内容如下：

“凡妄布邪言，书写张贴，煽惑人心，为首者，斩立决。为从者，皆斩监候。若造谶纬、妖书、妖言，传用惑人，不及众者，改发回城，给大小伯克及力能管束之回子为奴。至狂妄之徒，因事造言，捏成歌曲，沿街唱和，及以鄙理亵嫚之词刊刻传播者，内外各地方官，实时察拿，审非妖言惑众者，坐以不应重罪。”[3]

经此修改后，该例的层次感更为明显，对于书写张贴邪言的，无论是否达到惑众的结果，处以斩立决或斩监候的极刑；而造妖书妖言、谶纬之词，要根据是否已经惑及于众，作出是否发配回城为奴的处罚；最后对于那些

---

〔1〕《大清律例根原》卷五十三，《刑律一·贼盗上》，同治十年安徽敷文书局刊印，中国政法大学图书馆馆藏。

〔2〕《大清律例》卷23，《刑律·贼盗上》，田涛、郑奏点校，法律出版社1999年版。

〔3〕《大清律例根原》卷五十三，《刑律一·贼盗上》，同治十年安徽敷文书局刊印，中国政法大学图书馆馆藏。

行为上有违律例,但实非妖言惑众之徒的,不应判以重罪。这对实践中区分不同的情节,给予不同的处罚发挥了重要的作用。同时新的例文删除了原有的具有地域性特征的“步军统领五城”“顺天府”等内容,说明对“妄布邪言”行为的打击范围已不再局限于京师及其周边地带,而是扩展到全国范围之内。这种由重点打击到普遍、无差别打击的转变,也从侧面表明了清代中期对“邪教”犯罪打击力度的加强。

综上所述,清代通过直接和间接的惩治“邪教”犯罪的规定,构建了一个完整的打击“邪教”犯罪的法律规范体系。其中既有对组织行为的打击,如“倡立邪教”“传习邪教”的相关规定,也有对具体“邪教”犯罪行为的打击,如“师巫邪术”类的规定,更有对思想上违禁行为的打击,如禁止“造妖书妖言”。这些规定表明,清代统治者既重视对“邪教”团体的打击,也不放过任何的“邪教”犯罪行为,更从思想上严禁“传教惑众”的行为。这种从整体到局部,从行为到思想上的严密控制,反映了清代立法技术的“高超”,是中国古代惩治“邪教”犯罪立法的集大成者。同时频繁的立法与修律也表明,清代司法实践中对相关法律的需求。有清一代尤其是清中期,“邪教”案件频发,为了有效地镇压“邪教”犯罪,维护统治秩序,统治者不得已制定了大量的法律规范。正是基于实践中的需求,才使清代打击“邪教”犯罪的立法达到了一个前所未有的高度。

四、惩治“邪教”的司法实践

无论是从时间上来考察清代不同时期惩治“邪教”犯罪的政策,还是对“邪教”犯罪的案例进行解析,抑或将两者结合起来进行研究,其所得出的结论在合理性或普适性上都存在一定的缺陷。笔者认为,无论是打击策略上的变化还是在具体处理案件过程中的异同,均是基于对“邪教”犯罪社会危害性的认知而言的。对其社会危害性的认定,决定了清代统治者打击“邪教”犯罪策略的变化,同时也影响清代地方官员在处理此类案件时,是积极的查拿,还是消极的维稳。社会危害性是“邪教”犯罪作为一种犯罪行为的本质属性,也是对其进行打击的主要原因。因此笔者根据“邪教”犯罪的社会危害性,大致将其分为以下三类:“谋逆”型、“寻常”型和“温和”型。以上三种分类是按照行为的社会危害性和处罚的严厉程度进行划分的,这种分法较此前的研究方法更加简单明了,既可以考察清代对各种不同危害性案件的惩处力度,又可以看出清代官员处理不同类型案件时的态度,有助于我们更加准确地理解清代惩治“邪教”犯罪的司法实践。

(一)“谋逆”型“邪教”犯罪

本类犯罪主要表现在其犯罪的事实中存在“悖逆”的情节,对于此类犯罪历代统治者均十分重视,将其列为“十恶”之首,给予最严厉的打击,清代尤为显著。对于胆敢“谋危社稷,不利于国”或者“谋毁宗庙、山陵及宫阙”之人,《大清律例》规定:无论是首犯还是从犯,已行还是未行,均处以最为残酷的凌迟之刑。并对其亲属及同居之人中的男性,不限已、未析居及年龄十六岁以上无论有无残疾者,皆处以斩刑。而对男性未满十五岁及女性亲属则发给功臣为奴,对于知情故纵和不首者也处以相当严厉的惩罚。[1]

这类行为在犯罪构成上均具有“悖逆”的情节,此处的“悖逆”其实是指“违背正道”的意思,即其行为与统治者所宣扬的或者是希望民众所为的相悖离,其又可细分为以下两种类型:一种表现为具体的“悖逆”行为;另一种则反映了“悖逆”的思想。前者主要表现为与“邪教”有关的大大小小的反抗性事件;后者则更多地表现为传播“悖逆”之词或私造“违禁”之物,这些词物是“邪教”组织“悖逆”思想的外化,是其思想上反抗意识的外露。对于这两种行为,清代统治者均给予最为严厉的打击,只不过前者更多时候是直接引用“谋逆”之律,而后者有时则需要通过比照援引相关的律例才能达到严惩的目的。

1. 有“悖逆”之行的“邪教”犯罪

乾隆十三年(1748 年)正月,福建瓯宁县老官斋教教众因害怕受已被捕的斋明堂堂主陈光耀一案的牵连,谎称“今应弥勒佛下降治世”“弥勒佛要进府城”等词纠集徒众,推举魏现之妻严氏为总教首,起意聚众劫狱,并乘机抢劫富户。[2] 由于事先有人告密,起义在当天就被瓯宁县文武官员带兵镇压了。事后对涉案人员按照其犯罪的情节,分六类进行了惩处,其中“凌迟处死者 2 人,斩立决者 49 人,现正法者 37 名,被乡民打死及自缢、饿死者 12 名,立绞者 6 名,绞候者 1 名,发遣乌剌者 88 名,枷

〔1〕 (清)薛允升:《读例存疑》卷十八,《礼律之一·祭祀》,胡星桥、邓又天点校,中国公安大学出版社 1994 年版。

〔2〕 本案具体情况参见秦宝琦:《中国地下社会》(第 1 卷:清前期秘密社会),学苑出版社 2009 年版,第 166~168 页。

责者95名，缘坐家属19名”。[1]

乾隆五十一年(1786年)闰七月十四日夜，直隶大名府八卦教首领段文经伙同徐克展纠集教众五十余人，打着营救教主刘铨的名义，夜袭官府，杀死大名府道员熊恩绂，并意图乘势劫掠大名、元城二县的囚犯。后因官兵陆续赶到，而未能得逞。[2] 此案情节之恶劣，震动朝野，事后除首犯段文经逃逸外，其余参加起事的教众大多被杀或被捕后处决，就连事先并未知悉此事的八卦教教首刘铨也因此被处以斩刑。

上述两个案件都是“邪教”组织聚众起事的案例，但仔细分析其起事的原因却又有很大的不同。老官斋一案是因为各斋堂的堂主惧怕受到陈光耀一案的牵连，不得已铤而走险起事的，在此之前并未有此打算。如若未受外界刺激，恐怕将会一直保持其原来的状态，不会有“谋逆”的异动。而段文经一案中，其首倡者段文经早就有谋反之念，[3]此次只不过是打着营救教主的名义来满足其自己做皇帝的野心，因此其所领导的叛乱对于清王朝来说才是真正的威胁。本质上说二者并非同一性质的叛乱，尽管其在客观上都具有“谋逆”的行为，但是主观上却可分为被迫与主动两种情形，故此其潜在的社会危害性是不同的，但是清朝统治者却忽视了这个极为重要的问题，将其不加区别地给予了同样的处罚。换言之，清代对这类犯罪的认定主要是以其客观行为为标准的，只要在事实上有谋逆的行为，无论其最初在主观上是否具有“谋逆”的意思表示，均被认为是“谋逆”的大罪。在量刑上，对首犯本人处以凌迟或斩首等最残酷的刑罚，同时使连坐的范围最大化。有时为了达到除恶务尽的目的，甚至不惜曲解律例本身，例如段文经一案中徐克展九岁的儿子徐文仲，按《大清律例》的规定本属“未及年之犯，向例俱发功臣之家为奴”，[4]但实践中却被“施以宫刑，俟满百日

---

[1] 参见乾隆十三年六月初九日，福州将军新柱等折，载《史料旬刊》(第29辑)，蝠池书院出版有限公司2005年版，第652~678页。

[2] 案件经过详见《军机处录副奏折》，乾隆五十一年七月二十六日，直隶总督刘峨折，中国第一历史档案馆馆藏。

[3] 如段文经曾向人宣扬自己是“龟背，有些异象”，暗示自己将来可能临朝称帝。参见《军机处录副奏折》，乾隆五十一年九月十四日，直隶总督刘峨折，中国第一历史档案馆馆藏。

[4] 《大清律例》卷二十三《刑律·贼盗上》，田涛、郑秦点校，法律出版社1999年版。

发往索伦给兵丁为奴”。[1] 这说明在处理此类“邪教”犯罪案件之时，统治者往往会在律例之外加重刑罚，以彰显其对此类案件从严办理的决心。

2. 有“悖逆”词物的“邪教”犯罪

有些“谋逆”型的“邪教”犯罪并未实施起事这种极端的反抗行为，而是在其传习的经卷或使用的器物中存在“悖逆”的成分。无论是“悖逆之极”的言论，还是僭越等级的违禁物品，在清代统治者看来都是不能容忍的，对此他们都给予了严厉的打击。

乾隆十一年(1746 年)，云南大乘教一案中查获的大乘教三个支系所传的“悖逆”之词，如铁船教教首苏君贤声称将要辅佐朱洪生(也称朱牛八)起事，瘟船教教首陈雪峰也妄称：“如今该弥勒佛管天下，皇帝是李开花，将来要做他的军师。”上述言论赤裸裸地反映出“邪教”教首们改朝换代的野心，乾隆皇帝也因此认定该案实为“不法之极”的“谋逆”案件，谕令将教首张晓等七人照“谋逆”律凌迟处死。乾隆二十七年(1762 年)直隶总督方观承在查办孙耀宗传习黄天教一案时，曾查获藏嵌“大王朱相、朱王厚昭、日月天下”等字的三角符三张，又有《先天敕礼》内称“走肖传与朱家，朱家传与木子”等语。兆惠等认为此经符印文“词义隐显不同，而狂悖妖妄实无异致”。[2] 因此照“逆词”案之例，将“秘藏经书于壁间，并借给他人传抄”的碧天寺主持李继印“照大逆律凌迟处死”，抄写经符的曹生泰，实属同恶相济，也被一体凌迟处死，教徒王进贤去碧天寺取经符，知逆不首，“照知情隐藏大逆律拟斩立决”；其余教徒发遣乌鲁木齐为奴，随同吃斋奉经者发往乌鲁木齐种地。[3] 此种悖逆之词还包括前文提到的乾隆三十七年(1772 年)山东清水教一案所查获的无名邪书中所传的：“平明不出刘周户，进在戊辰己巳年”“也学太公渭水事，一钓周朝八百秋”“走肖木易卯金刀来征战”“贼星八牛火焚幽燕”“朝庭离幽燕，建康城里排筵宴”等句。

---

[1] 参见乾隆五十二年四月初二日上谕，载中国第一历史档案馆编：《乾隆朝上谕档》(第 13 册)，档案出版社 1991 年版，第 756～758 页。

[2] 参见《军机处录副奏折》，乾隆二十八年三月二十七日，兆惠等折，中国第一历史档案馆馆藏。本案详情另见秦宝琦：《中国地下社会》(第 1 卷：清前期秘密社会)，学苑出版社 2009 年版，第 79～80 页。

[3] 参见《军机处录副奏折》，乾隆二十八年四月十二日，兆惠等折，中国第一历史档案馆馆藏。

由上述案例可知，此类案件的情节中并无起事等具体的“谋逆”行为，仅存在悖逆之词或是违禁之物。因此，在司法实践中有时为加重刑罚，需要比引而不是直接援引“谋逆”律进行惩处。那么清代为什么会对这种类型的犯罪如此之重视，并比照最为严厉的“谋逆”律处刑呢？笔者以为，主要是其中所蕴含的对社会现实的不满和妄图推翻现政权的意愿。如果说前述的直接适用“谋逆”律的案件，在司法实践中，只注重“谋逆”的客观行为，而不问谋逆的具体原因是什么，那么比照适用“谋逆”律的案件，在司法实践中，则更多地着眼于控制人们的思想。因为无论是悖逆的言辞，还是违禁的物品，大多是建立在对现实的不满和对统治者大不敬的基础之上的，均是人民反抗意识的外在表现形式。这种意识积聚到一定程度便会爆发出来，形成严重的社会骚乱，动摇统治的根基，这也是统治阶级所力图避免的结果。因此，统治者对此类行为极其重视，甚至不惜施以重刑，一旦发现苗头便予以最严厉的打击，以期防患于未然。

综上所述，“谋逆”类“邪教”犯罪的主体为特殊主体，即与“邪教”有关的各色人等；客体是清代政权的稳定性，即统治的秩序。本类行为中无论是具有“反逆”特征的反抗行为，还是私造违禁之物，传播违禁之词，都对清代政权的稳定性造成了潜在的威胁，只不过前者更加明显，后者则比较的隐蔽而已；在主观方面，此类行为都具有故意性，尽管导致其违逆的缘由有所不同，有的可能是蓄谋已久，有的则属于被逼无奈，但都不能抹杀其明知故犯的本意；从客观方面来看，二者都进行了“悖逆”的行为。无论是直接性的反抗性行为，还是隐蔽地将“悖逆”思想外化，在清政府眼中都是极其危险的表现，应该予以严厉的打击。尽管从犯罪构成上来看，二者均属于典型的犯罪行为，但是在实践中对其打击的侧重点又有所不同。前者是以客观行动为标准，忽略犯罪的主观因素，只要有反抗性的行为，便对其进行严厉的打击；后者则是以“谋逆”思想的外在表现形式为标准，对于没有具体的“谋逆”行为，却存在“谋逆”的企图或倾向，并已将这种想法以言辞或违禁之物的形式表现出来的行为，同样予以严厉的打击。这种从行为和思想双重视角对“邪教”犯罪进行打击的手段，一方面表明清代打击“邪教”犯罪的立法技术较此前有了进一步的发展；另一方面在实践中也确实简化了对“邪教”犯罪的认定过程，提高了办案的效率。

（二）“寻常”型“邪教”犯罪

雍正十年（1732 年），赵州隆平县人李思义以治病为名传习“儒理教”（又称“摸摸教”）。该教诈称“该年多灾，若归他的教门，每日三次跪拜太阳，并供奉三代宗亲，即可免灾”。[1] 有教众张茂林等人，每月各出钱若干请李思义“替其上供”，以求免灾。直隶总督刘于义会同藩、臬两司共同审理此案，认定李思义“穷极无赖，借拜太阳，供先祖为名，诱骗钱财入己，虽无他意，但此等风气断不可长”，故援照“称为善友，求讨布施”例将其“发边为民”，其余为从者“分别枷责发落”。[2]

“糍粑教”系安徽南陵县人潘千乘（又名潘茂芳）所创，本名三乘会，因用糍粑供神，又名唤作“糍粑教”。“凡入教者，须向教主交纳‘根基银子’，多寡不限，一般为三五钱不等，视个人财力而定。”[3] 潘千乘死后其子潘玉衡继任教首，继续传教，“糍粑教”在以念经治病为名进行敛财的同时还乘机奸淫妇女。雍正十三年（1735 年），潘玉衡传习“邪教”并奸淫妇女一事案发。据潘玉衡供称：“那些妇女来求治病有钱的送钱，如贫穷无钱的也不拒他，或有不正经的哄诱他成奸，也是有的。”潘玉衡常借男女教众经过一夜念经之后，又饥又困之时，分糍粑给教众食用后，安排其分别于前后两楼歇息。男教徒在前楼，女教徒在后楼。其后楼前后两旁之门均可通往潘玉衡的卧室，潘玉衡常借此便利条件将妇女诱入卧室，进行奸污。[4] 潘玉衡最终被以“私习罗教惑众”及“诈骗钱财”“诱奸妇女，伤风败俗”等罪名当堂杖毙。

嘉庆十三年（1808 年）九月，安徽滁州府全椒县人金悰有接掌无为教（后改称“收圆教”）教主之职，为使人信服，遂命其弟子方荣升、许念祖等人，假借“走阴祷圣”等邪术传教敛财。其在“传习收圆教时，常闭目运气，半晌不言，或另作声音言语，称为天神附体，名曰‘走阴祷圣’，借以

---

〔1〕 郑永华：《清代秘密教门治理》，福建人民出版社 2003 年版，第 101 页。

〔2〕 参见雍正十年润五月初六日，直隶总督刘于义折，载张书才主编：《雍正朝汉文朱批奏折汇编》（第 23 册），江苏古籍出版社 1991 年版。

〔3〕 参见秦宝琦：《中国地下社会》（第 1 卷：清前期秘密社会），学苑出版社 2009 年版，第 128 页。

〔4〕 本案详情参见雍正十三年五月十二日，江南总督赵弘恩折，载张书才主编：《雍正朝汉文朱批奏折汇编》（第 23 册），江苏古籍出版社 1991 年版。

传徒惑众敛钱”。[1] 嘉庆十六年(1811 年),无为教被全椒县查禁,金倧有等人被拿获治罪。经审讯,金倧有、刘元章等人均被以“传习邪教”之罪,发往黑龙江,给索伦、达呼尔为奴。许念祖、方荣生等,各杖一百,徒三年。[2]

尽管“寻常”型的“邪教”犯罪在社会危害性上要比“谋逆”型的“邪教”犯罪小得多,但其所表现出来的犯罪形态上的多样性,却是“谋逆”型“邪教”犯罪所不能比拟的。这是因为“邪教”组织设立的目的各不相同,并非所有的“邪教”组织都是为了“谋逆”而设立的,如乾隆年间,混元教教首王会供称其传教的目的主要是想“借此哄骗银钱,骗人家妇女”。[3] 正是这种多元化的目的,导致其在存续期间所犯的罪行也是多种多样的。上述三个案例中,李思义求财、潘玉衡骗色、金倧有“邪术惑众”,以图诱人入教。前文曾提到过,清代的“邪教”犯罪并非一类罪名,而是分散在《大清律例》的各个章节中,当犯罪行为与“邪教”组织发生联系时,《大清律例》中的很多惩治一般性的、普通人犯罪的律例,可能就会转化成惩治“邪教”犯罪的规定。本文所列的三个案例,单从犯罪情节上来看分别应该属于骗钱、诱奸妇女、师巫邪术,对应着在《大清律例》中应当分别以“欺诈官私取财”、“犯奸”和“禁师巫邪术”来处理。但实践中,这些案件则是按照“称为善友,求讨布施”、“私习罗教惑众”及“诈骗钱财”、“诱奸妇女,伤风败俗”和“传习邪教”等条例来定罪处罚的。可见一般性的犯罪活动一旦与“邪教”组织产生某种关联,转化为“邪教”犯罪,那么其在法律的适用上就会出现一定的变化。现试结合上述案例对其予以简要的分析。

李思义传习“儒理教”一案中,李思义作为教首妄称灾变,创立、传习“邪教”,借以敛财的行为,若抛开“邪教”这一敏感的称谓,其行为与“凡用计诈(伪)欺(瞒)官、私,以取财物”的规定相吻合,对其应处以“计(诈欺之)赃,准窃盗论,免刺”[4] 的刑罚。而窃盗罪则规定:“凡窃盗已行而不得

---

[1] 参见中国第一历史档案馆:《嘉庆二十年安徽收圆教案》(上),载《历史档案》1989 年第 1 期。

[2] 参见《朱批奏折》农民运动类 480 卷 3 号,嘉庆十七年五月十六日,安徽巡抚钱楷折,中国第一历史档案馆馆藏。

[3] 《军机处录副奏折》,乾隆十八年八月十三日,直隶总督方观承折并附件,中国第一历史档案馆馆藏。

[4] (清)薛允升:《读例存疑》卷 30,《刑律之六·贼盗下之一·诈欺官私取财》,胡星桥、邓又天点校,中国公安大学出版社 1994 年版。

财,笞五十,免刺。但得财(不论分赃、不分赃),以一主为重,并赃论罪,得财一百二十两以上者处绞(监候)。"[1]尽管本案的相关史料中并没有提到李思义通过传习"邪教"所敛财物的数目,但是笔者相信,其很难达到一百二十两这一数目,这样最多也就只能依本律对其处以"杖一百,流三千里"的处罚(注:满一百二十两时)。实践中,审理此案的直隶总督刘于义,没有按照"诈欺官私取财"律进行处罚,而是比照"称为善友,求讨布施"例,将其"发边为民",其余为从者"分别枷责发落"。[2] 也就是说,对李思义的处罚较使用"诈欺官私取财"律进行的处罚是加重了的。此外,糍粑教和无为教两案尽管在定罪上符合其犯罪的事实,但是在量刑上均有加重的倾向。糍粑教一案中潘玉衡的行为触犯了"私习罗教惑众"、"诈骗钱财"和"诱奸妇女"等规定。根据《大清律例》的规定:"私习罗教,为首者,照左道异端煽惑人民律,拟绞监候",[3]至于"诈骗钱财"和"诱奸妇女"的行为就更加罪不至死了。但实践中,潘玉衡则被当堂杖毙,无为教一案则是区分了首从,按照不同规定进行处理的。对于教主金悰有依照的是"传习邪教"例发往黑龙江给索伦和达呼尔为奴,而具体实施"走阴祷圣"的方荣升等人,则按照"师巫邪术为从者,各杖一百,流三千里"[4]的规定进行的处罚。表面上看此案是完全按照律例进行处断的,实则不然,嘉庆十八年(1813 年),方荣升又被发遣至安徽灵璧县,[5]而在此期间并无其又犯新罪的记录,可以认为这一改判是对其原有的"师巫邪术"行为的一种追加性的加重处罚。

综上所述,清代在处理这类"寻常"型"邪教"犯罪的司法实践中,并未严格遵守《大清律例》的相关规定,而通常是对其做变通性的使用,以达到更好地打击"邪教"犯罪的目的。这种情况具体表现为:在定罪方面,尽量

---

〔1〕 (清)薛允升:《读例存疑》卷 30,《刑律之六·贼盗下之一·诈欺官私取财》,胡星桥、邓又天点校,中国公安大学出版社 1994 年版。

〔2〕 雍正十年润五月初六日,直隶总督刘于义折,载张书才主编:《雍正朝汉文朱批奏折汇编》(第 23 册),江苏古籍出版社 1991 年版。

〔3〕 (清)吴坛、马建石、杨育棠主编:《大清律例通考校注》,中国政法大学出版社 1992 年版,第 544 页。

〔4〕 (清)薛允升:《读例存疑》卷 18,《礼律之一·祭祀·禁止师巫邪术》,胡星桥、邓又天点校,中国公安大学出版社 1994 年版。

〔5〕 参见秦宝琦:《中国地下社会》(第 1 卷:清前期秘密社会),学苑出版社 2009 年版,第 317 页。

突出这类犯罪的“邪教”属性，用惩治“邪教”的专门性法规进行判决，对那些不能直接适用“邪教”犯罪条例的案件，尽量采用比附类推的方式，将其纳入相关法律适用的范围内；在量刑方面，通过比附类推来改变犯罪行为的性质，将一般犯罪转化成“邪教”犯罪，进而适用处罚较重的“邪教”犯罪条例。对于那些属于“邪教”犯罪，但在量刑上仍显不足的案件，直接加重刑罚。这一系列的变通性做法，尽管给清代司法实践的客观性和公正性带来了破坏，却反映出清代中期在治理“邪教”犯罪问题上从严的态度，统治者妄图采取高压的政策来消灭“邪教”犯罪，以维护其统治的长治久安。

（三）“温和”型“邪教”犯罪

嘉庆十九年（1814 年），山东武城县徐新庄监生徐昕因不愿与习教之姜明合编为保甲，向官府举报姜明传习“邪教”，但县官并未将姜明予以治罪，反倒是令徐昕等将姜明保释。徐昕不服，认为官府有意庇护姜明，遂邀同村之刘文明赴京呈控，途中为步军统领衙门拿获。[1] 据供“所习诵歌词均系劝人行善之语，并非悖逆经咒。依律，姜明当以传教为首绞监候论罪，但最后却以其闻讯后能主动投案自首而罪减一等，杖一百，徒三年完结。”[2]

嘉庆二十三年（1818 年），贵州都匀府人龙燕海，因官府要其出示甘结以证明其所习非是“邪教”，遂起意携带其已故师傅王道林所留之大乘经十二本及康熙朝所颁布的护道榜文进京交换新的护道榜文，以求庇护。后被官府拿获，经提督衙门转送刑部进行审理。[3] 嘉庆皇帝认为：“此案龙燕海等，学习大乘教，已干例禁。复敢进京求换榜文，欲倚恃官为给发，更得传徒敛钱，肆行无忌。该督等拟以枷责，迁徙云南为民，所议过轻。龙燕海、杜一清、袁志礼三犯，著发往回疆。龙幅海、王道才二犯，著发往黑龙江。余俱照所拟完结”。[4]

---

〔1〕 本案详情参见梁景之：《清代民间宗教与乡土社会》，社会科学文献出版社 2004 年版，第 318 页。

〔2〕 参见《军机处录副奏折》，嘉庆十九年三月二十日，英和等折，中国第一历史档案馆馆藏。

〔3〕 参见《军机处录副奏折》，嘉庆二十五年二月十八日，戴均元等折，中国第一历史档案馆馆藏。

〔4〕 参见《清实录》（第 32 册），《嘉庆朝实录》卷三七二，中华书局 1986 年版。

道光十二年(1832年),有直隶民人王庭芳等因传习九莲教被总督琦善所查获。经查"王庭芳因打算外出贸易,经县批准,请河间县兴村瀛西寺僧人洪元来主持其祖上留下的禅林寺。后洪元病故,其徒永云因寺内香火地多,意欲接住,王庭芳以永云并非真修,将永云禀县驱逐,仍回瀛西寺居住。十二年正月间,该府周祖荫路过兴村,进寺向永云询出王庭芳等烧香念经之事,遂委员前往查拿"。[1]

对比分析上述三个案例可知:客观上,其所进行的只是吃斋念佛,劝人行善之类的行为,与此前的谋反大逆或敛财图奸、左道惑众等具有较大社会危害性的行为相比,几乎没有任何的社会危害性;主观上,其并未有"邪教"犯罪所应有的反世俗和反社会的意思表示,当事人本身甚至其所在之地方都不认为其传播的是"邪教",所以才会有龙燕海上京请求护道榜文这样荒唐的举动。对于其司法上的特征,尽管引发其被查处的理由各不相同,但我们还是可以发现其中所具有的某些相似性:首先,地方对此类行为的存在是知晓的,如龙燕海一案,官府让其出具甘结,证明其非是"邪教",而王庭芳一案中,王氏请人代管禅林寺一事,也是得到县里批准的,徐昕一案更是直接告到了官府。其次,这类案件在地方上一般都不被当做"邪教"案件来处理。例如徐昕诉姜明一案,官府不但没有将姜明按"邪教"律治罪,反而叫徐昕等人将其保释,有些甚至还在一定程度上得到庇护,如龙燕海所传习的大乘教,在康熙年间还曾被赋予护道榜文,加以保护。最后,只有事情引起了上级官员的注意才会被查处,例如徐昕案是由步军统领衙门转交山东巡抚同兴审理的,而龙燕海一案,由提督衙门转送刑部审理,最终嘉庆帝还通过谕旨对其量刑进行了修正。

从上述对案例的解析我们可以看出,清代并非所有的"邪教"犯罪都充满着暴力性与反抗性。有些"邪教"组织在行为上与一般的社会习俗并无太大的区别,"它们自私'修好''行善',实行三皈五戒,要求温良恭俭让,甚至极力谀颂统治者,宣扬忠君之道,孝悌之礼,提倡先有忠孝,后有修行"。[2] 这些劝人向善、鼓励忠君、孝悌的话语,与清代官方所颁布的

---

〔1〕 参见《朱批奏折》农民运动类497卷1号,道光十二年八月十八日,琦善折,中国第一历史档案馆馆藏。

〔2〕 郑永华:《清代秘密教门治理》,福建人民出版社2003年版,第5页。

《圣谕广训》中所载的内容几乎如出一辙,但由于其发布的主体在身份上欠缺合法性,因此非但得不到官方的承认反而受到其严厉的打击。这种只准州官放火,不许百姓点灯的行径,反映出清代在言论方面的控制策略:一方面严厉打击对其不利的言论;另一方面垄断对民众教化的话语权,从而达到控制民众思想和言论的目的。此外,我们还发现对于此类案件地方官员经常是睁一只眼、闭一只眼,甚至在某种程度上漠视其存在,并加以庇护。这种情况使人产生一种错觉,认为这些行为不应该属于“邪教”犯罪,但从这种行为的表现形式上来看,其确实符合清代对于“邪教”犯罪的规定,只是地方官员出于各自的考虑而刻意淡化了其“邪教”的性质。一旦这些案件被上级机构发现,马上就会重新对其进行定性。从上述案例来看,新的判决绝大多数是按照“邪教”案件进行处理的。因此,笔者认为这类行为是“邪教”犯罪,而只是在地方上没有按照“邪教”犯罪进行处理罢了。这种不作为的处理方式,并不能抹杀其“邪教”犯罪的属性。

针对州县官员的这种消极的不作为的做法,《大清会典》中规定:“凡邪教惑众,在京行五城御史,在外行督抚,转行文武各地方官,严禁查拿。如不行查禁,督抚等徇庇不参,事发,在内该管官每案罚俸三个月,在外州县官降二级调用,督抚罚俸一年。”[1]但为什么各级地方官员还是敢于冒着被降职、罚俸的危险而宽纵“邪教”犯罪呢?笔者认为,清代法律对“邪教”犯罪打击的扩大化,导致一部分民间司空见惯的习俗被列为打击的对象。而实践中这类案件的数量极大,若是全部予以打击则一方面可能会引起社会的骚动;另一方面地方官员也将不胜其累。对此,清代地方官员多采取“事发之前,敷衍塞责,得过且过,明哲保身;事发之后,则严查根究,竭力拿获,甚至不惜张大其功”[2]的对策。这也就不难解释上述案件中地方官员“不作为”的原因了。

(四)小结

法律如果不能在司法实践中表现出其存在的价值,那么这种法就是一

〔1〕 参见《禁止师巫邪术》,载《大清五朝会典》(第2册),《康熙朝会典》(上)卷一一六,线装书局2006年版。

〔2〕 梁景之:《清代民间宗教与乡土社会》,社会科学文献出版社2004年版,第309页。

种死法或者说是失败的立法。对此笔者认为有必要结合上述案例,对清代中期惩治"邪教"司法实践中《大清律例》使用的情况进行一下简要的分析。

从《大清律例》以及清代中期的一系列诏令来看,这一时期对"邪教"犯罪的打击是极其严厉的。对于"谋逆"型"邪教"案件一般由皇帝亲自督办,地方督抚秉承皇帝的旨意带领各级官员进行严厉的查拿,如若办事不力将会受到严厉的斥责。由于此类案件性质的严重性,实践中多直接援引或比附使用"谋逆"律进行处理,尽管"谋逆"律已经是清代处罚最为严厉的几个罪名之一,但实践中皇帝仍时常寻求法外用刑,人为地加重量刑的幅度,以满足其对"邪教"严厉打击的目的。如前述黄天教一案中,埋葬在碧天寺的已故教首普明被剉尸毁塔,普明掌教二女、外孙女及四世孙李蔚亦同样遭到戮尸之刑。[1] 又如段文经一案中徐克展之子被处以超出法律规定所应受到的刑罚,这些都是实践中法外用刑的实例。而"寻常"型"邪教"犯罪除个别案件会由皇帝作出专门性的批示外,一般由地方督抚办理,并上报刑部结案。这类案件的办理一般会受到那一时期打击"邪教"犯罪政策的影响,地方官员会揣摩皇帝的意思,对"邪教"犯罪采取宽严不同的政策。如在乾隆年间从严惩治"邪教"犯罪之时,两广总督策楞就曾表示"惟有率大小官员,时为留心稽查,以期邪教尽绝,不敢以烧香煽诱人数无多,稍存怠忽之心,为之姑息从事"。[2] 在此种情况下,"寻常"型"邪教"犯罪常常不是按照其具体犯罪行为所对应的《大清律例》中的相关规定进行处罚,而是比照"邪教"犯罪条例从严加以惩治,对于那些符合"邪教"犯罪条例的案件,也常常人为地加重刑罚,以达到从严的目的。由于"温和"型"邪教"犯罪几乎不具备"邪教"犯罪概念中所规定的各种犯罪特征,其本质上更接近于某些民间日常的风俗习惯。对于这类行为清朝历代皇帝都声称要将其区别于"邪教",免于打击。如嘉庆二十年(1815年)律例规定:"至守业良民、讽念佛经,茹素邀福,并无学习邪教,捏造经咒传徒敛钱惑众者,不得滥用此例(注:禁师巫

[1] 参见《军机处录副奏折》,大学士兆惠等折,乾隆朝二十八年四月十六日,中国第一历史档案馆馆藏。

[2] 参见《朱批奏折》,两广总督策楞折,乾隆十三年五月二十七日,中国第一历史档案馆馆藏。

邪术律)。"[1]但实践中,对此类行为进行打击的实例却并不少见。这种情况反映出清代中期在"净绝根株"思想的指导下,打击"邪教"犯罪的扩大化,将许多法律予以保护的行为强制性地划归到"邪教"犯罪的范围内加以打击,体现了立法与司法的矛盾。面对这种矛盾,地方官员基于各种目的,或隐瞒不报,私下处理;或将其转化为普通案件,从轻处理。黄育楩将此种情形描述为:"因无邪教,遂将寺庙经卷概不稽查,如遇告发,又恐被拖累,从宽开释。"[2]如乾隆十八年(1753年)直隶保安州民崔有法等传习无为教一案。按律"地方有此等邪教,该管官既有访闻,即应禀明上司,严行查办",但知州乔淳害怕承担失察之责,姑息养奸,将此案隐瞒不报,只是让他们呈写改过甘结,乃竟自行从轻发落完结。[3] 又如乾隆三十六年(1771年),四川巴县民岑世俊因儿子生病,请端公张俊德、张祖泰降神治病,为官府所获。但此案并未依"禁师巫邪术"律处罚,而是将岑世俊、张祖泰各责三十大板,念及张祖泰年幼,免于责罚,另将三人锁石以示众。[4] 由是观之,清代地方官吏在私下处理此类案件时具有相当的自由裁量权,如若没有上级官员的介入,则《大清律例》中的很多相关规定在基层司法实践中便不能得到有效的适用。

综上所述,从基本依照律例,偶尔法外用刑到揣测圣意比附断案,再到法律虚置,随意断案。清代中期在惩治"邪教"犯罪的司法实践中,《大清律例》的使用程度是逐级递减的。换言之,越是靠近底层,官员的自由裁量权也就越大,相关法律被严格适用的概率也就越低。在清代,皇帝处于权力金字塔的顶端,因此其所关注的案件数量有限,且案件性质多数严重。数量少能够保证其审理有足够的时间,性质严重能够引起其高度的重视,因

---

〔1〕 (清)薛允升:《读例存疑》卷18,《礼律之一·祭祀·禁止师巫邪术》,胡星桥、邓又天点校,中国公安大学出版社1994年版。参见《军机处录副奏折》,大学士兆惠等折,乾隆朝二十八年四月十六日,中国第一历史档案馆馆藏。参见《朱批奏折》,两广总督策楞折,乾隆十三年五月二十七日,中国第一历史档案馆馆藏。(清)薛允升:《读例存疑》卷18,《礼律之一·祭祀·禁止师巫邪术》,胡星桥、邓又天点校,中国公安大学出版社1994年版。

〔2〕 (清)黄育楩:《破邪详辩》,载中国社会科学院历史研究所清史研究室编:《清史资料》(第3辑),中华书局1982年版,第125页。

〔3〕 参见乾隆十八年四月十三日上谕,载中国第一历史档案馆编:《乾隆朝上谕档》(第2册),档案出版社1991年版。

〔4〕 四川省档案馆编:《清代巴县档案汇编》,档案出版社1991年版,第238~239页。

此这类案件的处理常会在皇帝的干涉下在定罪方面趋向于遵从律例之规定，而在量刑方面则根据皇帝的喜怒，任意加重或减轻刑罚的尺度，甚至存在法外用刑的情况。反之，地方官员由于面对的案件性质较轻，且数量庞大，无论是从精力还是关注度上都无法保证。而且州县一级的地方官员更加喜欢使用“怀柔”的办法，而不是强硬的手腕来处理此类案件。不求有功但求无过的思维模式，使其将维护地方的稳定作为第一要务，只要事情不闹大，不引起上级的关注，那么大事是可以化了的，因此在司法实践中法律常被虚置，断案也具有很大的随意性。夹杂在二者之间的督抚级大员，一方面要维护地方稳定，不想在地方查拿过紧，怕引起恐慌，激起民变；另一方面，又要时刻提防皇帝的斥责。因此其在处理案件过程中，不得不揣测皇帝的意思，尽量与皇帝的态度保持一致，这样才会在某些司法实践中比照使用相关律例，加重刑罚，以迎合最高统治者从严惩治的政策。

五、清代惩治“邪教”的效果与影响

通过对清代立法和司法实践的分析，我们可以发现尽管在清代中期惩治“邪教”犯罪的立法已经相当的完善了，但在法律适用的过程中仍然存在各种各样的问题。这些问题的存在使清代各级官员在司法实践中不得不根据具体的情况选择不同的方式来处理“邪教”犯罪问题。这一时期惩治“邪教”的司法实践体现出立法严谨、司法扩大化以及定罪量刑严酷等方面的特征。那么清代中期的这一系列措施究竟在打击“邪教”犯罪的实践中收到了怎样的效果？或言之在如此严厉的打击下清代的“邪教”组织发生了哪些变化？笔者认为应该从以下两个方面对这一问题加以分析。

清代中期严厉打击“邪教”的政策，使各级官员在查拿“邪教”的过程中采用各种残暴的手段迫害“邪教”组织的成员，甚至以查拿“邪教”为名大肆敲诈勒索，诬陷良民。在此种情况下，一些原本不具备反抗思想的“邪教”在官府的逐渐逼迫下，不得已铤而走险，以最激烈的方式回应清政府的打击。但同时我们也要注意到并非所有的“邪教”组织都愿意或有能力采取激进的方式反抗清政府的迫害，绝大多数“邪教”组织更愿意采取变通的方式来应对清政府的打击。它们通过对自身作出某些调整，以暂时躲避清政府的打击，具体的做法可以概括为消极和积极两种方式。消极方式主要是指表面上的改变，即通过改变自身的名称、传教的方式，或暂时消声匿迹、转入地下活动等手段，力图减少官方的注意，以继续其不法的活动；积极方式主要是指本质上的调整，即通过一系列的改革，使其组织本身脱离“邪教”的范围，减少其本身的宗教属性，突出其组织上的严密性。这类“邪教”组织最终在清末民初之际彻底地蜕变成为帮派、会道门一类的秘密社团。

（一）官逼民反，被迫起事

清代中期，尤其是乾嘉两朝对“邪教”的严厉打击，并未使“邪教”销声匿迹，相反一些教派铤而走险，直接发动起事，以最激烈的手段来回应清政府的打击。诚如马西沙先生所说：“清代进入乾隆一朝，民间宗教如火如荼，遍及全国，引起当局的恐慌，遂不择手段，对一切教派都采取杀戮流徒的政策，致使有些本来不具有反抗思想的教派，也加入了对抗当局的行列。许多教派一闻当局拿剿，便先发制人，杀官劫狱，以免引首就戮。”〔1〕据乾隆末年川陕楚白莲教大起义首领之一的刘之协供称：“因各州县查拿邪教紧急，我同姚之富、齐王氏商量：‘若不造反，也站不住了’。因此约定辰年辰月辰日辰时（嘉庆元年三月初十），所有入教之人一齐起事。”〔2〕从现有的史料来看，此种情况在清代中期十分的常见。如嘉庆年间，四川长寿县黄和尚等人称入会诵经可消灾免劫，倡立糍粑会。此举为一贡生查知，欲赴县禀究。黄和尚等人遂先发制人，率众焚抢贡生家，并向县城进发，沿途焚掠。〔3〕又如前述乾隆年间，福建瓯宁县老官斋起义，也是由于诸教众害怕受被捕的堂主陈光耀一案之牵连，仓促决定起事，最终被残酷镇压。

这种不区分具体情况，而对所有的“邪教”组织进行无差别打击的行为使得相当数量的本不具有反抗意识的“邪教”组织出于自保的目的，走上了与朝廷对抗的道路，这不得不说是清代打击“邪教”策略上的一种失误。对于此种失误清朝统治者并未给予及时的纠正；相反，伴随武装起事而来的往往是新一轮的、更加严酷的查禁，官员们为了弥补此前失察的过失、迎合皇帝的喜怒，竭尽所能疯狂地打击“邪教”组织和“邪教”犯罪。他们宁愿从严处理，制造冤案，也不愿一不小心丢掉自己的顶上乌纱甚至是项上人

〔1〕 马西沙、韩秉方：《中国民间宗教史》，上海人民出版社1992年版，第1038页。

〔2〕 参见《刘之协供词》，载中国社会科学院历史研究所清史室、资料室编：《清中期五省白莲教起义资料》（第5册），江苏古籍出版社1982年版，第104页。

〔3〕 参见《朱批奏折》，嘉庆十二年十月十九日，勒保折，中国第一历史档案馆馆藏。

头。这种思想逐级下传,以致州县官员在办案过程中"辗转扳引,越拿越多",[1]在审理时滥用酷刑,逼取口供。少数官员借机勒索无度,大发横财。甚至在办案过程中出现了"不论习教不习教,只论给钱不给钱"[2]这种无耻的说辞。例如,嘉庆元年(1796年),湖北襄阳县县令给予"匪棍"李奎、刘相、刘大刀顶戴令旗,命他们与捐职理问刘滋、牌甲刘二贼等人,沿乡托名查拿"邪教",实则"籍此勒索,贿赂即为良民,无钱财即为教匪,混行擅杀,抄掳家财,作践妇女"。[3] 乾隆六十年(1795年),武昌府知府常丹葵,奉命前往宜都县查拿"邪教",其到宜都后大肆进行抓捕,以致"凡衙署寺庙,关锁全满"。据御史谷际岐奏称:常氏在查案过程中,"吓诈富家无算,赤贫者按名取结,纳钱释放。少得供据,立与惨刑,至以铁钉钉人壁上,或铁锤排击多人。情介疑似,则解省城,每船载一二百人,饥寒就毙,浮尸于江。殁狱中者,亦无棺殓"。[4] 此案也被认为是"官逼民反最先最甚者"之典型。

清中期统治者在惩治策略上的失误,使清代中期对"邪教"的打击陷入了越剿越多,越剿越乱的怪圈。以罗教和弘阳教为例,据统计,"嘉庆元年(1796年)至嘉庆十八年(1813年)天理教起义之间,所发生的教案,罗教案1起,弘阳教没有;但天理教起义后至道光十五年(1835年)之间,有记载的罗教案共23起,弘阳教案22起"。[5] 上述数据表明,嘉庆十八年(1813年)癸酉之变后,清廷对"邪教"重新采取的高压态势,并未能够对"邪教"产生足够的震慑作用,反倒使这一时期"邪教"案件的数量激增。正是由于统治者对"邪教"的错误认识和地方官员过于贪暴的举动,导致了清代中期"邪教"犯罪问题越发严重,反抗事件频繁发生。清政府也因此陷入了"打击——叛乱——更严厉的打击——更激烈的叛乱"这一怪圈不能自拔。

---

〔1〕 参见《张正朝供词》,载中国社会科学院历史研究所清史室、资料室编:《清中期五省白莲教起义资料》(第5册),江苏古籍出版社1982年版,第62页。

〔2〕 《清实录》(第28册),《嘉庆朝实录》卷七十二,中华书局1986年版。

〔3〕 参见《李潮供词》,载中国社会科学院历史研究所清史室、资料室编:《清中期五省白莲教起义资料》(第5册),江苏古籍出版社1982年版,第62页。

〔4〕 参见赵尔巽撰:《清史稿》卷二五六,列传一四三,《谷际岐传》,中华书局1986年版。

〔5〕 参见马西沙、韩秉方:《中国民间宗教史》,上海人民出版社1992年版,第392~405、538~548页。

(二)避其锋芒,主动变通

1. 表面上的调整

清代绝大多数“邪教”组织政治上的野心并不大,除了个别明显的以推翻现政权为宗旨的教派以及被逼无奈不得已举行起事的教门外,绝大多数“邪教”组织立教的目的主要还在于敛财和渔色。对于清政府的打击,只要不将其逼到走投无路的境地,便不会采取极端的反抗行动。大多数“邪教”迫于清政府的淫威,选择了暂时的沉寂,以便逃避官府的查拿,但传教的巨大好处最终还是会引诱其重新走上传教的道路。与此同时为了分散清政府的注意力,以减少复教过程中所面临的风险,其往往采取更隐蔽的方式进行传教,其中最常采用的一种方式便是更换教派的名称。例如直隶滦州石佛口王氏家族所传习的大乘教,便因屡被清政府查禁,多次更换过教名。“雍正年间因其所传习之大乘教衰败,难以继续用该教名传徒,遂改为清净无为教,该教以清茶供佛因此又被称为清茶会……后又因其所传清净无为教无人信从,其教首王亨恭遂于乾隆二十九年(1764年)九月自称‘弥勒佛转世’,又将教名改为白阳斋教,但外界仍称其为清茶会。”[1]又如道光元年(1820年)创立的明天教,便是由白阳教改为八卦教,后又因八卦教屡次犯案,而最终更名为明天教的。这种频繁更换教名的行为,一方面,诱骗了更多无知的群众加入其“邪教”组织,成为其敛财渔色的牺牲品;另一方面,降低了其被官府注意的可能性。正是基于此种方法,某些传教家族得以逃脱历次的严厉打击,绵延传续近百年之久。

与此同时,清代“邪教”在向外传播的过程中也逐渐与其他的教派进行融合,发展出新的“邪教”组织,不断完善自己的教义和组织形式,以便更好地争取信徒,对抗清政府的打击。例如,乾隆年间流传于浙江的姚门教,在进入江西后融入了来自北方的黄天教支派——圆顿教与罗教系统中的大乘教,改称“大乘教”。后该教被清政府查获,教首何若被发配到贵州龙里后又将此教传给当地人袁志谦等,后来袁志谦的弟子在四川华阳(今双流)将该教进一步发展为青莲教。[2]

---

〔1〕 参见谭松林主编:《中国秘密社会》(第3卷:清代教门),福建人民出版社2002年版,第146页。

〔2〕 秦宝琦:《中国地下社会》(第1卷:清代前期秘密宗教),学苑出版社2009年版,第340页。

综上所述,清代的“邪教”组织在逃避打击的过程中,通过不断地改变教派名称,以及在传播过程中借鉴和吸收其他教派的内容,使自己的组织形式不断地完善。此种做法一方面使其暂时避开了官府的查拿,避免了被剿灭的命运;另一方面则是利用新的教名引诱和欺骗更多的信徒加入其“邪教”组织,以继续达成其骗钱骗色的目的。

2. 性质上的转变

还有一部分“邪教”组织在屡次遭受严重的打击之后,元气大伤,既无力组织起事这样大规模的反抗,也不愿更改教名,重新开始复教和传教活动。于是它们逐步放弃了原有的宗教上的传承,突出地利用其尚存的组织体系和残余的教众,试图从本质上改变其“邪教”的属性,从而跳出清政府划定的打击范围,获得新的生存空间。这一类的转变又因其蜕变程度的不同而分为两类:一是几乎完全抛弃其宗教属性,不断完善其组织性和等级性,并由此产生了新的帮会性质的组织形态;二是在部分保留原有宗教属性的基础上,借助其原有的组织规模,形成了近代社会颇具影响的会道门组织。尽管二者都脱胎于清代的“邪教”组织,但其在本质上还是存在明显差异的,帮会组织很大程度上继承了“邪教”中“教”的成分,强调组织性和等级性,而会道门组织则继承了“邪教”中“邪”的大部分成分,疯狂地采用迷信和欺骗的手段以达到其不可告人的目的。

(1)由“邪教”到帮会组织

自明代中期以来,罗教的一个支派活跃在运河沿岸,该派以运河及周边水域为依托,以漕运水手为主要信徒,先后在江浙流域建立起大小七十二处庵堂,形成了不同于正统罗教的一个独立的宗教派系。随着罗教教众的增加,新的庵堂不断被兴建,加之“不断发生在水手间的打架,斗殴以及大量的走私、贩私事件,自然的引起了清朝政府的关注”。[1] 为了保证漕运大动脉的安全,以及打击罗教这一“邪教”组织,雍正五年(1727 年)十月,谕令浙江巡抚李卫对杭州一带的大小罗教庵堂进行彻底的查处,此次查禁共“拆毁了 40 余所,剩下的 30 余所,改称‘公所’,作为船帮水手栖息

---

〔1〕 参见谭松林主编:《中国秘密社会》(第 3 卷:清代教门),福建人民出版社 2002 年版,第 96 页。

之所,并派兵巡查,各处留心查禁,约束森严,不准再信奉罗教”。[1] 乾隆三十三年(1768 年)更是将“所有庵堂,拟概行拆毁,毋得仍前存留,复贻后患”。[2] 雍、乾两朝严厉的打击,迫使罗教经堂从陆地转移到了粮船上,这种设有经堂,被称作“老船堂”的粮船,成为罗教新的活动中心。[3] 上述的查禁行为在保障了清代漕运安全的同时,客观上也推动了这一教派向帮会组织的转化。从乾隆中期到道光初年,“罗教逐步经历了由‘邪教’组织向水手行帮、会社再向青帮的蜕变过程,其原有的宗教教义和仪式被青帮的帮规、暗语、秘籍所取代;罗教的庵堂、行帮的‘老堂船’则演变成了青帮的香堂和老窝子,成为贩私、劫掳和各类犯罪活动的据点”。[4]

清政府对于这种积极的变化表示认可,称水手帮会“别无夜聚晓散、煽惑民人及悖逆不法、师巫邪术之事,与别项教匪之供奉飘高老祖,颂称真空家乡,无生父母”者不同。[5] 并着重指出“盖此辈有利则趋,问拿则散,亦无拒撼者,非如教匪之沉溺邪经至死而不悟者”。[6] 正是这种脱离“邪教”属性的转变使清政府对新兴的帮会组织采取的是容忍甚至是欣赏的态度,减少了对其打击的力度,使其得以继续传承和发展下去。

(2)由“邪教”到会道门

还有些“邪教”在性质转化的过程中,并未完全抛弃其宗教属性,反而对其加以改革与利用,使之成为其疯狂敛财的工具,这部分的“邪教”组织经过不断的发展,终于在清末逐渐蜕变成为对后世影响极大的会道门组织。尽管近代的会道门组织大多产生于清末民初之际,但其渊源却大多可

---

〔1〕 郑永华:《清代秘密教门治理》,福建人民出版社 2003 年版,第 115～116 页。

〔2〕 参见乾隆三十三年九月十七日上谕,载中国第一历史档案馆编:《乾隆朝上谕档》(第 5 册),档案出版社 1991 年版,第 509～514 页。

〔3〕 参见秦宝琦:《中国地下社会》(第 1 卷:清代前期秘密宗教),学苑出版社 2009 年版,第 51 页。

〔4〕 参见马西沙、韩秉方:《中国民间宗教史》(上册),社会科学出版社 2004 年版,第 189 页。

〔5〕 参见永德折、崔应阶折,载《史料旬刊》(第 12 期),蝠池书院出版有限公司 2005 年版。另见《军机处录副奏折》,道光五年七月二十四日,江苏巡抚陶澍折。中国第一历史档案馆馆藏。

〔6〕 参见永德折、崔应阶折,载《史料旬刊》(第 12 期),蝠池书院出版有限公司 2005 年版。另见《军机处录副奏折》,道光五年七月二十四日,江苏巡抚陶澍折。中国第一历史档案馆馆藏。

以追溯到清代的某一“邪教”组织。例如道光年间，广泛活跃在川楚贵等省的青莲教，就在清政府的严厉打击之下，逐渐的分裂演变为一贯道、先天道、普度道、同善社、归根道等近现代史上重要的会道门组织。[1] 近代的会道门继承了清代“邪教”组织的绝大部分特征，如政治上采取“封官许愿等诱惑道徒，伺机造反，攫取政权”；思想上散布“三期末劫”的恐怖思想，强迫教徒“立愿”“忏悔”，对教徒进行精神上的控制；经济上以“度大仙”“功德费”“开荒费”等名目繁多的“施善”，征收硬派，使许多道徒倾家荡产、家破人亡。[2] 由此可见，近现代的会道门组织本质上是脱胎于清代的“邪教”组织，只不过其抛弃了原有的“持斋念佛、劝人向善”等积极的宗教因素，而在一定的程度上继承了其“邪”的一面，其通过迷信、暴力等卑劣的手段，以达到欺骗信众、残害百姓等不法的目的。

综上所述，面对清代中期严厉打击“邪教”的政策，不同的“邪教”组织采取了不同的应对方式。有的采取起事这种激烈的方式进行反抗；有的采取更改教名或与其他教派重组的方式，改头换面继续传播；有的则选择变更自己的“邪教”本质，通过性质的改变来跳出清政府所设定的打击范围。无论是上述哪种结果，都未能达到清政府所预想的消灭“邪教”、维护社会稳定的目的。无论是起事、改头换面继续传播还是转化为帮派或会道门组织，清代的“邪教”依旧以各种各样的方式对清代社会的稳定构成种种威胁，只是危害的程度和表现的手段不同而已。因此，笔者认为清代中期对“邪教”采取的高压态势并未能取得其应有的效果，尽管其在立法内容和司法过程方面存在不少可取之处，但其所取得的社会实际效果无疑是令人失望的。

六、清代惩治“邪教”的评价及启示

（一）清代惩治“邪教”的评价

1. 对立法的评价

通过不断总结和反思历代反“邪教”的经验和教训，清代惩治“邪教”的立法无论是从技术还是从内容上都较此前有了明显的进步。一方面首

---

〔1〕 参见秦宝琦：《中国地下社会》（第1卷：清代前期秘密宗教），学苑出版社2009年版，第346页。

〔2〕 参见赵嘉朱：《综论会道门的流传演变与活动特点》，载《贵州文史丛刊》2005年第3期。

次在正式的法典中引入了“邪教”这一概念,制定了“创立邪教”和“传习邪教”两条新的规定。此种做法表明在清代“邪教”已经从一个单纯的政治或者宗教上的概念,转变为一个法律上的概念,标志着中国古代针对“邪教”犯罪的立法迈入了一个新的阶段;另一方面结合打击“邪教”犯罪过程中所出现的新问题,对已有的“师巫邪术”和“妖书妖言”等规定不断地做出调整,通过不断创立新例以及删修旧例,进一步扩大了打击的范围,除对真正的“邪教”犯罪予以严厉的打击外,对于迎神赛会、聚众淫祀等民间活动,也加以限制或禁止,并对其核心的成员加以处罚。此外,对很多原有的规定进行了细化,明确了教首、骨干成员和一般参与者之间的不同,区分了已行、未行,惑众或尚未惑众等情形,并在司法实践中予以区别对待。同时明确了各级官员在打击“邪教”过程中所承担的职责以及违反职责所应受到的处罚,客观上也起到了督促各级官员认真办理“邪教”案件的作用。

尽管清代惩治“邪教”的立法较此前有了较大的进步,但其仍然存在一定的缺陷,影响其在司法实践中的应用。这些缺陷主要表现为:(1)概念的模糊。对什么是“邪教”清代的立法缺乏严格的界定,仅是从组织名称和行为方式等方面以列举的方式概括性地描述了“邪教”的特征,并指出凡是符合这种特征的秘密宗教或迷信团体就是“邪教”,就应该被列入到打击的范围内。这种模糊性的定义未能将“邪教”与正统宗教、民间习俗以及个体的“师巫邪术”等行为加以严格区分,造成了实践中缺乏对“邪教”认定的客观标准,因此只能靠各级司法官员个人的经验来加以认定。这种主观主义的判案方式,容易导致实践中对“邪教”打击范围的扩大化,进而使法的客观性和公正性受到严重的破坏。正是由于拥有较大的自由裁量权,使各级官吏有机会上下其手从中谋取私利,甚至为达到某种目的而不惜炮制冤假错案。(2)政策凌驾于法律之上。清代社会是一个典型的皇权社会,皇帝处于权力金字塔的最顶端,享有高于一切的权力,其中就包括对司法的最终裁量权,因此皇帝对于“邪教”的态度也就成了超越法律的最高指示。因此,实践中法律常被虚置,皇帝的指示取代成文的法律规定成为处理“邪教”犯罪的通行准则,各级官员为了迎合皇帝的态度,曲解甚至错误地使用相关的法律规定。此外,由于皇帝对“邪教”的聚众性可能给其江山社稷带来的威胁感到恐惧,导致其对“邪教”犯罪采取了除恶务尽的态度。在这种思想的指导下，清代在相关的立法过程中对待“邪教”的处理往往偏重，超出了其行为本身所应受到的惩罚的尺度，使法律本身的公正性大打折扣。法律的稳定性在实践中屈服于皇帝意志的随意性与多变性，人治取代法治在惩治“邪教”的活动中发挥了主导的作用，这不得不说是清代打击“邪教”犯罪立法中的一大弊端。

综上所述，清代惩治“邪教”的立法水平尽管较此前有了长足的进步，但是由于其基本概念的不清以及实践中皇帝的主观意志凌驾于客观的法律法规之上，使实际的立法成果在司法实践中未能发挥预期的作用。这种情况一方面表现在缺乏统一的定罪标准，地方官员自由的裁量，容易导致打击范围的扩大化，牵连无辜；另一方面量刑标准缺乏统一性，相似情节的案件在不同的时期，可能由于政策的不同而受到不同的刑罚。这种受政策牵引的量刑标准，在实践中造成了大量同罪不同罚的现象，违背了形式正义的基本要求。

2. 对司法的评价

(1)定罪上的变通性

尽管《大清律例》中有专门的“断罪引律”令，并规定了违反此条的相应处罚，但在清代打击“邪教”的司法实践中仍存在有法不依的现象。这种现象通常表现为中央刑部或者地方督抚一级的官员在处理“邪教”案件时，往往受到来自皇帝的压力，在判决过程中通常会选择适用量刑较重的法律规定，以迎合皇帝的意志；而地方州县一级的官员，在实践中面对为数众多的介于民间习俗和“邪教”犯罪之间的案件，充分地利用了立法语言模糊所带来的自由裁量权，大多数情况下本着维护地方稳定的目地，采取冷处理的方式，对这类社会危害性不大的案件从轻处理以防激起民变，从而影响其政治上的前途。但有时情况则刚好相反，为了迎合某一时期从严的打击政策或者借此达某种利己的目地，地方官员在审判过程中往往曲解律意，加重刑罚。无论是加重还是减轻，清代官员对“邪教”案件的认定，相对于严格的依法断罪来说缺少必要的确定性。在司法过程中地方官员们更喜欢根据具体的情况变通性地适用法律，以达到使判决结果对自身利益或社会秩序最为有利的目的。

(2)量刑上的严酷性

清代承袭了明代“重典治国”的精神，法律整体上趋于严厉，惩治“邪教”犯罪方面的规定尤为如此。尽管历代统治者一再强调治理“邪教”应该将事前预防与事后惩治相结合，但在实践过程中，仍然过分倚重刑罚，妄图用严刑竣罚来遏制“邪教”犯罪的蔓延。在刑罚的种类上，除了传统的五刑外，还单独或者附加使用刺字、枷号等附加刑，如对“师巫邪术”类犯人：“为首绞候，左面刺‘左道惑人’四字；为从发回城为奴，左面刺‘左道惑人’四字，右面刺‘外遣’二字。”[1]在具体的量刑上，通常对“邪教”的教首或其骨干成员处以凌迟或者流放的重刑。在个别案件中甚至对已经死去的要犯，处以掘墓鞭尸、挫骨扬灰等法律规定之外的刑罚。除了肉体上的惩罚，对于创立或传习“邪教”之人在身份或社会地位上也要加以惩处，例如将犯罪分子发往黑龙江或新疆给披甲人或回民为奴，从而使其丧失自由民的身份，沦为奴隶。同时禁止传习“邪教”之人的后代参加科举考试，断绝其进入仕途的道路。即使是旗人触犯本罪，也要被处以撤销旗籍并剥夺其所享有的一切特权的重罚。

从清代对“邪教”犯罪处罚的力度来看，清代对这一类犯罪给予异常的重视，一经发现绝不姑息，一般处以最严厉的刑罚，甚至不惜法外用刑以达到除恶务尽的目的。但是司法实践中，对本罪的认定却又充满了变通性，反映在地方的一些官员在审理这类案件之时往往从自身的利益而不是国家的法律规定出发，为了特定的目的，变通性地处理此类案件。这种立法上重视，司法中变通执行的矛盾现象，构成了清代惩治“邪教”犯罪所独有的特征。

（二）清代惩治“邪教”的启示

历史的宝贵之处在于能为后人提供可资借鉴的经验和教训，任何的社会问题都有其历史的渊源，是历史规律在当代社会的重新演化。尽管清代惩治“邪教”的司法实践有着其自身独特的时代背景和阶级属性，但其所展现出来的一系列积极的和消极的因素，都可能成为当代“邪教”治理的经验或者启示。从这个角度来看，研究清代对“邪教”控制的方式、方法，对当前社会预防和打击“邪教”犯罪具有现实的意义。清代惩治“邪教”的机制对当代打击“邪教”犯罪的启示主要有以下几个方面：

---

〔1〕 参见《刺字条款》，齐钧点校，载杨一凡、田涛主编：《中国珍稀法律典籍续编》（第7册），黑龙江人民出版社2002年版，第239页。

1. 明确概念、依法办事

清代在立法时未能很好地将“邪教”活动与一般的民间习俗加以区分，使得其在实践过程中需要面对大量不能准确断定其是否为“邪教”的案件。对这些案件的审理需要法官行使一定的自由裁量权，而法官的自由裁量权又容易受到当时的政治环境或者其自身利益等因素的影响，从而造成司法实践中同类案件的判决结果具有多样性，法律失去了可预期性。打击范围的不确定性、刑罚的严酷性以及常态化的法外用刑导致清代的“邪教”问题愈发的严重，对社会的稳定造成了极大的危害。

对此，我们在当前打击“邪教”的过程中要着重做好以下几方面的工作：首先，要对“邪教”的概念有个清晰而准确的认识，明确“邪教”概念的内涵和外延，严格区分秘密团体、迷信活动与“邪教”的区别，将打击“邪教”的范围控制在合理的限度之内，避免由于打击扩大化所导致的民众恐慌与社会动荡；其次，要根据所定义的概念，制定宽严适度的法律规范，也就是说要根据犯罪的社会危害程度合理制定刑罚等级，既要使犯罪分子受到应有的惩罚，又要对不同程度的犯罪分子给予区别性的对待，以达到罚当其罪的目的；最后，严格按照法律的规定进行定罪量刑，杜绝单纯按照政策或指示办事的情况出现，使法律成为唯一的定罪量刑标准，这样既维护了法律的权威性和稳定性，也减少了以权谋私现象的产生。

2. 多措并举、综合治理

有鉴于清代“邪教”发展的历史，结合当代“邪教”蔓延的特征，我们发现“邪教”并不是一个单一的问题，而是一系列复杂性社会问题的综合体。诱发“邪教”问题的根源具有多样性和复杂性等特征，因此我们在治理“邪教”的过程中需要采取多种手段并举、事前预防与事后控制相结合的机制，才能有效预防和控制“邪教”的滋生与蔓延。多措并举是指在实践中从政治、经济、教化、宗教等多种渠道、全方位地综合性治理，营造良好的社会氛围，断绝“邪教”滋生的土壤，从而彻底消灭“邪教”犯罪。有鉴于此，清代政府采取了一系列相关的措施来应对“邪教”犯罪的发展：在政治方面，倡导清明的政治，以儒家的“仁政”思想为治国的核心价值理念，同时整顿吏治，从重惩治贪官污吏，以缓解政府与百姓间越发激烈的矛盾；在经济上，减少苛捐杂税，使百姓的生活得到改善，减少其对社会的不满。同时努力发展生产，使百姓有事可做，从而无暇参加“邪教”组织的各种活动。通过政治和经济上的一系列手段,降低“邪教”利用官民矛盾或人们对社会的不满情绪而蛊惑人们传习“邪教”的可能性。在宗教上,扶持正统宗教派别使之与“邪教”组织对抗,同时严格控制寺庙的数量以及加强对出家人的管理力度,以防止“邪教”分子利用正统宗教的名义私下里进行传播“邪教”的勾当;而在众多的方法中尤以教化最为重要,清政府曾要求各府州县的学官定期或不定期向民众宣讲《圣谕广训》中的《黜异端以崇正学》一条,以期达到“礼义廉耻,油然而生,斯邪教不禁而自化,经正民兴,庶收实效”〔1〕的目的。同时以著书立说的形式反驳“邪教”经卷中的种种荒谬怪诞的言论,如黄育楩的《破邪详辩》从“邪教”的经卷入手,逐条逐字地以儒家经义对其进行了批判,而宗王化的《邪教阴报录》以通俗、诙谐的语言,用故事的形式对“邪教”的本质进行了无情的揭露。〔2〕但上述手段在实践中多流于形式,未能起到使民众明辨是非的作用。在“邪教”极富蛊惑性的宣传下,绝大多数民众仍然难以明辨其中的是非。因此,在当代构建惩治“邪教”的新机制的过程中,必须加强科学教育的力度。通过对科学知识的宣传和对“邪教”伪科学性的揭露,引导民众形成正确的、科学的人生观和价值观,增强民众面对“邪教”蛊惑时的免疫能力,提高防范意识,以免误入歧途。

3. 事前防范、事后惩治

事前预防和事后治理相结合是指在惩治“邪教”的过程中,既要采取预防性的措施,将“邪教”扼杀在萌芽状态;又要在“邪教”产生后依照法律对其进行惩处,绝不能姑息放纵,以免造成更加严重的后果。两者既有时间上的承接性,又有逻辑上的因果联系,二者相辅相成、缺一不可。清代对“邪教”的预防机制主要体现在倡立保甲制度上面,十户为一甲,十甲为一总甲,甲内各户互相监督,遇有传习“邪教”而不报者,全甲连坐受罚。尽管保甲制度在实施过程中也存在这样或那样的问题,但这种利用邻里亲族互相监督的机制在清代“邪教”的预防过程中所发挥的作用却是不容忽视的。在新时代打击“邪教”的过程中,广泛发动基层民众的力量,充分发挥群众的监督作用,有助于及时发现“邪教”犯罪,将其社会危害性降低到最小的

〔1〕 参见《处分例·禁止邪教》,载《大清会典事例》(光绪朝)卷一三二,全国图书文献缩微复制中心1989年版。

〔2〕 相关介绍参见赫治清:《清代邪教与清朝政府对策》,载中国社会科学院历史研究所明清史研究室编:《清史论丛》(2003—2004年号),中国广播电视大学出版社2004年版。

程度。事后处理主要是指“邪教”案发后对其进行司法上的惩治,为此清政府制定了一整套条理清晰,逻辑严密的法律体系。但在实践中,惩罚的手段和力度往往会随着国家的政策或者最高统治者的态度而发生转变,这样就造成原有规定并未被完全遵从,人治在某种程度上代替了法治充当了主角。因此在当前惩治“邪教”犯罪的过程中,除了要建立一套完善的法律体系以外,还应该坚决贯彻执行既有的法律法规,以法治为主,摒弃人治主义的因素。

综上所述,“邪教”的治理是一个复杂的、综合性的问题,那种主张通过刑罚来达到“以刑去刑”目的的思维模式是极其错误与危险的。在当代治理“邪教”的过程中,我们要根据新时期的特点制定出与时俱进的新政策和新法规,但同时也不能忽视祖先遗留给我们的宝贵经验和教训,清代惩治“邪教”的司法实践尽管已被证明未能有效解决“邪教”犯罪的问题,但其中所蕴含的某些合理因素却仍然值得我们学习和借鉴。在今后的制度建设过程中我们要在前代经验的基础上结合自身独特的时代特性,多种手段相结合,严格依法办事,杜绝人治思想的存在,采取事前预防与事后惩治相结合的办法,将“邪教”彻底从我们的生活中驱逐出去。

七、结语

“邪教”犯罪是中国古代长期存在的、重大的社会问题,其存在对社会的稳定造成了巨大的威胁,因此是历代统治者所重点打击的对象。从现有的清代文献来看,笔者认为清代的“邪教”是指:外托无为、白莲、闻香等名号,内行“左道惑众”“邀集结党”“夜聚晓散”“窃佛经仙篆之语”“散布妖书妖言”“假神道之名蛊惑人心”等行为、以达到敛财渔色或是聚众谋反等目的的民间教派或迷信团体。“邪教”具有政治和宗教的双重属性,其中政治性表现为群体性聚集行为,而宗教性则表现在其反世俗的言论,以及其教义中与正统宗教思想相背离的内容。现存于清代文献中的“邪教”名色至少有一百种以上,这些“邪教”组织有的具有明显的宗教属性,有的则仅是一般的迷信团体;有的以敛财渔色为目的,有的则暗藏叛逆谋反的野心。这些特征交织在一起使清代的“邪教”问题呈现出复杂化与多样化的特征,相应地也就催生出了一套比较完善的惩治“邪教”的法律体系。

清代惩治“邪教”的法律规范较此前有了相当大的进步,一方面首创了“创立邪教”和“传习邪教”例,将“邪教”的概念引入律典,使其成为一个法律概念；另一方面对原有的法律进行补充与细化，使其更好地适应清代打击“邪教”的需要。但是由于其在立法中受困于如何定义“邪教”这一难题，导致司法实践中缺乏统一的标准，从而不能准确地将“邪教”犯罪与一般的民间陋俗加以区分，使打击范围扩大化的情况普遍存在。同时清代作为一个少数民族统治多数民族的政权，其统治者常常有种危机甚至是恐惧感，因此对可能威胁其统治秩序的聚众性行为极其敏感与重视，实践中一经发现就必须加以严惩，甚至不惜曲解律意，加重刑罚或者是法外用刑。正是由于打击范围的扩大化以及打击手段的残酷性，导致清代“邪教”案件的数量几乎是与其存续时间大体相当的明代的两倍。

从现存的清代惩治“邪教”的司法实践来看，根据“邪教”犯罪社会危害性的不同，可大致将其分为三类：“谋逆”型、“寻常”型和“温和”型。三者在审判机关、适用法律以及所处刑罚等方面也多有不同。“谋逆”型“邪教”案件一般直接适用或比照援引“谋逆”律的规定，但在量刑时则往往加重刑罚，有时甚至会法外用刑；“寻常”型“邪教”案件主要由地方督抚一级官员审理，在审理过程中既要考虑到法律的实际规定，又要根据皇帝的态度，作出适当的变通，因此来说具有较强的变通性；“温和”型“邪教”案件由于危害性不大，多由州县一级官员审理，在审理过程中出于维护地方秩序稳定的考虑，在不被上级官员知晓的情况下，大多数时候会选择从轻处理，有时甚至不予处理，仅让其做出保证即可，但也不排除为了贯彻从严的打击政策或出于其他的目的而加重处罚的可能性。因此从中央到地方的各级官员在审理“邪教”犯罪案件的过程中，并没有完全按照《大清律例》的既有规律来办事，而是根据皇帝的意志或者结合特定时间、地点及自身的利益，对相关律例进行变通性的使用。这种做法在清代打击“邪教”犯罪的司法实践中普遍存在，并且取得了不错的效果，但是这种典型的将主观意志凌驾于客观法律之上的做法，无疑会给清代的法制建设以及打击“邪教”长远目标的实现造成巨大的危害。

立法上存在的瑕疵以及司法实践中对律例的变通性使用，其必然的结果就是清代惩治“邪教”犯罪的预期目标与实践中取得的成果之间存在较大的差异。具体表现为：一方面官府的大肆查拿以及严厉的惩罚，并未能使“邪教”组织销声匿迹，反而使很多原本比较安分的教门铤而走险，走上了反叛的道路；另一方面很多“邪教”组织改头换面，继续危害社会，它们要么改换名称或与他教进行重组，以便继续传教惑众；要么转变性质，蜕变成帮派或会道门等组织形态，继续兴风作浪。尽管预期目标与现实结果并未达成统一，但其遗留下来的一些经验和教训却对当下反“邪教”斗争的深入有着很强的指导意义。例如在治理过程中不仅要有严密、系统的法律规范，还要从政治、经济、文化、宗教等多个方面进行综合性的治理。实践中，要明确概念，缩小打击范围，采取事前预防与事后统一相结合的治理模式，以求在最大限度上对“邪教”犯罪加以控制。

主编说明

林志坚同学的硕士毕业论文无论是学术综述、文献查阅，还是理论分析、逻辑与层次清晰度等方面，都做得非常棒！当年师生共研文献与学术交流，仍历历在目。林志坚毕业之时，我建议他将论文提交中国人民大学法学院的法律史优秀硕士论文评委会参评，终获大奖，众望所归！

特别值得一提的是，与海丹同学一样，林志坚同学在文献收集方面用功甚勤，省却指导老师许多精力。有效文献的收集与阅读，是论文写作的基础。

专题六　论讼师秘本对清代诉状的影响*

白　阳

目　次

一、引言

(一)研究缘起

随着日本学者夫马进等人对中国传统社会中讼师秘本的关注,已有不少学者以讼师秘本为对象进行了研究,从而使人们逐渐走进讼师秘本的世界,揭开其略带神秘的面纱。讼师秘本指的是“记载对讼师的起诉有用的知识,也记载对审判方面有用的知识的

---

* 本文初稿于2015年获得“第二届曾宪义法律史奖学金优秀硕士论文奖”,初稿以“讼师秘本成为清代诉状蓝本之原因探析”为题,发表于《复旦法律评论》2016年卷,法律出版社2016年版,第137～163页。白阳,中央民族大学法学硕士,复旦大学法学博士。

书籍”,[1]或者也可以认为它是明清时期记载基本法律知识、词讼技巧和词讼模板的民间书籍。由于其在官方眼中被认为是冲击社会秩序和刺激“健讼”产生的重要根源,讼师秘本被打上了邪淫之词的烙印,甚至于乾隆七年(1742 年)被作为“构讼之书”,专门定例禁止其出版、流通和藏匿。[2] 尽管如此,一些讼师秘本仍在民间秘密流传,并保留至今,从而得见其庐山真面目。

讼师秘本中包含了对不同类型案件的告词与诉词,从而提供了诉状的基本模板,以便于其进入诉讼程序并获得对自身有利的判决。而通过对秘本中词状内容的进一步分析,特别是关注到钱债类、房屋类、田土类等民事案件词状中精妙的珠语、夸张的语言以及类似的结构,笔者产生了一系列的疑问,即这种词状格式、语言表达方式、叙述方式等内容是否为讼师秘本共有的特征,而这种特征又是因何形成的?讼师秘本的性质究竟是什么,其在实践中又发挥了何种作用?秘本中的状词与真正的诉状之间有何异同,两者之间究竟如何相互作用,又产生了何种影响?而这种影响又是如何予以体现的,是否间接作用于清代民事诉讼活动的开展?当笔者参照黄岩诉讼档案、巴县档案等资料中的诉状试图找寻线索时,这种疑惑非但没有消散,反而更加强烈,因为诉状与讼师秘本中状词之间的相似性使笔者有理由相信两者之间存在某种联系,且这种联系直接影响了清代诉讼活动的进行。然而,目前已有的研究成果并没有详细地分析讼师秘本中状词与诉讼档案中诉状之间的联系,即有关讼师秘本的研究往往忽略了结合实践中的诉状分析其作用与影响,而关于诉状的研究又仅将视野局限于档案资料本身,没有考虑其与秘本之间的关联性,故而笔者试图从表达方式、语词运用、叙述模式等方面对讼师秘本中状词与诉讼档案中诉状进行比较分析,进而探讨讼师秘本与诉状之间的相互影响,及其对诉讼活动产生的作用。

根据夫马进教授的考察,其可寻得的讼师秘本达 37 种之多,[3]而学

---

[1]　[日]夫马进:《讼师秘本〈萧曹遗笔〉的出现》,载[日]寺田浩明主编:《中国法制史考证·丙编第四卷·日本学者考证中国法制史重要成果选择·明清卷》,中国社会科学出版社 2003 年版,第 471 页。

[2]　参见《钦定大清会典事例》(嘉庆朝)卷六百三十七,“教唆词讼”。

[3]　参见[日]夫马进:《讼师秘本〈萧曹遗笔〉的出现》,载[日]寺田浩明主编:《中国法制史考证·丙编第四卷·日本学者考证中国法制史重要成果选择·明清卷》,中国社会科学出版社 2003 年版,第 463 ~466 页。

者龚汝富也在夫马进的研究之上进行了补充，又在民间收集了十几种讼师秘本。[1] 作为研究明清时期司法实践及讼学发展的重要资料，讼师秘本无疑为我们开辟了法律史研究的一条新的路径，使我们得以进一步地接触到传统社会中法制运行的真相。故而，我们应当认真地对讼师秘本进行研读，并在此基础之上考察明清时期的法制状况。而本文正是基于此，追寻着前人探索的脚步，通过对诉讼档案中诉状和讼师秘本中状词的研究，将两者予以结合，并分析其关联性及动态的影响，进而窥得清代民事诉讼制度的冰山一角。

（二）研究现状

目前对于讼师和讼师秘本，或被有的学者称为"讼学"的研究已取得了一定的成果。在专著方面，龚汝富所著的《明清讼学研究》一书可称得上是有关讼师秘本研究的代表作品。[2] 该书一方面，从讼师秘本的文本出发，探讨了其制作与基本内容，与其他法律著作进行了比较，并阐述了讼师秘本对法律的理解和技巧；另一方面，其从国家的角度分析了明清时期国家对讼师秘本的态度和做法，从而较为立体地展现了讼师秘本在当时社会中所扮演的角色。还有一本涉及讼师秘本的书是《中国讼师文化——古代律师现象解读》。其关注了官方对诉状的撰写要求，总结了讼师书写诉讼状的基本技巧，并以讼师秘本为基础简要分析了讼师对古代立法与司法的影响。[3]

对讼师秘本的探讨更多地反映在论文方面。作为研究讼师秘本的代表学者，夫马进的研究成果对当下研究讼师秘本的学人来说无疑是具有深刻影响的。其较早撰文对讼师秘本展开了研究，以《萧曹遗笔》为线索，总结了讼师秘本的核心内容，并探寻了《萧曹遗笔》的原型、流传时间及其影响，使人们开始关注到通过讼师秘本来研究明清司法制度这一途径。[4]

---

〔1〕　参见龚汝富：《明清讼学研究》，商务印书馆2008年版，第124～128页。

〔2〕　参见龚汝富：《明清讼学研究》，商务印书馆2008年版，第124～128页。

〔3〕　参见党江舟：《中国讼师文化——中国古代律师现象解读》，北京大学出版社2005年版。

〔4〕　参见［日］夫马进：《讼师秘本〈萧曹遗笔〉的出现》，载［日］寺田浩明主编：《中国法制史考证·丙编第四卷·日本学者考证中国法制史重要成果选择·明清卷》，中国社会科学出版社2003年版，第460～490页。

在另一篇文章中,夫马进从讼师秘本内容中所包含的伦理化教诲、对于法律的引用及对讼师的描写等角度生动地为读者展现了讼师秘本的景象,深入地分析了文本背后所体现的讼师秘本之性质与特点,从而使人们对讼师秘本及讼师的角色有了较为客观的认识。[1] 此外,夫马进还通过讼师秘本《珥笔肯綮》来研究讼师在诉讼过程中的实际行为及其对诉讼的真实想法,从而为读者呈现出更接近历史真实的讼师形象。[2] 当然,夫马进在研究讼师秘本的过程中虽然也关注到了状词在用语、格式等方面的特点,但未结合档案资料深入分析其对诉状或诉讼制度之影响,这使我们得以在其研究基础之上继续利用讼师秘本进行开拓。

中国学者也相继开展了一系列的研究,并取得了一定的成果。早在2003年,龚汝富就发表了《浅议明清讼师秘本的法学价值》,该文在简要阐述了讼师秘本的存在环境和其存在之合理性之后,指出了讼师秘本对研究古代讼学的重要价值,呼吁学人加强对其关注和研究。[3] 此后,邓建鹏开创性地将黄岩诉讼档案中的清代诉状与讼师秘本之内容予以对比分析,从中发现其在珠语、用词等方面的相似性,并简要地阐述了诉状与讼师秘本中语词用法之原因。最后,作者阐发了"讼师秘本是当时人们撰写诉状最直接、最重要的'教材'这一观点",从而引发了读者从这个角度去关注讼师秘本与清代诉状乃至与司法实践之间的关系。[4] 尤陈俊的文章介绍了讼师秘本对于撰写状词之影响,继而重点阐述了秘本内容在日用类书之中的体现,最后分析了讼学内容在日用类书中逐渐被删除乃至彻底淡出的原因。文中第一部分提及了讼师秘本为了满足官方诉讼要求而对状词的字数、格式作出规范,提供给读者通过诉讼词状与秘本对照来明晰讼师秘本与清代司法实践之间相互关系的新途径。[5]

---

[1] 参见[日]夫马进:《讼师秘本的世界》,载《北大法律评论》2010年第1辑,第210~238页。

[2] 参见[日]夫马进:《讼师秘本〈珥笔肯綮〉所见的讼师实像》,载邱澎生、陈熙远编:《明清法律运作中的权力与文化》,中央研究院联经出版公司2009年版,第9~33页。

[3] 参见龚汝富:《浅议明清讼师秘本的法学价值》,载《光明日报》2003年12月30日。

[4] 参见邓建鹏:《讼师秘本与清代诉状的风格——以〈黄岩诉讼档案〉为考察中心》,载《浙江社会科学》2005年第4期,第71~75页。

[5] 参见尤陈俊:《明清日常生活中的讼学传播——以讼师秘本与日用类书为中心的考察》,载《法学》2007年第3期,第71~80页。

潘宇的文章以讼师秘本中的状词为研究对象，重点分析了状词内容中的修辞手法及其对判决的影响。[1] 此外，刘冰雪撰文介绍了明清讼师秘本的版本、内容及特点；[2]孙家红则对夫马进文章中的一些观点提出质疑，指出要更加关注文本本身，而不要盲目推崇国外学说的观点。[3]

与此同时，一些文章在论述讼师或司法制度的过程中也用到了讼师秘本这一重要资料。如邱澎生通过运用讼师秘本的内容分析讼师对法律知识性质的看法，提出其关注法律知识是为了胜诉的观点。[4] 又如尤陈俊撰文比较了民国时期的诉讼指导用书与旧式讼师秘本在语词、内容上的区别，进而分析了法律知识传播及司法制度之转变等问题。[5]

通过对上述论著和文章的分析，笔者认为目前对讼师秘本的研究主要包含如下几个方面的内容：

其一，绝大多数的研究都从讼师秘本的文本出发，总结其文本结构、内容特点、语言风格、术语技巧等，进而分析讼师秘本所体现的明清时期讼师的形象或讼学对司法制度之影响，使人们对讼师秘本产生较为清晰而客观的认识。由此，在讼师这一复杂的群体中，既有教唆词讼、颠倒是非的"讼棍"，[6]又存在追求正义、为民排忧解难的正面角色，[7]进而讼学或讼师对明清时期的司法活动产生的影响就不可一概而论，其既可

---

〔1〕 参见潘宇：《明清讼师秘本中的状词解析》，载《法制与社会发展》2007年第3期，第16～27页。

〔2〕 参见刘冰雪：《明清讼师及讼学文献研究》，载《法律文献信息与研究》2011年第3期，第30～36页。

〔3〕 参见孙家红：《走近讼师秘本的世界——对夫马进〈讼师秘本《萧曹遗笔》的出现〉一文若干论点的驳论》，载《比较法研究》2005年第4期，第81～89页。

〔4〕 参见邱澎生：《以法为名：讼师与幕友对明清法律秩序的冲击》，载《中西法律传统》（第6卷），北京大学出版社2008年版，第223～277页。

〔5〕 参见尤陈俊：《法制变革年代的诉讼话语与知识变迁——从民国时期的诉讼指导用书切入》，载《政法论坛》2008年第3期，第15～25页。

〔6〕 参见尤陈俊：《法制变革年代的诉讼话语与知识变迁——从民国时期的诉讼指导用书切入》，载《政法论坛》2008年第3期，第15～25页。

〔7〕 参见［日］夫马进：《讼师秘本的世界》，载《北大法律评论》2010年第1辑，第210～238页；霍存福：《唆讼、吓财、挠法——清代官府眼中的讼师》，载《吉林大学社会科学学报》2005年第6期，第129～137页。

能影响判决的结果,刺激民众参与诉讼的热情,对司法制度造成潜在挑战,[1]又可能在一定程度上满足民众的需求,促进法律知识的传播,并对官府形成一种潜在的制衡。[2]

其二,不少学者考察了官方对讼师秘本的态度,指出了讼师秘本被严厉打击,禁止出版、流传的情况,最具代表性的就是乾隆七年(1742年)的例的规定。[3] 通过对官方话语的了解及讼师秘本生存环境的分析,学者们进一步思考产生此种现象的深层原因,指出了由于官方将讼师秘本认定为构讼之书,其自然与健讼之风联系在了一起,而这又恰恰是官方视野下冲击社会秩序的较大威胁,故而讼师秘本无形之中就被推到了风口浪尖,成为官方重点打击的"淫邪之书"。[4]

此外,也有学者关注到了讼师秘本与其他法律文本的区别和联系,从而使人们对讼师秘本的角色定位更加准确。[5] 还有一些学者更是敏锐地关注到了讼师秘本与诉状之间在语词、修辞等方面的关联性,并试图通过两者的比较考察讼师秘本的文本表达与司法实践的相互影响。[6] 但真正系统性进行比较分析的文章较少,从而为讼师秘本的进一步研究留有空间。

虽然已有越来越多的学者开始关注到讼师秘本的价值,并运用讼师秘

---

〔1〕 参见龚汝富:《明清讼学研究》,商务印书馆2008年版;林乾:《讼师对法秩序的冲击与清朝严治讼师立法》,载《清史研究》2005年第3期,第1~12页。

〔2〕 参见龚汝富:《明清讼学研究》,商务印书馆2008年版;[日]夫马进:《讼师秘本〈珥笔肯綮〉所见的讼师实像》,载邱澎生、陈熙远编:《明清法律运作中的权力与文化》,"中央研究院"联经出版公司2009年版,第9~33页;刘冰雪:《明清讼师及讼学文献研究》,载《法律文献信息与研究》2011年第3期,第30~36页。

〔3〕 《钦定大清会典事例》(嘉庆朝)卷六百三十七,"教唆词讼"。

〔4〕 参见龚汝富:《明清讼学研究》,商务印书馆2008年版;尤陈俊:《明清日常生活中的讼学传播——以讼师秘本与日用类书为中心的考察》,载《法学》2007年第3期,第71~80页;林乾:《讼师对法秩序的冲击与清朝严治讼师立法》,载《清史研究》2005年8月第3期,第1~12页。

〔5〕 参见龚汝富:《明清讼学研究》,商务印书馆2008年版。

〔6〕 参见邓建鹏:《讼师秘本与清代诉状的风格——以〈黄岩诉讼档案〉为考察中心》,载《浙江社会科学》2005年第4期,第71~75页;潘宇:《明清讼师秘本中的状词解析》,载《法制与社会发展》2007年第3期,第16~27页;[日]唐泽靖彦:《清代的诉状及其制作者》,载《北大法律评论》2009年第1辑,第25~44页。

本开展了一系列的研究，但对于其价值的发掘仍需加强。

首先，尽管大量的文章从讼师秘本的文本出发展开了分析，但仍缺少系统性、整体性的分析与比较。夫马进的《讼师秘本〈萧曹遗笔〉的出现》一文虽然介绍了其所见的各个版本的讼师秘本，并对核心内容宏观地作了阐述，但未从微观上比较讼师秘本之间的趋同性或差异性，而这对于了解讼师秘本的总体状况是十分必要的。同时，对于讼师秘本的作用和影响之分析过于宏观，未能结合相关材料考察讼师秘本对司法制度及诉讼运行的实际影响，而是更多地以讼师秘本为材料分析讼师的实际形象或诉讼技巧等。当然，这样的研究对我们客观地认识讼师这一群体是十分重要的，但我们是否可以进一步地运用讼师秘本来探究其在明清时期发挥的作用或产生的影响呢？这样的研究也许能使我们从一个侧面更清晰地了解到中国传统社会中法制的动态发展与变化。例如，讼师秘本究竟在多大程度上影响了百姓进行诉讼的热情，其流传状况对百姓的法律认识又产生了多大的效力，而排除官方话语下对讼师秘本的偏见，其在司法实践中又扮演了怎样的角色等。这些问题及延伸的课题均有待学人们去研究。

其次，当我们在研究讼师秘本的性质、作用及其影响时，常常仅就文本本身进行分析，而这种分析方法显然不足以体现当时的真实状况。已经有一些学者关注了这些问题，并开始结合诉讼档案资料展开研究，如邓建鹏就将讼师秘本与黄岩诉讼档案相结合，在文本的比较中考察两者之关系及相互影响。唐泽靖彦以清代诉状及其制作者为研究中心，利用巴县档案、淡新档案等内容，通过对诉状语言、修辞表达的总结，分析了其可以根据讼师秘本来制作诉状的情形，即讼师秘本为诉状制作的重要材料之一。[1]虽然作者已经注意到了诉状与讼师秘本的关联，也试图对诉状与秘本之间的关系进行考察，但由于其主要阐述的是诉状情节描述之材料来源可能是讼师秘本，以及诉状的实际制作者也许不仅限于讼师这一观点，故而未将两者进行深入的比较分析。笔者认为，在研究讼师秘本的作用与影响时，应该结合上述已有成果去分析讼师秘本与诉状、批语、法律内容等在语言

〔1〕参见［日］唐泽靖彦：《清代的诉状及其制作者》，载《北大法律评论》2009年第1辑，第25～44页。

表达、格式、诉讼技巧、判决依据等方面的异同，进而实现对讼师秘本在诉讼过程中的动态考察，即分析讼师秘本如何发挥百姓诉讼需求与官方诉讼程序之间的桥梁作用。例如，讼师秘本的诉状的模板与现实司法活动中诉状之间的关系到底如何，其在语词、格式和叙述技巧上有何关联。又如，作为秘密出版物的讼师秘本为了保证其销量，获得市场份额，其必然要在一定程度上满足百姓的需要，同时也要符合官方对诉讼的要求，而这些内容能否通过讼师秘本予以发现，在官方规制下讼师秘本本身是否又经历了一些变化，这些变化又是否对司法活动产生影响。一系列的疑问需要在进一步分析讼师秘本的同时注重与诉讼档案资料的结合。

最后，当我们试图动态地分析讼师秘本与清代司法制度的关系时，不仅要考虑国家法规中诉讼制度的规定以及地方性规定对讼师秘本语言、内容的影响，还要思考讼师秘本是否可能对诉讼制度产生"反作用力"，即讼师秘本的流传及演变在多大程度上冲击了司法制度，影响了案件的审理，或是对州县官的审理造成了何种程度的压力。同时，在分析诉讼制度对讼师秘本的影响时，要主要考察国家法律，特别是清代例的变化是否影响着秘本内容的变化，这决定了讼师秘本的时效性及可操作性；如果产生了变化，那么这种变化又是否反过来重新影响了诉讼制度。

（三）研究对象

通过上文的分析可知，目前有关讼师秘本的研究缺乏对其与诉状之间作用与影响的分析，故需要结合诉讼档案中的诉状，从叙述模式、语词运用、写作风格等方面对两者进行系统的比较和阐述，进而考察讼师秘本对清代诉状乃至整个诉讼活动的影响。本文基于此，对讼师秘本与清代诉状相互结合进行分析，同时参考清代法律、官箴书和笔记等材料，旨在探究讼师秘本与诉状间的关联性，并重点阐述讼师秘本对诉状的影响。最后进一步探讨讼师秘本对清代民事诉状产生影响的原因，以弥补现有研究的不足。

清代民事诉状为本文研究中心之一，本文特别选取有关田土、钱债、继承三类民事纠纷的诉状为研究对象，进而分析讼师秘本对清代民事诉状的具体影响。笔者之所以选取这三类民事诉状的原因有两种。其一，这些民事纠纷数量繁多且需百姓主动开启诉讼程序。清代中期以后，社会健讼风气盛行，词讼案件之数量颇为可观。而这些状词中大多为田土、钱债、继承纠纷等官员眼中的民间细故，其并不像刑事重案那样能够引起官府的足够重视而予以积极的审查断决，故而通过这些状词内容更能发现百姓对状词格式、表达内容上的需求与特点，从而发现其相似之处并进一步探究其原因。其二，正是由于这些民间细故并不直接威胁到统治秩序，与州县官的利益关联不大，远不值得像对待刑事重案那样投入大量的精力，加之追求无讼、主张息讼的理念更加促使州县官员视民间争讼行为是百姓道德败坏、讼棍唆使的结果，于是其在宣称息讼的同时，也对诉状作出了各种要求，以期减少民事诉讼的数量。邓建鹏在研究词讼与案件的分类问题时指出："这种分类主要受皇帝和官方自我利益因素的驱动——民事争讼主要涉及私人间的田土钱债纠纷，与官府没有直接利益关系，官方对民众参与词讼一般持否定态度。"[1]这样一来，民间词讼案件自然被州县官员所漠视，难以进入司法程序而得到审理，因而民众在试图寻求官府解决纠纷的道路上显得举步维艰。正是在这样的"供求矛盾"下，民事诉状撰写的模式及语言表达显得尤为重要。故而笔者试对清代民事诉状的特点进行总结，并比照讼师秘本的内容，分析讼师秘本对清代民事诉状的影响以及产生这种影响的内在原因。

在讼师秘本的选取上，本文主要参考的讼师秘本为《新镌法家透胆寒》（简称《透胆寒》）、《新刻法笔惊天雷》（简称《惊天雷》）、《新刻法家萧曹雪案鸣冤录》（简称《两便刀》）以及《新刻校正音释词家便览萧曹遗笔》（简称《萧曹遗笔》）。[2] 前文提及的乾隆七年（1742年）之例文中已明确点明了《惊天雷》《法家新书》等讼师秘本为官府重点打击的对象，可见其在当时影响之大、传播之广，且据笔者比较后发现，《法家新书》与《惊天雷》在格式、内容上如出一辙，猜测为互相抄袭所致，故而笔者选取了《惊天雷》作为本文研究的诉讼秘本之一。同时，《两便刀》目前保存有多种版本，其最晚的一种刻本为中国国家图书馆所藏民国八年（1919年）《石刻本》一部，[3]

---

〔1〕 邓建鹏：《词讼与案件：清代的诉讼分类及其实践》，载《法学家》2012年第5期，第129页。

〔2〕 本文参考的讼师秘本《惊天雷》《两便刀》《萧曹遗笔》为孙家红、龚汝富整理后之版本，载杨一凡主编：《历代珍稀司法文献》第十一册，《明清讼师秘本八种汇刊》（上），第十二册，《明清讼师秘本八种汇刊》（下），社会科学出版社2012年版；《透胆寒》所参考版本为中国社会科学院法学所图书馆藏本。

〔3〕 参见杨一凡主编：《历代珍稀司法文献》第十一册，《明清讼师秘本八种汇刊》（上），社会科学出版社2012年版，"出版说明"，第3页。

可知其在清代必然产生了重要的影响，以至于民国时期仍有刻本流传。而更广为人知的便是《萧曹遗笔》了，根据夫马进的研究，这部讼师秘本自明代开始流传，并直接影响了清代讼师秘本的内容，其还认为清代出版的讼师秘本"几乎全都是明末出版的各种各样版本的《萧曹遗笔》的改头换面，没有什么实质性变化"。[1] 正是由于明清两代的司法制度的延续性，故而《萧曹遗笔》才得以继续流传并发挥作用，笔者自然也将其作为重要的参考资料。此外，笔者还参考了明刻本《透胆寒》，其虽与清刻本有所不同，但所包含的诉状种类颇为齐全，能够反映当时社会中民事纠纷的基本类型，故而笔者也对其进行了研究与参考。

二、清代民事诉状的书写特点

通过对不同诉讼档案中诉状的对照分析，笔者发现虽然这些诉状的撰写时间、地点各不相同，但其在写作结构、表达方式等方面似乎存在某种关联，特别是一些案情类似的民事诉状，总给人一种似曾相识的感觉。

以涉及田土山地所有权的纠纷的诉状为例。"乾隆五十三年二月初四日廉里一甲赵永贵告状"[2]"光绪十一年三月二十三日呈为强霸侧控，求提究断事"[3]"兄弟争产业"[4]三则诉状分别来自四川巴县、浙江黄岩以及广西万承，代表了清代中国西南、东部和南部地区诉状的基本书写模式。这三地虽在地理位置上相隔甚远，但诉状内容呈现出了极大的相似性，似乎清代中国诉状具有普遍的特征。其语词运用较为夸张，情节多作渲染，诉状从表面上看似乎都涉及了殴打、勒索等严重的犯罪行为，俨然一桩桩刑事重案，但究其实质也还是无外乎田土山地的产权纠纷。第一则是田土买卖双方的后代对田业所有权的纠纷，第二则是因借田不还而引发的争议，而第三则是对田土继承不满而引发的案件。正是这些当时官员眼中的民事"细故"案件，在经过了语言的渲染之后，便成为一件件情况紧急、罪恶滔天的重案。这种写法似乎出自一人之手笔，但这些状词又分明来自不同

[1] [日]夫马进：《讼师秘本〈萧曹遗笔〉的出现》，载[日]寺田浩明主编：《中国法制史考证·丙编第四卷·日本学者考证中国法制史重要成果选择·明清卷》，中国社会科学出版社2003年版，第460~490页。

[2] 四川省档案馆编：《清代巴县档案汇编》（乾隆卷），档案出版社1991年版，第18页。

[3] 田涛、许传玺等主编：《黄岩诉讼档案及调查报告》，法律出版社2004年版，第318页。

[4] 王昭武收集、韦顺莉整理：《万承诉状》，广西人民出版社2008年版，第59页。

时期、不同地区，这不禁使人产生了这样的疑惑，即在缺乏统一标准及正规法律培训的清代，究竟是什么原因形成了诉状本身的这种相似性，这种现象又对诉讼制度产生了何种影响？

当笔者阅读了越来越多的清代诉状，其相互之间的相似性便愈加明显，即清代的诉状，特别是有关民事纠纷的诉状在写作风格、叙述模式、语词运用、正当性依据等方面有显著的特点。

（一）语词表达上的特点

1. 珠语的运用

珠语也称作朱语、硃语、主语、主意等，指的是在诉状中运用的一种特有的语言表达方式。夫马进将珠语与珥语相区分，认为“所谓朱语，就是诉讼文书标题的惯用句及对对方的蔑称，还有文书结尾时的套话”。[1] 而田涛先生则认为珠语是“在书写诉状时使用的套语，每句‘珠语’均由四个字组成”，其之所以称为“珠语”是由于“四字一句，如同连珠一般”。[2] 还有的学者将珠语等同于粹语、珥语、汇语等，指出“硃语是状词开头所使用的语言，一般为四字或八字，使阅状人一见便知该状纸要告何事”。[3] 由此可见，对于珠语的含义目前尚无确切的界定。

笔者认为，珠语有广义与狭义之分。黄岩诉状后附的“状式条例”中有一条称：“词讼如为婚姻，只应写为婚姻事，倘如田土、钱债、店账，及命盗，为奸拐等事皆仿此，如敢不遵，仍前做造注语者，提代书重处。”[4]这里所称的“注语”应该就是珠语，其仅指代状纸首行“呈为××事”中所预留的八字空格处所填写的文字，如“噬修被殴，泣求迅追”“霸吞继产，求恩追究”等。同时，讼师秘本《惊天雷》中的诉讼格言里提及这样一段话：“凡作状之法，立主语、冒语之方，犹作文之有破题、承题而题承之。作主语为题，冒语一承主冒之方，有明有暗，有奇有正，有顺有逆，有奖有激。”[5]在其后

[1] [日]夫马进：《诉讼秘本〈萧曹遗笔〉的出现》，载寺田浩明主编：《中国法制史考证·丙编·第四卷·日本学者考证中国法制史重要成果选择·明清卷》，中国社会科学出版社2003年版，第475页。

[2] 田涛、许传玺等主编：《黄岩诉讼档案及调查报告》，法律出版社2004年版，第19页。

[3] 潘宇：《明清诉讼秘本中的状词解析》，载《法制与社会发展》2007年第3期，第19页。

[4] 田涛、许传玺等主编：《黄岩诉讼档案及调查报告》，法律出版社2004年版，第18页。

[5] 《惊天雷》，前附卷之下·下层·格言，载杨一凡主编：《历代珍惜司法文献》，第十一册《明清诉讼秘本八种汇刊[上]》，第244页。

的解释中，其对主语所引用的例子为“恳天弭变事”“斩辟恶民事”等，由此可知，如果此处所说的主语即我们所理解的珠语，那么其仅指代状首所用四字之标题用语。当然，讼师秘本中还收集了诸多珥语、碎玉、汇语等内容，这些表述既包含了可作状首习语的珠语，又有描绘不同情形、不同对象的固定表达形式，如《惊天雷》中所记录的婚姻珥语、户部珥语、新增碎玉等。故而，笔者认为广义上的珠语指诉状和讼师秘本中诉状模板所引用的固有表达方式，包括诉状的标题、用语、对对方的称呼、案情的渲染及诉求等内容，而狭义上的珠语仅指用来总领诉状内容，使人一看便知案情的精练且固定的表达方式，多为四字句，也有二字句和六字句。本文所指珠语仅为狭义上之含义。

状首珠语是明清诉状最明显的特点之一。以黄岩诉讼档案为例，诉状之状首均由两个四字珠语构成，前一个珠语叙述案由，后一个则大多为“求恩追讯”“求提究追”等请求得到受理之语。邓建鹏曾对黄岩诉讼档案中的珠语进行了分类总结。[1] 从这些珠语的表述可以看出，其均为四字结构，用词多有重合，用“霸”“强”“噬”“吞”“恃”等词以表现对方行为之恶劣性及案情之严重性，更有以“勒诈”“肆凶”等语使人联想到刑事重案，但仔细阅读诉状内容及州县官的批语后便会发现，其仍无外乎钱债、田宅等民事纠纷。正如田涛所言：“这些一般的民间纠纷，由于采用了‘珠语’，于是事由变成耸人听闻的重大案情，但如果仔细读告状的内容，则大部分不过是一些民间细故。”[2]

在黄岩诉状的状纸上，状首均印刷上了“呈为××事”的字样，中间预留了八个空格用以填写珠语。然而，这种状首珠语的运用与特点并非黄岩诉状所独有，在巴县档案、淡新档案、万承诉状等资料中，诉状状首珠语也有同样的特征。由此可见，大多诉状状首均运用了两个四字珠语来描述案由及诉讼请求，并通过语言的渲染与描写的夸张使民事纠纷被打扮成了刑案性质。

当然，也有一些珠语的形式有所变化。在万承诉状中，一些诉状状首

---

〔1〕 参见邓建鹏：《讼师秘本与清代诉状的风格——以〈黄岩诉讼档案〉为考察中心》，载《浙江社会科学》2005年第4期，第72页。

〔2〕 田涛、许传玺等主编：《黄岩诉讼档案及调查报告》，法律出版社2004年版，第20页。

所用珠语数量不一，且珠语字数并不一定为四字。如钱债纠纷中的珠语有“刁蛮背义，诓骗束修，恳恩究追，糊口有赖”〔1〕“刁唆脱骗，乞恩差提严究，血本赖归”〔2〕，田土纠纷有“吊兄占嫂，抢取田产，乞恩俯赏练勇，擒拿山恶，以追田产，而安良民”〔3〕，继承纠纷有“欺弱局害，勾当吞谋，号天俯恤提究”〔4〕等。由于《万承诉状》钞本是由汉堂书吏汇编而成，故而很难确定当时万承土州的诉状珠语运用与其记录内容是否完全一致，但比照淡新档案、宝坻县档案中的诉状可知，这种用法也较为普遍，如淡新档案中有“越界占业，阻被扛殴，抬请俯验伤痕，一面饬差踏勘谕止拘讯究惩”，〔5〕宝坻县档案中有“硬霸地亩，恳恩查案讯追”〔6〕等珠语。

尽管其文字表述与其他诉状珠语略有不同，其实质作用与结构还是一致的，即状首珠语均用简短的话语描述了案由及诉求，并在文字运用上力求夸张，以营造情势危急或性质恶劣之感。的确，为了使州县官对田土、钱债纠纷等传统意义上的“民间细故”引起注意，诉状状首的珠语至关重要，其直接为案件定性并产生对案件的直观印象，而这种印象很可能关系案件是否得到官员的受理或裁决。

2. 案情描述的语词运用

(1)强弱之势

在诉状开头部分，许多当事人会通过对自己身份的描述，呈现一副安分守已、遵纪守法，甚至愚拙可欺的形象，使阅状者觉得呈状人处于弱势的一方，从而产生怜悯之心。其或是表明自身务农为业，是“不染毫非”的良民，或是哭诉家境贫寒，无依无靠，更多的还强调自己的笨拙、懦弱，故而“务农守

〔1〕《27. 赖交学费》，载王昭武收集、韦顺莉整理：《万承诉状》，广西人民出版社 2008 年版，第 85 页。

〔2〕《32. 借钱者赖骗》，载王昭武收集、韦顺莉整理：《万承诉状》，广西人民出版社 2008 年版，第 97 页。

〔3〕《52. 强霸田产》，载王昭武收集、韦顺莉整理：《万承诉状》，广西人民出版社 2008 年版，第 163 页。

〔4〕《17. 兄弟争产业》，载王昭武收集、韦顺莉整理：《万承诉状》，广西人民出版社 2008 年版，第 59 页。

〔5〕《新铺庄职员陈朝网为越界占业，阻被扛殴，抬请俯验伤痕，一面饬差踏勘谕止拘讯究惩事》，载淡新档案，二十一·第二编·民事·田房类：争界，档案号：22503.1。

〔6〕 宝坻县档案，中国第一历史档案馆藏顺天府档案，胶片号 28－2－95－092。

拙,不染毫非”等类似的表达仿佛成了描述弱者身份的固定套语。此外,在表达自身懦弱怕事的同时,其有时还指出对被告恶行的无限容忍,以表明提起诉讼的无奈。如黄岩第18号诉状中“总念同堂,推心曲忍,十数年来,如辕下驹”“拙弱怕事,素未构怨于人,亦无只字公庭”等语便表达了其隐忍的程度。[1] 又如第57号诉状在描述被告因地界纠纷而逞凶詈骂时,呈状人因“愚拙畏事”而“退避内房”,从而反衬出了后文中被告打骂之举的恶劣。[2] 巴县档案、淡新档案、万承诉状中也在表明自身素安守分,家境悲惨之余,描写了呈状人事先隐忍的状态,如“蚁忠厚至极,忍不敢言”“蚁亦隐忍”“惧恶隐忍”等,有的还突出其畏惧之情,以表明隐忍的无奈,如“豪恶势大,不敢与较。思控究恶,其弊甚大,倘蚁控不准,不惟求伸,反遭恶害,隐忍落泪”。[3]

而对于被告的描述则往往使人顿生厌恶之情。首先,诉状中常用“恶棍”“豪恶”“奸恶”“刁恶”等语指代被诉一方,或是在名称前加上“恶”“逆”等字,如“恶伯”“恶佃”“逆侄”等。其次,许多状词中都会描述被告在生活中一贯具有违背道德或触犯法律的行为,最常见的是指出被告恃富不良、仗势欺人,如“伊仗势力,欺监手难缚鸡,昧良不恤”,[4]“恶父子恃富持豪,横不讲理,欺蚁孤贫”,[5]“接父威势,重重多事行凶”[6]等语。在描述对方依仗势力而实施不法行为时,诉状中多用“恃”“挺”等词,如恃势、恃强、挺身、挺凶等。邓建鹏通过对黄岩诉状的分析,阐述了这两个词作为“法言法语”在诉状中所发挥的作用,并指出其在一般民事诉状中具有普遍性。[7] 寺

[1] 参见田涛、许传玺等主编:《黄岩诉讼档案及调查报告》,法律出版社2004年版,第258~259页。

[2] 参见田涛、许传玺等主编:《黄岩诉讼档案及调查报告》,法律出版社2004年版,第312页。

[3] 《嘉庆六年六月十六日唐占鳌告状》,载四川省档案馆、四川大学历史系主编:《清代乾嘉道巴县档案选编》,1989年版,第145页。

[4] 《光绪十一年二月二十八日胡凤山呈为恃强吞噬,迫求究追事》,载田涛、许传玺等主编:《黄岩诉讼档案及调查报告》,法律出版社2004年版,第282页。

[5] 《乾隆三十五年八月二十七日年节里七甲民唐应坤告状》,载四川省档案馆编:《清代巴县档案汇编(乾隆卷)》,档案出版社1991年版,第291页。

[6] 《3.强占坟山》,载王昭武收集、韦顺莉整理:《万承诉状》,广西人民出版社2008年版,第5页。

[7] 参见邓建鹏:《清代民事起诉的方式——以黄岩诉讼档案为考察中心》,载中国法律史学会编:《中国文化与法治》,社会科学文献出版社2007年版,第292~310页。

田浩明也指出告状常在概括对方横行霸道的行径时，往往与“恃、倚、挟”（以某种特定条件为后盾或依靠）等字组合起来使用。[1] 另一类情况是说明被告素来行为不端，游手好闲或是恶性难改，如“赌博飘荡，不务正执”[2]“惯谋利己”[3]“惯事诡计”[4]“专于游手好闲，不以农业为重”[5]、“闾里传言，怨声载道，人人寒心，个个切齿”[6]等。通过对被告日常行为及在民众间形象的贬低来凸显其社会危害程度，反衬呈状者的无辜，并为诉讼的合理性埋下伏笔。再次，诉状中有时会明确指出被告为健讼之徒。如黄岩诉状中有“依势好讼”[7]“以生员为护符，作状包讼”[8]之语，巴县档案中也声称对方“惯于包揽词讼”[9]“健讼为能”[10]“专于包讼为生，欺嚼害人”。[11] 其之所以要使对方贴上“健讼”的标签，正是由于在息讼、无讼的理念影响下，州县官面对大量的词讼案件，特别是田土、钱债、继承等与社会稳定、统治秩序关联性不大的“民间细故”，往往对健讼之徒产生反

〔1〕［日］寺田浩明：《权利与冤抑——清代听讼和民众的民事法程序》，王亚新译，载［日］滋贺秀三等著，王亚新、梁治平主编：《明清时期的民事审判与民间契约》，法律出版社1998年版，第216页。

〔2〕《光绪四年十二月十三日梁文厚呈为霸吞继产，求恩追究事》，载田涛、许传玺等主编：《黄岩诉讼档案及调查报告》，法律出版社2004年版，第257页。

〔3〕《光绪八年十一月初二日蔡钦俊呈为唆讼霸继，求恩讯断事》，载田涛、许传玺等主编：《黄岩诉讼档案及调查报告》，法律出版社2004年版，第266页。

〔4〕《52. 强霸田产》，载王昭武收集、韦顺莉整理：《万承诉状》，广西人民出版社2008年版，第163页。

〔5〕《嘉庆六年六月二十一日彭儒魁诉状》，载四川省档案馆、四川大学历史系主编：《清代乾嘉道巴县档案选编》1989年版，第145页。

〔6〕《嘉庆四年七月一日卢斯立诉状》，载四川省档案馆、四川大学历史系主编：《清代乾嘉道巴县档案选编》1989年版，第143页。

〔7〕《光绪八年十一月初三日郑可舜呈为恃强捏控，求吊讯卷事》，载田涛、许传玺等主编：《黄岩诉讼档案及调查报告》，法律出版社2004年版，第268页。

〔8〕《光绪十三月初三日卢有临呈为恃强捏控，求吊讯卷事》，载田涛、许传玺等主编：《黄岩诉讼档案及调查报告》，法律出版社2004年版，第289～290页。

〔9〕《道光十五年十月二十五日刘宽成告状》，载四川省档案馆、四川大学历史系主编：《清代乾嘉道巴县档案选编》1989年版，第198页。

〔10〕《道光二十四年九月初二日杨成贵等禀状》，载四川省档案馆、四川大学历史系主编：《清代乾嘉道巴县档案选编》1989年版，第247页。

〔11〕《嘉庆十二年六月十六日桑大德告状》，载四川省档案馆、四川大学历史系主编：《清代乾嘉道巴县档案选编》1989年版，第300页。

感,而一旦能够通过状词使州县官产生这样的意识,那么其审判的天平无疑会偏向呈状者一方。

寺田浩明在对淡新档案中的一个事例进行研究后,也认为清代的诉讼基本模式为将我方视为弱者并坚守道理,对方则不断有"欺压"行为;因此,给人的印象是,自己处于不当的、不得已的"冤抑"状态。[1] 这样一来,清代大多的民事诉讼一定程度上便成为双方当事人利用诉状的强弱表达来哭诉自己的惨状并控诉对方欺压、好讼等恶行的过程,而州县官俨然成为调解"人民内部矛盾"的"党代表"或"居委会阿姨"。

(2)套语的生动运用

状词中除了常会用"恃""挺"等词描写被诉一方仗势欺压的形象,用"朴""拙"来表明自身的弱势地位之外,在描述案情时,也会运用一些特定的词使状词更加生动形象。

在描述案件的发生或事态的转折时,其一般会用"讵""突""幸"等词来表达。"讵"即为岂,意为谁知、哪料,常用于表示事情出乎意料。笔者所见的诉状中出现了大量的"讵"字,如"讵曰元以拂赊失脸,咆哮凶骂"[2]"讵伊等恃富压贫,全无恻隐"[3]"讵知恶等借端滋事"[4]等。有时,状词中也有直接用"岂"来表达,如"岂期福梅设心不善"[5]"岂料恶辈丧良畔墨"[6]等。一些状词还会用"殊""不料"来代替"讵"或"岂"的作用,如黄岩1号诉状中"不料乘鳌不思噬欠之虚,反敢詈骂",[7]巴县档案中"殊兴

[1] 参见[日]寺田浩明:《中国清代的民事诉讼与法制构筑——以〈淡新档案〉的一个事例作为素材》,李力译,载《私法》第6卷,北京大学出版社2004年版,第316页。

[2] 《光绪二年二月十三日徐增培呈为拂赊毁殴,求提究追事》,载田涛、许传玺等主编:《黄岩诉讼档案及调查报告》,法律出版社2004年版,第244页。

[3] 《乾隆五十七年七月初五日刘天贵告状》,载四川省档案馆编:《清代巴县档案汇编(乾隆卷)》,档案出版社1991年版,第294页。

[4] 《15.权绅霸田行凶》,载王昭武收集、韦顺莉整理:《万承诉状》,广西人民出版社2008年版,第49页。

[5] 《光绪十一年三月初八日郑杨氏呈为昧死噬款,遣抱求追事》,载田涛、许传玺等主编:《黄岩诉讼档案及调查报告》,法律出版社2004年版,第294页。

[6] 《30.借钱不还》,载王昭武收集、韦顺莉整理:《万承诉状》,广西人民出版社2008年版,第91页。

[7] 田涛、许传玺等主编:《黄岩诉讼档案及调查报告》,法律出版社2004年版,第233页。

甲横不由理”。[1] 当然,其含义是大致相同的,均表示事发的意外。“突”的原义是“犬从穴中暂出也”,[2]后由急速外冲引申为时间突然之义,其在状词中往往用来描述被诉一方某种举动的突发性。如黄岩57号诉状中,其以“突出李王氏恃妇阻止,不分皂白,恶声詈骂”来描述李王氏“逞凶”之状,使人顿时联想到了李王氏有预谋地阻挠耕种、撒泼詈骂的画面。[3] 又如黄岩第17号诉状为了表示被告不具备继承的资格,在状词中写道:“突出维通之子文辉,与厚谊属嫡堂,赌博飘荡,不务正执。”[4]这样的描述使人感觉其本不应该出现,为霸占继产的不合理行为奠定了基调。与“突”相类似的词还有“顿”,如“顿生欺噬”“顿起狼心”等表述也突出了其行为的不合理或不合法的特征。而在描写呈状者被打的情景之后,一般都会加上“幸××施救”或“幸××劝阻”等语。“幸”在诉状中的一般含义是指侥幸、幸亏之意,如“时幸市人力阻,未遭荼毒”[5]“幸田兴相、田兴国协救得生”[6]“幸吴瑞等施救,得苏”[7]等。通过一个“幸”字,其既表明了其被殴打后生还的侥幸以反衬对方恶行的严重性,又往往引出案件中的相关证人。

正是通过这些表达固定的套语,一份份诉状形成了类似的框架,串联起一则则故事。我们仿佛置身书场,听说书先生声情并茂地讲述着类似的故事,心中也跟随着其“突有”“幸获”等情节的转折而起伏。而对这些“故事”的描述还需要用夸张的语言与渲染的语气来实现,如在描述具体案件的发生经过或侵害行为时,状词中也会出现“虎噬”“鲸吞”等颇具感情色

---

〔1〕《道光十七年十二月初三日游世泰告状》,载四川省档案馆、四川大学历史系主编:《清代乾嘉道巴县档案选编》(下册)1996年版,第91页。

〔2〕[汉]许慎:《说文解字》。

〔3〕参见田涛、许传玺等主编:《黄岩诉讼档案及调查报告》,法律出版社2004年版,第312页。

〔4〕参见田涛、许传玺等主编:《黄岩诉讼档案及调查报告》,法律出版社2004年版,第257页。

〔5〕参见田涛、许传玺等主编:《黄岩诉讼档案及调查报告》,法律出版社2004年版,第233页。

〔6〕《道光十七年十二月初三日游世泰告状》,载四川省档案馆、四川大学历史系主编:《清代乾嘉道巴县档案选编》(下册)1996年版,第91页。

〔7〕《道光十七年十二月初三日游世泰告状》,载四川省档案馆、四川大学历史系主编:《清代乾嘉道巴县档案选编》(下册)1996年版,第29页。

彩、夸张至极的用语，而对于被告的“不法”行径，状词更是指出被告“威似虎狼”“人面兽心”等。这些描写多与虎、狼、鲸等野兽有关，不仅渲染了其凶横程度，又易使人产生共鸣，对被告感到厌恶。且通过夸张的语词与感情的渲染，一定程度上能够营造出某种错觉，使人仿佛看见的是一起起刑事重案。

3. 证据、诉求与结语的表达

有关证据的表述也大多类似。在涉及钱债纠纷的状词中，通常会列举相关数据、账簿、凭据等证据，以“账簿整整”“炳据”等语表达。同样，田土山林纠纷中也会指明其所争议的地区，并出示田契、佃约等证据，指明“印契可凭”“灼灼可据”以表明土地、山林所有权的正当归属。而有关继承纠纷的诉状中还会附上家族关系图或遗嘱等内容，从而为权利的合法性与诉讼的正当性提供证据，也使州县官在阅状时更好地了解案情。州县官员的批语一定程度上反映了证据的重要性。如黄岩第17号诉状涉及一起家族继承纠纷，虽然状词中详细介绍了家庭成员的情况，但仍被知县以“呈词含混，又无宗图呈核，未便率准”为由未予立案审理。[1] 同样，19号钱债纠纷的状词后，知县同样告知其“控情支离，又无账据，不准”。[2] 类似的批文还有许多，均以证据不足而不准立案或存案，足见状词中列举相关证据的重要性。

然而，这种证据的重要性很大程度上并不是为了案件事实得以知晓从而有助于案件的审理，相反地，其往往是为了避免状词以无据空言为由不准立案，或者说是为了减少州县官拒绝受理民间细故借口的应对方法。诚如邓建鹏所言，清代有关民事诉讼的法规针对不同类型的案件规定了当事人向衙门提交诉状时必须呈上相应证据，否则诉讼请求将被驳回，以抑制当事人滥讼。[3] 正是由于各地州县衙门制定了相应的证据规则，才使证据的描述成了状词中的重要部分，而这实际上

---

〔1〕 参见田涛、许传玺等主编：《黄岩诉讼档案及调查报告》，法律出版社2004年版，第257～258页。

〔2〕 参见田涛、许传玺等主编：《黄岩诉讼档案及调查报告》，法律出版社2004年版，第260页。

〔3〕 邓建鹏：《清代健讼社会与民事证据规则》，载《中外法学》2006年第5期，第616～617页。

是“通过证据要件方面抬高当事人启动民事诉讼的门槛，最大限度地抑制当事人夸大其词、颠倒黑白”[1]的举措，也是州县官息讼或高效“解决”词讼案件的手段。以黄岩第47号诉状为例，其详细列明了钱债纠纷的时间、数额、票据、证人等内容，可谓证据确凿，但知县依旧未予受理，批示：“葛善荷欠洋既有票据给执，又有抱还之人，尽可自行邀同向讨，毋庸遽请饬追。”[2]可见，即便是符合证据规则的民事案件，州县官也常常让其自行调处，于是状词中证据的描写便成了案件得以受理的必要不充分条件。

状词的请求往往与其叙述模式的刑事化特征有关。由于民事纠纷的案情常常被夸大，描述中多有殴打等行为，故而状词的诉求中很少直接要求州县官针对钱债、田土等纠纷的实际权益予以判定，而是希望利用官府的强制力，派差役前往调查并将涉案人员带至衙门讯问，于是多用“叩乞大老爷电赐，饬差提究讯追”“叩恳仁恩赏准拘究，饬差押逐，以儆刁风”等语，使人顿感杀气腾腾之势扑面而来，仿佛虎背熊腰的衙役已手握铁链、枷锁蓄势待发，只等州县官一声令下。由于状词的目的在于恳求州县官受理案件，从而锄强扶弱，以安生民，故其请求中多对州县官以“太爷”“（青天）大老爷”“公祖大人”“宪天”等敬辞相称。

除了对州县官的敬称外，状词结语部分有时还会运用一些祝词以表达对官员仕途通达、福泽后代的美好祝愿，如“焚祝不朽”“祝德上呈”“公侯万代”等。而对州县官受理案件的行为称作“恩赏”“沾恩施行”，以表示当事人的权益得以保障是受到了官员的恩赐。此外，《大清律例》诬告条明确地规定了诬告反坐的内容，[3]故而在一些状词最后，还会加上“稍虚甘坐”“如虚坐诬”等字样，以表示其诉讼态度之坚决；而在黄岩诉状中我们还能看到，所有诉状的最后均被印刷上了“如虚坐诬”的字样，这也是官府为了限制民事诉讼并提醒呈状人注意诬告反坐规定的做法。

---

[1] 邓建鹏：《清代健讼社会与民事证据规则》，载《中外法学》2006年第5期，第616～617页。

[2] 田涛、许传玺等主编：《黄岩诉讼档案及调查报告》，法律出版社2004年版，第299页。

[3] 《大清律例》，田涛、郑秦点校，法律出版社1999年版，第481页。

(二)写作模式上的特点

1. 诉状内容的组成

通过对几种诉讼档案资料中诉状的比较,可以发现其格式大体一致。以黄岩诉讼档案第1号诉状为例,其十分典型地包含了如下几个部分。首先,其运用四字珠语将案由与诉讼请求精练地表达了出来,即“噬修被殴,泣求迅追”。其次,诉状介绍了起诉者的身份、教书的经过及被告的情况、欠钱的事由等背景性信息。再次,其指出案件发生于本月十五日,在其前往被告家的路上偶遇被告,于是发生了“詈骂”与“逞凶”的遭遇,以及“时幸市人力阻,未遭荼毒”的最终结果。紧接着,状词中“绅董张敷纪等,共见共闻”一句指明了该案的证人,并指出自己为一介书生,本不愿诉诸衙门,但“情理难容,若不急求饬差严拘询追,蒙师之业已废矣”,表达了诉状的正当性与合理性。最后,其请求州县官“饬差严拘迅追,惩玩恶以崇文教”。

总体来说,诉状格式大致包括珠语、案件发生背景、案情经过、诉讼正当性、诉求和结尾几部分。

珠语部分通常以四字短语注明基本案由,有的还加上表示请求受理的“求恩追讯”“求提究追”等语,对于其表达特点在前文已有分析,在此不作赘述。

案件发生背景主要包括呈状者的身份或家庭情况、纠纷发生的根由及所涉纠纷内容的基本信息。其中,一些诉状会通过描写自身的身份或家庭情况来表现自身非好讼之徒,而更多的诉状则都对纠纷发生的根由及所涉纠纷内容作详细的阐述。例如,对于田土纠纷,诉状中一般会对田地的由来、所在地区进行介绍,而在有关财产继承纠纷的诉状中,由于涉案人数众多、关系庞杂,为了使案情明了、便于州县官的审理,则基本上会对其宗族情况、家族成员关系及继承分配进行详细的介绍,有时,甚至还需附上宗图族谱供州县官查阅。如黄岩诉讼档案第17号诉状虽然描述了家庭情况,但在批文中,州县官却明确指出:“呈词含混,又无宗图呈核,未便率准。”[1]从州县官因当事人未呈宗图而不受理的事实看,有关继承纠纷的诉状中,对于家庭成员的关系及相应继承情况的描述是十

[1] 田涛、许传玺等主编:《黄岩诉讼档案及调查报告》,法律出版社2004年版,第258页。

分必要的。正是通过这些对于案件缘由或案件背景性信息的介绍，诉讼的发生才显得事出有因，从而为案件的发生作好了铺垫，也使其状词显得更有条理。

在描述案情经过时，诉状中大多会说明纠纷发生的时间、地点及相应证据。如钱债纠纷大多会指出相关数据和账簿、合同等书面证明，常有“账簿整整”“炳据”“××为凭”等语。有时，其还会指出中人或证人，如“立有合同况据二纸各执，系黄维朝、黄朝仁为中代”。[1] 而由于钱债、田土、继承等民事诉讼的诉状中大多涉及了被诉一方对呈状人造成人身伤害的情节，故而对于这类内容，状词中往往注重将发生的时间、地点和证人均一一列明。如黄岩第1号诉状中写道：“迨至本月十五日，欲往伊处，路径土屿地方，恰遇鳌在市。燮言未几，不料乘鳌不思噬欠之虚，反敢詈骂，挺身逞凶。时幸市人力阻，未遭荼毒。绅董张敷纪等，共见共闻。”显然，为了增加状词的可信度，考虑官员审理的便利性，大多状词在叙述案情时都列明时间、地点与相关证据。

对于诉讼正当性的表述，诉状中多突出被告行为的严重性及对社会稳定所造成的影响，并用“天理难容”“理法奚容”等语来表示其诉讼的提起是由于被告触犯了国法或不符合天理、人情。而诉状中之所以提及情理法或表明事件的严重性都是在于需要传递这样一个信息，即这种诉讼的开启实为无奈之举。

诉讼请求与结尾部分主要是当事人恳求州县官受理案件、提究被告的内容，其中也包含了对官员的敬称与“沾恩”“公侯万代”等祝词或者是当事人“如虚坐诬”的态度。虽然结语部分的表达可能不同，但其共同的作用都是为了获得州县官的同意而作出相应的司法行为。

2. 案情描述的戏剧性

状词的核心内容便是对案情的描述，其直接决定了案件的性质以及官员是否受理或作出怎样的判决。而大量的民事诉状在案情描述的风格及叙述模式方面均极为相似，体现出了其特有的充满戏剧冲突的描述方式。

---

[1] 《光绪十一年三月十三日黄良业呈为挺凶勒诈，粘求核讯事》，载田涛、许传玺等主编：《黄岩诉讼档案及调查报告》，法律出版社2004年版，第309页。

寺田浩明曾指出,即使对于那些民事诉讼,当事者主要的目的是为了争取经济利益,呈状者也不会在诉状中点明关于权利的所在等事物的客观方面,而是像涉及暴行伤害的刑事诉讼那样注重谴责对方行为态度的妥当与否或适当与否,这"在诉状描述自己与对方关系的行文中可以看到一种不可思议地相互雷同的结构"。[1] 于是,几乎所有的田土、钱债、继承等民事纠纷经过语词的修饰、套语的运用与情节的夸张便构成了一个固定的模板,就如同戏剧舞台上总会出现的经典桥段:一个不染毫非的老实人被素有恶习、恃强逞凶的奸恶之辈或好讼之徒所伤害,由于对方不合理或不合法的行为,呈状人被迫陷入了一种危急的状态,而旁人迫于对方的蛮横或强势无法予以调解、给予帮助,故而只能寻求青天大老爷,即州县官员的公正审理。诚如唐泽靖彦所说,"在这类模式中,起诉人总是正直善良,被诉方则是邪恶者,常常寻找机会诬陷诚实之人……在许多情况下,遭受暴行的起诉人,'幸'被亲邻们'力救''施救''解救'。结果,起诉人只能采取诉讼手段而向维护道德与法律的地方官提出诉状。因此,地方官在多数诉状中所看到的,就是在情节细节上有可能相互替换的故事。"[2]正是这样的一个个类似的故事,充斥在诉状之中,使我们以及当时的呈状者都期待着它有一个老套但完美的结局,即弱者得到保护,恶者予以惩罚,在官员的审理下正义终得伸张。

这种戏剧化描述还反映出了诉状的另一个特点:民事纠纷的刑事化语言叙述,亦即把钱债、田土等纠纷上升为逞凶伤人的刑事重案。以因欠教师学费而引发的债务纠纷为例,几份状词中都不约而同地描写到了呈状人要债不成,反被凶殴的情节,如黄岩第1号诉状描述了徐廷燮路遇张乘鳌而被詈骂、挺身逞凶,所幸市人力阻才免遭荼毒的情景,巴县档案中的许多描写更为详细和严重,其指出被告不仅扭打呈状人,还持刀砍杀,且在状词中说明了受伤之处。万承诉状的例子虽为请求存案,但

---

[1] [日]寺田浩明:《权利与冤抑——清代听讼和民众的民事法程序》,王亚新译,载[日]滋贺秀三等著,王亚新、梁治平编:《明清时期的民事审判与民间契约》,法律出版社1998年版,第216页。

[2] [日]唐泽靖彦:《清代的诉状及其制作者》,牛杰译,载《北大法律评论》2009年第1辑,第35页。

其多用“谋杀”“尸灭”等语,使人读之不寒而栗。类似的描述并非少数,黄岩诉状中有因田界纠纷而逞凶殴妻、因房宅争议而大打出手的描述,[1]万承诉状中有因兄弟争产而控诉被捆绑殴打、因租田不付租钱犹敢恃众威胁强占的恶行,[2]而巴县档案中因租典纠纷、钱债纠纷而朋殴凶辱的事例更是不胜枚举,当事人被拳脚相加后往往伤重不愈、卧床不起、饮食不进,其状可怜,使人早已忘却了大多案件的实质或起因仅为钱债、田土等在官员眼中的民间细故。

然而,当大量类似的情节出现在眼前,特别是一些描述得颇为可恶的恶行之起因仅是“鼠牙雀角”之事时,笔者也不免产生了一丝疑惑:在这样夸张的语词渲染及刑事情节的描述下,其真实性究竟有几分?

除了参照州县的批文外,笔者还利用了一些当事人的供状来考察相关状词描述的真实性。巴县档案中乾隆五十三年(1788 年)二月初四日廉里一甲赵永贵告状“为纠痞凶占,迫叩遇害事”是关于山林纠纷的案件。呈状人声称被告霸占其所买柴山,肆伐开土,当其前往理阻时,却被被告逞凶殴伤,为了表达案情的可信性,其还列举了证物与证人。这份言辞凿凿的状词得到了官员的审理,而比照相关证词,笔者发现案件其实是另一番模样:被告吴芳其在其山界内砍树开土,呈状人赵永贵前往阻挠,意图赖占,吴芳其不允则被赵永贵捏词上控;其证人彭君杨也供称“只待三月初九才来缴委的,没有约得约邻。这是小的错了,求超释”,可见其证词不具可信性。于是知县判词中写道:“今赵永贵欺幼越占,乃敢妄控滋事,殊属刁健。着将赵永贵掌嘴三十,罚钱二十千。彭君杨捏情袒复,责嘴十下,罚钱四千,俱充入城隍庙补修。”[3]可见,知县通过审理识破了捏控越占的计谋,其控诉逞凶殴伤的情节也纯属子虚乌有,呈状人反而因此受到了责罚。

---

〔1〕 参见《光绪十一年三月十三日李金圄呈为恃妇横占,倒诬抗理事》《光绪十一年二月二十八日辛光来呈为投理莫理,粘求吊讯事》,载田涛、许传玺等主编:《黄岩诉讼档案及调查报告》,法律出版社 2004 年版,第 312、283 页。

〔2〕 参见《17. 兄弟争产业》《47. 租田不给租》,载王昭武收集、韦顺莉整理:《万承诉状》,广西人民出版社 2008 年版,第 59、133 页。

〔3〕 四川省档案馆编:《清代巴县档案汇编》(乾隆卷),档案出版社 1991 年版,第 17~20 页。

管中窥豹，略见一斑。通过对这份诉状的分析，可以想见在数以万计的类似诉状中一定存在与描述情节不符、过分夸张，将民事纠纷渲染得更具刑事性的状词，而其相似性背后所蕴含的原因却颇值得玩味。

(三)正当性依据：现实的无奈与"情、理、法"的要求

清代诉状的另一大特点是对诉讼正当性依据的描述。所谓诉讼正当性依据是指诉状中描述完案情之后，提出诉讼请求之前所表达的案件之所以需要得到受理的缘由或其所提出诉求的合理性依托。笔者通过对诉状中诉讼正当性依据的分析，认为其主要分为两大类：一类为迫于现实的困境或强调社会的危害性而提起诉讼；另一类是依据情、理、法等笼统的道德观念或表达习惯而请求案件得以受理。

现实的无奈即指呈状人提起诉讼是由于被告的侵害行为导致了现实的危害，使呈状人陷入困境，或者是产生了恶劣的社会影响，不利于社会和谐。对于前者，其常表示为因田土、钱债等纠纷造成了生活乃至生存上的困难，如黄岩第19号诉状中被告因赊欠图赖而被诉至官府，呈状人在状词中写道"不求宪天迅赐饬提究追，则兴小本经营，横遭贪噬，生理莫做，冤屈胡伸。为迫不已，叙情匐叩"。[1] 黄岩第50号诉状是有关义子强占田地的案件，呈状人张潘氏在指出自己的膳田被霸占时，正值农忙，"仅六亩均皆交租佃田，一家口舌，糊口不敷，情极惨烈。若不求恩赐，饬差严提追究，农秧一误，不能种作，饿殍难堪"。[2] 可见，正是由于此类现实的危害可能直接影响呈状人的生存状态，大量词讼才会通过相应的描述来体现诉讼引发的被迫性，以表明起诉的正当与合理，而这种描述又恰恰与状词中"强弱之势"的描写相互呼应，即以对方侵害行为之恶劣与呈状人所受到的生存环境为出发点，体现弱者在强者的压迫之下不得已选择了向官府提起诉讼的救济手段。

有时，呈状人为了表现案件危害性之大而突出了有关恶行若长此以往所可能造成的恶劣影响。黄岩第48号诉状中指出："非求饬差追给，则他

---

〔1〕 田涛、许传玺等主编：《黄岩诉讼档案及调查报告》，法律出版社2004年版，第260页。

〔2〕 田涛、许传玺等主编：《黄岩诉讼档案及调查报告》，法律出版社2004年版，第302～303页。

人效尤，为生理者，掣肘何了。”[1]这体现了呈状人之所以提起诉讼是由于担忧他人效仿被告之恶行，导致商业秩序上的混乱。又如万承诉状中一起田地纠纷的提起是由于“苟不恳恩提究，将来寡不敌众，受其荼毒，冤屈难伸”，[2]这便很可能使州县官为了防止更严重的危害产生而对案件及时予以受理与裁决。

上述的起诉依据均是出于现实侵害对呈状人或社会秩序可能产生重大影响，而另一类正当性依据则是人们所熟知的“情、理、法”。滋贺秀三认为情理“大约只能理解为一种社会生活中健全的价值判断，特别是一种衡平的感觉”，而国法是“实定性的判断基准”；[3]而黄宗智则认为滋贺秀三所说的“天理、人情、国法”是一种官方的话语，与民间调解中所表述的“情理”有所不同，“‘理’指的主要是普通意义的‘道理’，不是儒家意识形态之中的‘天理’，‘情’指的主要是人际关系之间的那种‘人情’，而不是儒家意识形态之中的那种仁者的同情心”。[4] 笔者认为，无论是官方话语下的天理、人情还是民间调解中的情理，其实质是一致的，均表示了人们普世价值中的基本判断依据，两者之间之所以有所差别仅仅是因为要将下里巴人的话语表达于庙堂之上，为了迎合儒家理论中“天理”与仁者之情的描述，需要对日常用语中的“情理”换一件外衣，以显示道德上的要求，而儒家的这些理论显然也是来自一般民众的情理价值标准。这就好比如今调解日常纠纷时会摆事实、讲道理、谈情面，而不会搬出“八荣八耻”让双方诵读，也不会突然指出相关法条予以驳斥一样。

诉状中以“情、理、法”作为诉讼正当性依据的描写十分常见。首先，一些诉状中常常指出被告的恶行“天理难容”，如万承诉状中一起兄弟争产的纠纷，呈状人在描述了其弟霸产逞凶的行径后，指出“忖思有此横

---

〔1〕 田涛、许传玺等主编：《黄岩诉讼档案及调查报告》，法律出版社2004年版，第300页。

〔2〕 《18.兄弟争田地》，载王昭武收集、韦顺莉整理：《万承诉状》，广西人民出版社2008年版，第61页。

〔3〕 ［日］滋贺秀三：《清代诉讼制度之民事法源的概括性考察——情、理、法》，范愉译，王亚新校，载［日］滋贺秀三等著，王亚新、梁治平编：《明清时期的民事审判与民间契约》，法律出版社1998年版，第34～35页。

〔4〕 黄宗智：《清代的法律、社会与文化：民法的表达与实践》，上海书店出版社2001年版，第9～12页“重版代序”。

逆,天理何存？人伦安在？"[1]其次,更多的呈状人将被告的行为归结为有违人情,乃至于呈状人"情何以堪"、"情实不甘"或用"心"来指代"情",如"心实不甘""心何克甘"等。这些说明不甘心受到侵害才提前诉讼的说法实际上表示的就是"情"的内涵。最后,对于以行为违法性作为诉讼正当性的依据,虽其表述各有不同,但均体现了因违反律法而应予追究的必要性,如"法所难容""王法安在""法犯何容""王法莫容"等语。然而,情、理、法并非十分严格地区分适用,其表述"不过是一种修辞,并非具有明确的术语"。[2] 许多诉讼正当性依据的表述常常以"情理""理法"等词通用,如"束修虽小,而情理难容"[3]"此情此理,可恶之极"[4]"如此恶佃阻当,霸骗殴主,理法不容"[5]"如此恶佃蓦当,乘死昧骗,情理难容"[6]等语。笔者认为,诉状中所指出的情、理、法并无严格的区分,而是社会上普遍适用的语言表达方式或基本价值观念。即便是状词中提到的"律法"等语也未明确援引相关律例条文,而只是作为一种固定套语,表达对方行为的违法性与恶劣性。故此,诉状中的"情、理、法"的表达虽然有时单独运用,有时连用,但其实质含义与作用是一致的,即通过指出对方行为的不适当性来强调呈状人提起诉讼的必要性,从而站在道德的高度予以谴责,使州县官员在阅读状词时能感受到相应的社会与道德压力,增加了案件受理的可能性。

三、讼师秘本对清代诉状的影响

前文中,笔者以田土、钱债、继承三类民事纠纷为例,详细分析了清代

---

[1] 《17. 兄弟争产业》,载王昭武收集、韦顺莉整理:《万承诉状》,广西人民出版社 2008 年版,第 59 页。

[2] [日]滋贺秀三:《清代诉讼制度之民事法源的概括性考察——情、理、法》,范愉译,王亚新校,载[日]滋贺秀三等著,王亚新、梁治平编:《明清时期的民事审判与民间契约》,法律出版社 1998 年版,第 36 页。

[3] 田涛、许传玺等主编:《黄岩诉讼档案及调查报告》,法律出版社 2004 年版,第 233 页。

[4] 四川省档案馆、四川大学历史系主编:《清代乾嘉道巴县档案选编》1989 年版,第 150 页。

[5] 四川省档案馆、四川大学历史系主编:《清代乾嘉道巴县档案选编》1989 年版,第 224 页。

[6] 四川省档案馆、四川大学历史系主编:《清代乾嘉道巴县档案选编》(下册)1996 年版,第 72 页。

民事诉状的特点。而当笔者阅读讼师秘本中相关状词实例或诉状模板时发现,清代诉状在写作格式、语言表达、叙述模式等方面都能找到讼师秘本相关内容的影子。

笔者同样选取了田宅、钱债与继承三类民事纠纷的状词,以作为与清代诉状相互比较的对象。其中,涉及田宅纠纷的诉状共计55词,[1]包括《透胆寒》中"房屋类"14词,"田土类"16词,"耕种类"4词,《萧曹遗笔》17词;钱债纠纷的诉状共11词,《惊天雷》卷五"商贾类"中有3词,《两便刀》卷一"债负类"中有2词,《萧曹遗笔》有6词;继承纠纷的诉状共25词,《惊天雷》4词,《两便刀》"争占类"中有6词,"继立类"5词,《萧曹遗笔》卷二"家业类"10词。通过对各类案情状词的比较,结合前文所总结的清代诉状的特点,笔者认为如果清代诉状的撰写的确以讼师秘本为蓝本,那么其在语言表达与叙述模式上的特点一定能在讼师秘本当中找到端倪。

(一)语言表达上的影响

为了满足市场化竞争中的要求,讼师秘本的状词实例或模板必须具有实际操作性,能够帮助读者撰写出一份易为官方受理并追求胜诉的诉状。故而状词的内容极尽夸张之能事,通过语词的运用将案情描述得生动且性质严重。那么,其在语言表达上究竟是如何影响清代诉状的呢?

1. 珠语的运用

通过比较可知,清代诉状中用以描述案情的状首四字珠语的语词用法极有可能来自讼师秘本所提供的相关珠语。从总体上看,除了两者均以四字结构精练地表达外,其在语言风格上也同样有强占、吞霸、恃强之意。同时,其也用"殴兄""杀命""斩祀"等词将民事纠纷升级为刑事性质。具体来说,诉状中"霸吞继业"与秘本中"吞霸家业"实为同义,"恃强霸吞""恃妇横占"等语与秘本中"恃嫡吞业"的表述方式如出一辙;此外,"吞公肆凶""昧死噬款"等表达也能与秘本中"吞业杀命""欺死谋业"等语一一对应。从中我们可以大胆推测,诉状的撰写者在书写状首珠语之前应当参考或阅读过讼师秘本的相关描述,从而导致了清代诉状的珠语在用词方面的相似性与夸张性。

---

〔1〕计算时,同一案件的"告词"与"诉词"视为一词。

讼师秘本中珠语的描写之所以呈现出这样的特点是由于其为了满足使用者的需要，使案件能够得到州县官的受理。尽管在一些状式条例中已明确指出田土、钱债等民事纠纷的珠语不可做造，只需写明田土事、钱债事，[1]而官方的状式模板中也仅以“为田土事”“为钱债事”“为财产式”作为状词的开头，[2]但无论是诉状还是秘本的实例中，珠语的运用仍体现了用词的夸张及案情的刑事化叙述特征。由于州县官视民事纠纷为“民间细故”而不予重视，故此民事诉状往往需要通过相对夸张的描写来引起官府的注意，而状首珠语恰恰是诉状中对案情及案件性质予以说明的重要部分，这便导致了讼师秘本在珠语的语词运用上格外注意，从而使珠语的表达极具视觉冲击力。《惊天雷》中指出：“凡作状之法，立主语、冒语之方，犹作文之有破题、破承而题承之。作主语为题，冒语一承主语之方，有明有暗，有奇有正，有顺有序，有奖有激。”[3]可见其将作状视为八股文的写作，而珠语的运用则为破题之关键，直接决定了状词内容的描写，起到了提纲挈领的作用。

同时，讼师秘本的制作者也深知诉状的珠语会使州县官对案情产生第一印象，进而直接影响其对案件的判断。美国心理学家洛钦斯最早提出了首因效应理论。首因效应，也称为第一印象作用或先入为主效应。首因是指首次认知客体而在脑中留下的“第一印象”，而首因效应则是指个体在社会认知的过程中，通过“第一印象”最先输入的信息对客体以后的认知产生的影响作用。研究发现，首因效应作用极强，持续时间也很长，使人在心理上产生对某人或某事带有第一印象中情感因素的定势，从而影响其之后对该人或该事的评价。[4] 而诉状的珠语表达恰恰是州县官对案件的第一印象，其可能直接决定了官员对呈状人情感上的偏向，进而影响案件的判决。故此，讼师秘本中的珠语常用“虎噬”“鲸吞”来表现被告的贪婪及涉案金

---

〔1〕 参见黄岩诉状中状式条例的内容，载田涛、许传玺等主编：《黄岩诉讼档案及调查报告》，法律出版社2004年版，第18页。

〔2〕 参见（清）《福建省例》，“条款状式刊入省例”，台北，大通书局出版社1984年版，第963～971页。相关介绍可见后文。

〔3〕 《惊天雷》“格言”，载杨一凡主编：《历代珍稀司法文献》第十一册，《明清讼师秘本八种汇刊》（上），社会科学出版社2012年版，第244页。

〔4〕 马燕：《浅析“首因效应”》，载《科教文汇》2009年11月上旬刊，第62页。

额巨大,用"斩祀""杀命""强夺""吞骗"来说明被告行为的违法性及主观恶行,更有"恃长""悖义""虎恶"等语以表达被告一方仗势欺人、横行一方之感。通过类似的描述,阅状者便会不自觉地对案件形成第一印象,产生对呈状者的同情或对被告方的厌恶。珠语正是通过其夸张的表达与渲染,使州县官对案件引起注意,并在第一时间产生倾向呈状者的心态,从而有利于案件的受理,增加呈状者胜诉的可能。这同样也是珠语所发挥的重要作用。

2. 案情的描述

如果说珠语在一定程度上体现了诉状与秘本间在语言表达上的共同特征,那么相比两者在案情描述中的相似之处,其只能称作是看到了冰山一角而已。

为了便于读者撰写状词,讼师秘本中对一些常用或新增的语句进行了总结,称作珥语、碎玉等,而这其中就有许多用词可在清代诉状里找到对应。如《惊天雷》中总结的户部珥语中有常用于田土纠纷状词中的"一旦强吞""田连恶陌""倚富鲸吞"等语,商贾用语中也有"虎价噬商""鲸吞财命""一口鲸吞""日食艰难"等词多见于有关钱债纠纷的诉状中。在状词实例中,其用词的特点便更加明显。在指代被告时,其多用"恶""豪"等词,有的还称被告为"奸恶""凶恶",这种用法在清代诉状中屡见不鲜。此外,前文中曾指出状词中多有用虎、狼、鲸等野兽有关的词语来渲染对方的凶横程度,这在讼师秘本中可谓表现得淋漓尽致。除了"虎噬""鲸吞"等常用词之外,其用"毒心似蟒""毒心似虎"等词体现被告的奸恶之状,以"鹊巢鸠占"说明房屋被霸占的事实,以"虎居羊穴""虎棍驱羊"表达对方仗势强霸、欺凌弱势之态。其还用"骨肉豺狼""心如虎狼"等形容对方的不法行为,这与诉状中"威似虎狼""恶凶如狼"等词可谓一脉相承。

在具体描述案件经过时,讼师秘本的状词实例中也常用"讵""岂""顿"等转折性词语,以表示事发的突然。如讼师秘本《两便刀》中有这样一则状词:

"恩怜违命事。兄属嫡生,身系支出,父存分产,品作三股,先抽一股,让长二股均分,外有百金祭田,互相管业。父死未冷,岂兄顿萌祸心,狼吞虎噬,强占祭田,独霸堂屋,逐身外楼。零丁母子,情惨昏天,控冤上告。"[1]

通过对比,笔者发现其与黄岩58号诉状[2]、巴县档案中"乾隆五十六年九月十八日正里八甲雷元华告状"[3]具有极高的相似性。这三份状词所涉及的案情虽有所不同,但在描述被告侵占财产的行为时,均用表示出乎意料的"讵"或"殊"将话锋一转,指出其"顿"起不良之心,即"顿起贪心""顿起狼心""顿萌祸心",以表达主观恶行的产生。同时,诉状中"吞噬账产"的描述与秘本中"狼吞虎噬"的含义一致,均用以描述被告的侵占行为,只是秘本中的状词由于为实例或模板,故而比实际诉状在具体情节的描述上更为简略。

此外,已有学者对讼师秘本中语词的修辞进行了研究,并指出了强弱之分的特点。[4] 这些用词特点与前文所总结的清代诉状中多用"恶""逆"及"虎翼""鳄老"等语来指代被告的用法完全一致。通过这些称谓,状词给人传达的信息是被告处于强势地位,体现的是一副凶恶面貌。当然,仅以称谓的夸张并不能体现出对方的强势,故而秘本的状词中也常常会对被告一方势力状况及平素恶行极力渲染。例如,秘本的状词中往往突出被告为富不仁的形象,指出其"屋似蜂房,皆系鸠居逐鹊;田如蚁垒,多由虎棍驱羊"[5]、"家蓄万金,不欲人藏斗米"[6],或者其会将被告描述为品行不良之辈,称其"心无天良,品不月皎"[7]"毒心似蟒,利口如刀"[8],指出被告

[1] 《两便刀》,卷之二·争占类,《告争继产》,载杨一凡主编:《历代珍稀司法文献》第十一册,《明清讼师秘本八种汇刊》(上),社会科学出版社2012年版,第420页。

[2] 田涛、许传玺等主编:《黄岩诉讼档案及调查报告》,法律出版社2004年版,第313页。

[3] 四川省档案馆编:《清代巴县档案汇编》(乾隆卷),档案出版社1991年版,第169页。

[4] 参见潘宇:《明清讼师秘本中的状词解析》,载《法制与社会发展》2007年第3期,第16~27页。

[5] 《透胆寒》,卷之八·田土类,《覊谋连锦告》,载杨一凡主编:《历代珍稀司法文献》,第十一册,《明清讼师秘本八种汇刊》(上),社会科学出版社2012年版,第165页。

[6] 《透胆寒》,卷之六·房屋类,《越界占基告》,载杨一凡主编:《历代珍稀司法文献》,第十一册,《明清讼师秘本八种汇刊》(上),社会科学出版社2012年版,第142页。

[7] 《透胆寒》,卷之六·房屋类,《肆火毁居告》,载杨一凡主编:《历代珍稀司法文献》,第十一册,《明清讼师秘本八种汇刊》(上),社会科学出版社2012年版,第146页。

[8] 《透胆寒》,卷之六·房屋类,《欺占孤孀告》,载杨一凡主编:《历代珍稀司法文献》,第十一册,《明清讼师秘本八种汇刊》(上),社会科学出版社2012年版,第139页。

平素“跋扈无忌,谣称市虎”[1]“恃刁藐法,见利生谋”[2]。种种描述,往往使人顿生厌恶,从而达到置被告方于不利地位的目的,而这种做法恰恰与清代诉状中以“恃富持豪”“惯谋利己”“多事行凶”等说明被告素来行为不端或恶性难改的描述相互吻合。此外,秘本与诉状中都试图将对方“塑造”为健讼之徒,如控诉被告“恶不可背,且乐讼捏词”[3],或指出其兴讼行为多由“心腹交唆”[4],即他人教唆所致。这种描述大多出现在秘本的“诉”状之中,从而否认“告”状中呈状人所指出的种种恶行,反以诬告作为辩驳的理由,要求官府惩处。

而与之相对的是秘本中状词实例对呈状人弱势情形、悲惨境遇的描述。除了前文中提及的珠语中“吞家绝食”“鲸吞绝命”等体现身处绝境的用词之外,状词内容中也有许多类似的表述。一方面,其突出父亲或丈夫等亲人的离世这一信息,表达生活窘困之状,如“妻无夫,子无父,茕茕两口,独依天”[5]“父早丧,母嫁人,孤苦伶仃”[6]“幼失佑护,孤苦无依”;[7]另一方面,其还要描述出被告的侵害行为给呈状人带来的极大危害,使其无法正常生活,甚至有命悬一线之感,如侵占田土的行为往往被描述成会导致“三口绝食,业吞命绝”[8],而因卖房遇骗引发的房宅纠纷中,状词中有“身贫乏食,年歉耽饥,卖屋活荒,困穹无奈,拆屋遭骗,速死

---

〔1〕《萧曹遗笔》,卷之二·田宅类,《屋不供租》,载杨一凡主编:《历代珍稀司法文献》,第十二册,《明清讼师秘本八种汇刊》(下),社会科学出版社2012年版,第535页。

〔2〕《萧曹遗笔》,卷之二·田宅类,《重复典卖》,载杨一凡主编:《历代珍稀司法文献》,第十二册,《明清讼师秘本八种汇刊》(下),社会科学出版社2012年版,第530页。

〔3〕《透胆寒》,卷之六·房屋类,《勒骗蜗居告》,载杨一凡主编:《历代珍稀司法文献》,第十一册,《明清讼师秘本八种汇刊》(上),社会科学出版社2012年版,第140页。

〔4〕《透胆寒》,卷之八·田土类,《欺幼霸业告》,载杨一凡主编:《历代珍稀司法文献》,第十一册,《明清讼师秘本八种汇刊》(上),社会科学出版社2012年版,第171页。

〔5〕《透胆寒》,卷之六·房屋类,《勒骗蜗居告》,载杨一凡主编:《历代珍稀司法文献》,第十一册,《明清讼师秘本八种汇刊》(上),社会科学出版社2012年版,第140页。

〔6〕《惊天雷》,卷之四·下层·田宅类,《兄赚弟吞屋》,载杨一凡主编:《历代珍稀司法文献》,第十一册,《明清讼师秘本八种汇刊》(上),社会科学出版社2012年版,第338页。

〔7〕《惊天雷》,卷之四·下层·田宅类,《磊利夺屋》,载杨一凡主编:《历代珍稀司法文献》,第十一册,《明清讼师秘本八种汇刊》(上),社会科学出版社2012年版,第339页。

〔8〕《惊天雷》,卷之四·下层·田宅类,《姆告侄占田》,载杨一凡主编:《历代珍稀司法文献》,第十一册,《明清讼师秘本八种汇刊》(上),社会科学出版社2012年版,第337页。

何堪"[1]之语，既表达了卖屋存活的无奈，又说明了遇骗而无家可归的惨状。《惊天雷》中有一则状词描写了因争夺继产而发生的纠纷其中这样写道："殊枭兄顿生祸心，飘字争夺，殴伤婶氏，逐出身妻，封占仓廒，霸据占地，鲸吞房屋，破毁锅灶，三口绝食，一族沉冤。"[2]其通过对案情精练的描述，展现了被告霸占继产、逞凶殴打，致使呈状人全家衣食无着的悲惨命运，以博取阅状人的同情，也为诉讼的合理性提供了依据。这种通过强弱之势的对比来渲染状词内容的风格与前文中所总结的清代诉状中强弱之势的特点完全一致，这说明讼师秘本对清代诉状的影响不仅体现在珠语的运用上，更表现在行文的基本模式之中。

3. 证据、诉求及结语部分的语词运用

清代各地诉状后附的《状式条例》中有许多条目涉及证据规则，其中均规定状词中若不指出相关证据则不予受理。虽然这样的规定是为了防止滥诉的现象、限制民事纠纷案件的审理数量，从而压制当事人启动诉讼的可能，将诉讼活动挡在衙门之外，[3]但其同时也在很大程度上影响了状词中证据的书写要求，并在讼师秘本中反映出其对证据内容的重视。

讼师秘本为了更好地指导状词的书写，符合官府对状词的要求，使纠纷能够顺利地得以受理，则必然需要考虑到《状式条例》的相关规定。"十段锦"中便专门指出"证由"为状词是重要组成部分，是"一词之轴，犹最关切要"。[4] 在讼师秘本的状词实例中，有许多有关证据表述的语词与诉状用语相似，如田土纠纷的状词中有"券钤县印可稽，中见活口可鞫"[5]"契券界限明白，山邻可凭"[6]等语，而有关钱债纠纷的状词中也以"文约可

[1] 《透胆寒》，卷之六·房屋类，《灭食逐楼告》，载杨一凡主编：《历代珍稀司法文献》，第十一册，《明清讼师秘本八种汇刊》（上），社会科学出版社2012年版，第143页。

[2] 《惊天雷》，卷之四·下层·继立类，《告争继立》，载杨一凡主编：《历代珍稀司法文献》，第十一册，《明清讼师秘本八种汇刊》（上），社会科学出版社2012年版，第333～334页。

[3] 有关研究参见邓建鹏：《清代〈状式条例〉研究》，载《清史研究》2010年8月第3期，第1～12页。

[4] 《惊天雷》，卷之下·下层，《十段锦法门直解》，载杨一凡主编：《历代珍稀司法文献》，第十一册，《明清讼师秘本八种汇刊》（上），社会科学出版社2012年版，第246页。

[5] 《惊天雷》，卷之四·下层·坟山类，《告争山》，载杨一凡主编：《历代珍稀司法文献》，第十一册，《明清讼师秘本八种汇刊》（上），社会科学出版社2012年版，第344页。

[6] 《两便刀》，卷之二·争占类，《告争山》，载杨一凡主编：《历代珍稀司法文献》，第十二册，《明清讼师秘本八种汇刊》（下），社会科学出版社2012年版，第422页。

证”“账约存证”等来表示案件证据确凿。当然，秘本中其他类型的民事纠纷状词里也有类似的证据表述，如“婚书炳据”“继纸存证”等，而这些对证据的明确指出也同样体现在了清代诉状之中，甚至连“炳据”“存证”等用词都完全相同。

此外，由于民事纠纷被刑事化叙述的撰写特点，状词在描写被告逞凶殴打的情形之后，通常会开列伤痕、证人，以增加状词的可信性，并符合《状式条例》的要求。讼师秘本《两便刀》中一起有关继承纠纷的状词中写道：“义父遗财产，身与弟某均分，中亲族长，关眼同证。岂弟若酒迷心，贱价泼卖，伯谏被辱，母诫遭詈，里邻可证。”〔1〕其不仅交代了财产分配时有证人存在，还指出其弟逞凶时有邻人看见，可作证人，从而符合了官府受理状词的证据条件。而更多类似的作证用语则出现在讼师秘本所列举的人命类、斗殴类等状词实例当中，如“拖地凶殴几毙，堂弟某、族长某同证”〔2〕“触凶唱伙擒殴，木棍丛打，拳踢两下，昏死复苏，幸地甲某救证”。〔3〕这样详细描述伤势情况、被伤部位、行凶器具的做法与清代诉状中的描写得以对应，例如“拳伤蚁左太阳脸胞不遂，大鉴尤抓伤头顶，咬断左手中指，幸周玉顺拖救。蚁投鸣凉水场客约萧光哲、王文杯等看伤知证”〔4〕“讵被迁怒，不分皂白，辄喝同葛阿四等，将松扭发倒地，用钱圈凶殴脊背、臂膊、大腿等处，内损晕地。幸经俞道增等力救，未遭殴毙可证。”〔5〕这样类似的描写在清代诉状中不胜枚举，而这也说明清代民事诉状在增添行凶情节的描述时，特别是有关证据的表述方面不仅参考了讼师秘本中田土、钱债纠纷的描写方式，还吸收了人命、斗殴类刑事状词模板中的用语，以符合状词的要求。

诉状中的诉求与结语部分对应于“十段锦”中的“结局”与“事释”。讼

〔1〕《两便刀》，卷之二·继立类，《告》，载杨一凡主编：《历代珍稀司法文献》，第十二册，《明清讼师秘本八种汇刊》（下），社会科学出版社2012年版，第431页。

〔2〕《两便刀》，卷之二·斗殴类，《告》，载杨一凡主编：《历代珍稀司法文献》，第十二册，《明清讼师秘本八种汇刊》（下），社会科学出版社2012年版，第417页。

〔3〕《两便刀》，卷之四·杂状类，《告》，载杨一凡主编：《历代珍稀司法文献》，第十二册，《明清讼师秘本八种汇刊》（下），社会科学出版社2012年版，第475页。

〔4〕《道光九年十一月十五日孙仲应告状》，载四川省档案馆、四川大学历史系主编：《清代乾嘉道巴县档案选编》1989年版，第37页。

〔5〕《光绪二年二月十三日郑丙松呈为迭理迭翻，叩求提究事》，载田涛、许传玺等主编：《黄岩诉讼档案及调查报告》，法律出版社2004年版，第242页。

师秘本中的一些状词实例会直接明确相应的民事诉求，如“乞准亲提斧断，追给田还，死生衔结”[1]“乞赐点佥入继，庶祀产有主，人鬼均沾”[2]“恳天作主，提究屋价，两端追给”[3]等。但更多的诉求表达往往是请求州县官亲自审理案件、惩治不法行为，从而保全呈状者之性命，似乎债务纠纷或权属争议不再是案件之核心，例如“号天殄孽，电劈斩诬”[4]“乞天追偿，锄奸正法，绝者苏生”[5]“乞赐准查年月、扣给本利，免遭鲸吞，以存蚁命”。[6]这些描述大多将案件的审理与自身的境遇结合起来，试图引起州县官的重视与怜悯。

《惊天雷》所载的“十段锦”后还分类列举了一些结局与事释部分的常用词语，包括称官类、求怜类、恳求州县官亲自审理的用词、恳求州县官裁断的用词以及惩罪类、感恩类的表述；而对于结尾类则多为上告、叩告、哀告、单告、佥告、上诉、单诉、哀诉、泣诉、迫告、伏告等。[7] 这些总结无疑为诉状撰写者提供了现成的语词，而清代诉状中也存在类似的表述，如“电赐”“电发雷威”“恳电讯劈”等语与秘本中“雷断”“霆断”的用法均借用雷、电等自然现象以恳求案件得以迅速审理，“恩赏”“沾恩”“迫叩”等词与秘本中“活恩”“迫切”的用法一致，而“伏乞”“叩乞”等恳求之语则更是与秘本中“乞怜”“俯怜”等用语保持着相互关联性。

(二)叙述模式上的影响

讼师秘本与清代诉状的相似之处不仅表现为语词运用上的特点，更

---

〔1〕《两便刀》，卷之一·债负类，《告》，载杨一凡主编：《历代珍稀司法文献》，第十二册，《明清讼师秘本八种汇刊》（下），社会科学出版社2012年版，第406页。

〔2〕《萧曹遗笔》，卷之二·家业类，《定继杜争》，载杨一凡主编：《历代珍稀司法文献》，第十二册，《明清讼师秘本八种汇刊》（下），社会科学出版社2012年版，第528页。

〔3〕《萧曹遗笔》，卷之二·田宅类，《赚吞房屋》，载杨一凡主编：《历代珍稀司法文献》，第十二册，《明清讼师秘本八种汇刊》（下），社会科学出版社2012年版，第532页。

〔4〕《惊天雷》，卷之四·下层·田宅类，《兄赚弟吞屋》，载杨一凡主编：《历代珍稀司法文献》，第十一册，《明清讼师秘本八种汇刊》（上），社会科学出版社2012年版，第338页。

〔5〕《惊天雷》，卷之四·下层·田宅类，《告脱财本》，载杨一凡主编：《历代珍稀司法文献》，第十一册，《明清讼师秘本八种汇刊》（上），社会科学出版社2012年版，第358页。

〔6〕《萧曹遗笔》，卷之四·钱债类，《欺寡负债》，载杨一凡主编：《历代珍稀司法文献》，第十二册，《明清讼师秘本八种汇刊》（下），社会科学出版社2012年版，第557页。

〔7〕《惊天雷》，卷之下·下层，《十段锦法门直解》，载杨一凡主编：《历代珍稀司法文献》，第十二册，《明清讼师秘本八种汇刊》（下），社会科学出版社2012年版，第247~248页。

在叙述模式上体现出了讼师秘本在很大程度上为清代诉状提供了文本参考。

以黄岩诉讼档案57号诉状和讼师秘本《萧曹遗笔》中的一则告状为例。[1] 两则状词均涉及田土纠纷，且因而发生了逞凶殴打的情形，而其叙述模式、情节表达之间的相似性，实在值得引起我们的注意。首先，状词中对被告的称谓具有感情色彩，以"悍泼侄妇""枭叔"来指代；其次，被告均被描述为恃强凌弱的形象，前者"不分皂白，恶声詈骂"，且纵子"犯上倒诬，抗不遵理"，而后者更是倚仗人多势众，强占田土，使身处弱势的被告"骂不敢言，打不敢敌"；最后，案情描述中呈状人在被告上门逞凶时都表现出了隐忍避祸的姿态，退避内房，从而使人感觉其在情理上占优，而被告却不依不饶，恃强逞凶，都将呈状人之妻殴打凌辱。

由此可见，讼师秘本中状词的叙述模式与清代诉状有着共同的特点。本节中，笔者将进一步分析清代诉状与讼师秘本在内容组成和民事纠纷的刑事化叙述两方面的共性，从而再次说明讼师秘本对清代诉状产生的深刻影响。

1. 状词内容的组成

讼师秘本中常有关于写状技巧的描述，而其中最具代表性的便是作状"十段锦"了。"十段锦"是指状词中需具备的十个要件，《惊天雷》中对其进行了详细的解释。[2] 由此可知，讼师秘本将状词分为：主语、缘由、期由、计由、成败、得失、证由、截语、结局和事释十个部分，每一个部分有其相应的作用。

当然，虽然讼师秘本中的状词均十分简略，有的状词并未包含全部十个要件，但其行文结构还是基本保持了大致的部分。与此同时，通过比照诉讼档案，可发现这十个部分能在清代诉状中得到一一对应。笔者依旧以黄岩诉讼档案1号诉状为例，在进一步介绍这十个部分作用的同时，说明其与讼师秘本中所载"十段锦"的关联性。

---

〔1〕 参见田涛、许传玺等主编：《黄岩诉讼档案及调查报告》，法律出版社2004年版，第312页。《萧曹遗笔》，卷之二·家业类，《侄告叔殴》，载杨一凡主编：《历代珍稀司法文献》，第十二册，《明清讼师秘本八种汇刊》（下），社会科学出版社2012年版，第526页。

〔2〕 参见《惊天雷》，卷之下·下层，《十段锦法门直解》，载杨一凡主编：《历代珍稀司法文献》第十一册，《明清讼师秘本八种汇刊》（上），社会科学出版社2012年版，第245～246页。

首先，主语的作用在于介绍大致案情，即“将事情本末缘由详细议明”，诉状中“噬修被殴”四字便将案件的核心——被告拖欠学费且逞凶殴打的情形精准地描述了出来。缘由是指“当先事迹之根源”，即案件发生之背景或起因，诉状中“窃夑家无担石……账目整整”一段介绍了呈状人徐廷夑在被告家中教书以致被拖欠学费的背景性信息。而期由与计由分别为案件发生的具体时间和被告的主观恶性，如状词中“迨至本月十五日，欲往伊处，路经土屿地方”即为期由，“乘鳌诱粜谷后差工送钱……又复拖延”几句即为计由。成败与得失则指的是被告的具体恶行“反敢詈骂，挺身逞凶”以及对当事人造成的最终结果“时幸市人力阻，未遭荼毒”。证由即证据，“十段锦”中指出“此乃谓成败得失之后，必有见证付证，方有确据”，足见此部分之重要，诉状中“绅董张敷纪等，共见共闻”一句便体现了这一点。其后是截语，“状中有此一段名曰关门，则府县易为决断”，可知截语部分是表达被告行为有违律法、有碍情理的总结性内容，也是体现当事人诉讼合理性的依据，如诉状中“但夑一介书生，岂肯匍匐公堂？则束修虽小，而情理难容，若不急求饬差严拘询追，蒙师之业已废矣”一句便表达了当事人愤慨与无奈之情，即为截语之内容。最后，是结局和事释，即“电发饬差严拘迅追，惩顽恶以崇文教”的诉讼请求和“上呈”的结尾部分。

前文中，笔者总结了清代诉状写作格式上的特点，将其分为了六个主要部分，而通过上述状词的分析可知，这些部分即对应了“十段锦”的内容。首先，主语对应于状词中的珠语，缘由即案件发生的背景；其次，期由、计由、成败、得失和证由均包含在案件经过的描述当中，而截语部分是对诉讼正当性的总结；最后，是结局和事释，即笔者所说的诉求与结尾部分。

经过两者的比较，我们不难发现，诉状的基本格式、组成部分及叙述顺序均与“十段锦”所描写的写作方式保持了一致。由此可以推测，在缺乏法律知识普及和正式培训机构的清代，讼师秘本很有可能成为写状者的最佳蓝本。

2. 民事纠纷的刑事化叙述

讼师秘本对清代诉状在叙述模式方面的另一大影响便表现在民事纠纷的刑事化叙述上。前文中指出清代的民事诉状大多都将田土、钱债纠纷渲染成逞凶杀人的刑事重案，最起码也会在状词中提及被告对呈状人有凌辱恫吓之情形。然而仔细分析状词的核心，或参照州县官的批语及审理时的证词后可发现，这种民事纠纷的刑事化叙述只是当事人意图引起州县官重视，使案件得以受理而在叙述方式上进行渲染的一种常用手段。在对照了讼师秘本中的相关状词后，笔者更加确信，状词的这种写作习惯很大程度上来自对讼师秘本的参照。

讼师秘本《两便刀》中有一则关于兄弟争产的状词，描述了哥哥强占继产且殴打其弟的情形。该状词中在哀诉其兄长将家产全部"鲸吞"的行为之后，加上"反嗔理论，毒手殴打几死"一句，从而使案件性质从继承纠纷升级到了伤人害命的刑事重案，让人感到被告不仅有违情理，还触犯律法，其行为实在可恶。[1] 而同样是兄弟争产的案件，万承诉状中的一份状词在介绍具体案情时指出："讵意×年有×村奸恶×顿起不良，叨唆逆弟，并邻舍×勾同取虫捆绑殴打，声言祖业尚有畲地那×一片，逼令虫着钱二十千文之约，始得解脱。"[2] 从中可知，呈状人指控被告为了争夺继产不惜将其"捆绑殴打"，勒索钱财，使案件的性质从有关继承的民事纠纷瞬间改变为勒诈殴打的刑事重案，这与秘本中的描写手法是极为类似的。

在钱债纠纷是案件中，清代诉状与讼师秘本之中的一些描写也体现了民事纠纷的刑事化叙述这一特点。秘本《两便刀》的一则状词中这样写道："刁恶某借银五两，约限某月交还，临期节取，触凶反殴。"[3]《萧曹遗笔》中也有类似描述："讵恶不念同胞暴露，分厘不吐，反将阿身毒拳殴辱。"[4] 其均描写了如下情形：呈状人将钱借给被告后，被告未按约定付还，而是意图赖占；呈状人与其理论之时，却遭到了詈骂侮辱，甚至殴打。而这样的情节在清代诉状中屡见不鲜，如宝坻县档案里有关钱债案件诉状中的相关表述中就包含了众多殴打的情节。而在巴县档案中，同样有许多呈状人索债不成，反遭凶殴的情节。如"嘉庆八年四月二十五日张元甫禀状"中，呈状人张元甫指出被告欠其工钱二十四千未付，"屡讨叠索，奈维邦特约狠毒，置

〔1〕《两便刀》，卷之二·继立类，《庶弟告嫡兄》，载杨一凡主编：《历代珍稀司法文献》第十二册，《明清讼师秘本八种汇刊》（下），社会科学出版社 2012 年版，第 431 页。

〔2〕《17. 兄弟争产业》，载王昭武收集、韦顺莉整理：《万承诉状》，广西人民出版社 2008 年版，第 59 页。

〔3〕《两便刀》，卷之一·债负类，《告》，载杨一凡主编：《历代珍稀司法文献》第十二册，《明清讼师秘本八种汇刊》（下），社会科学出版社 2012 年版，第 405 页。

〔4〕《萧曹遗笔》，卷之二·钱债类，《告夫叔负债》，载杨一凡主编：《历代珍稀司法文献》第十二册，《明清讼师秘本八种汇刊》（下），社会科学出版社 2012 年版，第 559 页。

若蚁闻”;而当其又向被告讨钱之时,却“遭恶估骗,父子朋殴,非周仕英等施救,蚁命莫保,伤惨已极”。[1] 又如“乾隆四十年十月初七日张洪道禀状”中,被告李成龙欠呈状人张洪道六十千钱,“分文不给,叠讨至今”,而当张洪道与其兄张洪远到被告家中“理取”时,其兄被掌掴以致“两脸青肿”,又被“棍条打伤两膛,扯破衣服一件”,从而“卧床呻吟不已,恐有不测”。[2] 而类似的表达在笔者所见的状词中不下百份,均是在民事纠纷的状词中添加入一些刑事情节,从而显示案件的严重与紧迫。前文中笔者恰又指出了状词中殴打伤人情节具有夸张与虚构的成分,那么,是什么导致了大量有关田土、钱债等细事纠纷的诉状中还一如既往地要加上类似的情节呢?答案只有一个,那就是民事纠纷的状词加以刑事化的修辞特点是来源于作状之重要参考讼师秘本的相关叙述模式。虽然秘本对案情中刑事性的情节描写极为简略,但其却为诉状的撰写提供了一种基本的范式,使其在此基础上进一步夸张,从而得到州县官的同情与重视。故此,讼师秘本对清代诉状民事纠纷的刑事化叙述特点的形成产生了重要影响。

(三)讼师秘本中的情、理、法对诉状的影响

清代诉状中常以情、理、法作为诉讼正当性的依据,而讼师秘本中也处处贯穿着情、理、法的理念。

一些秘本在诉讼技巧部分就阐述了情、理、法的重要作用。如《萧曹遗笔》中指出:“大凡治世有情、理、法,三者在我,兴讼告人,须防彼人装情敌我……先原情如何,次据理按法何如,熟思审料,如与人对弈。”[3] 又如《惊天雷》中认为情、理、法是诉讼的核心内容,缺一不可,“故致讼之道有三要,情、理、法而已。度情我必真,度理我不亏,度法我无犯,三者缺一,不能全其必胜矣”。[4] 可见,作为教人作状、助人胜诉的“构讼之书”,讼师秘本格

---

[1] 参见四川省档案馆、四川大学历史系主编:《清代乾嘉道巴县档案选编》1989 年版,第 322 页。

[2] 参见四川省档案馆、四川大学历史系主编:《清代乾嘉道巴县档案选编》(下册)1996 年版,第 140 页。

[3] 《萧曹遗笔》,卷之一,《词家体要》,载杨一凡主编:《历代珍稀司法文献》第十二册,《明清讼师秘本八种汇刊》(下),社会科学出版社 2012 年版,第 510 页。

[4] 《惊天雷》,卷之下·下层,《格言》,载杨一凡主编:《历代珍稀司法文献》第十一册,《明清讼师秘本八种汇刊》(上),社会科学出版社 2012 年版,第 243 页。

外重视情、理、法在状词中的运用。

秘本中状词中最能体现情、理、法这一诉讼正当性依据的是“截语”部分。“十段锦”中对截语的解释是:“此乃一状之中总断。务要言言合律,字字精详,词语壮丽,情理惨伤。状中有此一段名曰关门,则府县易为决断。”[1]这说明通过截语部分有关情、理、法的描述与渲染,可使州县官得知案件的诉讼正当性依据,从而便于州县官受理案件并进一步作出有利于呈状者的判决。

秘本的一些状词同清代诉状的写法相同,都会直接指出被告的行为有违情理、有悖理法,如“天理难容”“情理难甘”“律法何在”等,这种直接以“情”“理”“法”等词明确表达的方式并不严格区分情、理、法的含义,而仅作为一种固定用法表示基本的价值观念。同时,笔者认为在一些情况下,即使未出现情、理、法这些字词,秘本仍通过其描述表现了悖情、曲理、违法这三种不同的含义。

首先,“悖情”是指呈状人因被告的行为导致其权益遭受侵害或生存环境受到影响,超出了其可容忍的心理预期,有悖于人情,从而引发诉讼的这一正当性依据,被告的行为后果往往被描述得使人感觉到呈状人其情可悯,提起诉讼情有可原,故而笔者将其总结为“悖情”。在分析清代诉状的特点时,笔者将状词中诉讼正当性的依据分为两类,即现实的无奈与“情、理、法”的要求。而基于现实的无奈而产生的诉讼正当性依据中,那些表现呈状人身处弱势、生存堪忧,使常人在感情上无法接受的描述实际上表达的就是“情、理、法”依据中有违人情,使人情何以堪的“情”,亦即笔者所指出的“悖情”一类。例如,秘本中的一些表述以“可怜取田则谋主据契不可,取讼则卖主生银不偿”[2]“惟惊奸谋一笔,愚民家业成灰”[3]“切思豁价可还,业吞难出”[4]“切思放债求利,资家难被欺

[1]《惊天雷》,卷之下·下层,《十段锦法门直解》,载杨一凡主编:《历代珍稀司法文献》第十一册,《明清讼师秘本八种汇刊》(上),社会科学出版社2012年版,第248页。

[2]《透胆寒》,卷之八·田土类,《重谋吞业告》,载杨一凡主编:《历代珍稀司法文献》第十一册,《明清讼师秘本八种汇刊》(上),社会科学出版社2012年版,第168页。

[3]《透胆寒》,卷之八·田土类,《伪券谋田告》,载杨一凡主编:《历代珍稀司法文献》第十一册,《明清讼师秘本八种汇刊》(上),社会科学出版社2012年版,第178页。

[4]《惊天雷》,卷之四·下层·田宅类,《磊利夺屋》,载杨一凡主编:《历代珍稀司法文献》第十一册,《明清讼师秘本八种汇刊》(上),社会科学出版社2012年版,第339页。

负，财本无归"[1]等语，通过对既有危害结果的再次强调来体现被告行为有悖于人情，而更多的描述会指出呈状人陷入了生存之窘境或存在潜在的威胁，如"标祀自此无资，三祖含冤于地下，盘餐从今莫措，二人毙于枯肠"[2]"异地孤子，坐而待毙，举目无亲，情苦彷徨"[3]"痛思租赖田出，差由租供，肆毒纵害，一家无望"[4]等。这些描述往往相对夸张，普通的田土、钱债纠纷往往被指出会引起全家绝食、一族含冤的惨状，更有状词中将有关钱债说成娶妻之资，以"妻本被吞，绝后罪大"[5]来形容钱债纠纷会造成呈状人绝后的恶果。如此，其通过沿用强弱之势的语言风格来凸显案件明显的"悖情"之处。还有例如"冤苦穷愁，三生不雪"[6]"祸从天降，孤寡惊惶"[7]"极冤极苦，无路伸诉"[8]等类似的表述同样表达了呈状人情惨，被告人行为悖情的诉讼依据。故而，无论是对危害结果的强调还是对所处困境的夸张，其最终目的都是为了博得阅状者对当事人的同情之心，体现案件的悖情之处，从而为诉讼的正当性提供"情"的依据。而这种手法也直接反映在了清代诉状之中，即指出被告的行为影响了呈状者正常的生活，使其在情感上无法接受，有悖于常情，或是夸大案件的严重性以反衬出被告的悖情之处及呈状人境遇之悲惨，这些与讼师秘本中"悖情"的诉讼依据是一致的。

---

〔1〕《萧曹遗笔》，卷之二·钱债类，《脱借银两》，载杨一凡主编：《历代珍稀司法文献》第十二册，《明清讼师秘本八种汇刊》（下），社会科学出版社2012年版，第556页。

〔2〕《透胆寒》，卷之八·田土类，《绝膳灭祀告》，载杨一凡主编：《历代珍稀司法文献》第十一册，《明清讼师秘本八种汇刊》（上），社会科学出版社2012年版，第173页。

〔3〕《惊天雷》，卷之五·下层·商贾类，《告经纪吞货》，载杨一凡主编：《历代珍稀司法文献》第十一册，《明清讼师秘本八种汇刊》（上），社会科学出版社2012年版，第359页。

〔4〕《萧曹遗笔》，卷之二·田宅类，《畜伤稼穑》，载杨一凡主编：《历代珍稀司法文献》第十二册，《明清讼师秘本八种汇刊》（下），社会科学出版社2012年版，第531页。

〔5〕《萧曹遗笔》，卷之二·钱债类，《骗负妻本》，载杨一凡主编：《历代珍稀司法文献》第十二册，《明清讼师秘本八种汇刊》（下），社会科学出版社2012年版，第556页。

〔6〕《透胆寒》，卷之六·房屋类，《肆火毁居告》，载杨一凡主编：《历代珍稀司法文献》第十一册，《明清讼师秘本八种汇刊》（上），社会科学出版社2012年版，第146页。

〔7〕《惊天雷》，卷之四·下层·田宅类，《姆告侄占田》，载杨一凡主编：《历代珍稀司法文献》第十一册，《明清讼师秘本八种汇刊》（上），社会科学出版社2012年版，第337页。

〔8〕《两便刀》，卷之二·争占类，《告争产》，载杨一凡主编：《历代珍稀司法文献》第十二册，《明清讼师秘本八种汇刊》（下），社会科学出版社2012年版，第419页。

其次,“曲理”指的是呈状人通过指出案件中的行为违反了一般的做事原则或有悖于事务发展的正常逻辑,冲击了人们心目中的公平正义观念,从而为诉讼行为提供了正当性依据,一言以蔽之,兴讼是由于“岂有此理”。这种表述常以反问句的形式出现,如田土房宅纠纷中“既曰卖,何三代不输税基”[1]“恶不思假逾前文,何故三年不执业”[2]“果若夫写还,伊夫在,何不管业”[3],钱债纠纷中“切思昔日借银释迦口吻,今日负债盗跖心肠,可怜血本纤毫,岂容奸豪白骗”[4],继承纠纷中“切思父业未占毫末,继产岂兄滥卖,兄占弟业,无可谁何”[5]等语。而相对于“告词”“诉词”更多地运用了“曲理”的诉讼依据对“告词”中的案情描述予以辩驳。例如,面对隐田漏税、少交租额的指控,秘本的诉词实例中写道:“切卖契不虚,伊父何故甘宽于昔,况交租有历,佃户何肯苟额于今。”[6]又如,继承纠纷中被告以“不思伊父生则彻贫,死后岂有遗产”[7]作为回应,表明“告状”中指控侵占继产的荒唐之处;因钱债纠纷引发的诉讼中,秘本以“岂有债负,父在五年无闻,死经十年不取,陡于今岁捏告府县,更名易同,辗转渎骗”[8]为由,指出如果确实存在债务,原告为何不早日讨要,时隔多年提起显系图骗,从而说明事情有悖常理,难以使人相信。总之,这种以反问句的形式来表现“曲理”的表述均是为了说明被告的行为或原告所控诉的案情有违正常逻辑与

---

〔1〕《透胆寒》,卷之六·房屋类,《假券占巢告》,载杨一凡主编:《历代珍稀司法文献》第十一册,《明清讼师秘本八种汇刊》(上),社会科学出版社2012年版,第141页。

〔2〕《透胆寒》,卷之八·田土类,《重谋吞业告》,载杨一凡主编:《历代珍稀司法文献》第十一册,《明清讼师秘本八种汇刊》(上),社会科学出版社2012年版,第168页。

〔3〕《萧曹遗笔》,卷之二·田宅类,《私债田》,载杨一凡主编:《历代珍稀司法文献》第十二册,《明清讼师秘本八种汇刊》(下),社会科学出版社2012年版,第530页。

〔4〕《两便刀》,卷之一·债负类,《告》,载杨一凡主编:《历代珍稀司法文献》第十二册,《明清讼师秘本八种汇刊》(下),社会科学出版社2012年版,第405页。

〔5〕《两便刀》,卷之二·争占类,《告争继产》,载杨一凡主编:《历代珍稀司法文献》第十二册,《明清讼师秘本八种汇刊》(下),社会科学出版社2012年版,第421页。

〔6〕《透胆寒》,卷之九·耕种类,《隐田漏课告》,载杨一凡主编:《历代珍稀司法文献》第十一册,《明清讼师秘本八种汇刊》(上),社会科学出版社2012年版,第182页。

〔7〕《两便刀》,卷之二·争占类,《告谋家》,载杨一凡主编:《历代珍稀司法文献》第十二册,《明清讼师秘本八种汇刊》(下),社会科学出版社2012年版,第418页。

〔8〕《萧曹遗笔》,卷之二·钱债类,《欺寡负债》,载杨一凡主编:《历代珍稀司法文献》第十二册,《明清讼师秘本八种汇刊》(下),社会科学出版社2012年版,第557页。

道理之处，基于此才兴起了诉讼，以求州县官予以审理。

这种“曲理”的诉讼依据在清代诉讼中也极为常见，笔者以有关相邻关系纠纷为例予以说明。这里所列举的相邻关系纠纷主要是有关基于相邻关系而对自然流水的取用纠纷，即双方因共用水源问题而引发的纠纷。巴县档案“道光八年正月二十八日生封文光告状”中提及两造相邻处“有小溪一道，以河心为界，筑堰溉田，均分其水，多年无紊”，但被告擅自截占水道，经前任知县审断，要求双方均分堰道之水。谁料被告“藐违朱照”，甚至各持器械，拆毁堰道，吼称打杀，从而使呈状人迫不得已，再次兴讼。在状词中，其指出：“况田地各有定界，各有契约，生界内所出之水，应归生用，被伊越占毁堰灌田，生岂肯田渴？”这种据理力争的态度表明了诉讼行为的合理之处。[1] 又如“道光二十四年四月十八日宋文兴诉状”中，其针对原告方指出的霸截水流之指控予以回击，辩驳道：“切蚁大山雨大有水，无雨绝流，又隔文光一界，何为霸截？”[2]其同样以事物之常理来证明自己的清白。黄岩13号诉状是因公用水塘取水而引发的纠纷，状词中为了加强案件的可诉性依据也用“曲理”作为手段：“殊不思救苗固须车水，而吃水亦所当留。况此际并非大旱，何得将吃水塘车干。”[3]万承诉状中也有类似的表述，即通过对共用水流的自然流向之常理，来说明呈状人所指控的霸占沟水为诬告：“忖思×人买受×人之田，取水灌田，在于上沟之河，豪取×等取水灌田在于河尾，虫沟取水在于中间，用之不尽，取之不竭，何得霸夺于河为沟，反手作云，覆手作雨。”[4]这些争水纠纷的状词中典型地反映了以“曲理”为依据的诉讼用语，体现了人们为了追求其心目中的公平正义理念，即“理”，而寻求国家公权力予以救济的需要。

再次，是关于违法的诉讼依据。在对清代诉状中“情、理、法”的分析中，笔者曾指出其常用“法所难容”“王法安在”等词表明被告行为的急需

---

〔1〕 参见四川省档案馆、四川大学历史系主编：《清代乾嘉道巴县档案选编》1989年版，第9页。

〔2〕 参见四川省档案馆、四川大学历史系主编：《清代乾嘉道巴县档案选编》1989年版，第12页。

〔3〕 田涛、许传玺等主编：《黄岩诉讼档案及调查报告》，法律出版社2004年版，第253页。

〔4〕 《5.沟水争讼》，载王昭武收集、韦顺莉整理：《万承诉状》，广西人民出版社2008年版，第11～15页。

谴责性,同样,秘本中的一些用词亦是如此,如"租两不输,法如莫措"[1]"背义忘恩,律法何在"[2]等。这种搬出国法作为诉讼正当性依据的手法在本质上与"情"与"理"相一致,均是旨在增加州县官受理案件的可能性并在诉讼中占据优势,并非为了明确案件性质及相关法条。当然,由于被告一方往往以呈状人诬告为由予以反驳,故而状词中有指出诬告反坐之语,如"强骗以致诬词,推讯而当坐律"[3]"恳天安古今枯骨,按律制讼棍诬词"[4]等,但这也仅仅是以律法作为自辩清白的常用手段,目的是将"违法"的矛头指回呈状人。笔者认为状词中对"违法"诉讼正当性依据的表述方式可能出于多方面的考量。首先,状词的字数一般都有所限定,如黄岩诉状与淡新档案中的《状式条例》均要求呈词不得超过三百字,否则不予受理,故而呈状人不可能在有限的字数内详细列举律例的具体条文。其次,中国传统社会中实行的是集权统治,司法权力自然也是集中在统治者手中,而对于田土、钱债等自理词讼,即民事案件的审理,州县官拥有极大的自主权,这便决定了运用、援引律法是其职责,更是权力,呈状人过分强调具体律条有干涉司法权之嫌。最后,当时的法律知识并未得到实质性的普及,加之为了避免使州县官产生"好讼""讼棍"的不良印象,状词中更多地会运用"情""理"来作为诉讼正当性的依据,而极少以法律捍卫者的形象出现在人们的视野之中。

四、讼师秘本对清代诉状影响原因探析

前文以民事诉状为研究中心,对清代诉状与讼师秘本进行了比较分析。从中可以看出,讼师秘本的确对清代诉状的写作模式、叙述技巧、语词风格、正当性依据等方面产生了直接的影响,很大程度上促使了清代诉状相关特点的形成,并一直得以流传、发挥作用,甚至在民国的状词中仍可发现秘本的影子。然而,作为官府眼中"构讼之书"的讼师秘本在清代是作

---

[1] 《透胆寒》,卷之九·耕种类,《指典吞租告》,载杨一凡主编:《历代珍稀司法文献》第十一册,《明清讼师秘本八种汇刊》(上),社会科学出版社2012年版,第181页。

[2] 《惊天雷》,卷之四·下层·继立类,《告义子生心》,载杨一凡主编:《历代珍稀司法文献》第十一册,《明清讼师秘本八种汇刊》(上),社会科学出版社2012年版,第336页。

[3] 《透胆寒》,卷之六·房屋类,《假券占巢告》,载杨一凡主编:《历代珍稀司法文献》第十一册,《明清讼师秘本八种汇刊》(上),社会科学出版社2012年版,第142页。

[4] 《透胆寒》,卷之六·房屋类,《死害生居告》,载杨一凡主编:《历代珍稀司法文献》第十一册,《明清讼师秘本八种汇刊》(上),社会科学出版社2012年版,第149页。

为“扫黄打非”的对象所严厉打击的；与此同时，各地官府纷纷制定《状式条例》来规范诉状的书写，并为人们提供了一些书写模板，从而遏制秘本对诉状的影响。那么，讼师秘本缘何得以屡禁不止、广为流传呢？换言之，是什么原因使百姓甘愿冒着巨大的风险义无反顾地参照讼师秘本书写状词而无视官府之规定呢？本章即基于此疑问，探究清代人们选择讼师秘本作为书写诉状之蓝本之原因，亦即讼师秘本能对清代诉状产生影响的深层原因。

（一）清代诉状的官方规范

其实，讼师秘本很早就被官方所关注。《梦溪笔谈》中记载有可算是讼师秘本之雏形的《邓思贤》一书。[1] 虽然此书失传，但从其描述来看，这算是讼师秘本的雏形。明代官员也发现了讼师秘本的流传，查得名为《公理杂字》的讼师秘本，并立即“拘其教读讯而责之，并示禁：书肆不得市，学舍不得读，违者坐邻佑甲长”。[2] 可见明代已有官员开始明令查禁讼师秘本。清乾隆七年，对讼师秘本的查禁到达了顶峰，清廷定例规定：坊肆所刊讼师秘本，如《惊天雷》《相角》《法家新书》《刑台秦镜》等一切构讼之书，尽行查禁销毁，不许售卖，有仍行撰造刻印者，照淫词小说例，杖一百，流三千里。将旧书复行印刻及贩卖者，杖一百，徒三年。买者，杖一百。藏匿旧版不行销毁，减印刻一等治罪。藏匿其书，照违例制律治罪。其该管失察各官，分别次数，交部议处。[3] 而作为刑部官员的薛允升对该例的理解为：“讼师之徒，多系以虚为实，以无为有，颠倒是非，播弄乡愚，因得售其奸计，究其实，则此等构讼之书，阶之厉也。严讼师而禁此等秘本，亦拔本塞源之意也。”[4] 由此可见，为了取缔这类构讼之书，消灭健讼的源头，清廷对讼师秘本的打击不可谓不严厉，不仅对其予以销毁，禁止刻印、买卖、藏匿，对捏造刻印者比照淫词小说例，处以杖一百、流三千里的重刑，对买者处以杖一百的处罚，即便是失察的官员也要面对交部议处的责罚，从而督促其对讼师秘本加强追缴和查没。

---

〔1〕（宋）沈括：《梦溪笔谈》卷二十五。

〔2〕（明）汤沐：《公余日录》，丛书集成续编本。转引自龚汝富：《明清讼学研究》，商务印书馆2008年版，第69~70页。

〔3〕《钦定大清会典事例》（嘉庆朝）卷六百三十七，《教唆词讼》。

〔4〕（清）薛允升：《读例存疑》卷四十，刑律之十六，诉讼之二，“教唆词讼”。

与此同时，为了规范诉状的书写，避免夸大其辞、捏词耸听，从而遏制健讼之风的需要，清廷主要通过三种方式直接对诉状作出相关规定。

其一，通过各地出台的《状式条例》来规范状词。所谓《状式条例》是对于诉讼活动的地方性规范，其中对诉状的格式、书写的要求及诉讼程序等作了基本的规定。黄六鸿在《福惠全书》中指出："诉状不立，傍有善唆惯讼之人巧设虚局，并瞒代书，或代书虽据事以书，不限定字格，枝词蔓语，反滋缠绕……式定则不敢脱毋以全虚，字限则不得浮词以饰听矣。"〔1〕其还在文后附上了状式及状式条例，可见当时州县官为了提高诉讼的效率，避免唆讼、滥讼现象的出现而重视对词讼的规范。《状式条例》通常被印刷于官颁诉状的末尾，如黄岩诉状附有23条《状式条例》，〔2〕龙泉司法档案的诉状后附有22条《状式条例》，〔3〕巴县档案和淡新档案中也有相应的条款。这些条款虽然出自各地，但具体包含的内容大同小异。邓建鹏的研究中指出，《状式条例》主要规定了案件的"诉讼时效"、证据规则、诉讼人资格及诉讼代理人、状纸书写规范、一告一诉以及呈交正副状式的要求等，特别是对状词的书写，其"要求当事人开门见山、直奔主题、平铺直叙，不得蔓生枝节"，并对字数作出限定，从而试图统一状词的书写模式、语词风格及案情的叙述方式。〔4〕

其二，官方对各类案件制定了状式模板。为了进一步明确状式的书写要求，统一诉状模式，明清时期的官员针对不同类型的案件拟定了状式的模板。如明代吕坤在《新吾吕先生实政录》中就记载了27种案件的状式，涉及案情不仅有人命奸盗等重案，也包括了田土、婚姻、钱债等类型。其指出："迩刀风日甚，状中叙事仅数语，而形容彼罪，张大我冤，常居十六，冀骇闻一受耳……今定为式，各衙门一体遵行，倘违式滥准，官可知矣。"〔5〕清代的《治浙成规》中也指出，由于人命案件的呈词"多牵连别事，并牵告多

---

〔1〕（清）黄六鸿：《福惠全书》卷之十一，刑名部一·词讼，清康熙三十八年金陵濂溪书屋刊本。

〔2〕参见田涛、许传玺等主编：《黄岩诉讼档案及调查报告》，法律出版社2004年版，第18页。

〔3〕参见吴铮强：《龙泉司法档案晚清文书的类型与格式》，载《龙泉司法档案选编·第一辑·晚清时期》，中华书局2012年版，第20页。

〔4〕参见邓建鹏：《清朝〈状式条例〉研究》，载《清史研究》2010年第3期，第1～12页。

〔5〕（明）吕坤：《新吾吕先生实政录》卷之六，"状式"，明末影钞本。

人,实为恶习",为了"以杜支蔓,以遏刁诬",浙江按察使司对谋杀人命、斗杀人命、误杀人命三类案件的呈式作出了规定。[1] 《福建省例》更是详细地规定了状式的格式及要求,并附有状式模板与状式条例,以通行全省。《福建省例》中指出,闽地"民情刁悍,讼狱繁多,皆由讼棍教唆,以致捏情混控。或雀角微嫌,架捏大题。或砌款妄告,罗织多人……"为了遏制讼师教唆词讼的现象,福建巡抚规范了状词的书写模式,要求"官代书照式填写。倘敢不遵,即行棍责斥革外,合亟出示通谕"。[2] 在其后附上的状式中,其列举了二十种状词模式,对状词的书写作出了规范。其所列举的状式模板与明代官箴书中同类型的状词书写模式完全一致,甚至连用词都一字不差。

以明代《新吾吕先生实政录》[3]与清代《福建省例》[4]中财产与钱债的状式模板为例。首先,状词的写作结构相同。其均先介绍了呈状人的信息,并以所告事由作为珠语,如"为钱债事""为财产事";之后简要叙述案情、证据,以"上告"结束。其次,状词的叙述模式力求精简,对案情的叙述仅涉及核心信息,如对案件发生的时间、所涉财物、田宅数量作出要求,而不对被告的态度、表现或争吵场景等与案件实质无关的内容多作交待。再次,其语词运用相同或相似。如财产继承案件中,均以"应该某与某照枝派均分",而被告却"恃长"或"持强"、"霸去财产"等语予以描述。又如钱债类中,在阐述了借钱的时间、数量后,均指出有中人与借约为据,而被告却拖延多年,"本利分文不还""屡讨不还"等。可见明清时期,官府均极力规制状词的格式与表达,以便在一定范围内统一状式,遏制捏词滥诉的现象,减少健讼之风给官府带来的压力。

其三,通过设置并严格管理官代书来规范诉状的书写格式及语言表达。官代书指那些由官方考试录取并发给印证,以抄写状纸营利的代书。其设置的目的不仅是为不识字的当事人书写状纸,更重要的是"通过官代

---

〔1〕 参见(清)《治浙成规》卷六,臬政二·办案规则,清道光十七年刊本。

〔2〕 参见(清)《福建省例》,"条款状式刊入省例",台北,大通书局出版社1984年版,第963~971页。

〔3〕 (明)吕坤:《新吾吕先生实政录》卷之六,"状式",明末影钞本。

〔4〕 (清)《福建省例》,"条款状式刊入省例",台北,大通书局出版社1984年版,第966~967页。

书这一制度装置，保证状纸字体工整、字迹清楚，形式要件符合衙门要求，过滤谎讼或官方认为不必要的争讼，实现状纸书写格式化与内容真实化，便于符合官府要求的有限案件进入诉讼领域”。[1] 故而，官代书的重要职责之一为根据当事人的供述据实誊写状词或在抄录已写状词时予以核查，避免状词不符合书写要求或夸大其词。然而，官代书制度在运行过程中仍然无法避免官代书在利益的驱使下抄录或书写夸张的状词，于是清廷在《大清律例》中明确规定：“凡有控事件者，其呈词俱责令自作，不能自作者，准其口诉，令书吏及官代书，据其口诉之词，从实书写。如有增减情节者，将代书之人，照例治罪。”[2] 此外，地方官员通过《状式条例》以及示谕等规定对官代书进行了严格的要求。[3] 例如，刘衡在《州县须知》中指出，“一切呈词，宜直叙情节也”，官代书只须“依口直书，不准增删情节，违者不宥”。如果供词与呈词不相符，则“立传该代书入内署”，详细了解词状之来源，一面找出诉讼严办，一面“将该代书枷责革役，交保严束”。[4] 由此可见，作为诉状进入正式诉讼程序的最后一道屏障，官代书需要对状词进行审核以保证状词在格式上的规范性及内容上的真实性。而州县官对官代书的这种规范性要求也恰恰体现了其对诉状的规定。

上述三种内容可视为对于诉状最主要的地方性规范。然而，如前所述，即便在官员的三令五申下，百姓所呈交的诉状也并未严格按照《状式条例》的要求或状式模板予以书写，大量的状词仍然参考了为官方所严禁而在民间秘密流传的讼师秘本。那么，究竟是什么原因导致了当时的人们置官方的规定于不顾，而倾向于讼师秘本的书写模式呢？或者说，清代百姓在书写状词时是基于何种考虑而选择了讼师秘本呢？

（二）讼师秘本何以成为清代诉状蓝本

“趋利避害”是生物之本性，人亦不能摆脱生存之法则。当其在两件事物面前作权衡时，必然要考虑两方之利弊得失。故此，清代写状者更愿意

---

〔1〕 邓建鹏：《清朝官代书制度研究》，载《政法论坛》2008 年第 6 期，第 135 页。

〔2〕 《大清律例》卷三十，《刑律·诉讼·教唆词讼》，“条例”。

〔3〕 参见邓建鹏：《清朝官代书制度研究》，载《政法论坛》2008 年第 6 期，第 123～137 页。

〔4〕 参见（清）刘衡：《州县须知》，载官箴书集成编纂委员会（编）：《官箴书集成》第六册，黄山书社 1997 年版。

选择讼师秘本作为诉状之蓝本的原因从根本上讲就是，相较官方的规范，讼师秘本能带给清代涉讼民众以更大的“利”，且并不会产生实质上严重的后果，即其弊处小于其所见之利。本节中笔者将综合考量官方规范之缺陷、讼师秘本之优势以及民众之实际需求，同时结合违法规范之现实后果，通过官、民、秘本三者之间的动态分析来探讨讼师秘本得以成为民众选择并影响诉状的原因。

1. 官方规范的尴尬境遇

尽管《状式条例》的条款重述了《大清律例》中有关诉讼制度的主要内容，并填补了国家法典的空白，对某些律例予以细化，[1]同时状式模板也对多种案件的状词的书写提供了范例，但是这些官方规范本身存在一些问题，使民众难以完全依据其要求书写状词。

首先，《状式条例》基本上均为限制性条款，是对不符合诉讼要求的行为作出的禁止性规范。就诉状书写而言，其要求过于死板，在规范书写格式与书写内容的同时也极大地限制了民众的诉讼活动。如其对字数的要求往往仅限于三四百字，民事纠纷中所涉证人不得过三五名，这使案情复杂、涉案人员较多的词讼难以符合书写诉状的要求，也就难以进入诉讼程序，而这部分诉讼恰恰是非常需要官方的介入来解决的。案件的特殊性、灵活性与状词书写的死板规范产生了冲突，为了能够进入诉讼程序，人们往往会带着赌徒的心态，怀揣着一丝希望，宁愿冒着违反《状式条例》的要求也要作最后的尝试。同时，其对诉状的书写模式、语词运用并未作出正面的规定，而禁止捏词耸听的要求显得过于笼统，缺乏判断依据，故而参考讼师秘本等文本书写语词夸张、情节跌宕的诉状似乎比《状式条例》更具可操作性。

其次，官方提供的一些状词模板虽然力图统一书写模式及语词运用，但由于实际生活中案情的复杂多变以及类型的多样性，使其也难以发挥预想的作用。其一，从明清官箴书中所列举的状词模板看，其包含的案件类型并不全面，如坟山类、商贾类、林木类等常见纠纷类型并未包括在内。其二，前文曾指出明代官箴书《新吾吕先生实政录》与清代《福建省例》中状

[1] 有关《状式条例》与国家法典关系的研究参见邓建鹏：《清朝〈状式条例〉研究》，载《清史研究》2010年第3期，第6~8页。

式模板极为相似。然而,考虑到社会的发展、时代的变迁以及地域性的差异,清代福建地区仿照上百年前明代的状式模板来规范诉状的书写似乎显得缺乏实际操作性。以田宅类状式为例,官方模板中只描述了在某一时间,同中某人买得田宅若干,花费价钱若干,其后被人侵占这一情形。[1]而事实上,田宅类案件在实际生活中有不同的状况,如除了强占田土外,还可能发生越界占田、伪契占田的情形,也有可能因租佃、水流等原因产生田土纠纷;而涉及房屋类的纠纷则还有假契占房,屋基界限纠纷,以及因拆屋、烧屋、租屋或盗卖屋而引发的纠纷。可见官方的状式模板是无法满足社会发展中各类纠纷对诉状提出的要求的。其三,同类案件中由于情节缘由的不同会对状词的书写产生影响,而状词模板语言简洁平实,不能反映具体案件间的差别,亦不能凸显案件的严重性,从而引起州县官员的注意。针对不同的情形,其事件发生过程中的细节有所不同,这本可以为写状者提供相应的描写空间,从而凸显自己所遭受的惨状、对方行为的恶劣程度以及案件受理的急迫性,但这些内容若按官方的诉状模板则丝毫不能予以体现。可见官方的状式模板是无法满足人们面对各类纠纷时对诉状提出的要求,这使本就难以得到重视与关注的"细故"纠纷在这样的书写模式和语言表达下显得更加无力,得到州县官审理的希望几成泡影。这也就直接导致了官方的状式模板难以被民众所接受,人们转而选择讼师秘本等其他文本来书写状词的现象。

最后,官代书制度对规范诉状书写产生的作用极为有限。官代书最主要的只能是根据起诉人的口述来书写诉状或根据已写成的诉状进行核查和抄录。而根据唐则靖彦的研究,通过淡新档案所反映的情况来看,清代"至少有80%的诉状,是由官代书根据完成稿或草稿而写就"。[2]邓建鹏从黄岩诉讼档案的研究中也发现绝大部分诉状是"官代书之外的其他人缮写,后经代书审查、抄写并加盖戳记"。[3]这意味着原本希望通过官代书的书写来规范诉状的愿望在很大程度上落空。同时,即便是官代书自己书

〔1〕参见(清)《福建省例》,"条款状式刊入省例",台北,大通书局出版社1984年版,第966~967页。

〔2〕[日]唐则靖彦:《清代的诉状及其制作者》,牛杰译,载《北大法律评论》2009年第1辑,第33页。

〔3〕邓建鹏:《清朝官代书制度研究》,载《政法论坛》2008年第6期,第130页。

写的状词也很难保证没有夸张渲染的成分。由于同一地区的官代书之间存在竞争关系，且其以此为营利之手段，故而，为了争夺案源，满足当事人的需要，“通过书写声情并茂甚至‘耸听’的诉状以引起县官的注意，使案件得以进入有限的司法程序，自然成为官代书努力的方向”。[1] 如黄岩第25号诉状中，知县批语中指出呈状人郑可舜“妄渎朦混，实属刁健可恶。代书汪承恩通同舞弊，本应吊戳斥革，姑宽以责”。[2] 可见，官代书制度并未使诉状得以进一步规范，反而易使官代书沦为捏词耸听的“帮凶”。

通过这些规范本身，其创制者即清代官员们的厌讼、贱讼的主观想法与心态直接决定了官方规制的尴尬境遇。由于主观的道德认识与客观上司法资源的限制等原因，清代官员往往对词讼产生反感，并极力息讼。官箴书中常有涉及“劝民息讼”的内容，通过描述兴讼带来的恶果、渲染诉讼活动的恐怖来劝说百姓对于田土、钱债等在官方眼中的“细故”隐忍为上，省事息争。

正是这种厌讼、贱讼的观念直接决定了官方相关规范的性质与命运。在其观念的引导下，制定《状式条例》等有关诉状及诉讼行为的规范之目的是为了“去除状纸书写密行细字导致官员审案困难，防止当事人捏告、牵连人数过多，确保争议真实，提高审案效率，实现官方对诉讼秩序的控制”。[3] 也就是说，这种诉讼规则本质上是对诉讼当事人诉讼活动的限制与约束，通过抬高诉讼门槛来尽可能地将民间“细故”排除出诉讼活动，而非保障当事人的诉讼权利。故此，民众为了进入诉讼程序，为了使案件得以受理和判决，自然会舍弃官方的“紧箍咒”而另寻他途，这些官方规范也就难以发挥其预想的作用，成为“纸面上的要求”。

综上所述，诉状规范的自身缺陷，规则背后官员厌讼、贱讼的心态以及对民间词讼的漠视，自然使清代百姓对官方的诉状规范“想说爱你不容易”。当人们严格按照官方要求书写诉状而无法实现其诉讼目的，其逐渐就会置规范于不顾，而参考讼师秘本等文本，通过在诉状中语词渲染、夸大案情、牵连无关之事等手段吸引州县官员的注意，使案件能得到审理，并寻

---

[1] 邓建鹏：《清朝官代书制度研究》，载《政法论坛》2008年第6期，第130页。
[2] 田涛、许传玺等主编：《黄岩诉讼档案及调查报告》，法律出版社2004年版，第269页。
[3] 邓建鹏：《清朝〈状式条例〉研究》，载《清史研究》2010年第3期，第8页。

求胜诉的判决。

2. 柳暗花明又一村——讼师秘本对民众诉讼需要的满足

相对于“命盗重案”，户婚、田土、钱债等案件在州县官眼中属于“鼠牙雀角微嫌”，即民间“细故”。这些案件与州县官没有太大的利益关系，故而其不可能将有限的人力、物力投入此类案件的审理中。面对巨大的词讼压力，州县官往往疲于应对，而审狱断辟仅为众多行政治理工作的一项，其更核心的目标是为了教化民众以维持地方稳定。故此，民间词讼往往由于官员的不屑或视之为好讼行为而难以进入诉讼程序，难以得到州县官的审理和裁决。

然而，这些官员口中的“细事”对诉讼当事人而言却并非微不足道，反而与其生活密切相关且影响重大。有的官员也注意到了这点，例如方大湜指出：“户婚、田地、钱债、偷窃等案，自衙门内视之，皆细故也；自百姓视之，则利害切己，故并不细。”[1] 正所谓“细故不细，微嫌不微”，许多民间词讼均关乎百姓切身利益，影响其正常的生活境况，并非都是因一时之气或好讼之风而引发的诉讼。尤陈俊以讼师秘本《珥笔肯綮》中一则有关钱债纠纷的诉状为例，指出案件中五两银子的债务“在当时绝非小数目，尤其对于下层百姓而言更是如此”，一些被官员认为是“细故”的讼案，“实际上却可能在经济意义上对当事人相当重要”。[2] 类似的内容在清代的讼师秘本中也有所体现，如《两便刀》的一则“吞骗资本事”的状词同样是因被告借去银五两，拖欠不还，“触凶反殴”，故而告至官府，指出“可怜血本织毫，岂容奸豪白骗”。[3] 《萧曹遗笔》中有一状词描述了呈状人的丈夫生前借给其叔本银二十两，病故后其叔不仅赖账不还，还“毒拳殴辱”，故而请求官府“究墨追给，得送死养生”。[4] 那么，究竟这些案件的标的对寻常百姓意味着什么呢？根据黄冕堂的研究，康乾时期每石米（十斗米）价银在一两至二

---

〔1〕（清）方大湜：《平平言》卷三，“勿忽细故”，清光绪十八年资州官廨刊本。

〔2〕尤陈俊：《“厌讼”幻象下的“健讼”实相——重思明清中国的诉讼与社会》，载《中外法学》2012年第4期，第830页。

〔3〕《两便刀》卷之一·债负类，《告》，载杨一凡主编：《历代珍稀司法文献》第十二册，《明清讼师秘本八种汇刊》（下），社会科学出版社2012年版，第405页。

〔4〕《萧曹遗笔》卷之二·钱债类，《告夫叔负债》，载杨一凡主编：《历代珍稀司法文献》第十二册，《明清讼师秘本八种汇刊》（下），社会科学出版社2012年版，第558～559页。

两之间，合制钱1000—1600文；到了嘉道时及以后，每石米价银多在二两以上，合制钱3000—5000文。[1] 也就是说，如果以一石米二两银子计算，五两银子可买得约二石五斗米，而如果按照一名成年男子平均每年消耗粮食约为三石来计算，[2]其可购买十个月的口粮。而普通民众的年收入并不高，如汪辉祖在乾隆二十年受聘为七个学生的私塾先生时，岁修不过12缗，即12,000文铜钱；[3]黄岩1号诉状中呈状人徐廷燮的岁修为二十五千文，即25,000文铜钱。[4] 可见，十余两银子很可能是普通人家半年甚至一年的收入，他们又怎么可能为了迎合官员息讼的观念而放弃这些生存的基础呢？巴县档案中有许多因拖欠雇工工钱而引发的诉状，雇工每年只有几千文铜钱的收入，如"乾隆三十三年三月一日龙甫举告状"中身为长工的呈状人的工钱为二千四百文铜钱加蓝布二丈，[5]"道光九年十一月十五日孙仲应告状"中则指出"每月议钱六百文"，帮工三月欠一千二百文未付，屡讨不与。[6] 以每月六百文计算，其可买米二斗左右，仅够勉强糊口而已，故而对于下层百姓而言，拖欠其工钱无异于断绝了其生活来源，使其难以生存。因此，官员口中的"细故"与"微嫌"对于普通民众往往意义重大。

而面对数量颇多的民间词讼，州县官除了劝民息讼外，往往要求宗族或在基层社会有一定威望的人物来解决纠纷。如《牧令书》便希望借助正直的士绅来处理民间的词讼，从而减轻州县官的诉讼压力，息讼安民。[7]《莅蒙平政录》中还记载了以息讼印簿为息讼手段并初见成效之事。[8] 但

---

〔1〕 黄冕堂：《中国历代物价问题考述》，齐鲁书社2008年版，第67页。

〔2〕 参见[美]黄宗智：《民事审判与民间调解：清代的表达与实践》，中国社会科学出版社1998年版，第176页。

〔3〕 参见(清)汪辉祖：《病榻梦痕录》，载梁文生、李雅旺校注：《病榻梦痕录、双节堂庸训、吴中判牍》，江西人民出版社2012年版，第9页。

〔4〕 田涛、许传玺等主编：《黄岩诉讼档案及调查报告》，法律出版社2004年版，第233页。

〔5〕 四川省档案馆、四川大学历史系主编：《清代乾嘉道巴县档案选编》，四川大学出版社1989年版，第36页。

〔6〕 四川省档案馆、四川大学历史系主编：《清代乾嘉道巴县档案选编》，四川大学出版社1989年版，第37页。

〔7〕 参见(清)徐栋(辑)：《牧令书》卷十七，"听讼"，清道光二十八年刊本。

〔8〕 参见(清)陈朝君：《莅蒙平政录》，"为息讼印簿已见成效事"，清康熙二十八年刊本。

是,这种依靠民间自行解决纠纷的方式往往只能得到一时的效果,并不能真正实现诉讼分流的目的。吴佩林根据南部县档案分析认为,这一调解主体由于在解决纠纷过程中可能存在私心,平时有不检点的行为,且职责混乱、相互推诿等原因,缺乏足够的权威性,无法真正解决冤抑之事,从而使普通百姓不得不向官府提出请求。[1]

既然民众有解决纠纷、保障权益的急迫需要,且这些"细事"关乎其能否正常生活甚至生存,而民间的调解机制无法有效地发挥作用,官府对诉讼又持一种厌恶、轻视的态度,对诉状的书写作出了限制性较强的要求,那么,当时的百姓为维护自身权益所面临的最后一条途径——诉诸官府则显得如此"山重水复"、坎坷难行。当人们手足无措之时,讼师秘本便如同福音一般成了民众的最佳选择。

首先,讼师秘本基本涵盖了常见的纠纷类型,对各种纠纷分类收录状词,并多以"一告一诉"的形式呈现,这样既便于使用者根据其所需要的案件类型寻找相应诉状范例,又分别为两造提供了起诉及予以回应的诉状蓝本,从而便于阅读者予以查找和使用。此外,刑名直解、法家须知等内容又介绍了一些基本的法律常识、法律规范,便于人们进一步了解法律的适用及程序。

其次,以"十段锦"为代表的状词书写技巧阐明了状词的基本书写格式,将状词分为主语、缘由、期由、计由、成败、得失、证由、截语、结局、事释等十个部分,分别发挥不同的作用,[2]从而使参照讼师秘本书写的状词既符合官方的要求,又能显得条理清晰、叙事详尽。而如刑名直解、法家须知等内容又介绍了一些基本的法律常识、法律规范,便于人们进一步了解法律的适用及程序。

最后,讼师秘本为写状者提供了相应的珠语、珥语,从而针对不同类型的案件予以使用。这种语词的汇编使讼师秘本更具实用性,便于人们在撰写状词时予以参考和运用。同时,其所收录的状词大多会用较夸张的语词体现案情的严重性,通过描写自身的处境可怜与被告一方的恶劣行径、丑

---

〔1〕 吴佩林:《清代地方民事纠纷何以闹上衙门——以〈清代四川南部县衙档案〉为中心》,载《史林》2010年第4期,第132~140页。

〔2〕 参见《惊天雷》,卷之下·下层,《十段锦法门直解》,载杨一凡主编:《历代珍稀司法文献》第十一册,《明清讼师秘本八种汇刊》(上),社会科学出版社2012年版,第245~246页。

恶嘴脸来呈现一种视觉上的强弱冲突，并在描述案情时极力渲染，牵扯打杀的情节，营造出一种刑事重案的错觉，从而体现被告悖情、曲理、违法的形象，引起州县官的注意，促使其对呈状人产生怜悯之心，以达到案件得以受理并获得胜诉的目的。

正是基于这些优势，民众愿意选择讼师秘本作为其撰写诉状的蓝本以满足自身的要求，从而也就使讼师秘本获得了广阔的市场。故而，尽管面对官府的严厉打击，清代名目繁多的讼师秘本仍然得以在民间流传，并一直影响着清代诉状的撰写。

3. 有法不依、执法不严——百姓侥幸心理的“催化剂”

除了在官方规范与讼师秘本间作权衡之外，清代百姓在书写诉状时还需考虑的是，当其选择了讼师秘本的状词写作风格时就面临着承担捏词耸听所导致的官方惩处，甚至有可能因触犯清律而受到严厉制裁。然而，从实际状况看，还是有许多人为了进入诉讼程序、实现胜诉的目的而怀着侥幸的心理，仿照讼师秘本的词状，义无反顾地加入了“诉讼大军”之中。即便在官方的威胁及律法的无情面前，表达与实践间的差距在无形中助长了百姓侥幸的心理。

前文曾提及清代许多诉状都模仿了讼师秘本的写作风格，呈现出民事纠纷刑事化叙述特点，即在有关田土、钱债等纠纷的状词中加入打骂殴辱等情节，使其看上去仿佛是一起严重的刑事重案。这种在官员眼中捏词耸听的行为在理论上极有可能触犯清廷的相关律法。《大清律例》“教唆词讼”条规定：“凡教唆词讼及为人作词状，增减情罪，与犯人同罪。”[1]这实际上将真正执笔撰写情节夸张、饰词耸听的状词的作状人置于极为被动的处境，使其与控告者一同承担诬告的罪名。而对于诬告者，清律中对其惩治得十分严厉：“凡诬告人笞罪者，加所诬罪二等。流、徒、杖罪，加所诬罪三等，各罪止杖一百、流三千里。”[2]同时其还规定：“若告二事以上，轻事告实，重事告虚；或告一事诬轻为重者，皆反坐所剩。若已论决，全抵制罪；未论决，笞、杖收赎；徒、流止杖一百，余罪亦听收赎。”[3]如此一来，

[1] 《大清律例》，田涛、郑秦点校，法律出版社1999年版，第490页。
[2] 《大清律例》，田涛、郑秦点校，法律出版社1999年版，第481页。
[3] 《大清律例》，田涛、郑秦点校，法律出版社1999年版，第482页。

那些“细事”纠纷为实，殴辱打杀为虚的诉状呈状人也就面临诬告反坐的危险。

但是，这些法律规范的可操作性与实际执行情况却不容乐观。在清代的司法实践中，州县官对案情的最初了解是通过诉状来获得的，而面对钱债、田土等细事纠纷中加入斗殴、杀伤等可能上升为重情案件的诉状，特别是两造的状词对案情描述有诸多不同，且各自均言之凿凿之时，许多州县官基于谨慎的态度，不会贸然拒绝受理诉讼，而是希望通过案件进一步的审理解决纠纷。故此，其很难在一开始就判断出状词是否为捏词耸听，有诬告情节。里赞通过对南部县档案的研究，指出州县官“面对一个具体的案件，大多数情况下很难一开始就准确地界定重情与细故，而告诉人也往往利用重情与细故之间的模糊‘小事闹大’以谋求州县对案件尽快处理，州县只能在审断过程中来加以甄别，甚至一桩案件究竟是重情或细故往往要待州县作出最终处理时方能表现出来”。[1] 人们也正是利用了这种滞后性将状词中加入类似于重案的情节，使其案件能够尽快得以受理。同时，许多案件在诉讼程序进行过程中往往以自行和息结案，官员也常常基于息讼省事的心理准予两造撤销诉讼、自行调处，而对于状词中可能存在的捏词妄告等行为则不会严格地予以追究。

当然，在一些案件的判词或批文中，我们能够看见州县官对捏词耸听的“好讼之徒”作出责罚。例如，淡新档案中同治十三年的一则堂谕批示道：“此等刁健讼棍，若不从严惩办，将何以安善良而息缠讼，先行戒饬交差，候具文详请革去衣顶，□法惩办，以儆效尤，以清讼累。”[2] 又如乾隆五十三年（1788 年）赵永贵欺幼越占柴山案中，呈状人赵永贵妄称被告纠痞凶占田地，经审讯后其才承认捏词妄告，情缘听罚。最终巴县正堂判令赵永贵掌嘴三十，罚钱二十千，而为其作假证供、谎称被告逞凶殴伤的彭君杨也被责嘴十下，罚钱四千。[3]

然而，这种依律治罪的判决并不占多数，更多的案件则往往以斥责了

---

〔1〕 里赞：《刑民之分与重情细故：清代法研究中的法及案件分类问题》，载《西南民族大学学报》（人文社会科学版）2008 年 12 月，第 197 页。

〔2〕 《堂谕》，淡新档案，二十一・第二编・民事・田房类：争界，档案号：22，501.9。

〔3〕 四川省档案馆编：《清代巴县档案汇编》（乾隆卷），档案出版社 1991 年版，第 17～20 页。

事。黄岩31号诉状后,欧阳知县对其批示极为详细,且未对呈状人可能存在的诬告行为作出处罚。此案起因为徐罗氏丈夫与被告郑祖焕等人因钱债纠纷发生争斗,郑家将徐罗氏的丈夫打伤致死;其后郑祖焕许诺出银400元私了,但实际仅付14元。于是,徐罗氏为讨回银洋而向官府求助。欧阳知县审阅状词后指出呈词"满纸模糊",继而对钱债的凭据、涉及的数目、斗殴的具体情形、死者的伤处等问题提出疑问,并批示道:"乃辄自贿和,迄今旬余,尸已棺殓埋葬。以勒休负噬等情呈告,明系听人唆使,籍端讹诈,借事妄控,显而易见。查私和人命,例载治罪明文,诬告有反坐之条。据此论罪,该氏两者必居其一。本先将该氏研讯严究,姑念妇女无知,从宽驳斥。不准。"[1]从这则案件中我们可知,呈状人徐罗氏本身可能触犯两条律法。其一,《大清律例》"尊长为人杀私和"条中规定:"凡祖父母、父母、及夫若家长维荣所杀,而子孙、妻妾、奴婢、雇工私和者,杖一百,徒三年。"[2]该案中,若徐罗氏之夫乃被人殴打后致死,其并未报告官府,而与行凶者商定银洋四百元和息,这明显违法律条,理应杖一百、徒三年。其二,该案事发至呈状之时已一月有余,其夫已埋葬,故而州县官认为此时控诉"明系听人唆使,籍端讹诈,借事妄控,显而易见",若果真如此,其又会因诬告而遭到反坐,而教唆词讼者也会受到严厉的处罚。可欧阳知县最终仅以"妇女无知"为由,拒绝受理案件,斥责了事。[3]

类似的案件还有许多,如黄岩18号诉状中呈状人周官凤控告其堂弟周官升有持刀凶殴,将人悬吊禁殴等情节,而州县官认为其为家庭纠纷,指出其"喝子擒禁等词架耸,诬陷亲属,袒护外人,更属不顾大局",既未准予受理案件,也未对妄告诬陷之事再作核实与审理,仅仅是斥责结案。[4]巴县档案中"道光六年十一月二十二日巴县正堂判词"虽指出呈状人谭来悦有捏词上控,后被审问而认错的事实,但也因"另案责惩"而免去了对其诬

[1] 田涛、许传玺等主编:《黄岩诉讼档案及调查报告》,法律出版社2004年版,第277~278页。

[2] 《大清律例》,田涛、郑秦点校,法律出版社1999年版,第441~442页。

[3] 相关分析可参见邓建鹏:《清代州县讼案的裁判方式研究——以"黄岩诉讼档案"为考查对象》,载《江苏社会科学》2007年第3期,第101页。

[4] 参见田涛、许传玺等主编:《黄岩诉讼档案及调查报告》,法律出版社2004年版,第258~259页。

告之罪的处罚。[1] 又如宝坻县档案中一则诉状是有关因田土纠纷而引发的斗殴案件，呈状人指出被告潘立一家将其妻殴打以致头额碰伤，恳求州县官验伤讯究。[2] 而在不久之后，其又提交结状，指出经州县官审理后，其妻之伤系自行跌碰，潘立等并无殴打情事，故而愿意"出具诬告甘结"，州县官同样并未追究其诬告之罪，批示"准结"以结案。[3]

如此看来，对于那些将民间细事纠纷增添情节、夸大后果、渲染恶行，甚至捏造殴杀重情，以图耸听的诉状，州县官往往并未严格依据相关律法追究写状人、呈状人教唆词讼或诬告的责任，仅以言辞斥责、不予受理了事。正是由于州县官员这种"有法不依、执法不严"的行事之风，放任了人们在撰写状词时宁愿选择讼师秘本等为官方所查禁的文本作为参考，抱有侥幸心理，试图通过对状词的"修饰"以达到引起州县官注意，进而进入诉讼程序的风气。既然以讼师秘本为蓝本撰写的状词更具视觉冲击力与吸引力，且这种夸大其词、捏词耸听，以至于有可能触犯清律，涉嫌诬告的行为并未产生太大的不利后果，反而更易实现其诉讼目的，那么人们何乐而不为呢？故而越来越多的人甘愿置国法条规于不顾而将讼师秘本奉为诉讼"宝典"也就不足为怪了。

由于州县官员的首要任务是维护当地的社会秩序稳定，故其在司法审判时考虑的并非案件是否依律裁断或当事人的权益能否得以保障，而是何种裁判能使两造省事息争，不再因同样的原因兴起讼端，以减少诉讼的压力，实现理想状态下的和谐社会。因此，即便呈状人因状词的书写可能构成诬告之罪，州县官也往往以此作为恐吓的手段，使呈状人迫于压力而不敢执意再诉或向上级上告。然而，州县官这种不严格依法审断、执法惩处的行为反而会造成更大的诉讼压力：一方面，被告一方也许会因不满呈状人的不实控告或为"讨个说法"而向衙门提交诉状，要求惩治呈状人的诬告之罪；另一方面，相关律法成了"纸老虎"，使得人们争相仿效讼师秘本撰写语词夸张、情节渲染的状词，这在无形中增加了州县官审断案件的难度，使其需要花费巨大的时间与精力去分辨案件性质并进行审理。同时，州县官

---

〔1〕 参见四川省档案馆、四川大学历史系主编：《清代乾嘉道巴县档案选编》，四川大学出版社1989年版，第63~64页。

〔2〕 参见宝坻县档案，中国第一历史档案馆藏顺天府档案，胶片号28-2-96-036。

〔3〕 参见宝坻县档案，中国第一历史档案馆藏顺天府档案，胶片号28-2-96-041。

员也陷入了两难境地，即面对涉及打杀重情词状，若全部受理则可能超出了州县官的人力、物力、精力的可承受范围；若不予受理，则又有可能漏过了真正应予裁决的刑事重案，既不利于维护地方的治安稳定，又易成为政绩考核的污点，从而影响其仕途。也就是说，州县官员这种"有法不依、执法不严"的行为非但不能减少其诉讼压力，反而易促使人们怀着侥幸的心理选择讼师秘本作为撰写诉状的蓝本。

五、结语

讼师秘本是明清时期记载基本法律知识、词讼技巧和词讼模板的民间书籍。通过与清代民事诉状的比较后笔者发现，其有关书写诉状的技巧、模版等内容对于清代诉状的语词表达、叙述模式、诉讼正当性依据等方面都产生了直接的影响。具体来说，清代诉状语词表达上珠语的运用、对于案情的描述、有关证据、诉求及结语部分的用语，叙述模式上状词的结构、民事纠纷的刑事化叙述，以情理法为代表的诉讼正当性依据等内容都与讼师秘本之间有紧密的联系，或者说清代百姓制作诉状时更愿意以讼师秘本作为写作的蓝本。

然而，讼师秘本是被视作"构讼之书"为官府严厉打击，禁止出版与流传的。那么，讼师秘本缘何得以屡禁不止、广为流传呢？换言之，是什么原因促使百姓甘愿冒着巨大的风险义无反顾地参照讼师秘本书写状词而无视官府之规定呢？

笔者认为，虽然官方对诉状作出了诸如状式条例、诉状模板等相关规范，并设置官代书进一步规范诉状的书写格式及语言表达，但由于这些规范本身过于死板、实际可操作性不强，加之官员厌讼、贱讼的心态以及对民间词讼的漠视，导致其制定规范的目的在于限制与约束诉讼当事人的诉讼活动，使百姓依据规范书写诉状难以实现其诉讼目的。同时，由于缺乏上级官员对词讼案件的有效监督，州县官员对民间词讼的消极态度和不作为得以放任，使民事纠纷更加难以进入诉讼程序，也就促使百姓更加不愿按照官方的"高门槛"书写诉状。另外，官员眼中的"细事"对诉讼当事人而言却并非微不足道，反而与其生活密切相关且影响重大，故而民众有解决纠纷、保障权益的急迫需要。讼师秘本正迎合了这种需要，使其在官方的严厉打击下仍能拥有广阔的市场，得以继续流传，进而一直影响清代诉状的语词运用、写作模式、书写风格等。此外，州县官员较少严格按照律例对捏词耸听乃至涉嫌诬告的行为进行处罚，往往准许其和息或仅仅斥责了事，这在无形中也助长了人们怀着侥幸心理义无反顾地仿照讼师秘本书写状词，以期案件得以引起州县官的注意和审理。

主编说明

近四十年来，随着我国清代档案的开放以及海外学界流风所及，涉及清代州县诉讼的研究俨然成为法律史领域的一个热点。其中涌现了不少清代诉讼（以及诉状）的研究和清代讼师秘本的成果。但以我目力所及，虽然讼师秘本对清代诉状的表达有较大影响，但诸如夫马进等知名学者却很少深入研究二者间的互动关系。白阳同学当年为毕业论文选题而困惑，我建议他分析清代讼师秘本与诉状表达之间的相互影响。这个选题源于我曾完成一篇涉及清代黄岩诉状与讼师秘本比对的论文，但是那篇小文只是将二者做简要分析，尚无深度。在我指导和推荐下，他查阅了巴县、黄岩县、龙泉县和万承县等地的清代诉状。众所周知，大部分讼师秘本作为当时“地下出版物”，大多印制极差，字迹模糊，不易阅读。与此同时，国内学者恰好点校出版了八部明清时的讼师秘本，一下子解决了查寻和阅读讼师秘本的困难。我将上述文献一并推荐给白阳。白阳另前往国家图书馆查阅了其他秘本，作为文献的补充。在查阅文献方面，我一向鼓动学生应向日本同行效仿，要有“一网打尽”的精神。这样，白阳在文献方面基本网罗较全。综上所述，白阳顺利完成了对本主题的深度论述，并得到一些方家好评。论文优点方面此处自不赘述。稍嫌不足的是，一方面，论文采择的诉状较偏重于黄岩、巴县等地的已出版文献，部分点校出版的文献可能经编者精心选择与删减，未必保留法律史文献原貌，若作者能前往档案馆亲自查阅，并将文献阅读范围扩大，则所得结论或更为中允。另一方面，包括我本人在内，中国的法律史研究多长于描述，而短于理论分析。在我指导白阳研究期间以及白阳毕业后，我曾数次提及，本论文若能引进法律语言学和法律修辞学方面的理论，加强论述，将更有分析深度。白阳同学的学术精进，正待未来，我殷切期待之！

专题七　北洋政府时期预算权的宪法配置*

邓建鹏　靳毅文

目　　次

一、导论

近代中国法制变革为今日中国法制建设留下诸多宝贵经验与启示，其中之一，便是宪法中的预算权配置问题。纵观世界宪法发展史，宪法与财政权特别是预算权关系密切，盖因预算关系着作为宪政核心机关之议会的至高权力，关系着行政权力的行使与人民权利的保障，故治理机制健全国家的宪法都对其十分重视。由于预算权力与立法、行政机关都有密切关系，因此立法机构与行政机构难免有竞相控制预算权

---

* 本文初稿发表于《南京大学法律评论》2014 年秋季号，收入本书时有较大补正。邓建鹏，中央财经大学法学院教授；靳毅文，中央民族大学法学学士，厦门大学法学硕士，现为深圳专职律师。

的倾向。

不过,预算和预算权在近代中国是个新鲜事物。在长达几千年的中国历史中,并无"预算"这一称谓,皇室掌控财政大权,不受任何机关制约,无需向任何人报告。学者认为,直到1875年,"预算"一词才终于出现,[1]迟至清末新政立宪,预算才真实地出现在了国家的权力运行中。[2] 自清末到新中国成立前,预算权的发展在中国历经了三个主要历史时期:清政府时期、北洋政府时期、南京国民政府时期。[3] 这三个时代都有预算案,宪法性文件中也都有关于预算权的规定。

其中,北洋政府时期(1912～1927年)的预算权尤值得关注。一方面,这一时期宪政草创,议会和政府都争相在"纸面上"(宪法文本)扩张其权力边界,且预算实践也刚刚起步,在这一时期的宪法性文件中,既出现过立法权主导的局面,也曾有过行政权总揽的情形,甚至还有几乎呈现权力真空的状态,这些尝试虽然都未竟成功,但这些丰富多彩的宪政探索却为讨论怎样的预算权配置更为合理、更适合中国提供了比其他任何时期都更丰富的经验;另一方面,清末资政院是个没有独立地位的"准议会",南京国民政府时期的立法院主要是国民党中央执行委员会及国民政府之下的办事机构,当时的预算权已经随同其他国家权力一并被"党化"。依据当时宪法和预算章程,预算审议权虽操于立法会,但岁入及岁出的总概算书既须先经中央执行委员会政治会议的核定,立法会的决议事实上仍只是一种不甚重要的形式。[4] 上述两个时代中的代议机关均缺乏独立的法律地位。比较之下,北洋政府时期是真正行使过议会独立财政权的阶段。

在近现代国家,宪法最主要目的在于控制和分配国家权力,国家权力之关键又在财政权。因此,预算制度可谓行宪国家之基石,"是任何国家不

---

〔1〕 杨大春:《中国近代财税法学史研究》,北京大学出版社2010年版,第338页。

〔2〕 最早的预算为1910年清政府的试编预算,但因1911年辛亥革命的爆发,成为一个只有预算没有决算的财政计划。参见陈光焱:《中国预算制度的历史变迁与现今改革》,载《地方财政研究》2008年第5期,第59页。1910年资政院对宣统三年预算案进行过审查和辩论,参见《晚清资政院议场会议速记录》,李启成(点校),上海三联书店2011年版,第456～467页。

〔3〕 因南京临时政府时期存续时间过短,且并未进行政府预算审议,故本文未将之列入。

〔4〕 参见王世杰、钱端升:《比较宪法》,商务印书馆1999年版,第257～258页。

可缺少的，一个国家没有预算，就如同一个国家没有领土、没有政府一样不可想象，预算既为控制权力的需要，兼为权力博弈的工具"，[1]故无论从研究一国的预算和预算制度，还是就研究一国行宪的状态，对预算权的宪法配置和实际运行的研究都应是重要内容。

自民国始，涉及北洋政府时期宪法史的研究颇为丰富。据其内容大体可分为三类：第一类为宪法史料收集；第二类为宪法史实描述；第三类为行宪制度分析。对此，严泉《失败的遗产：中华首届国会制宪 1913—1923》[2]（以下简称《失败的遗产》）"前言"已有专门介绍，在此不再赘述。其中，近年来近代宪法史研究多以立法行政权之争夺、总统制、政体选择、联省自治等为论点。相关研究虽十分丰富，但涉及预算权的作品迄今多停留于史料收集，专题研究则甚为缺乏。如既有研究对当时宪法条款中有关"预算权"的问题虽有所涉及，但主要为简要的法条分析，少有涉及预算权力的运作状态。如严泉对国会权力中对议会的财政监督权有两页的介绍与分析，对制宪会议议员的讨论稍作总结，且内容皆围绕《天坛宪法草案》的规定，且并未涉及其他的宪法性文件，也没有展现议会预算监督的实践情况。[3] 周叶中、江国华对民国时代的宪法文本进行了逐一解读，但仅仅将预算权作为行宪体系分析中的一小部分，没有更进一步的论述和分析，亦未触及行宪的实际状况。[4] 此外，民国时期王世杰、钱端升合著的宪法学名篇《比较宪法》对议会的财政权进行了专章论述，遗憾的是其中与预算相关的内容仅有两小节，主要研究重点在于论述各国对于预算案期限的规定以及预算经费的支付问题，对预算权其他内容则没有论述或一掠而过，对北洋政府时期的预算权的宪法配置和实践更是所论甚少。[5] 值得一提的是，中国政法大学 2005 级毕业生韩晓洁的硕士毕业论文《中国近

---

〔1〕 朱大旗、何遐祥：《议会至上与行政主导：预算权力配置的理想与现实》，载《中国人民大学学报》2009 年第 4 期，第 1 页。

〔2〕 严泉：《失败的遗产：中华首届国会制宪：1912—1913》，广西师范大学出版社 2007 年版。

〔3〕 严泉：《失败的遗产：中华首届国会制宪：1912—1913》，广西师范大学出版社 2007 年版，第 85 ~ 103 页。

〔4〕 周叶中、江国华：《从工具选择到价值认同：民国立宪评论》，武汉大学出版社 2010 年版，第 116、165、214 页。

〔5〕 参见王世杰、钱端升：《比较宪法》，商务印书馆 1999 年版，第 255 ~ 258 页。

代预算法初探》[1]一文，为我们所知文献中与本文研究最为相近的论著。其内容主要是系统性的叙述了预算法的概念、中国古代"类预算"制度、中国近代预算法产生的背景和近代预算法产生发展过程以及对现代的借鉴意义。内容比较详细，特别是其最后一部分对现代的借鉴意义对我们颇有启发。但其研究的重点主要放在了预算法而非预算权及其宪法配置，虽以三页的篇幅述及北洋时期宪法的相关规定，介绍仍简略，一方面没有言及制宪过程；另一方面没有对立法机构与行政机构二者在此问题上的博弈进行介绍。此外，我国现在通行的财政及预算法方面的教材在介绍预算法律史时，对民国初期的预算权问题多语焉不详或干脆未曾提及。[2]

目前，涉及近代预算问题的史料收集大体分为如下两类：

一为宪法性文件汇编，主要有吴宗慈编《中华民国宪法史》（前后篇），[3]岑德彰编《中华民国宪法史料》，[4]王景濂、唐乃霈编《中华民国法统递嬗史》；[5]这些书籍中收录了民国时期各种宪法（约法）草案、议会议决法律案等，其中又以夏新华等人所编《近代中国宪政历程：史料荟萃》最为翔实，[6]不但囊括了上述所有内容，还整理有诸多私拟宪草，此对于全面了解民国初年的宪法性文件大有裨益。

二为议会会议记录，民国初年政治纷乱，宪政不稳，各类会议众多，故此类文件较为分散，经整理成册者，最重要的有两种：一是李贵连主编《民国北京政府制宪史料》（共十六册），[7]其收录有宪法起草委员会会议录、两院会合会宪法会议总统选举会汇编、宪法起草委员会会议录一九一九、宪法会议公报、中华民国宪法案会议经过对照表、国宪起草委员会公报等

---

〔1〕 韩晓洁：《中国近代预算法初探》，中国政法大学2005年中国法律史硕士学位论文，第34～41页。

〔2〕 如刘剑文：《财政法学》，北京大学出版社2009年版；张守文：《财税法学》，中国人民大学出版社2007年版；谢进、刘伦伟：《预算法实例说》，湖南人民出版社2004年版。

〔3〕 吴宗慈：《中华民国宪法史》（前后篇），大东书局1924年版。该书新版，参见吴宗慈：《中华民国宪法史》，法律出版社2013年版。

〔4〕 岑德彰：《中华民国宪法史料》，新中国建设学会1933年版。

〔5〕 王景濂、唐乃霈：《中华民国法统递嬗史》，民视社1922年版。

〔6〕 夏新华、甘正气编：《近代中国宪政历程：史料荟萃》，中国政法大学出版社2004年版。

〔7〕 李贵连主编：《民国北京政府制宪史料》，线装书局2007年版。

文献,为研究当时官方公布的宪法性文件中有关预算权设定的讨论权衡提供丰富素材;二是李强选编《北洋时期国会会议记录汇编》(共十六册),[1] 收录有北洋时期历次临时参议院和国会会议的部分会议记录,虽不甚完全,亦为研究北洋时期宪法实践、议会预算权力行使的重要文献。

综上所述,北洋政府时期的宪法宪政问题虽为宪法学与法史学界的研究热点,但就我们目前所查,尚未有专门、系统地论及预算权的论著。同时,如学者指出,就“政体”而言,民初制宪争议最大的问题,是关于立法权与行政权的平衡。[2] 民国初期有四部重要的宪法性文件。其中有关预算权的规定不仅各不相同,有的部分甚至相差悬殊,其前后演进过程反映了立法机构与行政机构对预算权力的争夺和相互间在制宪上的博弈与力量消长。中央立法机构与行政机构的争论对探讨当时预算权的宪法配置与实践提供了绝佳视角。因此,我们基于对北洋政府时期国会会议和制宪会议的第一手史料,以议会与中央政府的博弈为切入点,观察二者对预算权的争夺,通过对当时有关预算权力的宪法配置及相应议会实践的研究和评析,以期揭示当时宪法文本以及宪法实践的关键问题与具体细节,试图找出导致这些制度设计变化的主要因素及这一时期预算权配置存在的重大缺陷。同时,基于当时与当代中国预算方面存在的某些相似性问题,本研究或将为我国现阶段预算监督制度的构建与完善提供有益参考与启示。

二、预算权及其英国渊源

预算又称政府预算或财政预算,它是国家管理社会经济事务,实施宏观经济调控的主要手段之一。[3] 预算权,“即一般经济法体系中所言的预算管理职权,是指在现行的预算管理体制之下,根据法律的规定,赋予中央和地方国家权力机关、行政机关及相关预算执行单位在预算管理方面的职责和权限”。[4] 但在研究预算权问题上,主要是指中央层面上的预

---

〔1〕 李强主编:《北洋时期国会会议记录汇编》,国家图书馆出版社2011年版。

〔2〕 于明:《政体、国体与建国》,载《中外法学》2012年第1期。

〔3〕 谢进、刘伦伟:《预算法实例说》,湖南人民出版社2004年版,第1页。

〔4〕 谢进、刘伦伟:《预算法实例说》,湖南人民出版社2004年版,第31页。有的著作对预算权的定义就是“国家在预算管理方面的职权”,参见刘剑文:《财政法学》,北京大学出版社2009年版,第51页。

算管理职权。[1] 因研究所限,本文亦仅在研究中央层面上使用“预算权”这一概念。

为深入研究,有必要对预算权力的范围进行界定。预算从空间上涵盖整个国家的财政收支计划,从时间上囊括了从开始制订到实施完毕的全过程。但学界对预算权的范围与外延并没有一个通说。有学者主张预算权应当包括:审查权、批准权、变更撤销权、监督权、编制权、执行权、预备费动用权。[2] 有学者主张其外延是:编制权、审批权、执行权、调整权。[3]

结合以上学者观点和民国北洋政府时期宪法性文件的相关规定,我们将预算权划分为以下几项核心权力加以讨论:(1)预算编制权:制订预算案的权力;(2)预算决定权:将编制而成的预算案赋予法律执行效力的权力,其中也包括设定继续费、预备费等制度的权力;(3)预算执行权:具体实施已决预算的权力,包括预算执行过程中的紧急财政处分权;(4)预算监督权:监督已决预算,保证其得到有效执行的权力。我们之所以做如此划分,一是因为预算案从编制直到执行完毕,可分为上述四大阶段,宪法上的所有预算权力都可以被纳入以上四个部分,且这四项权力所处的阶段随时间推进次第进行,故而便于分析;二是因为由于所处阶段的不同,该阶段所需完成的目的不同,立法机关和行政机关在其中所扮演的角色和所承担的责任也不同,所以分为这四大权力有利于揭示在不同阶段预算权配置有所倾斜的原因。需要说明的是,这一划分仅是为了对本文所涉问题分析之便,因此并不具有严格的学术定性作用。

近现代行宪国家通过宪法对以上4项预算权力予以分配,以期达到立法与行政权力相互制衡相互协作的效果,从而实现对国家“钱袋子”的控制。虽然不同国家对预算权的配置方式不尽相同,但大多数宪政制度较为

---

〔1〕 相关重要研究有,朱大旗、何遐祥:《议会至上与行政主导:预算权力配置的理想与现实》,载《中国人民大学学报》2009年第4期;王淑杰:《议会监督预算能力研究——兼论我国人大预算监督》,载《财经论丛》2009年第3期;林慕华:《现代议会的预算权力:比较研究》,载《武汉大学学报》(哲学社会科学版)2010年第6期,等等。

〔2〕 谢进、刘伦伟:《预算法实例说》,湖南人民出版社2004年版,第37~42页。

〔3〕 张守文:《财税法学》(第2版),中国人民大学出版社2010年版,第60页。转引自刘剑文:《财政法学》,北京大学出版社2009年版,第51页。

成熟的国家都将权力分配的天秤向议会倾斜,这源于议会与预算权天生的密切联系。可以说,正是控制财权的需要催生了近现代议会制度,从而衍生出近现代宪政体系。在1215年,为反抗约翰王暴政而订立的《自由大宪章》确立了宪法制度,开启了议会政治。贵族借由议会所取得的最重要也是最有效的权力就是征税同意权,而后通过历次的议会斗争甚至是武力对抗,议会渐次为自己争取到了支出同意权和收支逐年审议的权力。[1] 议会之所以如此执着于财政权力,是因为控制了国王的收支,就控制了国王的政策。由此历史轨迹可以看出,“国会对预算审议权的取得被看做现代议会民主制发展的原动力”,[2]“财政议会主义”最终与议会政治和行宪机制结为密不可分的共同体。之后随着现代行政权的扩张,自19世纪至今,政府权力在预算权上逐渐扩张,但“议会至上”这一原则在预算权设置中的地位从未发生根本动摇。

在宪政发展过程中,议会取得预算权至关重要,对近现代宪政体制具有重要意义。议会作为代议政治的象征,在行宪体系中代表着民意,体现着民主。正如戴雪在其著作《英宪精义》中所言:“自诺曼征服以来,英格兰的政治制度呈露两件异彩……两件异彩中之第一件是……巴力门的主权……两件异彩中之第二件与第一件甚相关切;他是法律的至尊性,或称法律主治。”[3] 由此可见“议会至上”和“法律主治”代表着英国宪政的核心。议会的“至上性”又以立法权、征税权和预算权三者为支撑。议会通过控制法律,从宏观上约束政府,限制政府的“事权”;通过后两项经济权力从微观上控制政府,限制政府的“财权”。唯有议会掌有作为国家财权两大核心之一的预算权,才能对政府的行政支出进行有效控制和监督,将政府行为纳入人民和法治控制之下。否则,政府的支出将游离于人民意志之外,政府就在经济上丧失了其在行宪体制下执政的合法性,人民对权力的约束

---

[1] 1340、1341年连续两年议会都提出要求国王出示账目,1348、1353年议会又向国王提出应该把钱花在防御苏格兰人和花在对外战争上,但直至1379年,国王才终于向议会出示账目,而基本建立系统的预算决算制度则迟至1407年。参见[英] F. W. 梅特兰:《英格兰宪政史》,李红海译,中国政法大学出版社2010年版,第118~120页。

[2] 朱大旗、何遐祥:《议会至上与行政主导:预算权力配置的理想与现实》,载《中国人民大学学报》2009年第4期,第1页。

[3] [英]戴雪:《英宪精义》,雷宾南译,中国法制出版社2001年版,第227~228页。“巴力门”为“议会”一词的英文音译。

就将落为一句空话。由此可见，从某种程度上说，议会预算权与议会征税权作为议会的两大经济权力共同支撑着宪政国家的良性运转。

三、文本上的预算权博弈

在法治国家，国家权力由宪法配置，预算权力也不例外。受自身利益动机驱动，立法机关与行政机关都希望能够通过制宪或修宪扩大自身权力，因此在宪法文本制定过程中，双方常有激烈博弈。

北洋政府时期宪政草创，先后共有四部重要宪法性文件：1911 年由当时革命派控制的临时参议院通过并于 1912 年施行的《中华民国临时约法》（下文称临时约法）[1]、1913 年由革命派主导的第一届国会拟定的《天坛宪法草案》[2]（下文称天坛宪草）、1914 年由袁世凯政府炮制的《中华民国约法》[3]（下文称约法）和 1923 年由第二次复会的第一届国会制定的《中华民国宪法》[4]（下文称 1923 宪法或贿选宪法）。

其中，民国元年（1912 年）颁布的临时约法是北洋政府时期实际执行时间最长的宪法。[5] 但若从对预算权的规定来看，却十分差强人意，通篇 56 个条文，没有一条专门论述预算权配置问题，更遑论"会计"专章，仅在第 19 条"参议院职权"下第 2 项规定："议决临时政府之预算决算"。[6] 由此可见，临时约法只笼统规定议会拥有"预算决定权"，至于其他三项权力的归属以及其他相关事项和具体操作方式则是一片空白。

临时约法关于预算权过于简略、几乎没有任何可操作性的规定，临时

---

〔1〕 参见夏新华、甘正气编：《近代中国宪政历程：史料荟萃》，中国政法大学出版社 2004 年版，第 156～160 页。

〔2〕 参见夏新华、甘正气编：《近代中国宪政历程：史料荟萃》，中国政法大学出版社 2004 年版，第 442～449 页。

〔3〕 参见夏新华、甘正气编：《近代中国宪政历程：史料荟萃》，中国政法大学出版社 2004 年版，第 471～476 页。

〔4〕 参见夏新华、甘正气编：《近代中国宪政历程：史料荟萃》，中国政法大学出版社 2004 年版，第 521～531 页。

〔5〕 据我们统计，在 1912 年至 1927 年，三部宪法被执行的时间分别为：临时约法 1912 年颁布，1914 年被废，1916 年恢复，1918 年被废，1922 年恢复，1923 年被废，共计 7～8 年；约法：1914 年 5 月颁布至 1916 年被废，不足 2 年；1923 宪法：1923 年 10 月颁布至 1924 年被废，约 1 年。

〔6〕 参见夏新华、甘正气编：《近代中国宪政历程：史料荟萃》，中国政法大学出版社 2004 年版，第 157 页。

参议院行使预算权困难重重，预算权配置在民国初创的两年里处于飘忽不定的状态，这对民初预算监督的最终失败负有一定的责任。当时临时约法为何对这一重要权力的规定如此简陋，具体原因不得而知，但这一立法漏洞造成预算权力规定的宪法真空，无疑增加了立法机构与行政机构对预算权的争夺。随着清帝逊位，民国政权肇建，各方均开始意识到预算权的重要性，都希望能在正式的宪法文件中取得更大的预算权。双方围绕着预算权的核心问题来回交锋，这里既有立法机构或行政机构争夺权力的掣肘倾轧，也不乏高瞻远瞩的政治智慧，更有基于本国国情与议会实践而做出的制度设计。现就其中的几个关键分别论述。

首先，北洋政府时期宪法性文件关于预算权规定的变化如表1所示：

表1　北洋政府时期宪法性文件关于预算权规定的变化

四项权限	《中华民国临时约法》	天坛宪法草案	约法	1923宪法
预算编制权	预算编制权归属	归属中央政府	归属中央政府	归属中央政府
预算审议权	预算审议权归属	众议院优先审议，参议院仅具有形式修正否决权	立法院	众议院优先审议，参议院仅具有形式修正否决权
	非经政府同意，国会不得废除或削减的项目	履行条约、偿还国债、法定支出、继续费	履行条约、偿还国债、法定支出、陆海军编制费用	履行条约、偿还国债、法定支出、继续费
	国会可否增加岁出	不可	没有规定	不可
预算执行权	预算不成立救济	每月支出前年度1/12	执行前年预算	每月支出前年度1/12
	紧急财政处分权	总统提出，国会委员会议决	总统经参政院同意决定	政府决定，国会追认
预算监督权	审计院设置	参议院选审计员，院长由审计员互选	另行规定	参议院选举院长

由表1可知,北洋政府时期预算编制权一直稳定地归属于政府。不过,编制权的权力配置并非仅有这一种方式。虽然全世界大部分国家都是将此权力放诸政府,但是被视为三权分立最为成功的美国却将此权力分给了议会。美国长期以来并无明文单独规定预算案编制权的归属,在实践中,将其视为国会议案的一种,政府、预算委员会、议员均有资格提出各自的预算案,而国会最终无论是采纳政府案、议员案、委员会案等均为合法,直到《1921年预算与会计法案》的出台。[1]

在当时,美国制度作为经常被借鉴的对象,且这一规定明显有利于议会掌握预算权力,甚至可以一劳永逸地解决实践中屡次出现的政府拖延送交预算案以致根本无暇审议的尴尬。因为预算编制权看似并不是预算权争夺的重心,但却是预算启动的起点,没有预算案就没有预算,民国初年北洋政府正是通过拖延送交预算的方法一次次敷衍议会,致使预算监督全部流产。如此说来,此次天坛修宪议会在政治上正处于强势时期,如要将此规定放入并无障碍。

但是,宪法委员会的委员们并没有如此运作,而是以几乎全票通过将预算编制权明确赋予了政府。正如一位议员所言,这一选择理由有四:“(一)政务实际经验之关系……彼立法部之议员大半缺乏经验,使其编制预算必至轻重倒置,万不如亲历政务者之为适任;(二)辨明责任之关系……使编制有失宜之处,则于施行时必自受其害,故使行政部编制预算势不能不处于审慎周详也;(三)尊重监督权之关系……若议会自编预算而自议决之,是自减杀财政监督之效力也;(四)统一预算之关系……”[2]

这是一个理性选择,也是一个具有可行性的选择。美国近几十年来议会再未自己独立制定预算案,从另一个侧面证明了当时的制宪委员们“虽各党都有,却能虚心和衷,表现公正远大态度”。[3] 预算编制权归属于政

---

[1] 有关美国预算编制制度简述,参见林慕华:《现代议会的预算权力:比较研究》,载《武汉大学学报》(哲学社会科学版)2010年第6期,第845~851页;朱大旗、何遐祥:《议会至上与行政主导:预算权力配置的理想与现实》,载《中国人民大学学报》2009年第4期,第128~135页。

[2] 载于宪法起草委员会十七次会议记录,参见李贵连主编:《民国北京政府制宪史料》(第一册),线装书局2007年版,第498~499页。

[3] 杨琥:《宪政救国之梦——张耀曾先生文存》,法律出版社2004年版,第73页。

府,成为当时三部宪法性文件在四大预算权力上唯一的共识。

但值得注意的是,天坛宪草和1923宪法都明确规定了提交期限为“国会开会后十五日内”,这与其说是学习西方国家制度的结果,倒不如说是基于临时参议院和第一届国会向政府“索要”预算案却屡受拖延甚至石沉大海的教训。而约法作为袁世凯政府违背程序原则制定的“傀儡宪法”自然无此条款。

其次,预算审议权是预算权力中的关键,是预算监督的核心,也是各方争夺的焦点。三部宪法性文件的规定非常明显地体现了其制定者的意志和当时的政治力量对比。天坛宪草与1923宪法的制定者——前后两个宪法委员会的成员均为脱胎于一届国会议员,因此两者在预算审议权的规定上完全相同、一字未改,特别是在审议权归属上,选择了众议院为主体而以参议院为监督的审议方式。[1]

当时在这个问题上议员们出现了很大的争议,在宪法会议上分别提出了三个议案:据已经议定的责任内阁制政府应对众议院负其责,因此主张将所有的预算审议权交予众议院;据参众两院宪法地位平等原则,有人主张参众两院都有同等的预算审议权;为防众议院和政府因同党而“狼狈为奸”,有人主张参议院应有否决和修改权。这些理由和担心都不无道理,谁也无法说服谁,因此出现了宪法会议上罕见的一幕:一个条款的所有方案全部因得票未过半数而被否决。[2] 最后出现在草案中的这一复杂而有特色的程序则是各方博弈妥协的折中方案:即众议院有优先审议权但参议院可以对众议院通过的预算案否决或修正后退回众议院,如众议院仍执前议则预算生效。[3]

我们认为,这一规定看似完美,实则多余,等于在预算审议中将参议院放置于“议政”的地位上,其否决和修正成为一种象征性的权力,一项需要众议院“批准”的权力。试想,如果两院意见一致,则多这一道程序形同虚

---

〔1〕 相关法条见天坛宪草第九十八条以及1923宪法第一一二条,参见夏新华、甘正气编:《近代中国宪政历程:史料荟萃》,中国政法大学出版社2004年版,第448、529页。

〔2〕 载于宪法起草委员会第十七次会议及第三十一次会议记录,参见李贵连主编:《民国北京政府制宪史料》(第二册),线装书局2007年版,第352~369页、第498~514页。

〔3〕 相关法条见天坛宪草第九十八条,参见夏新华、甘正气编:《近代中国宪政历程:史料荟萃》,中国政法大学出版社2004年版,第448页。

设,如果两院意见不一,则参议院根本没有可能阻止众议院通过或否决预算案。因此,这一规定实则并未解决上述各主张中的问题,只是给参议院留了个“面子”,不至于被指责对预算案不管不顾。

与此相对,袁记约法在预算审议权上则毫不掩饰其行政扩张的野心。一方面,其不但规定一院制,且规定参政院可以代行立法机构职权,而参政院人员则由其一手包办,致使预算监督实质落空。另一方面,在议会预算审议权的不得裁减内容里还加上了“陆海军编制费用”[1],这无异于将军事财权完全剥离出议会监督的范围而为袁一人独裁。

最后,在预算执行权分配的问题上,制宪会议的委员们之间的争议焦点主要集中在两项内容上:一为预算未成立或不成立时的救济方式;二为预算紧急处分权。此都是针对预算无法正常执行的情况设立的救济。[2]

由于其具有急迫性,必然要求高效率并尽可能减少烦琐的程序,故而在这两项内容中,议会都应保持克制收缩而适度增加政府的自由裁量权,甚至在一定程度上给予政府在特定时间特定范围内独断的权力,以克服议会政治重程序而对突发状况反应迟缓的弊端。但也正因为政府可能因拥有这一独断权力,有可能导致其脱离议会监督的风险,因此各国都对这一紧急权力施以种种必要的监督和限制。

北洋政府时期官方宪法性文件都针对预算不成立救济和预算紧急处分权进行了专门规定,内容如下:

针对预算不成立救济,天坛宪草和1923宪法都采纳了“每月支出前年度预算总额的1/12”的规定,[3]意即在该预算年度开始后预算案尚未通过的时间段内,以月为单位划定开支,每月支出限定在上一财政年度通过的预算案总额的1/12内。这在当时世界各国中尚属首创。

既为首创之特殊制度而被两届宪法起草委员会采纳,则必有其原因,这应是出于曾经作为临时参议院和第一届国会议员的委员会委员们对民

---

〔1〕相关法条见约法第五十四条第四项,参见夏新华、甘正气编:《近代中国宪政历程:史料荟萃》,中国政法大学出版社2004年版,第475页。

〔2〕参见李贵连主编:《民国北京政府制宪史料》(第一册),线装书局2007年版,第498~514页。

〔3〕见于天坛宪草第一〇三条和1923宪法第一一七条,参见夏新华、甘正气编:《近代中国宪政历程:史料荟萃》,中国政法大学出版社2004年版,第448、529页。

初预算监督实践状况的反思。其时政府多迟延提交预算或干脆不交预算,[1]以致预算案不能成立而议会无能为力,故议会希望通过这一规定改变局面。即便政府采取迟延提交预算至下一个会计年度的伎俩,也不至因此而获得执行全部前年预算的权力,而只能按月支取,这一方面为议会留下了审议迟交预算的空间,另一方面也防止了政府通过故意不交预算而企图自动适用上一年度预算的“阴谋”。然而,这一规定虽然初衷无可厚非,但却不具有可行性,难以达到遏制预算监督落空的目标。第一,政府每一部门每一事项每一月份的财政支出均不一样,怎可如此粗枝大叶地将全年预算总额划为十二份?这极有可能导致更进一步的政府财政混乱,需支出之处无法继续,无须支出之处却意外获得经费,故没有可行性。第二,民国预算无法执行的根本并不在此,这一制度设计对政府的实际约束监督能力也十分有限,但无论议会抑或政府却均须付出大量的时间和精力成本,且如政府不按此 1/12 度支议会又当如何,难道每月议会还需专门监督其是否使用的是前年预算的 1/12?如此政府岂不又要每月编制“概算书”?故不具有可操作性。

相较而言,袁记约法则采世界主流观点,规定预算不成立则执行前年预算。从整部约法观之,其目的就在于放逐议会,建立全能政府,这一规定也有被认为是袁世凯为进一步削弱议会预算监督而设之嫌。客观而言,这一规定与上文天坛宪草和 1923 宪法相较,表面看似乎欠监督之制,但乃更加务实和可行的制度设计,经世界各主要宪制国家反复实践证明运行较为良好。其原因在于,这一规定只能对有意愿提交预算的政府有效,而如果政府根本不欲作任何配合,议会不可能通过这一规定从根本上规制政府行为。

财政紧急处分权是国家在出现不能预见的紧急状况时,为保障国家正常运转,而必须在预算外支出额外经费的决定权。如突然的自然灾害、战争战事等紧急事件,其支出均数量巨大,故行使财政紧急处分权从某种程度而言就像是在订立一份“计划外预算”。为此,政府与国会又一次在效率与监督出现矛盾的情况下发生了冲突。针对上述问题,三部宪法性文件中每一部的规定都不相同,并经历了一个由两个极端向中间路线过渡的过

〔1〕 关于这一事实我们将在本文第三部分详细介绍。

程，反映了民国初年政治精英从激进主义向理性主义的转变。

天坛宪草第一〇四条规定："为对外战争，或战定内乱不能召集国会时，政府经国会委员会之议决，得为财政紧急处分。但须于国会开会后七日内，请求众议院追认。"[1]这是该部草案最受争议的制度——"超议会制"的产物。国会委员会本是一个国会下设的机构，[2]无论其是随国会会期开闭会抑或常设于国会，也无论其是否有如国会一般的立法权限，根据三种权力分立原则，国会委员会的权力边界都应当严格限制在立法机构的范围内。否则就会出现如美国学者纳尔逊所称的"立法系统的制度化"，[3]导致权力的失衡。

但当时的议员们出于对袁世凯专权的恐惧和扩大自身权力的野心，在很多方面跨越了权力分立的界限，不但将诸多国会权力在国会闭会期间赋予了国会委员会，甚至将议会权力进一步延伸到了行政领域。财政紧急处分权因其紧急性和与政府的密切联系，本属于预算权中行政权力的"传统地盘"。而在天坛宪草中的这一制度设计却将以总统为代表的行政权力架空，置国会委员会于最高决策者的地位，事实上剥夺了政府的权力。

天坛宪草中的这一规定将国会委员会行政化，向着行政最高领导机构的方向蜕变，违背了权力分立的原则。任何一权的独大都是对行宪体制的冲击，并为行宪国家的良好运作埋下隐患。不少学者认为，袁世凯最终撕毁临时约法、蛮横地终止天坛宪草并解散议会，以致最终走上独裁道路，与当时天坛宪草设定"超议会制"引致行政力量和社会大众的不满不无关系。[4]

---

〔1〕 参见夏新华、甘正气编：《近代中国宪政历程：史料荟萃》，中国政法大学出版社2004年版，第448页。

〔2〕 国会委员会的地位天坛宪草并没有明确，如此一个地位、性质含混不清又手握如此权力的部门不但被当时袁世凯的顾问有贺长雄称为"叠床架屋""既乖法理，实反常情"，也为后世学者诟病。参见[日]有贺长雄：《评宪法草案之误点》，载《民国经世文编》（第九编），北京图书馆出版社2006年版，第78页；周叶中、江国华：《从工具选择到价值认同：民国立宪评论》，武汉大学出版社2010年版，第133页。

〔3〕 秦亚青：《国会委员会的构成与权力》，载《外交学院学报》1995年第4期。

〔4〕 参见丁以德：《试论〈天坛宪法草案〉制定中制度设计与政治角逐》，载《理论界》2009年第12期，第179～181页；蒋银华、李云霖：《论〈天坛宪草〉的国家权力配置》，载《时代法学》2007年第3期，第25～31页。

约法则规定："为国际战争或勘定内乱以及其他非常事变，不能召集立法院时，大总统经参政院之同意，得为财政紧急处分；但须于次期立法会开会之始，请求追认。"[1] 这一规定纠正了激进国会立法权侵蚀行政权的问题，基本回到了行宪国家主流的轨道。

1923 宪法虽脱胎于天坛宪草，但在财政紧急处分权问题上的制度更加接近于约法，即采取"政府决定，国会追认"的方式。我们认为这一变化的原因主要是民国初年弥漫于政治精英阶层的激进主义思想开始退潮，议员和制宪委员们相较天坛宪草制定时期的政治经验更丰富，想法趋于理性，更注重制度设计的可操作性和可行性，也更加明白妥协在政治活动中的重要性，这种向理性主义的转变，某种程度上而言是政治成熟的表现。

最后，在预算监督权问题上，一旦议会通过预算案，直至决算送交议会期间，都属于预算执行，立法机关难以监督，且决算内容庞杂，涉及诸多专业知识和行政知识，非日日端坐于议会的多数议员所能深刻理解。为保证对预算执行过程中的监督和对于最终决算的系统审计，真正实现对行政权力的监督，理应设立专门机关——审计院监督预算执行。行政机关的所有决算案均由其审计，议会也仰仗其专业分析据以可决或否决决算案。故谁掌握了审计院，谁就掌握了预算监督权，因此审计院制度亦为国会与中央政府争夺博弈的焦点。

审计院制度涉及两大关键：一是审计院的独立性问题；二是审计院成员如何组成。对于第一个问题，政府与议会观点分歧很大，政府希望能够将其纳入政府编制中；议会内各党派则多同意审计院应为一个独立组织，独立于政府亦独立于议会。民国临时参议院和第一届国会时期因缺失独立于政府的审计院，使议会监督预算执行权流于形式。鉴于此，天坛宪法草案和 1923 宪法均明确了审计院为一独立的预算监督机关。与此相对，袁氏约法则含糊其词地称审计院制度另行规定。

对于第二个问题，因袁氏约法没有规定，仅讨论另两部宪法性文件的规定。对于选举审计院成员的问题，宪法委员们提出过两个方案：由参议院选举，或由总统即政府任命。[2] 最终第一方案获得了多数支持，其原因

---

[1] 夏新华、甘正气编：《近代中国宪政历程：史料荟萃》，中国政法大学出版社 2004 年版，第 474～475 页。

[2] 参见宪法起草委员会第六次会议记录，载李贵连主编：《民国北京政府制宪史料》（第三册），线装书局 2007 年版，第 381～389 页。

就是为了制衡行政权并为了保证审计院的独立性，而将行政权排除在审计院人事权之外，“使审计员能独立行使其职权，则必以由议会选出审计员若干人组织之”[1]借此尽可能地保持审计公正。

值得注意的是，虽然制宪会议记录没有反应出议员们制定这一条时缘何将众议院排除在外，但从整部宪法草案财政权的配置而言，无论是无意为之还是有意安排，这一条是对参议院丧失预算决定权的补偿，客观上反映出了议会内部的两院权力制衡。

综上所述，审计院设置问题上的不同规定体现了双方不同的立场和态度。袁氏约法颇为模糊的“另行规定”，暗含其希望摄取审计权的野心，但其并未明确在约法中写入诸如“审计院附属于财政部”之类的规定，也从一个侧面反映出了审计独立等预算监督观念在当时已是获得大多数政治精英的共识，即使是袁氏也惮于立刻推翻之。

那么，三部宪法性文件在预算权方面有何整体特色？如前所述，总体而言，天坛宪法草案在预算权的配置上充分体现出“超议会制”的特点，众议院获得了完全的预算决定权，参议院分得了预算监督权，国会从政府手中夺取了预算紧急处分权，中央政府除享有预算编制权外，其他诸项权力都被议会尽力压缩。通过双方一系列的博弈，议会在宪法制定的过程中以压倒性的胜利战胜了政府，虽然该草案在对于预算权配置的整体设计上算不上成熟，也难以称为完全出于公心的客观理性选择，但总体而言仍然不失为一部具有民主行宪思想的宪法性文件。

在一年之后的1914年所确立的约法体系中，双方地位则发生了戏剧性变化。一方面，立法机关已然沦为政府附庸，成为“橡皮图章”；另一方面，即便如此袁世凯依然对立法机关不放心，仍千方百计削弱这一“橡皮图章”的权力，以达到毫无顾忌控制国家经济的目的。议会仅保留有形式上的“预算决定权”，但却根本没有能力修改和否决预算，与其说是“决定预算”，不如说是“肯定预算”。与此相对，政府则获得了包括提案到执行在内的几乎全部预算权。整部约法的预算权配置充斥着政府的蛮横和对权力分立思想的践踏，这是预算制度在制度上的倒退。当然正如下文将要叙述

[1] 参见宪法起草委员会第六次会议记录，载李贵连主编：《民国北京政府制宪史料》（第三册），线装书局2007年版，第382页。

的，讽刺性的是这部约法却是当时最接近预算运行实况的宪法。

1923宪法在预算权配置上与前两部宪法相比，制度设计更加趋于理性、成熟和务实，更符合行宪国家主流的制度框架。其延续天坛宪草权力制衡监督的精神，但同时也对天坛宪草的前述诸多或不合国情或矫枉过正的制度进行了修正。

这一变化表明，议员们在预算权配置安排上的思路更加务实，也说明民国北洋政府时期的政治并非全然黑暗透顶、毫无进步。当然，整体政治环境不断恶化、法治失序与中央政权式微，均注定这部宪法的降生不合时宜，是一部在当时无法被真正实施的宪法。如曾任司法总长的张耀曾所言："（1923宪法）可说是民国以来的创举。但十年来苦心经营的宪法，竟在这样的时机和环境里头宣布，真是宪法的大大不幸！这种宪法在当时有实权的人眼中完全等于废纸，那更不用说了。"〔1〕但无论如何，其制定过程和内容所体现的积极意义应当值肯定。

四、现实中的预算权博弈

国会和政府在预算权方面的争夺并不仅表现在制宪过程，还包括在议会实际运行过程中针对预算监督而进行的博弈。尤其是在当时，由于施行时间最长的临时约法在预算权配置上的空白和之后诸多宪法性文件多流于形式、难于真正施行的现状，研究预算权的实际运行状态就更为重要，这不但揭示国会和中央政府对于预算权掌控的真正生态，而且其实践过程中的经验和教训也成为上文提到的多部宪法性文件制定过程中的重要考量因素。北洋时期国会时断时续，又跨越多部宪法，预算监督一直不成体系，梳理起来颇费功夫。我们先就整体监督状况进行说明，再分析双方斗争的焦点。

据我们不完全统计，〔2〕北洋时期临时参议院共审议政府（含通过、退回等各类处理）预算案1案（民国元年9—12月预算）、特别预算案1案（外交部留学借款特别预算），概算案2案（6月概算和8月概算），共4案。第

〔1〕 杨琥：《宪政救国之梦——张耀曾先生文存》，法律出版社2004年版，第74页。

〔2〕 据我们查《北洋时期国会会议速记录》全套，因记录有所遗失缺漏，故仅能称作不完全统计。参见李强主编：《北洋时期国会会议记录汇编》，国家图书馆出版社2011年版，第二册第107～113，433～443页；第三册第62～64，98～100，117～119，260～266，277～286，302～307，546～561页；第四册第256～262，285～292，321～327，364～366，474～476页；第九册第95～98页；第十一册第219、225、227页。

一届国会第一期常会众议院共审议预算案一案并否决之(民国二年 1—6 月预算案)。参政院代行立法院未对袁世凯政府进行任何预算、决算审议。[1] 第二届国会(安福国会)共审议预算案一案并修正通过(民国八年预算案)。北洋政府时期自 1912 年始,终于 1927 年南京政府成立,共历 15 年。然其中仅两年有过预算案交议,另于民国元年有过特殊的概算案两件,特别预算案一件,其余 13 年财政均以无预算的状态运转。[2] 更令人咋舌的是,这 15 年无一决算交议。故从总体上而言,北洋政府的财政基本处于违宪状态,不公开、不透明也不受任何制约。[3]

总之,与立法上双方博弈的力量对比不同,在真实的预算权力运作中,立法机关一直处于十分被动甚至可有可无的地位,中央政府始终蛮横地掌握着主动,制定着真实的权力规则。不过,立法机关并不像通常所认为的毫无作为。激进的一届国会曾经为实现预算监督与袁世凯政府进行过多次针锋相对的抗争,即使是通说认为的"保守傀儡"的安福国会和袁世凯的"影子议会"参政院,也从未全然放弃对政府财政监督的努力。双方间的斗

---

〔1〕 需要说明的是,王世杰、钱端升所著之《比较宪法》中记载民国二年(1913 年)预算案经过当时的议会通过,参见王世杰、钱端升:《比较宪法》,商务印书馆 1999 年版,第 256 页。但我们没有在原始资料中见到该年国会有预算通过的记录,却有民国二年 1 ~6 月预算案否决的记录,在此存疑。

〔2〕 如上注所言,在王世杰、钱端升所著《比较宪法》记载,北洋政府时期经过议会审议通过的预算案有三:民国二年(1913 年)预算案、民国五年(1916 年)预算案和民国八年(1919 年预算案),但均未实行。经我们查证,似乎民国二年的国会并未通过袁世凯政府的全年预算案,至于民国五年预算案,因未查到该年国会开会记录,此处存疑,暂不列入。另外,当时《东方杂志》刊登了 1915 年元旦公布的参政院代行立法院议决的《洪宪元年度总预算》,载《东方杂志》1915 年第 13 卷第 2 号。笔者查阅该年参政院代行立法院会议记录,并未发现对这一预算案的审议记录,且《比较宪法》一书对此也未列入,参见王世杰、钱端升:《比较宪法》,商务印书馆 1999 年版,第 256 页。此处存疑,暂不列入。另外,民国时期学者特别指出司法经费方面的预算:一、民四国会解散无预算。二、民六民七亦无正式预算案。三、民八新国会正式成立,北京政府乃编制八年度预算案提出于国会。四、民八以后国事日纷,财政益紊,正式预算案俱未编订。五、民十五在北伐时期,财政紊乱,无正式预算案。参见耿文田:《中国之司法》,民智书局民国二十二年版,第 109 页。

〔3〕 需要说明的是,这并不意味着北洋政府这段时间没有预算,据学者考证,1913 年至 1919 年都编制了较为完整的国家预算,1920 年直至 1925 年,北洋政府预算的编制因政局动荡而中断。参见马金华:《民国财政研究——中国财政现代化的雏形》,经济科学出版社 2009 年版,第 163 ~164 页。

争主要体现在以下几个阶段上：

首先是民国初年的概算及预算。“概算”乃临时参议院首创的概念，对于其性质众口不一，一方面其具有类似预算的格式，其初衷也要求行政机关和立法机关以对待预算的态度对待之（下文将详述）；但另一方面，“概算”又绝不能称为预算或决算，因为这份文案不仅以月为单位，且仅有中央政府项目而不见地方项目。总而言之，所谓“概算书”，究其本意，应如当时议员所言，“系是预算性质之概算，参议院议决之后，政府始可以支出”，[1]但终究不是严格的法律概念，议会也从未为之正式定义。

之所以不得不如此创设一法律概念的原因在于：一方面由于当时情况复杂，如临时参议院一位议员所言“刻下中华民国编订预算归于立法部抑归于司法部，固应确定。且会计年度为预算决算之标准，如不定会计年度，预算固不能成立，即决算亦无从发生”。[2] 会计年度、预算权限等都没有议定，且民国元年（1912 年）已过近一半，故议会议员们考虑令政府编制元年预算确有难处。另一方面，无论于社会公众或于法理而言，议会又不能对政府这剩下半年的财政状况不管不问，“当此紧急之时，非问政府大政方针及财政方针不可”。[3] 于是便要求袁世凯政府按月编制政府在京各部门“概算”交议。议员们本认为这是一种折中妥协的方案，应易于施行，不料却出现了诸多问题。先是民国元年（1912 年）6 月概算案至 7 月方才交院，导致不但 6 月概算审议毫无意义，7 月也已度过一半，议会遂只好要求政府从速提交 8 月概算案，然而 8 月概算案政府也迟至 8 月初方才交议，外交部追加概算案则至 9 月方才交院，直至 10 月末议会才“审议”完成。由此可见，政府对于议员们的良苦用心并未投桃报李，而是极尽敷衍推诿之事，均是“以已过之支出概算而敷衍了事也”，[4]而且“只

[1] 参见临时参议院第四十一次会议速记录，載李强主编：《北洋时期国会会议记录汇编》（第 2 册），国家图书馆出版社 2011 年版，第 112 页。

[2] 参见临时参议院第四次会议速记录，載李强主编：《北洋时期国会会议记录汇编》（第 2 册），国家图书馆出版社 2011 年版，第 42 页。

[3] 参见临时参议院第四次会议速记录，載李强主编：《北洋时期国会会议记录汇编》（第 2 册），国家图书馆出版社 2011 年版，第 44 页。

[4] 参见临时参议院第四十一次会议速记录，載李强主编：《北洋时期国会会议记录汇编》（第 2 册），国家图书馆出版社 2011 年版，第 107 页。

有岁出并无岁入"，[1]几乎是在羞辱临时参议院。最终"概算案"仅执行至8月就行终止。

当时议会虽提出多次催促，要求政府将9—12月预算交议，这一所谓"预算"却几乎成为儿戏。名为"9、10、11、12月预算案"，却于9月底方才交议会审议，经一读、财委审查、二读和三读会后于12月底方才议毕。且如财委所言："内容混乱、形式甚不一致"，[2]完全是政府搪塞议会之举，且政府从未按此预算运行。从下面一事即可看出：议会最终将该预算中清华学堂电灯费尽数删去，而后一议员发现这一问题，质询外交部人员："清华学堂电灯费全数删去，如何办？"外交部人员并未表态，一切却也照常运转。[3]　而后的政府民国二年（1913年）1—6月预算直到6月方才交院，[4]经众议院否决[5]退回并发出《质问财政书》，[6]并直言预算存在四大严重问题，咨请政府对此作出解释，政府仍无任何回应。

而后的民国二年（1913年）预算作为现实意义上民国第一份完整的年度预算，本应为推动民国预算监督机制建立的最佳时机，但经众议院一次当院质问，两次向政府发出质问书均未见任何答复，[7]本应于7月开始实施的这一预算案再未提交议会，6个月后第一届国会被解散。

这是议会与政府第一次针对预算权主导地位的交锋，客观而言议会此

---

〔1〕　参见临时参议院第六十次会议速记录，载李强主编：《北洋时期国会会议记录汇编》（第2册），国家图书馆出版社2011年版，第432页。

〔2〕　参见临时参议院一百十二次会议速记录，载李强主编：《北洋时期国会会议记录汇编》（第2册），国家图书馆出版社2011年版，第257页。

〔3〕　参见临时参议院一百十三次会议速记录，载李强主编：《北洋时期国会会议记录汇编》（第2册），国家图书馆出版社2011年版，第292页。

〔4〕　因中国特殊国情，当时主要赋税收入来自农业，所以至六月方能获得财政收入，故经议会表决通过，中华民国的财政会计年度为7月至第二年6月。因此民国二年1—6月预算严格而言并非民国二年预算案，而应是在正式年度预算案之前的和民国元年9—12月预算案一样具有过渡性质的预算案。

〔5〕　参见众议院议决案汇编（预算案），载李强主编：《北洋时期国会会议记录汇编》（第九册），国家图书馆出版社2011年版，第95页。

〔6〕　参见众议院议决案汇编（附编·质问书），载李强主编：《北洋时期国会会议记录汇编》（第九册），国家图书馆出版社2011年版，第696页。

〔7〕　参见众议院议决案汇编（附编·质问书），载李强主编：《北洋时期国会会议记录汇编》（第九册），国家图书馆出版社2011年版，第696页。

时对于政府保持了较为体谅的态度，希望与政府在预算监督的初次尝试上达成合作。但最终仍导致不欢而散，政府自是要负主要责任，议会也有其过失。究其原因，我们认为有以下几点：

“概算”制度设计失当。议会当初首创这一制度的初衷是为了在兼顾政府困难和议会职责的同时，也“为议会将来审议预算案提供经验和标准……为政府制定预算案提供经验和标准”，[1]其监督政府不可谓不用心。但问题在于“概算”这一概念于法无据，议会从未明确解释概算到底具有预算的效力还是决算的效力，抑或二者兼有？议员们对此众说纷纭，从未达成一致意见。如此则未免让人对于概算的法律效力产生怀疑，为政府敷衍行事提供了借口。

概算每月一交不切实际。概算虽非正式预算，却也包罗京内各部门的收支状况，每次制定概算均须财政部收集全部在京部门的收支制表，费时浩大，而每月均须进行一次，这无论对于财政部门或是其他政府机关而言，均为沉重负担。议会设定概算初衷是为了减轻政府负担，但如此则使政府负担有增无减。议会每审议一份概算案，即须通过三读程序，还需经过国会财政委员会审查，效率低下且大量挤占其他议案的审议时间，议会负担也随之加重，而临时参议院审议议案速度本就为舆论诟病，故其根本无法按期审议通过。这是促使临时参议院最终放弃概算的最主要原因。

审计院迟迟未能设置。如前所述，审计院为预算监督的主体，也是议会用以制衡政府预算权并保证顺利完成预算审议的重要机关。但审计院制度却迟迟未落地，这一机关的缺失一方面导致议会财政委员会承担了大部分审查工作，而这一委员会的委员又全部是议员，能力、精力均十分有限，以至其越来越不堪重负，无力完成任务；另一方面也为政府自行“审计”提供了机会，财政部就曾单独设立一“审计处”，而后为议会所知要求裁撤。如此，预算审议都难以按期完成，遑论对预算实施过程和决算的监督。虽然这一时期百废待兴，议会立法任务繁重可能无暇顾及也是客观原因。但如前所述，预算审议本为行宪根本，故而议会对这一重要机制的搁置，无异于拱手将预算监督权让与政府。

---

〔1〕 参见临时参议院第九十七次会议速记录，载李强主编：《北洋时期国会会议记录汇编》(第九册)，国家图书馆出版社2011年版，第546页。

由于临时约法对于预算权配置的制度过于粗陋,留下大量空白,因此亟待立法机关立法,明确权力划分,特别是对于政府违背预算权力规则时的处置措施。而临时参议院时期是最佳的立法时机,因为此时南方军力尚能与北洋军相抗,议会权威处在巅峰而政府尚未稳固,议会能够争取最大话语权,故此时设定预算权分配规则,议会可占据主动,且不致落得天坛宪草和1923宪法那般纸面文章的境地。然而,在这长达一年的时间里,议会除了确定会计年度外,未在这方面有任何的立法活动,以致法律上的预算权力真空一直持续,预算监督混乱不堪。政府肆意违反预算规则甚至将之视为儿戏,进而藐视立法权,议会却对此毫无办法。

民国初年宪政草创,议会在民国政治中的基础本就薄弱,加之议会议员多为留洋归来的学者或士绅,手中无调动一兵一卒的权力,唯一力量来源在于南方的革命党军队,随着袁世凯政府成为国家的唯一合法政府,南方各军为了国家统一也就不得不受其管辖,进而不断受到北洋军压制,故其虽被临时约法设计为最高权力机关,却随着军事后盾的削弱,逐渐缺乏刚性的制衡筹码。袁世凯控制的北洋政府由原北洋军蜕变而来,军力强大,沿袭前清诸多专制色彩,不习惯甚至不愿使自身权力受到约束,因此倚仗其军事力量的不断膨胀,逐渐获得摆脱议会甚至临时约法的能力。革命党人与北洋系均由暴力起家,虽理念不同但又都毫无例外地受到了那个充满戾气的激进主义时代影响,一方为激进主义的议会;另一方为暴力政权,实难期望双方间产生妥协,故而只会产生一方压倒另一方的局面。这一切注定临时参议院和一届国会在争夺预算权上的失败。

其次是梁启超质问袁氏政府阶段。如前所述,第一届国会争夺预算权斗争失败后,袁世凯政府便几乎摄取了全部预算控制权,参政院代行立法,成为傀儡立法机关,仅能起到橡皮图章的作用。参政院存在时期,由议员提出的议案极少,绝大部分均为政府交议的议案,且议会立场与政府颇为一致,对议案多仅作文字修改,没有一个议案意在限制政府权力。如时任参政院议员的梁启超所言,参政院"为政府之后援"。[1] 从一个议会的职责而言,无论站在激进主义立场抑或保守主义立场,参政院及其中绝大部

〔1〕 参见参政院代行立法院第十七次会议,载李强主编:《北洋时期国会会议记录汇编》(第十册),国家图书馆出版社2011年版,第314~315页。

分议员都是不合格的，甚至还不远如前清资政院一些议员所保持的独立立场。[1]

唯一的例外是梁启超曾于参政院代行立法院第十七次会议上提出一动议，并发表了参政院历史上罕见的对政府措辞强硬的长篇发言，力陈预算之于国家的重要性以及国会在其中必须争取的权力和必须对国家承担的责任，并质问袁氏政府10月缘何仍不提交本应最晚于7月就应实施的民国三年(1914年)预算，而参政院对此不管不问，直言如此这般不但政府失信于国，议会和诸位议员也愧于国民赋予之责任，言语之中透露出对袁氏政府的失望和不信任。在其催促下参政院方才向政府发出质问财政书，但同样如泥牛入海。[2]

此阶段实践中的预算权扭曲失衡为不争事实。不过，在一向被认为是傀儡机关的参政院内依然有敢于直言之人，虽未有其他议员敢于站出来共鸣，但这一质问案在参政院的通过，表明了众位议员的默许态度。由此观之，预算权合理配置的重要性和预算监督的必要性已为思想进步的政治家所接受，并逐渐成为其宪政观的重要理念。

最后是民国八年(1919年)预算案阶段。自民国二年(1913年)预算案被第一届国会众议院驳回，直至民国八年(1919年)再无任何预算交议。至民国第二届国会成立后，议会政治方稍为恢复。其时正值北洋军阀皖系政权时期，为排挤革命党势力，皖系一手包办成立了以安福俱乐部为主体的第二届国会，史称“安福国会”。时人一直对于安福国会三年的政治活动持贬损态度，甚至认为是“安福祸国记”。[3] 不过，在预算监督方面，安福

---

〔1〕 比如，资政院议员刘春霖在议场中指出：“我们资政院必要求着军机大臣心里舒服，还成个什么资政院呢?”该发言受到议员鼓掌欢迎；他还认为自己“为国民代表，断不敢作谄谀的话贻误全局”。参见李启成点校：《资政院议场会议速记录》，上海三联书店2011年版，第163、407页。

〔2〕 参见参政院代行立法院第十七次会议，载李强主编：《北洋时期国会会议记录汇编》(第十册)，国家图书馆出版社2011年版，第314～325页。

〔3〕 相关研究参见南海胤子：《安福祸国记》(荣孟源、章伯峰主编《近代稗海》第4辑，四川人民出版社1985年版)；Andrew J. Nathan, Peking Politics 1918 - 1923, Factionalism and the Failure of constitutionalism, Berkeley, Los Angeles and London, University of California Press, 1976, p. 299；张朋园：《安福国会选举——论腐化为民主政治的绊脚石》，载《“中央”研究院近代史研究所集刊》1998年第30期，第149～224页。

国会却称得上是北洋政府时期最成功的一届国会。

安福国会在其开会后曾屡次催促政府将预算交议，因其第一期会议于1918年8月才开始，审议民国七年(1918年)预算已经无甚意义，故其把重点放在了民国八年(1919年)年度预算的审议上。1919年6月5日，总统徐世昌将民国八年预算总案提交众议院，7月2日又提交了四项特别预算案，其中收支缺口1.4亿元，开支中光军费开支就占到总开支的三分之一。众议院为审议预算，延长会期一次后又特开临时会议审议，[1]经一读、财位审查、二读和三读程序，通过了政府预算案审查报告，移交参议院后于11月15日通过生效。[2]

众议院在其审查报告中首先批评了军费使用的混乱现状："查政府八年度预算案，陆军部所管预算，关于陆军军队经费一项，名称既极复杂，章制尤复纷歧，关于编制统系，亦多未协。"[3]，国会最终决定"按照总数裁减二成，计减去三千零四十九万五千六百八十八元"，[4]并全部取消特别军费，"惟无论如何，八年度实支之数，只能以原列总数八成为限"。[5]

安福国会的这一预算审议活动堪称成功。首先，这是民国北洋政府时期唯一的一次政府在会计年度开始前按时交议的预算案，一定程度说明政府相对较为合作的态度。其次，国会为审议预算延长会期一次后，又特开临时会议，足见国会并非仅为敷衍之事。最后，也是最为世人称道的是其成为第一个成功裁减了政府预算中军费的议会。正如民国学者顾敦鍒所言："第二届国会成于军阀之手，而能毅然议决裁减军费至二成之数，盖亦难能可贵者矣。"[6]

相较前两个国会，安福国会在将宪法规定的议会预算权付诸实现方面无疑是成功的。最终成功实现预算监督的并非广受好评和同情的"第一届国会"，也不是为求政治稳定和自保甘愿沦为政府"后援"的"参政院"，而

---

〔1〕 关于延长会期和特开临时会，参众两院共发出过三个议案，见于参议院汇编法制案九十九、一百零五、一百零七，参见李强主编：《北洋时期国会会议记录汇编》(第十一册)，国家图书馆出版社2011年版，第219、225、227页。

〔2〕 顾敦鍒：《中国议会史》，苏州木渎心正堂1931年版，第289页。

〔3〕 顾敦鍒：《中国议会史》，苏州木渎心正堂1931年版，第290页。

〔4〕 顾敦鍒：《中国议会史》，苏州木渎心正堂1931年版，第290页。

〔5〕 顾敦鍒：《中国议会史》，苏州木渎心正堂1931年版，第290页。

〔6〕 顾敦鍒：《中国议会史》，苏州木渎心正堂1931年版，第292页。

是因与政府关系密切和腐败贿选而声名不佳的"第二届国会",如下原因值得深思:

其一,议会议员的保守主义价值观使他们更着眼于实际利益。安福国会议员平均年龄43.5岁,且因当时的直系政权刻意排挤革命党成员,故330名议员基本为官员、士绅、商贾和教育界人士,拥有传统功名的人士占到22%,其中98人曾当选为前清谘议局议员或第一届国会议员。[1] 这决定了他们在价值观上的保守主义色彩,"多数人惯于维持现状,反对任何改变现状的激烈变革"。[2] 安福系本就为一松散的政治团体,全无任何政治纲领可言,也不是一个政党,对他们而言实际利益远比空洞理想更为重要和现实。二者决定了安福国会不会像革命党控制第一届国会那样,有着强烈激进主义和理想主义色彩,而是着眼于更现实的、直接影响其利益的问题。所以安福国会对预算案的审议表现出超乎寻常的兴趣和责任感。

其二,与政府关系和缓,寻求政治妥协之道。安福系本就脱胎于皖系,又经皖系政府操纵上台,诸多议员深厚的政府背景,同第一、第二届国会相比,其和政府关系密切,安福国会三期常会国会从未与政府爆发激烈冲突,与第一届国会和袁世凯政府剑拔弩张的紧张关系适成鲜明对比。

安福国会与政府的这种关系通常成为学界批评的焦点。不过,安福国会与政府的和缓关系促成了这一次成功的预算审议。整个北洋时期,北洋军阀所控制的政府都保持着相对于议会无可置疑的强势,而宪政不但迟迟未建立,甚至法统濒临崩溃,议会无论从实力抑或影响力上均无法与政府抗衡。如果议会依然采取强硬甚至是不合作的态度,其结果必为政府所灭或沦为附庸,唯一可行的暂行方案就是一个保守派议会的上台。如此则能赢得政府信任,获得有限监督的活动空间,而后逐渐次第落实各项议会权力,并给予政府较宽松的自由裁量范围,故政府愿与之合作,无政府合作在当时的政治环境下是不可能实现有效的预算监督。对此,曾任第一届国会议员的安福国会众议院议长王缉唐在第一期常会闭幕式上说:"本届国会所持方针与第一届国会颇有差异,前届国会专以监督政府为务,监督之极

---

〔1〕 以上数据,参见张朋园:《安福国会选举——论腐化为民主政治的绊脚石》,载《"中央"研究院近代史研究所集刊》第30期(1998年),第194~196页。

〔2〕 严泉:《保守主义议会政治的尝试——民初安福国会的立法运作》,载《中共天津市委党校学报》2010年第1期,第46页。

流而为束缚,束缚不足变而为争攘,以致立法与行政始终不能相容……(第二届国会)不惟对于阁员组织争攘权位之思,且对于政府行为亦不效过度束缚之举。"[1]这不能不说有一定的道理。

其三,安福国会不失议会地位,亦未沦为行政附庸。安福国会与第一届国会相比确实保守,且与政府关系密切甚至有贿选腐败。但正如顾敦鍒先生所言,虽然其时"军阀政客与议员间之贿赂行为,其卑鄙龌龊有不堪言状者",但"此种情形,实为全体社会黑暗之结果"。[2] 而其依然能够坚持行使议会预算权从而实现预算监督的关键,在于其并未像参政院般沦为行政权力的附庸。之所以如此,一方面源于其虽远未如一党派般组织严密,但也是一个松散的政治联盟,没有共同纲领却有共同利益,而非如袁世凯临时拼凑的参政院般易于控制。另一方面,民国成立八年来,虽然行宪秩序一直未建立,法统崩坏,议会政治风雨飘摇,时断时续,同时出现多次复辟活动,却迅速失败。这不但说明民主的到来虽然缓慢却并未停止,而且因为这多年的内耗,北洋军阀政府自身力量受到极大削弱,不能也不敢再如袁世凯般设立一个完全受制于自身的影子议会。

然而,安福国会这一较为成功行使议会预算权的尝试,是当时各种政治和社会环境促成的昙花一现,在当时的民国政治环境里不可持续。1920年8月皖系下台和安福国会闭会后,议会自身朝不保夕,对政府预算和决算再无任何事实上的监督。随着北洋政府时期末年宪法和法统彻底废弃,预算权制度设计的宪法尝试及实践最终与初生的民国议会制度一并成为明日黄花。

五、预算权配置失范的原因分析

预算权配置的失范,原因众多。其一,在于宪法秩序不能有效建立。预算权制度的核心是议会对政府预算的审议和监督权,而包括这一权力在内的所有议会合法权力的来源就是一部被有效遵行的宪法。宪法确立了作为代议机关的议会的地位,保证了议会虽无一兵一卒,却可以对拥有庞大军队的政府进行监督和制约。但北洋政府时期各部宪法在这方面显得

---

〔1〕《国会闭会史纪事》,载《参议院公报》(第1期第6册),中华民国参议院公报科1919年版,中国国家图书馆馆藏。

〔2〕顾敦鍒:《中国议会史》,苏州木渎心正堂1931年版,第413、416页。

无能为力——天坛宪法草案尚未施行就被“废黜”；袁记约法因其缺乏法定程序而丧失合法性基础；1923 宪法因其贿选丑闻和军阀背景陷入合法性危机，从未被有效施行；唯一断断续续且早已“超期服役”的临时约法却又为预算权配置，出现大片留白。宪法文本的欠缺及宪法权威的缺失，致使预算监督赖以生存的宪法基础从未有效而稳定地建立。

其二，第一届国会立法迟延。面对临时约法留下的预算权力真空，因宪法迟迟不能出台、宪法秩序迟迟不能有效建立而无法通过最高法律予以确认的情况下，议会本应尽早主动地制定一系列财政法规，将预算权制度落定并逐渐完善。而如前所述，临时参议院和第一届国会延续了其在任期内广受诟病的“立法懈怠”态度，历时两年却一部与此有关的法律都未议定，[1]以致所有的预算审议规则都是参议院的决议，这类规则不但变动频繁且标准不一，[2]为政府逃避预算监督提供了机会。其结果就是议会错失了可以说是唯一有可能在分配预算权力方面占据主动权的机会。

其三，宪法对预算权配置的不合理，错失良机。北洋时期各部宪法都无法长久成立，原因之一为宪法的不成熟，导致本就已经处于微妙之中的各方利益分配不均，于是总有至少一方对此强烈不满，引致激烈反抗，具体到预算权上也不例外。

天坛宪草在预算权上的“超议会制”引发袁世凯政府巨大不满，并招致第一届国会的解散；袁记约法事实上将议会预算监督权废除的行为则激起了全国革命势力的反对，甚至最后连温和的立宪派也与之反目；1923 宪法本身是预算权配置制度设计最为合理的宪法，但此时民国经过前两次由极端保守势力和激进势力发起的冲击，已经演变成军阀割据的局面，再寻求宪法框架内的利益妥协已经不可能。

对于一个新生的共和国，特别是一个像民国一般经由暴力建立的国

---

〔1〕 民国最早与预算相关的法律是民国三年(1914 年)制定的《中华民国会计法》，其中第二章即为预算，后又于同年颁布了《中华民国审计法》。这两部法律的效力北洋各届政府基本都未明确否认，但南方的国民党政权则一直持否认态度。参见谢振民：《中华民国立法史》(上册)，中国政法大学出版社 2000 年版，第 552 ~ 555 页。

〔2〕 关于这一点，最典型的例证就是如前所述民国元年的情况：参议院首先做出决议，要求政府按月提交民国元年概算，但遭遇政府冷遇后，旋即提出要提交“民国元年 9—12 月预算”，于是就由按月改为了半年预算，后至民国二年(1913 年)才开始按年提交预算。

家,各方力量所形成的平衡点必然不会持续很长时间,社会对于宪法、议会等新生事物本就持一定的怀疑态度,此时推进宪政的最佳时机就是政权初建的这段时间,不成功就很容易耗尽各方力量对于行宪的耐心,他们就会本能地再次诉诸暴力这一为其熟知且"有效"的方式。不幸的是,民国初年的多部宪法性文件都没有寻找到共同利益的平衡点,总是为了自身集团利益或目标而过度扩张自身权力边界,逐渐耗尽宪政实现的可能,也耗尽了政府与国会在预算权方面良性博弈的空间。

其四,政治斗争的极端化。在行宪国家中,妥协是政治的必然组成部分。在13世纪的英国,议会制度的产生可以说是国王和贵族妥协的结果,预算制度的发轫也是如此。预算权本身就是议会与政府的妥协,从而将预算各相关权力予以分配,以求达到令各方都能忍受又能实现制衡监督的效果。在现实中要实现预算监督,议会与政府必须相互妥协,在一定程度上甚至必须合作。在北洋政府时期,妥协的重要性更为明显。政府始终依靠其实力掌握着相对议会的财政主动权,其对是否接受预算监督拥有事实上的最终决定权。议会相对弱势,但也并非全无筹码,因为其占据了法理和舆论上的制高点。在如此环境下要实现预算监督,议会应适当寻求柔性的手段,在必要时妥协以换取政府的配合。

如前所述,安福国会能够实现北洋时期唯一一次成功的预算监督,与其议员多深谙政治之道,办事灵活,知妥协进退有莫大关系。与此相对,革命党控制的临时参议院和第一届国会,议员多长于西方先进思想却弱于本国政治实践经验,不免对政府监督过紧,招致政府强烈反弹,不但没能实现目的,自己也被落得被解散的命运。需要强调的是,这仅是与二届国会相对而言,事实上,如前文所陈,一届国会也并非没有妥协,但显然未见成效。

当然安福国会的成功与皖系政府的配合也有很大的关系,其政府也愿意与议会达成合作。但我们认为这并非徐世昌政府比袁世凯政府开明,而在于前者当时面对军阀割据的局面已无力对全国实施控制,力量削弱和议会本身的亲政府属性促使他愿意与议会合作。相较而言,具有压倒性暴力优势的袁世凯政府则蛮横而没有耐心,在预算问题上自始至终都表现出不合作态度。

当时的精英阶层呈现出两极分化的态势:一方是激进革命派,另一方是极端保守派。二者均依靠暴力革命和暗杀夺取政权或以暴力为支撑上台,所以无论是革命党抑或北洋军,都倾向于采取暴力而非法律的方式作为最终解决手段,视暴力为政治合法性的唯一来源。这种“军人习气”被带入政治中,使国民政府以一种军政府的方式运作,也使民初预算权之争充满刚性却鲜有妥协,注定了民初预算监督如落花流水。

其五,相应政治环境的缺失。欲实现预算监督,一个健全完善的预算权制度非常重要,但世界上本无完美制度。在作为行宪典范的英美等国,预算权制度也经历了由草创到完善的漫长过程,[1]可见一个完善的制度并非实现宪政监督的必要前提。其实,构建、移植、完善一个制度并非难事,关键在于将这一纸上的制度赋予生命力使其获得执行。“徒善不足以为政,徒法不足以自行”,制度被人创造,由人执行,方能作用于社会,因此社会环境亦是制度设计能否获得成功的关键。

然而,“除了五四前后较为短暂的一段时间外,近代中国精英多相信制度万能,以为只要采用先进制度,所有问题即迎刃而解,甚至是不解而解”。[2] 我们认为,其时的中国现实是一个分裂的步调不一的社会:作为掌握国家命运的上层精英两极分化,难以形成对中国前进方向的共识。在预算权问题上,表现为议会与政府在大多数时期相互之间的“零信任”而欲最大限度地扩张自身权力以至不择手段。国家经济落后,作为被统治者的下层民众的思想则并未进化到如此文明民主的程度,他们被“掩入”共和国,因此这一切制度对于他们都是陌生的,尤其是对于预算审议的重要性更是没有概念。大部分中国人还没有形成现代意义上的纳税人权利意识,对于行宪与民主的理解仅仅停留在“不要皇帝”上,两次帝制复辟激起举国反对而失败,民国十余年几无一件有效预算案成立却没有受到应有关注。至今,涉及北洋时期宪法史的论文近年颇多,与预算权相关的专题研究则极为有限。

没有民众思想的启蒙,没有孕育和承受行宪的社会环境,预算监督制

---

〔1〕 英国从议会开始争取预算权直至预算制度建立,历时半个多世纪,而普鲁士也曾有过所谓“黑预算时代”。参见[英] F. W. 梅特兰:《英格兰宪政史》,李红海译,中国政法大学出版社 2010 年版,第 118、120 页;故宫博物院清史档案部编:《清末筹备立宪档案史料》(下册),中华书局 1979 年版,第 1045 页。

〔2〕 李启成:《儒学信仰、法政新知与议员风骨——从晚晴资政院议员之操守谈起》,载《比较法研究》2013 年第 1 期,第 75 ~ 87 页。

度只能与民国议会制度一般如脱离社会环境。楼阁建之空中，坍塌只是时间问题。可悲的是，当各派政治力量竞相角逐以至预算监督制度随着民国议会崩塌时，“一般人民却站在一边，不闻不问”。[1] 就这一点上而言，北洋政府时期预算监督从立法到实践的彻底失败似是一种注定的宿命。

主编说明

在我所指导的本科生中，小靳同学是其中的极为优秀者。他就读期间与我在学术上多有交流，思考视角颇为别致。民国时期的宪法史一向为诸多法律史与宪法学学者关注，但是，其中的预算问题则关注度甚为有限。然而，一国预算涉及众人利益，关系重大。为此，我建议当时尚为本科生的小靳加强对此领域的研究。与此同时，恰逢涉及民国初年宪法史的各种原始文献大量汇编出版，虽然迄今使用者寥寥，却为我们当年的研究提供了巨大便利。小靳不失所望，短期内即查找到大量相关文献。在此基础上，我列出大纲，提出研究切入点，指导小靳撰写论文初稿。小靳同学的文字表述非常老道和成熟，全然不像一位本科三年级学生的水准。此外，我推荐小靳阅读了梅特兰的《英格兰宪政史》，追溯预算权的历史渊源，以及大量当代预算法和预算理论及相关的专著与论文，最终完成了论文的共同修订与发表。

---

〔1〕 杨琥：《宪政救国之梦——张耀曾先生文存》，法律出版社2004年版，第76~77页。

附录　作者的研究心得体会

之　一

杨　潇

记得2017年秋天,我刚步入中央民族大学法学院,就被邓老师的《中国法制史》课程深深地吸引了。我曾记得老师讲授《汉书·刑法志》时说:“有法制史教材认为文帝改革刑制的积极意义在于保护生产力,这个观点颇值怀疑。当时刑事重案一年不过数百起,与保护生产力关系不大,且肉刑实施后也未必失去劳动力。”他的分析使我茅塞顿开,我对老师勇于质疑的精神深感钦佩。自那时起,通过和恩师的沟通交流,我对《汉书》的虚构与真实问题产生了极大兴趣,难道权威著作的描述就一定是真实可信的吗?这些叙事情节是否存在虚构或认知错误?

当然,涉及《汉书·刑法志》的研究存在难度,对于我这样一个初入门者(时为研究生一年级第一个学期)而言,知识储备的匮乏以及逻辑能力的欠缺皆成为我第一篇硕士论文的障碍。幸运的是,邓老师的鼓励与支持一直是我坚持完成研究的莫大动力,本次论文合作使我受益匪浅。从题目的选择、资料的收集整理、构思写作到最终定稿,恩师在诸多方面提供宝贵建议,治学严谨的他为了能够使本文更加完美,花费很多心血,使论文写作从开始就步入正轨，避免了重复的无用之功。

在阅读过程中，老师向我推荐了很多相关的中外著述，并指导我通过整理文献提取论文思路，时常总结体会心得，以便更好地消化文章内涵。在选择各类文献的时候，也要有针对性地查找，学会辨别文章质量。“纸上得来终觉浅”，任何一篇高水准论文的完成绝对不是简单化、公式化的“理论先行”，犹记得自己一次次在国家图书馆和静谧的历史档案馆、清冷的古籍馆之间奔走，在阅览室间翻开尘封已久的书页，那时的我获得了难得的精神愉悦。

在论文写作过程中，“问题意识”是学术研究的关键，老师要求我深入理解论文所需的“命题”二字（论文中探讨或论证的一个基本问题或基本观点），而这需要持之以恒的琢磨学习。否则，何“论”之有？又如何“论”之？做到这些并非简单地铺陈史料，更需要自己独立的见解和严谨的论证。我的成长，离不开老师的严格要求和细致引导。几万字的论文，每处标点、每个句子，几乎每页都有老师的修正和批注。记得有次老师问我写作过程的感想，仔细想来，那应是痛并快乐的。老师笑笑说：“肯定痛苦更多咯？”我想说，这些经历都见证了我作为法律史初学者的坚持与努力，印刻了曾经的辛酸与悲喜。我珍惜这样来之不易的学习机会，这使我更加了解自己，不断提升自己。庆幸的是，我在最好的年纪，遇到如此优秀的导师，我收获的不仅仅是那份写作读书的安逸以及那可贵的学术气息。

之　二

海　丹

本文主体部分初作于2009年年末，修订稿完成于2019年年初。

回首方惊觉时间已近十年。

十年前的冬天，为准备“中国传统民事诉讼制度研究”的期末论文和即将到来的硕士论文开题，笔者翻检过去一年多的研究生学习期间的读书笔记后，决定以南宋越诉法作为主要研究对象。

之所以选择这一问题，除了当时已经阅读了一些相关研究成果之外，还因为笔者在阅读时注意到前人的研究大多聚焦于越诉法令折射出的政策转向及其原因，但其所辑录的史料中，却隐隐透露出立法原因不仅是前人所说的钳制州县官吏的违法、害民行为，还含有针对豪强侵夺的警惕。

为了解决这一疑问，笔者通读了《宋会要辑稿》“刑法”部全文。读后察觉两宋越诉法令出台虽以南宋时期为盛，但其肇始实在北宋末季，而立法背景亦与后世不甚相同。虽然这一结果与笔者原有的疑问并不完全相合，但由此笔者意识到越诉法令并非南宋首创，其政策考量或可溯源、追迹到前、后时代。

2010 年春节，笔者独自乘坐长途列车前往龙岩等地，途经赣南山区，虽然只是车窗内的一瞥，却对当地的地理空间和人文景象留下了深刻的印象。此后在闽西、闽南山间、海边的游荡，让笔者对宋、元以后以“健讼”闻名的这一地区的社会生活有了更多的认识。

这年夏天，笔者即以此前曾做过读书报告的刘馨珺教授《明镜高悬》一书“引用及参考书目”部分为索引基础，在各处图书馆中搜寻中古史领域的相关研究，并在确定研究时代上、下限后，开始逐一通读各时代基础史料中的相关部分。由此得以大致理解此类法令生于怎样的社会之中，和当时的人们如何生活在法令塑造的制度环境中。2011 年春天，在数次修改详细提纲后，终于提交全文。

而今回首此文写作经过，笔者除痛感通读基础史料是开始研究工作的首要步骤之外，更对当日所读法制史、中古史学界的研究成果深感恩惠。如果说此文对理解中古至近世间的诉讼法令与社会生活能有些微贡献，那无疑是基于前人的工作方能获得的。与此相比，过去几年间断断续续进行的修订工作只是基于论文完成后获得的知识，对既往工作的重新检视。虽然在修订中发现当日对中古史理解不足，关于各时代法令、政策异同的论述亦多粗疏，但出于尊重旧我之念，仅在删去原文中过度联想的内容之外梳理了全文论证逻辑。

对于研究兴趣本在公法理论的笔者而言，此文启发自己转向中国法制史（尤其是诉讼社会史）。如此想来，硕士阶段的写作不仅是毕业证书的敲门砖，更是寻找自己、发现自己的工具——体味研究过程中感到的乐趣与苦恼，才是研究的真实状态。

之　三

吴饶竹

本人的论文从最早的构思到现在,想来已有五年的时间。

大约2013年年底的时候,我就开始阅读《刑案汇览》,邓老师让我们自己寻找感兴趣的案例作为硕士论文的素材。当时我并没有明确的研究方向,仅凭本科时一点刑法基础,摘录了一些与现在的共同犯罪理论具有某种相似性的案例发给邓老师,作为硕士论文的初步想法。老师提了不少建议,让我想明白为何要用现代刑法研究清代刑案,以及这种研究的依据和可能性在哪。

后来我发现共同犯罪的题目太大,研究范围逐步缩小到清代的六杀,再到清代的共谋杀人和同谋共殴。期间我不断地看案例,找资料,邓老师隔三岔五地提供一些参考文献给我。当时可算是素材的"原始积累"时期,因短时间内接触的法史文献太多,写作时不知如何取舍,甚至会把整篇案例都抄进文中。邓老师从文章的格式、注释、标点到内容都做了多次修改,来来回回大约改了三四稿,到2015年毕业时洋洋洒洒写了近六万字,恨不得把自己看过的所有资料都塞进文中,甚至还颇以引注之广、篇幅之巨而自鸣得意。

毕业后北漂了一段时间,2016年年初辗转回到厦门,阴差阳错做了一名律师。虽工作内容与中法史毫无关系,但想起当时花费大量时间和精力撰写的"巨作"尚未发表,心有不甘。自觉该主题尚有深入发掘的意义,想收拾一下旧文寻觅某处发表。然重新打开当初颇为得意的毕业论文,却觉得臃肿不堪且主题不明、词句不通,连自己都没什么兴趣看下去。真是难为邓老师当初不厌其烦地纠正我在文章中犯的错误。

我重新联系上邓老师,谈论了一下毕业后的近况,表示自己重启论文的计划。老师让我还是以工作为主,同时他还举了宋格文(Hugh Scogin)和包恒(David C. Buxbaum)的例子,说明国外律师在研究中法史时也有不错的成果,鼓励我可在工作之余将中法史作为一个爱好,同时愿意在写作时免费提供指导意见。

有感于恩师的勉励,我凭着一股执念开始推倒重写。案例的范围在这个时段扩大到《驳案汇编》《刑科题本》等,文字词句也试图更加凝练。律师工作并不轻松,写作的时间经常被挤压到动车上或酒店里,后来换工作又需要重新适应很多新的内容。虽以业余之力,却不甘于业余之文。论文好比一件需要反复推敲的艺术品,此时觉得尚可,彼时似又未必妥当。半成之文不敢随便就拿给老师看,毕竟我已经毕业,老师有自己的学生要指导。到了2018年6月锱铢积累地写完后,老师又从文章的主题、逻辑、结论等处改了三稿,这个阶段我似乎摸索出清代谋杀和谋殴抵命的规律,深感在学术研究中,发现要比发明更令人兴奋。没有老师的支持,这篇论文势必胎死腹中。

回想起整个论文的写作,其本身并不是一个有明确目的的路程。一开始仅仅是一种模糊的兴趣或信念在支持自己往前探索,自己也不知道最终会是一个什么样的结论,但似乎有某种力量在告诉自己这是一个值得探索的路径,随着研究的深入,最终的风景才逐渐豁然开朗起来。但所谓的结论,恐怕也只是另一个研究的起点。

之　四

刘吉庆

这篇关于"光棍"的小论文源于我对"光棍"一词的执念,一直以为"光棍"就是单身汉之意。但在阅读那思陆《清代中央司法审判制度》一书关于"光棍"的论述时,我意识到此处所言的"光棍"非一般意义上所理解的光棍含义。于是抱着好奇的心态去挖掘这个词的含义,走上了研究"光棍"的学术探索之路。

初步的了解是在Word版本的《大清律例》中搜索"光棍"一词,即可发现"光棍"一词出现在《大清律例》中有几十处之多。然后找到田涛、郑秦老师点校版本的《大清律例》,再对"光棍"进行"精确打击",确定"恐吓取财"条下面的"光棍例"。由此再扩展,结合《大清律例通考校注》《大清律例辑注》《皇朝文献统考》《历代珍稀法律典籍》等书中对"光棍例"相关条文进行梳理,了解清代立法中"光棍例"到底是怎么样一个存在。在这个过程中,我慢慢了解到"光棍"们在清代法律中的角色,也对"光棍"一词在清代的含义有了较为清晰的认识。这些形成了清代"光棍例"研究最基础的东西。

我第一步的研究是以法典为基础,第二步我将“光棍例”的重点从明清律例中抽离出来,关注律例以外的东西,研读《明史》《清史稿》等史料以及国内外学者的研究成果。《明史·杨嗣昌传》关于明末“三饷”的描写、学者杨三寿、陈锋对于明末以及清代军饷、赋税的研究为我打开认识“光棍例”时代社会背景的窗户;在第一历史档案馆摘抄刑课题本的经历让我看到“光棍”案件的宝贵材料;对于孔飞力、步德茂专著以及对学长林志坚、白阳论文的阅读让我更加深刻地认识到犯罪与社会政治、经济情况的互动关系,让我的思想更加深刻。

以上是对“光棍例”研究的一个简略概括,整个论文的写作是一个漫长反复的过程,从学年论文到国际会议参会论文再到毕业论文,题目换了四次,内容由一万多字再到将近五万字再删减到现在定稿出版的两万三千多字,前后历时将近三年,修改了不下十个版本,纸质版和电子版的读书笔记将近十万字。做学问需要不断付出时间、精力,是一个辛苦的事情,但同时也有独特的乐趣,当经过自己的努力将最初的“光棍”一词,扩展到数万字的论文的时候,这份满足只有经历过的人才能体会到。

最后要强调一点,直系学长林志坚、白阳的研究为我的论文提供了重要的学术支持,我想这其中包含着一份来自师门的传承和荣耀。导师邓建鹏教授的谆谆教诲培养出了优秀的师兄们,我很幸运地跟着师兄们走了一小步。写一篇比较合格的硕士论文是在导师门下学习的自然结果,更重要的是做人、做事方面获益匪浅,受益终生。

后　记

在这本书中，我既是两篇论文的合作者，也是几位学生的论文指导老师，我从两个方面分享自己的体会。

一、学生如何写出好的论文

首先，学生要明确好的论文基本标准，并朝这个方向努力。以个人之见，法律史领域的好论文，一般是指采用新材料、运用新方法（视野）、得出新结论。其中，最重要的是得出新结论（若同时有新方法则更佳），此时采用新材料在许多情况下可以忽略。论文的核心灵魂是“创新”，新见解能自圆其说，有充分的证据。但是，在过去的十多年，法律史领域出现不好的风气，有的研究不过采用了新材料，全文堆积各类罕见文献，然而并无作者任何分析与见解，竟然被评为优秀论文。采用新文献，只能说明研究者比较勤快，但仅有勤快，在学术研究中远远不够。之所以法律史学界出现这种风气，在于一些研究者连查找第一手原始文献的精力都不愿付出了，以致有的研究采用新出文献即被视为“优秀”，实在可悲！

其次，学生应有基本的学习和研究能力，这包括基本文献的查找能力、举一反三的能力、一定的学术灵气，如能及时地融会贯通、前后对比联系、发现他人研究中的漏洞、思维比较周全等。就这点而言，事实上并非所有的人都适合攻读研究生学位，持续多年的“考研潮”或许就是个错误。资质太差，“能力有限，心比天高”者,在考研之前,应仔细评估自己是否具备上述基本能力。毕竟,指导老师不大可能提供“保姆式”的学术指导。老师若将自己所有采择的文献、论文大纲、研究思路、论文结论全部“送给”学生,学生看似完成了一篇合格的毕业论文,事实上这原本是指导老师的学术成果,学生根本未曾习得独立的研究能力。不仅如此,学生若长期习惯老师全方位“保姆式”的指导,最后甚至会怨恨老师指导得不够多、不够好!常人所谓“斗米养恩,担米养仇”。

再次,学生应及时做好基础性工作。学生确定某一专业领域,应马上着手,广泛查找有效的文献(研究成果与史料),并做批判性阅读——带着疑问、思考阅读,把握旧有研究存在的欠缺,或者探索前人未曾研究的空白点,寻找创新型研究的可能,逐渐提炼出研究主题。这个过程往往长达一年以上,对有志于研究的学生而言,往往是痛并快乐着,对无心学习者来说,则仅剩痛苦。若有学生长期无法提炼出研究的起点,要么被智能手机(或其他因素)吸引,无意于研究;要么就是资质太差,不适应创新型学术之路。

最后,学生应选定文章论题,即论文前后一贯计划分析研究的核心命题(参考刘南平所述)。以本书所收入两篇论文为例,“儒学视界与法制叙事的局限”是专题一的论题,整篇论文都是在围绕班固如何在儒学视界(视野、视角和思想)支配下,叙述历代法制时所出现的主观上的虚构和认知上的偏差,并以具体事例论证。“命债必偿:清代谋殴与谋杀共犯归责的机理”的核心命题为分析清代命案中的“命债必偿”,这包括在“一命一抵”“一命数抵”以及正凶意外亡故需要以其他犯人抵命等各种表现形式,并进而揭示为何有这种“命债必偿”的原理和刑部官员的逻辑思维。论题一旦确立,整篇论文从各个层面围绕这一个论题层层深入展开。这样,论文结构很紧凑,前后逻辑保持一致性,避免蔓生技节、逻辑混乱等种种问题。

二、导师如何指导学生写好的论文

首先,导师应尽可能择英才而教之。有时候,偶遇一些有“学术灵气”同时勤奋和踏实的学生,此时老师指导学生研究会比较轻松,师生间学术交流愉悦。学生获教后,通常能举一反三,融会贯通,快速找到相关文献或类似问题,按时完成高质量研究;相反,若导师遇到基础太差、根本无心向学的学生,其“产出”的论文要么只是堆积导师提供的全部文献,了无新意;

要么为了完成任务,四处拷贝、粘贴,出现学术不规范的问题。此时,导师往往徒耗青春,枉费似水年华!

其次,导师要有能力指导学生从事不同方向的研究。好比为师者先要自己有一桶水,方可能给学生舀出一勺水。就中国法律史专业而言,该专业涉及范围之广,其他法学专业罕有出其右者,读者从收入本书诸篇论文,即可窥一斑见全豹。这意味着要做一名合格的导师,对上自先秦两汉下至近代中国的所有法制领域,都必须有一定了解甚至深入研究。与此同时,必须对相关领域最新国内成果以及海外成果(至少英语世界的新旧研究成果)做到心中有数,指导学生时,才能向他们及时推送必读研究文献,避免学生做无用功,重复他人已有研究。十余年来,我指导学生研究基本上耗去 1/2 到 2/3 的工作时间。大学老师表面上似乎工作时间甚少(平均每周四节课左右),事实上至少我的经历说明,大学老师其实没有多少节假日和上下班的概念,大部分时间是在修订学生论文、看书和写字的过程中。

邓建鹏

2019 年 5 月 6 日

图书在版编目(CIP)数据

法制的历史维度 / 邓建鹏主编. -- 北京：法律出版社，2020
(中央民族大学法学文库)
ISBN 978 -7 -5197 -4650 -6

Ⅰ. ①法… Ⅱ. ①邓… Ⅲ. ①法制史－中国－文集 Ⅳ. ①D929 -53

中国版本图书馆 CIP 数据核字(2020)第 101033 号

法制的历史维度
FAZHI DE LISHI WEIDU

邓建鹏 主编

策划编辑 周丽君
责任编辑 周丽君
装帧设计 李 瞻

出版 法律出版社
总发行 中国法律图书有限公司
经销 新华书店
印刷 北京虎彩文化传播有限公司
责任校对 杨锦华
责任印制 张建伟

编辑统筹 独立项目策划部
开本 A5
印张 9.75
字数 277 千
版本 2020 年 7 月第 1 版
印次 2020 年 7 月第 1 次印刷

法律出版社/北京市丰台区莲花池西里 7 号(100073)
网址/www. lawpress. com. cn
投稿邮箱/info@ lawpress. com. cn
举报维权邮箱/jbwq@ lawpress. com. cn
销售热线/400 -660 -8393
咨询电话/010 -63939796

中国法律图书有限公司/北京市丰台区莲花池西里 7 号(100073)
全国各地中法图分、子公司销售电话：
统一销售客服/400 -660 -8393/6393
第一法律书店/010 -83938432/8433
西安分公司/029 -85330678
重庆分公司/023 -67453036
上海分公司/021 -62071639/1636
深圳分公司/0755 -83072995

书号:ISBN 978 -7 -5197 -4650 -6
定价:45.00 元